CB138400

A CRISE DA MASCULINIDADE

CONSELHO EDITORIAL

André Costa e Silva

Cecilia Consolo

Dijon de Moraes

Jarbas Vargas Nascimento

Luis Barbosa Cortez

Marco Aurélio Cremasco

Rogerio Lerner

Blucher

A CRISE DA MASCULINIDADE

Anatomia de um mito persistente

Francis Dupuis-Déri

Tradução

Paulo Victor Bezerra

A crise da masculinidade: anatomia de um mito persistente
Título original: *La Crise de la Masculinité: autopsie d'un mythe tenace*

© Francis Dupuis-Déri & Éditions du remue-ménage, 2018
Published with special arrangements with Julie Finidori Agency and The Ella Sher Literary Agency
© 2022 Editora Edgard Blücher Ltda.

Publisher Edgard Blücher
Editor Eduardo Blücher
Coordenação editorial Jonatas Eliakim
Produção editorial Luana Negraes
Preparação de texto Karen Daikuzono
Diagramação Guilherme Henrique
Revisão de texto Maurício Katayama
Capa Leandro Cunha
Imagem de capa iStockphoto

Blucher

Rua Pedroso Alvarenga, 1245, 4º andar
04531-934 – São Paulo – SP – Brasil
Tel.: 55 11 3078-5366
contato@blucher.com.br
www.blucher.com.br

Segundo o Novo Acordo Ortográfico, conforme 5. ed. do *Vocabulário Ortográfico da Língua Portuguesa*, Academia Brasileira de Letras, março de 2009.

É proibida a reprodução total ou parcial por quaisquer meios sem autorização escrita da editora.

Todos os direitos reservados pela Editora Edgard Blücher Ltda.

Dados Internacionais de Catalogação
na Publicação (CIP)
Angélica Ilacqua CRB-8/7057

Dupuis-Déri, Francis

A crise da masculinidade : anatomia de um mito persistente / Francis Dupuis-Déri ; tradução de Paulo Victor Bezerra. – São Paulo : Blucher, 2022.

384 p.

Bibliografia

ISBN 978-65-5506-078-2 (impresso)

ISBN 978-65-5506-079-9 (eletrônico)

Título original: *La Crise de la Masculinité: autopsie d'un mythe tenace*

1. Masculinidade 2. Homens – Conduta 3. Feminismo 4. Antifeminismo 5. Machismo I. Título. II. Bezerra, Paulo Victor.

22-0721 CDD 305.31

Índice para catálogo sistemático:
1. Masculinidade

À Mélissa Blais, com toda a cumplicidade.

A masculinidade, de qualquer maneira que ela seja definida, está sempre em crise.

Abigail Solomon-Godeau,
Male trouble (Problemas do masculino), 1995.

Conteúdo

Prefácio à edição brasileira

Ser macho no Brasil: a crise da masculinidade e o antifeminismo de Estado

Frederico Assis Cardoso[1]
Marina Alves Amorim[2]

Talvez seja possível afirmar que há cinco décadas os homens brasileiros têm sido marcados pelos debates sobre uma *crise* da masculinidade. No bojo dessa anunciada *crise* estão os anúncios das mais diversas mudanças no comportamento masculino, as transformações em seus *papéis* sociais e a compreensão do surgimento de um *novo* homem que têm gradativamente ganhado espaços e contornos nos discursos produzidos pela academia, pela literatura, pela mídia em geral, pelos textos e pelas imagens circulantes em redes virtuais de relacionamento e, igualmente, por meio de diversos outros espaços sociais. Isso significa que o debate tem frequentemente povoado as mais diversas esferas

1 Doutor em Educação. Professor na Faculdade de Educação da Universidade Federal de Minas Gerais (FaE/UFMG). Contato: fredasc@ufmg.br.

2 Doutora em História pela Universidade Federal de Minas Gerais (UFMG) e doutora em Letras pela Université Rennes 2/Université d'Haute Bretagne (UHB). Pesquisadora da Escola de Governo Professor Paulo Neves de Carvalho da Fundação João Pinheiro (EG/FJP). Contato: marina.amorim@fjp.mg.gov.br.

do cotidiano da vida social masculina: das conversas informais às instituições e aos relacionamentos afetivos e amorosos.

No entanto, desde pelo menos o início da década de 1990, o Brasil experimenta de maneira aparente a proliferação numericamente representativa de estudos interessados nas masculinidades. Organizados a partir de referenciais teóricos e procedimentos metodológicos diferentes, os centros acadêmicos, situados em campos das mais diversas áreas do conhecimento, têm sido responsáveis por um fenômeno teórico nacional que proporciona um constante revigoramento daquilo que se pode nomear como o campo dos *Estudos sobre masculinidades*. Investigações sobre a saúde masculina; a violência doméstica e a violência de gênero; professores homens na docência com crianças; identidades sexuais e sexualidades masculinas; direitos reprodutivos e paternidade; consumo, comportamento e mercado são, entre outros aspectos, objetos de reflexão de várias áreas. O fato é que tais estudos nunca estiveram associados ao domínio único e específico de um determinado tipo de campo disciplinar, dialogando sempre com a antropologia, o direito, a filosofia, a história, a psicologia, a teoria literária e, mais recentemente, também com a educação, a ciência política e a sociologia. De tal sorte, no Brasil, os estudos sobre masculinidades não são uma única coisa, tanto como também nunca foram.

No país, grande parte das influências e das prorrogações iniciais nas investigações sobre o tema parece ter origem em interesses estrangeiros. Em um primeiro movimento, com o surgimento de estudos produzidos por autores e autoras notadamente situados/as nos centros de produção de conhecimento científico, como aqueles produzidos por Pierre Bourdieu, Simone de Beauvoir, Joan Scott, R. Connel, entre outros/as. Quase uma década mais tarde, outros/as estudiosos/as também serviriam como importantes pontes de diálogos para os/as pesquisadores/as brasileiros/as. Entre eles/elas, sobretudo, Michel Foucault e Judith Butler. Apenas mais recentemente o predomínio do pensamento produzido pelos centros acadêmicos centrais tende a ceder lugar à interlocução com outros/as intelectuais, notadamente localizados/as na periferia de um tabuleiro do cenário internacional: trabalhos produzidos fora do eixo Norte-América e Europa. Assim, também uma noção bastante genérica sobre as masculinidades passa a dar espaço às noções mais localizadas, referentes às masculinidades periféricas: negras, transexuais ou latino-americanas, como são os casos dos trabalhos desenvolvidos por Francisco Aguayo F., Gioconda Herrera Mosquera, Jaime Miguel Telleria Huayllas, José Olavarría, Mauricio Espinoza, Norma Josefina Fuller Osores; Teresa Valdés; Xavier Andrade, entre outros/as. Como característica dessa *mistura* autoral e/ou teórica, o próprio campo tem aproveitado, em seus estudos, do lugar da análise da mestiçagem e do hibridismo cultural. Latino-americanos/as, temos construído, cada vez mais, tanto uma história *nossa* como uma história *sobre nós*.

Em texto fundante sobre "A dominação masculina", Pierre Bourdieu[3] realizou importantes provocações sobre a construção social das diferenças entre os gêneros. Para o autor, as diferenças historicamente construídas entre o masculino e o feminino passaram a ser vistas como justificativas *naturais* para as diferenças sociais. Uma cultura androcêntrica que determinaria, entre outras coisas, não apenas uma divisão sexual do trabalho, mas as marcas de uma divisão diferente, desigual e socialmente interessada e endereçada. Inscritas historicamente em uma cultura androcêntrica, parte das identidades masculinas tenderia a reproduzir uma compreensão tanto teórica, pois do campo das ideias, como de ordem prática e material, pois do campo dos costumes, de representar as mulheres, ou um determinado tipo de identidade feminina, como parte de um espaço subordinado e em consonância com a dominação masculina. Na dinâmica da arena social, esse espaço de luta constante

3 Pierre Bourdieu, "A dominação masculina", *Educação & Realidade*, Porto Alegre, vol. 2, n. 20, jul./dez. 1995, p. 133-84.

por narrativas e por representações sobre o *outro*, de forma quase que naturalizada e institucionalizada, o patriarcado fabricaria determinados tipos de masculinidades que reproduziriam estereótipos, estigmas e preconceitos responsáveis por atos que poderiam variar, da extrema omissão parental masculina a opressão e à violência contra crianças, homossexuais, transexuais e mulheres. Assim, do mesmo modo que as mulheres seriam submetidas a uma socialização de inculcação para uma condição de subalternidade e de docilidade, os homens também aprenderiam a dominação.[4]

No Brasil, a emergência do campo especializado nos estudos sobre as masculinidades também teve como um de seus principais marcos a publicação de outro texto, contemporâneo ao de Bourdieu. Trata-se de "Políticas da masculinidade", de Connel,[5] referenciado em diversos estudos posteriores. Apesar disso, a existência do interesse sobre a temática talvez possa ser reconhecida, ainda que de maneira incipiente, desde a década de 1970, com a publicação da obra *Sociologia da paternidade*, de Martin Juirsch. E, pouco mais tarde, em 1987, com outra obra que marcaria definitivamente a introdução do tema e o seu interesse no país: a publicação de *O poder do macho*, de Heleieth I. B. Saffiot.

Se, por um lado, a literatura estrangeira influenciou e ainda tem influenciado as análises brasileiras sobre as masculinidades, por outro não seria inoportuno argumentar que os estudos feministas – tanto os nacionais como os estrangeiros – igualmente têm contribuído com as bases para a constituição do campo dos estudos sobre masculinidades. Tal como os movimentos feministas, os estudos feministas são eles próprios diversos e polissêmicos. Eles surgem e

---

4 Pierre Bourdieu, *A dominação masculina*, 14. ed., trad. Gustavo Sora, Rio de Janeiro, Bertrand Brasil, 2017.

5 R. W. Connell, "Políticas da masculinidade", *Educação & Realidade*, Porto Alegre, vol. 2, n. 20, jul./dez. 1995.

se consolidam na academia alavancados pelos espaços do ativismo e da militância, empenhados em registrar as condições das mulheres, em denunciar as situações precárias e violentas enfrentadas por elas e em promover reflexões sobre os múltiplos significados de ser mulher no Brasil em um contexto de resistência à Ditadura Militar (1964-1985) e de redemocratização do país.

Grupos de estudos e de trabalhos sobre as mulheres foram criados em diversas universidades no país. Já na década de 1980, os estudos produzidos por mulheres brasileiras começam a articular investimentos tanto no campo dos *estudo sobre gênero* como no campo dos *estudos feministas* ou no campo dos *estudos sobre mulheres*. Guardadas as diferenças políticas, suas intencionalidades e seus objetos ou métodos de estudo entre os grupos das intelectuais pioneiras, os trabalhos passaram não apenas a discutir teoricamente as desigualdades entre homens e mulheres a partir de uma perspectiva de poder nas relações de gênero e entre os sexos, mas também a problematizar as desigualdades culturais, sociais, educacionais ou econômicas que marcam homens e mulheres.

Dessa maneira, os estudos sobre masculinidades só puderam ganhar espaço após a inserção do campo de estudos sobre gênero no cenário acadêmico. Como categoria de análise privilegiada, o gênero constitui-se como uma referência dos estudos relacionais entre homens e mulheres, permitindo atenção às especificidades masculinas, social e historicamente construídas, e aos seus efeitos, tanto sobre os homens como sobre as mulheres. Como uma construção social, os estudos sobre gênero produziram um debate mais inclinado para as questões sociais e políticas, afastando-o da centralidade biológica que o termo "sexo" carregava. A definição dada pela historiadora estadunidense Joan Scott[6] foi fundamental

---

6 Joan Scott, "Gênero: uma categoria útil de análise histórica", *Educação & Realidade*, Porto Alegre, vol. 2, n. 20, jul./dez. 1995.

nesse processo: ela possibilitou um entendimento mais amplo da categoria, considerando as relações sociais, os símbolos culturalmente disponíveis, os conceitos normativos, as instituições, a organização social e a identidade subjetiva como elementos inter-relacionados que compõem a definição de gênero e a sua relação política. Conforme definiu a autora, "o conceito de gênero legitima e constrói as relações sociais, [...] as formas particulares e contextualmente específicas pelas quais a política constrói o gênero e o gênero constrói a política".[7]

A adoção da categoria gênero, ao tratar dos aspectos relacionais, permitiu e contribuiu para a visibilização dos homens e das masculinidades como categorias na discussão sobre as condições das mulheres na sociedade. Tanto no que se refere às microrrelações sociais do cotidiano como no que se refere às macrorrelações que se estabelecem no cenário político-social, buscando uma análise "não apenas da relação entre a experiência masculina e a experiência feminina no passado, mas também a conexão entre a história prática e a prática histórica presente".[8] Ou seja, de alguma forma o desenvolvimento de um campo específico de estudo sobre os homens e sobre as masculinidades, alicerçado sobre o gênero, tem contribuído para uma importante função: a de colocar em evidência os homens. E isso a partir de uma perspectiva a respeito da qual talvez pouco nos debruçássemos com afinco antes dos anos 1990: uma perspectiva tanto relacional como política.

Assim, fenômeno social e ao mesmo tempo construção de campo científico analítico, os estudos sobre masculinidades partiam de uma problematização bastante centrada em uma suposta *crise* da masculinidade. Talvez influenciados pelo movimento da segunda onda feminista e pelo crescente movimento homossexual, esses

---

7 *Ibid.*, p. 89.
8 *Ibid.*, p. 74.

estudos se constituíram como um campo consolidado que avançou ao longo de todos os anos 1990 e em direção às décadas seguintes.[9] Uma mirada alargada e exploratória dos estudos sobre masculinidades desenvolvidos no Brasil indica que as pesquisas que possuem como centralidade os homens e as masculinidades apresentam em comum o alto grau de consistência na busca da compreensão, da descrição e da explicação das masculinidades. Por fim, o número considerável de pesquisas e a pluralidade de subáreas em que se alinham os trabalhos demonstram que o tema ainda pode ser explorado em diferentes áreas do conhecimento.[10]

No Brasil, o campo de estudos sobre masculinidades também deve às pesquisas de pós-graduação seu investimento inicial, notadamente as dissertações de mestrado – que parecem assumir antecipadamente o interesse pelas inovações de transformação social. Diversas pesquisas, concentradas sobretudo nas regiões Sul e Sudeste do Brasil, entre os anos 1980 e 2000, colocaram em evidência ou os homens ou as masculinidades. Esse movimento inicial encontra registro em pesquisas realizadas em instituições progressistas, como as universidades federais de Minas Gerais, de Santa Catarina, do Rio Grande do Sul e do Rio de Janeiro, bem como as universidades estaduais de São Paulo e de Santa Catarina.[11] Parte desses estudos

9 Maria Luiza Heilborn, Sério Carrara, "Em cena, os homens...", *Revista Estudos Feministas*, Florianópolis, vol. 6, n. 2, 1998.

10 Juliana Albuquerque Sulz, Frederico Assis Cardoso, "Educação e políticas de masculinidades: 15 anos das produções dos estudos de gênero (2000-2015)", *Revista Ártemis*, João Pessoa, vol. 22, 2016.

11 Certamente uma arqueologia brasileira dos estudos sobre gênero ainda precisa ser feita. No entanto, embora tenhamos destacado a relevância da contribuição de trabalhos desenvolvidos por pesquisadores/as de instituições como Universidade de São Paulo (USP); Universidade do Estado de Santa Catarina (Udesc); Universidade Estadual de Campinas (Unicamp); Universidade Federal de Minas Gerais (UFMG); Universidade Federal de Santa Catarina (UFSC); Universidade Federal do Rio de Janeiro (UFRJ); e Universidade Federal do Rio Grande do Sul

situa-se em áreas como a antropologia, a educação e a psicologia. Um número bastante representativo de centros de pesquisa, de grupos de estudo e de núcleos de trabalhos passou a dedicar, seja no todo, seja em partes, investimentos nos estudos sobre gênero. E também, cada vez mais, nos estudos sobre masculinidades.

Desde os anos 1970 e 1980, as questões relativas aos estudos sobre gênero, aos estudos sobre as mulheres e aos movimentos feministas ganharam espaços também fora do círculo acadêmico no Brasil, na estrutura do Estado e na sociedade civil. Data de 1985, por exemplo, a criação do Conselho Nacional de Direitos da Mulher (CNDM), um marco na institucionalização das políticas específicas para as mulheres no país que é obra da articulação e da histórica reinvindicação dos movimentos feministas. Embora a luta das mulheres brasileiras seja longeva e tenha começado muito antes, daquelas décadas para cá as mulheres e os movimentos feministas conquistaram e têm conquistado as ruas e as plenárias, sobretudo dos poderes das casas legislativas brasileiras, pautando suas agendas políticas mais urgentes e necessárias, propondo políticas sociais e denunciando de maneira reiterada e resistente suas condições precárias e desiguais de existência em um país ainda reconhecido em todo o mundo por índices alarmantes de estupro, feminicídio, lesbofobia, além de ações misóginas, sexistas e de situações de assédio.

(UFRGS), é preciso ressaltar que diversos grupos de estudiosos/as em todo o território nacional têm trabalhado com a temática. Além disso, a contribuição de todos/as tem sido muito relevante. Aliás, o Núcleo de Estudos Interdisciplinares sobre a Mulher da Universidade Federal da Bahia (NEIM/UFBA), fundado no ano de 1983, se destaca por ser não apenas um dos núcleos de estudos feministas mais antigo Brasil ainda em atividade atualmente, mas também por sua atuação marcante e contínua na promoção dos estudos sobre gênero. Foi na UFBA, por meio do NEIM, que surgiu o primeiro Programa de Pós-Graduação específico destinado aos Estudos Interdisciplinares sobre Mulheres, Gênero e Feminismo (PPG/NEIM), também pioneiro na temática na América Latina.

Foi assim que as questões relativas à temática *corpo, gênero e sexualidade* ganharam espaço, concomitantemente, também entre os partidos políticos e os movimentos sociais e entre os setores da mídia especializada, que passaram a produzir debates públicos e edições específicas sobre o tema. Trata-se, no fundo, de um movimento único, pois, por exemplo: 1) é no âmbito das reuniões anuais da Sociedade Brasileira para o Progresso da Ciência (SBPC) que emergiu, a partir de 1979, o Encontro Nacional Feminista;[12] e 2) 28,7% e 35,1% das delegadas participantes da 3ª e da 4ª Conferências Nacionais de Políticas para as Mulheres (CNPM), ocorridas, respectivamente, em 2011 e 2016, detinham um título de pós-graduação.[13]

Os estudos sobre as masculinidades, portanto, não ficariam longe desse movimento. Nos últimos anos, vivenciamos um crescimento quase exponencial de linhas de pesquisas consolidadas em diversos programas de pós-graduação, em diferentes áreas do conhecimento, assim como importante renovação de pesquisadores/as brasileiros/as para a contínua manutenção do campo sobre os estudos de gênero. As revistas especializadas, como *Artemis*, *Bagoas*, *Caderno de Gênero e Diversidade*, *Cadernos Pagu*, *Estudos Feministas*, *Gênero*, *Gênero & Direito* e *Periódicus*, para citar apenas algumas, recebem cada vez mais artigos que demonstram a pluralidade de temáticas e a efervescência de trabalhos científicos, acolhendo com grande

---

12 Schuma Schumaher, Os movimentos feministas ontem e hoje no Brasil: desafios da sua institucionalização. In: Marlise Matos, Sônia E. Alvarez, *Quem são as mulheres das políticas para as mulheres no Brasil? Expressões feministas nas Conferências Nacionais de Políticas para as Mulheres*, vol. 2, Porto Alegre, Zouk, 2018, p. 21-55.

13 Helga do Nascimento de Almeida, Andrezza Rodrigues Duarte Souza, Caio Jardim-Souza, Luan da Rocha Guerra, "As mulheres das políticas para as mulheres: apresentando o panorama da 3ª e 4ª Conferências Nacionais de Políticas para as Mulheres", Marlise Matos, Sônia E. Alvarez, Quem são as mulheres das políticas para as mulheres no Brasil? *O feminismo estatal participativo*, vol. 1, Porto Alegre: Zouk, 2018, p. 25-55.

empenho, também, cada vez mais as diversas produções sobre os homens e as masculinidades. Além disso, o Brasil também passou a acumular uma *expertise* na tradição de sediar e/ou de promover eventos internacionais que vêm se fortalecendo como espaços de difusão e debate sobre os homens e as masculinidades, como é o caso do Fazendo Gênero; do Desfazendo Gênero; do Corpo, Gênero e Sexualidade; do Enlaçando Sexualidades; e do Congresso Internacional da Associação Brasileira de Estudos da Homocultura (ABEH). Enfim, eventos que não se enquadram em uma única ou específica área do conhecimento, mas que investem exatamente na possibilidade de intercâmbio entre elas. Fenômeno correlato talvez possa ser observado na existência pormenorizada de grupos de trabalho, simpósios, seminários ou eixos temáticos de diferentes associações de pesquisa e de pós-graduação por todo o Brasil, em especial nas áreas da antropologia, educação, história, psicologia e sociologia, a exemplo do que já ocorre na Associação Nacional de Pós-Graduação e Pesquisa em Educação (ANPEd).

Como talvez fosse possível imaginar, os primeiros trabalhos dos estudos sobre masculinidades analisavam os homens e as identidades masculinas com as ferramentas teóricas de seu tempo, abrangendo investigações sobre suas relações afetivas ou profissionais; suas relações com os corpos, com a reprodução ou com a sexualidade; e, ainda, sobre as relações que estabeleciam com as mulheres. De alguma forma, esses estudos percursores buscavam conhecer e analisar as condições sociais de existência dos homens e como eles construíam e reconstruíam as suas masculinidades. Por um lado, esses investimentos levaram em consideração os *papéis* sociais para um *novo* tipo de homem, suas angústias marcadas por anunciadas *crises* da masculinidade, a sensação de estarem *fora de lugar* em uma sociedade que se movimentava rapidamente. Por outro lado, esses mesmos estudos avançaram, com maior ou menor força, na compreensão e na análise interpretativa de como certas normas sociais e valores culturais impostos historicamente aos homens no convívio social os levariam a serem mais ou menos responsabilizados por suas relações com as mulheres e, igualmente, responsáveis, refratários e/ou resistentes aos avanços feministas que os interrogava, que os provocava, que os deslocava.

Atualmente, um consenso nos estudos sobre masculinidades produzidos no Brasil é o de que um determinado tipo de masculinidade, heteronormativa hegemônica, funcionaria como a configuração atual da prática que legitimaria a posição dominante dos homens na sociedade e que tenderia a justificar a subordinação das mulheres e de outras formas marginalizadas de ser e de estar homem. Tal termo, o de um determinado tipo de masculinidade heteronormativa hegemônica, se refere à normatização da heterossexualidade que exprimiria certo prestígio cultural, financeiro e social à orientação sexual heterorreferencial, nos termos de Connell.[14] No entanto, ainda que um determinado tipo de masculinidade, dentro de um campo de correlações de forças em conflito, possa ser definido como *hegemônico*, é importante salientar que a sua compreensão deriva de múltiplas formas de *ser* e/ou de *estar* homem, de *vivenciar* e/ou de *estar* nas masculinidades. Formas que podem existir, muitas vezes, inclusive, de maneiras conflitantes entre si e mesmo no interior de cada experiência socializadora ou produtora de masculinidades. Formas que podem gerar rendimentos e benefícios, mas também representar perdas e um alto custo social de existência.

Tanto os homens como as masculinidades se inscrevem e estão inscritos em diferentes processos de socialização que produzem e são reprodutores de sexualidades, de lugares de desejos, de fantasias e de prazeres, mas também de maneiras dispersas de sociabilidade; de disposição para o trabalho e para o diálogo; de diferentes possibilidades de produção de vínculos e arranjos familiares, não se conformando completamente com as normas e os papéis socialmente

---

14 R. W. Connell, *op. cit.*.

disponibilizados em nossa cultura. Igualmente, tampouco os sujeitos talvez se reconheçam *em totalidade* com as suas imagens corporais ou se sintam completamente satisfeitos ou plenamente reconhecidos em suas orientações sexuais, ou, ainda, acomodados e seguros a uma única forma específica e determinada de masculinidade. Para alguns/algumas autores/as, este seria um modelo de masculinidade hegemônica, ideal e totalizante: um tipo de homem que, quando ideal, teria como *persona* a figura de homem adulto; branco; heterossexual; ocidental; judaico-cristão; representante de frações das classes médias altas ou da elite econômica; privilegiado pela oportunidade de estudo regular formal e confortável em sua relação com o corpo e com sua sexualidade. Um tipo *perfeito* de homem forte e viril e também desbravador, aventureiro e provedor.[15]

No entanto, se *a vida é real e de viés*, essa representação clássica, que de tão singular se apresenta como efetivamente tão *sui generis*, não se sustenta por si só. Salvo por um único objetivo: o que motiva o interesse de existência do patriarcado é a manutenção de sua própria existência. Situados em diferentes posições sociais, os homens não experimentam suas masculinidades *de sempre* e *da mesma maneira* ou, ainda, *de forma consequente, linear e uniforme*, durante *toda* a sua experiência. Um balanço tendencial sobre as masculinidades indicaria a existência de um conflitante e permanente processo de acomodações e de resistências[16] de suas masculinidades. Obviamente o peso dos arranjos sociais estruturantes também violenta determinadas masculinidades, subalternizadas, *desviantes*, distantes da homogeneização dos parâmetros do que seria um *ideal* de homem, um *ideal* de masculinidade a ser desejado, perseguido e alcançado.

---

15 Frederico Assis Cardoso, *A identidade de professores homens na docência com crianças: homens fora de lugar?*, 2004, Dissertação (Mestrado em Educação) – Faculdade de Educação, Universidade Federal de Minas Gerais, Belo Horizonte.

16 Jean Anyon, "Interseções de gênero e classe: acomodação e resistência de mulheres e meninas às ideologias de papéis sexuais", *Cadernos de Pesquisa*, São Paulo, n. 73, maio 1990.

Tal processo de acomodação, de aceitação de atitudes e de comportamentos *socialmente* apropriados aos papéis de masculinidades ou de resistência, modos de *(re)existir*; de existir de uma forma diferente do que está normalizado, produz um repertório de significados culturais como roteiros para a vida, pessoal ou profissional, e constitui a base para a construção da identidade dos homens e de suas masculinidades, fazendo deles agentes sociais, parte de um conjunto que envolve, ainda, as agências e os agenciamentos de uma trama complexa. Assim, tentar conciliar ou subverter o atendimento das expectativas da masculinidade heteronormativa hegemônica produzidas pelo patriarcado com as demandas normativas sociais da vida real não é uma tarefa simples. Imerso em relações de poder, o processo de acomodação/resistência ressalta que a esfera social não é uma posição consensual, harmoniosa, nem mesmo única. Ela também age, claramente, sobre os sujeitos na mesma medida em que eles agem sobre ela.

Apesar disso o anúncio de uma *crise* da masculinidade ainda produz estereótipos eficazes: narrativas sobre homens como os *de antigamente*, distantes no tempo, antes fortes e agora fracos; antes viris e agora *afeminados*; homens que antes levavam o sustento para casa e que tinham no mercado do trabalho e na competitividade suas maiores referências, e que agora se sentem *oprimidos* e *desprestigiados*. Homens para os quais a família e os aspectos reprodutivos não eram prioritários e que agora passam ser *cobrados* por suas ações e escolhas, pontuais e cotidianas; homens que, de tão fortes e voltados para a esfera pública, e não a privada, orgulhavam-se de si por não terem que *disputar os* e de *dividir com as* ou mesmo *ajudar* as mulheres nos cuidados dos/as outros/as – nem de si mesmos, nem de sua prole. Esse homem *ideal*, anunciam agências e agenciamentos, viveria, então, uma *crise*. O macho, o homem-alfa, o conservador orgulhoso, o homem *de verdade*, o pai de família que, repise-se, talvez nunca tenha realmente existido em plenitude para *todos*, está em risco. E o *inimigo* responsável por tudo que se anuncia como a decadência do antigo paraíso dos homens não poderia ser outro senão o feminismo.

Aos homens (e pelos homens), a propalada *crise* é apresentada como uma questão profundamente incômoda. Em parte porque lhes coloca questões cujas respostas não lhes são conclusivas e, também em parte, sobre as quais não desejam sequer refletir. Questões relativas aos aspectos sobre o corpo das mulheres, a sua autonomia sexual e o direito reprodutivo; o assédio moral e sexual, a importunação. Também questões sobre a igualdade de remuneração no mercado de trabalho e, ainda, temáticas sobre as quais os homens raramente têm de lidar no espaço público, como autonomia, escolha, respeito, segurança, igualdade de oportunidades e liberdade.

No Brasil, como em praticamente toda a parte do mundo ocidental, o feminismo provocou e interrogou os homens e as masculinidades ao contradizer e ao acusar a desigualdade entre os gêneros; e, muitas vezes, a partir de um ativismo e de uma militância combativos que expuseram os privilégios masculinos, tendo os homens como um *outro* fruto ou representante do patriarcado, ou mesmo um beneficiário solidário de seus rendimentos. Como pano de fundo, a justa manifestação por direitos e relações equânimes passou a ser representada, no senso comum, como um efusivo combate, como uma verdadeira *guerra dos sexos*, contra instituições e pessoas que representavam a dominação masculina: os homens. Eles manifestam se sentirem acuados.

Foi a força propulsora e resistente do feminismo que pareceu lançar luz à sociedade sobre a existência de uma real crise, tão injusta e desigual como perversa. Foram as mulheres e suas agendas políticas que passaram a incomodar certos homens e certos modelos de masculinidades, ao recusarem deliberadamente desempenhar o papel familiar ou sexual que lhes foi designado, quando passaram a transgredir as normas do sexo e a decidirem sobre seus corpos e as escolhas de seus/suas parceiros/as. Enfim, quando passaram a contestar, resistir e subverter um tipo de mundo que parece ter sido inventado *por*, *para* e *pelos* homens.

Talvez a *crise* da masculinidade pareça para alguns homens um *fardo* demasiadamente pesado, sobretudo para os que não suportam ser contrariados. Os que se mantêm presos à crença infundada, pouco capazes de compreender que aquilo que possuem como privilégios e direitos é, na realidade, uma confortável e útil zona de dominação e de perpetuação do patriarcado (ainda que uma zona realmente eficaz e bastante rentosa apenas para alguns poucos). É preciso, igualmente, considerar que os diversos discursos e as diversas imagens sobre as masculinidades que circulam em nossa sociedade, historicamente construídas sob a égide de contínua *crise*, norteiam as diferentes experiências que esses sujeitos estabelecem em relação com as mulheres, suas pautas e seus interesses e com o próprio feminismo. Assim, a construção das masculinidades tem sido marcada pela presença (ou pela ausência) da relação que os homens estabelecem com as mulheres.

Em 2015, entidades ligadas a diferentes campos de atuação, grupos de pesquisa e instituições de promoção de direitos civis lançaram um documento no Brasil intitulado "Manifesto pela igualdade de gênero na educação: por uma escola democrática, inclusiva e sem censuras". O material destacava, entre outras coisas, o repúdio à forma deliberadamente distorcida com que o conceito de gênero vinha sendo tratado nas discussões públicas daquele ano. Não coincidentemente, o Manifesto nascia no mesmo ano em que a primeira mulher eleita democraticamente pelo voto direto, Dilma Vana Rousseff, começaria a enfrentar um processo de desgaste que culminou no golpe de 2016, travestido de *impeachment*, que não permitiria a conclusão de seu mandato.

A iniciativa do Manifesto já denunciava a tentativa de grupos conservadoristas, notadamente religiosos neopentecostais, de instaurar um *pânico social* ao defenderem abertamente e sem subterfúgios linguísticos o banimento da noção de igualdade de gênero do debate educacional e de reificar as desigualdades e as violências, físicas e simbólicas, sofridas por homens e por mulheres em todo o território nacional, ainda que o Brasil fosse signatário de diversos acordos internacionais de promoção da igualdade sexual e de gênero, como a Convenção para Eliminar Todas as Formas de Discriminação Contra a Mulher (CEDAW); o Pacto Internacional dos Direitos Econômicos, Sociais e Culturais e da Campanha pela Igualdade e Direitos de População LGBTQIA+ da ONU.

Ocorre que a empreitada do conservadorismo no Brasil avançava e ameaçava (e continua avançando e ameaçando) a produção de conhecimento sobre as relações de gênero e sexualidades originária das ciências sociais e humanas. Termos como "kit gay", "mamadeira de piroca", "ideologia de gênero" (*sic*) passaram, infelizmente, a ganhar espaço no cenário do debate público brasileiro.

E ainda que o Brasil tenha acompanhado, desde os anos 1970, a institucionalização dos estudos sobre gênero enquanto um profícuo campo científico, inaugurando centros de pesquisas interdisciplinares reconhecidos internacionalmente ou produzindo relevantes estudos e atividades extensionistas nas universidades, parece oportuno ressaltar que o crescimento de discursos conservadoristas ameaça as conquistas culturais, econômicas, políticas, sociais e de projetos educacionais iniciados, sobretudo, nos governos progressistas de 2003 a 2016. Isso significa que vivemos tempos autoritários, conservadoristas e persecutórios, e que toda uma geração de pessoas, de conhecimentos historicamente acumulados e de políticas públicas está em risco.

Um *contramovimento*, antifeminista, imbuído justamente de um discurso de *nostalgia* de uma certa masculinidade que, fazem crer, imperava tranquila antes da famigerada *crise*, constitui-se e se organiza, pelo menos desde o início dos anos 2000, embora tenha ganhado força somente na década seguinte, sobretudo após as manifestações das jornadas de junho de 2013. Como exemplo dessa onda antifeminista, é possível mencionar o (Contra)Movimento Escola Sem Partido, fundado em 2004, mas que veio a se tornar amplamente conhecido somente aproximadamente dez anos depois, em meio às discussões em torno da elaboração do Plano Nacional de Educação (PNE) datado do ano de 2014, a partir de uma difusão em massa de suas concepções por parte da imprensa e por meio de perfis próprios em redes sociais virtuais.

A ocupação antifeminista de espaços historicamente feministas na estrutura do Estado, como é o caso da Secretaria de Políticas para as Mulheres do Governo Federal (SPM/BR), a partir do golpe de 2016 e, de forma mais aprofundada, a partir da ascensão da extrema direita com as eleições de 2018, suas consequências na ação do Estado e efetivamente na vida das mulheres e suas intrincadas relações com um processo de libertação/de liberação das mulheres das tramas do patriarcado e com um sentimento masculino perpétuo de masculinidade em *crise* estão por ser estudados – e merecem sê-lo. Dialeticamente, se as condições políticas apontam para tentativas de retrocessos, é justamente nesse momento que os/as estudiosos/as brasileiros/as, militantes e ativistas exercem com mais determinação as diretrizes científicas nas investigações que buscam diálogos sobre questões como corpo, gênero, sexualidade; feminismos e masculinidades. O conservadorismo que tem assolado o país obriga a comunidade brasileira a manter-se atenta e unida e a manter a sua investigação revigorada. E, sobretudo, tanto atenta como atual e constantemente atualizada.

É nessa conjuntura que a obra do pesquisador Francis Dupuis-Déri, *A crise da masculinidade: anatomia de um mito persistente*, chega em boa hora. Momento oportuno para diálogos e fecundas reflexões. Este livro representa a potente possibilidade de continuação da própria caminhada dos/das pesquisadores/as brasileiros/as que, *antropofagicamente*, sempre consumiram com curiosidade os trabalhos estrangeiros para produzir *a partir* deles, *com* eles e, sobretudo, *para além* deles. Temos confiança de que essa é a proposta de Francis Dupuis-Déri: a tradução de seu livro para o idioma português não representa uma *fala para* os/as brasileiros/as, mas, muito mais, uma *conversa com* os/as brasileiros/as. É que Francis, intelectual anarquista e comprometido, que tem se dedicado aos estudos sobre as masculinidades e sua relação com o antifeminismo de Estado, possui uma escrita teoricamente sólida e muito combativa, resultado de uma ação solidária e cuidadosa de um ativista generoso e acolhedor, cujos esforços de comunicação encontrarão no público brasileiro, certamente exigente e já conhecedor sobre o tema, interlocutores/as privilegiados/as e de qualidade. Para além da compreensão das masculinidades e de sua relação com um antifeminismo de Estado, o texto pode ser reconhecido como cientificamente útil tanto para pesquisadores/as e profissionais que já dominam o léxico do campo dos estudos sobre masculinidades como igualmente benéfico para iniciantes em formação nos estudos sobre masculinidades ou sobre feminismos. Também o público mais amplo há de se beneficiar da leitura desta obra.

Como sumário de pensamento, o resultado do trabalho apresenta-se condensado na forma de seis capítulos, cuja opção de costura teórica, baseada em uma mirada alargada sobre o tema, compõe e indica as chaves de leitura para a compreensão dos estudos sobre os homens e dos estudos sobre as masculinidades.

No primeiro capítulo, "Crise ou discurso de crise?", são apresentadas e discutidas as narrativas sobre a produção da *crise* da masculinidade, colocando em evidência os interesses sobre a adoção e a circulação corrente do termo. No segundo capítulo, "Pequena história da masculinidade em crise", o autor indica os núcleos de estudos adotados para analisar a noção de uma *crise* estabelecida, tendo como ponto de partida os anos 1900. Para isso, leva em consideração as experiências dos Estados Unidos, da França e da Alemanha. Além de explicitar casos sobre as nações matriarcais da Bretanha, do próprio Quebec, bem como do matriarcado africano-americano. O terceiro capítulo, "O movimento de homens dos anos 1960 até os dias atuais", compõe um quadro mais atual e amplo dos movimentos masculinos a partir de paisagens históricas que articulam questões como masculinismo misógino e antifeminismo de Estado. Em "Os pais se mobilizam", o quarto capítulo de Francis Dupuis-Déri, o pesquisador apresenta como centralidade a mobilização de pais homens e os perfis de membros de grupos que passaram a se organizar em torno das experiências da paternidade que envolvem os cuidados com a prole. São analisadas as motivações desses homens, suas ideias correntes e seus papéis sociais relacionados a guarda dos/das filhos/as e a pensão alimentar. Intitulado "Crise da masculinidade ou crise econômica?", o quinto capítulo aborda as referências das produções da teoria crítica marxista e do anarquismo e suas interlocuções com a teoria feminista e as masculinidades como categoria de análise. Nele, reflete-se sobre os condicionantes materiais e os objetivos da produção das masculinidades. O sexto e último capítulo, "A crise hoje: quais são os sintomas e quais são os discursos?", rascunha um tipo de conclusão parcial da tessitura de todo o trabalho. Nessa parte do texto, Francis analisa de forma mais vertical as variações de alguns casos singulares sobre o senso comum das experiências sociais masculinas. Nele, o autor constrói argumentos "contraditórios" sobre temas como homens *afeminados*, sobre a exclusão escolar de meninos e garotos, sobre o suicídio masculino, sobre a imagem do pai dedicado e exaurido e, finalmente, sobre a falsa simetria entre a violência provocada ou produzida *por* homens e a violência *contra* os homens.

Neste livro, nossos/as concidadãos/concidadãs reconhecerão formas libertárias e libertadoras do nosso próprio trabalho. Porque assim é a escrita de Francis e assim é a marca de qualidade do trabalho que desenvolvemos no Brasil: nossos esforços e nossos investimentos, nossas pesquisas científicas sempre estiveram, como agora estão, comprometidos com os interesses públicos.

Cabe ressaltar que os/as pesquisadores/as e estudiosos/as brasileiros/as merecem continuar a problematização das masculinidades e de suas práticas e experiências sociais. E eles/elas encontrarão nesta obra mais uma oportunidade esperançosa para não deixar esmorecer o profícuo trabalho nacional sobre o tema, fruto de muitas mãos calejadas pelo tempo. Desejamos que o investimento do diálogo, de uma conversa com este livro contribua para não nos deixar esquecer de onde partimos e onde desejamos chegar, como país de todos/as e para todos/as, *apesar dos pesares*. Um país que sonhamos mais justo, igualitário e fraterno, inclusivo e realmente democrático. Um Brasil em que os direitos de todos/as sejam garantidos, reconhecidos, renovados e ampliados. Porque *amanhã há de ser outro dia...*

***

Por fim, não poderíamos terminar a apresentação deste prefácio à edição brasileira sem prestar alguns agradecimentos. Primeiro, ao prof. dr. Francis Dupuis-Déri. Pela disponibilidade do diálogo e pelo interesse em socializar o seu trabalho com os/as brasileiros/as. Agradecemos também ao dr. Paulo Victor Bezerra, cuja qualidade do trabalho de tradução nos alegrou e motivou na empreitada de introduzir esta obra. Igualmente agradecemos, ainda, ao editor Jonatas Eliakim e à editora Blucher pela veiculação de uma obra tão urgente e necessária em seu portfólio. E, finalmente, nossos agradecimentos aos/às pesquisadores/as brasileiros/as dos campos dos *estudos sobre gênero*, *estudos sobre mulheres*, *estudos sobre masculinidades* e *estudos feministas;* bem como aos/às seus/suas ativistas e militantes: dos/as pioneiros/as às novas gerações que renovam os campos, as pessoas cujos nomes são de reconhecimento e as anônimas, todas que, por meio de suas reflexões e engajamentos, suas ações solidárias e coletivas, têm contribuído para tornar o Brasil uma referência na defesa dos direitos igualitários *de* e *entre* homens e mulheres.

Setembro de 2021
Belo Horizonte/MG, Montreal/QC.

In memoriam de Marisa Barletto. E de Marielle Franco e Anderson Silva.

Introdução

A crise, sempre a crise

O homem está em crise, dizem.

O homem está em crise porque a sociedade está feminilizada, porque não há mais modelos masculinos e porque os pais são excluídos pelas mães dominadoras. Vários sintomas permitem diagnosticar essa crise da masculinidade, seja pelo fracasso escolar dos meninos, do desemprego dos homens, da dificuldade dos homens em seduzir as mulheres, seja pela violência das mulheres contra os homens, dos suicídios de homens cometidos por terem sido rejeitados e abandonados pelas mulheres.

O discurso da crise da masculinidade está disseminado a tal ponto que hoje se trata de um *clichê* ou de uma espécie de *lugar--comum*, como sublinham os especialistas da condição masculina na Austrália, no Canadá, nos Estados Unidos, na França, no Reino Unido e alhures. Estaria igualmente *na moda* falar em crise da masculinidade em países culturalmente diferentes, como China, Índia, Israel, Marrocos, entre outros.[1] Mesmo em um país que chega a se

---

1 Ver, entre outros autores, Jean-Jacques Courtine, "La virilité est-elle en crise?", *Études*, vol. 416, n. 2, 2012, p. 175-185; Shereen El Feki, Brian Heilman, Gary Barker (Orgs.),

impor como a primeira potência do mundo, os Estados Unidos, as mídias de massa lamentam "O problema da difamação dos homens", e se perguntam: O que querem os homens? Propondo uma "lista de leitura para a crise de identidade masculina".[2] Guy Garcia, autor do livro *The decline of men* (*O declínio dos homens*), afirma que os homens dos Estados Unidos são "demonizados, difamados" nas mídias e na publicidade, e que eles constituem "*uma espécie em extinção*".[3] A situação não parece mais confortável em um país como a França, onde o campeão da polêmica Éric Zemmour afirmou em seu panfleto *O primeiro sexo* que, "diante desta pressão feminilizante, indiferenciada e igualitarista, o homem perdeu suas referências", ele está "castrado" e acometido por "uma imensa desordem".[4] Pior ainda, os homens franceses estariam "proibidos de falar" e "proibidos de existir".[5]

Os colóquios se debruçam sobre esse fenômeno, artigos de revisão sabiamente o analisam e as enciclopédias sobre a masculinidade dedicam verbetes ao tema. Por parte da pesquisa universitária, a noção de crise da masculinidade é muitas vezes retomada sem que ela seja bem definida. Certos estudos da crise se inscrevem no próprio campo dos estudos feministas, mas contribuem para reforçar a certeza de que os homens estão em crise. Os livros de introdução ao feminismo e as enciclopédias dedicadas às mulheres trazem muitas páginas sobre esse tema, explicam que "há agora uma 'crise da masculinidade', [que] muitos homens se sentem desconcertados

---

Understanding Masculinities: Results from the International Men and Gender Equality Survey (IMAGES) – Middle East and North Africa, Le Caire-Washington, D.C., UN Women and Promundo-US, 2017, p. 263; Jennifer Lemon, "The Crisis of Masculinity and the Renegotiation of Power", *Communicatio*, vol. 18, n. 2, 1992, p. 16-30.

2 Brent J. Malin, *American Masculinity Under Clinton*: Popular Media and the Nineties ""Crisis of Masculinity", Nova York, Peter Lang, 2005, p. 8.

3 Guy Garcia, *The Decline of Men*, Nova York, Harper Perennial, 2009, p. xiii e xvi.

4 Éric Zemmour, *Le premier sexe*, Paris, Denoël, 2006, p. 75, 131 e 134.

5 *Ibid.*, p. 10.

e confusos e [que] o orgulho decorrente de ser um homem está mais desprezado do que em qualquer outro momento do passado recente".[6]

Na França, a psicóloga Pascale Molinier dirigiu, em uma perspectiva crítica, um dossiê sobre esse assunto para a revista *Mouvements*. Ela explicou que "está no *espírito desse tempo dizer que os homens vão mal. É de bom tom incomodar-se com isso*. O tema da crise da masculinidade vende bem" [grifo da autora].[7] Com efeito, os editores propõem um número surpreendente de obras sobre esse tema e algumas rapidamente se tornam *best-sellers* traduzidas em muitas línguas, como: *On men: masculinity in crisis* (*Onde estão os homens? A masculinidade em crise*), de 2001, ou *The end of men: and the rise of women* (*O fim dos homens: e a ascensão das mulheres*).[8] As editoras francófonas têm proposto, já há alguns anos, títulos como: *Échecs et mâles* (*Machos e fracassados*), de 2005; *Vers la féminisation?* (*Rumo à feminilização?*), de 2007; e *La domination féminine: réflexions sur les rapports entre les sexes* (*A dominação feminina: reflexão sobre as relações entre os sexos*), de 2011. Documentários também participam da difusão dessa propaganda masculinista, como *The red pill* (*A pílula vermelha*), *La machine à broyer les hommes* (*A máquina de moer os homens*) e *L'homme en désarroi* (*O homem em desordem*).

---

6 Ronald F. Levant, "Men and Masculinity", Judith Worell (Org.), *Encyclopedia of Women and Gender*: Sex Similarities and Differences and the Impact of Society on Gender, Nova York, Academic Press, 2001, p. 718-721; esse autor escreveu o artigo "The Masculinity Crisis", *The Journal of Men's Studies* (vol. 5, n. 3, 1997, p. 221-231). Ver também Mara Goyet, *Le féminisme raconté en famille*, Paris, Plon, 2007.

7 Pascale Molinier, "Déconstruire la crise de la masculinité", *Mouvements*, n. 31, 2004, p. 24.

8 Outras obras discutem esse tema segundo diferentes perspectivas, sendo, entre várias outras: *The Myth of Male Power*: Why Men Are the Disposable Sex (1993); *Not Guilty*: The Case in Defense of Men (1993); *Masculinity in Crisis* (1994); *Crisis in Masculinity* (1995); *The Decline of Men* (2009) – cujo título lembra aquele do livro *The Decline of Males*, lançado em 1999, e *The Decline of the American Male*, lançado em 1958 – assim como *The Second Sexism*: Discrimination Against Men and Boys (2012).

Entre os promotores desse discurso da crise da masculinidade, se encontram personalidades públicas que gozam de uma grande visibilidade midiática, agentes públicos, atores políticos da extrema direita ou de forças progressistas, até mesmo filósofos marxistas e anarquistas, mulheres que se fingem pró-feministas, e mesmo mulheres (pós-)feministas,[9] algumas das quais são honradas com o título de madrinhas ou presidentas de grupos de homens. Esse discurso também é compartilhado por especialistas em intervenções sociais junto a homens. Tais discursos, aliás, se embasam geralmente em considerações (e em *clichês*) psicanalíticas, biológicas e genéticas, bem como antropológicas, sociológicas e teológicas. Enfim, é reproduzido por colunistas nas mídias e pelos *trolls* nas redes sociais e está frequentemente amalgamado, explicitamente ou não, a ideias homofóbicas e racistas.

O discurso da crise da masculinidade defende que os "verdadeiros homens" não devem ser sensíveis, trocar as fraldas e se preocupar com o prazer sexual das mulheres. Esse é notadamente o caso do texto da revista estadunidense *Details*, intitulado "Como *Desperate Housewives* está castrando a todos nós", em referência à série televisiva que coloca em cena vizinhas de um bairro nobre. O autor desse texto se lamenta acerca de "tudo o que nós [homens] temos sacrificado e aceitado modificar em nós para nos enquadrarmos ao modelo tom pastel do homem sensível". Segundo ele,

> *nós não só sabemos como proporcionar um orgasmo a uma mulher, nós nos* asseguramos que ela tenha um. *Diabos, há agora um lugar para trocar fraldas nos banheiros dos* homens. *[...] Durante décadas, o mo-*

---

9 Denise Bombardier, *La déroute des sexes*, Paris, Seuil, 1993; Françoise Hurstel, "Peut-on parler d'une crise de la masculinité?: Hommes-femmes-pouvoir", *La Pensée*, n. 339, 2004, p. 5-17; Élisabeth Badinter, *Fausse route*, Paris, Odile Jacob, 2003.

> *vimento de mulheres travou uma brilhante guerra de relações públicas, atacando a masculinidade que seria grosseira, retrógrada e até perigosa. Uma geração de homens perdidos vai à escola fazer cursos obrigatórios de prevenção ao estupro. A mensagem: o seu pênis é uma ameaça à sociedade. [...] Consequentemente, os homens se tornaram as novas mulheres, ao passo que as mulheres se tornaram os novos heróis.*[10]

Na França, autores conhecidos, como Éric Zemmour, afirmam que o momento é marcado pela

> *superioridade evidente de "valores" femininos, a delicadeza acima da força, o diálogo acima da autoridade, a paz acima da guerra, a escuta acima da ordem, a tolerância acima da violência, a precaução acima do risco. [...] Os homens fazem o que podem para [...] se tornarem uma mulher como as outras. [...] A mulher não é mais um sexo, mas um ideal.*[11]

Em razão da "feminilização da sociedade",[12] os valores ou princípios masculinos estariam depreciados, menosprezados, ridicularizados. Do mesmo modo, em Quebec, o colunista Mario Roy declarou no jornal *La Presse* que "os valores ditos femininos (interioridade, cautela, empatia, preservação, pacifismo) constituem hoje os padrões de medida a partir dos quais tudo é julgado. Isso não é um mal em si. O problema é que essas palavras relegaram

---

10 Kevin Gray, "How *Desperate Housewives* Is Castrating Us All", *Details*, 2005 [http://www.bykevingray.com/portfolios/how-desperate-housewives-is-castrating-us-all/].

11 Éric Zemmour, *op. cit.*, p. 10-11.

12 Hanna Rosin, The End of Men: Voici venu le temps des femmes, Paris, Autrement, 2013, p. 13.

ao não dito e ao não respeitável as ações associadas aos valores ditos masculinos: lutar, arriscar, jogar, produzir, construir".[13] Devemos compreender que uma verdadeira mulher não deveria jogar (!), produzir, *lutar*? De qualquer modo, essas palavras dão a entender que a *luta* feminista é bem pouco feminina... Mas por que concluir que seríamos nós, os homens, ameaçados pelo diálogo, pela doçura, pela tolerância e pela paz, sem esquecer das fraldas a serem trocadas e do orgasmo feminino?

O especialista em masculinidade Stephen M. Whitehead constatou que o discurso de crise da masculinidade (re)afirma permanentemente uma diferença e até mesmo uma oposição entre o masculino e o feminino, por meio, porém, de noções vagas e mal definidas, seja pelos estereótipos e clichês, como a "psiquê masculina", a "identidade masculina inata", a "natureza masculina", ou por conceitos emprestados de maneira aleatória da psicanálise.[14] A título de exemplo, o psicoterapeuta Roger Horrocks, autor do livro *Masculinity in crisis*, afirma que

> *a masculinidade para os homens tem uma função unificadora. Todo o espectro da masculinidade, do macho ao afeminado, tem isto em comum: traz uma mensagem do tipo "eu não sou uma mulher". [...] A "masculinidade" nesse sentido é definida em oposição à "feminilidade". O masculino é a negação do feminino.*[15]

Do mesmo modo, o psicólogo Yvon Dallaire pergunta "O que faz com que um homem seja um homem?".[16] O discurso da crise da

13 Mario Roy, "Les masculinistes... et les autres", *La Presse*, 11 maio 2008.
14 Stephen M. Whitehead, *Men and Masculinities*, Cambridge, Polity, 2002, p. 55-56.
15 Roger Horrocks, *Masculinity in Crisis*, Nova York, St. Martin's Press, 1994, p. 33.
16 Yvon Dallaire, "L'homme 'agit' ses émotions", Mario Proulx, *La planète des hommes*, Montréal, Bayard/Radio-Canada, 2005, p. 112.

masculinidade é, portanto, essencialmente misógino, já que o que é feminino é apresentado como um problema, uma ameaça, um elemento tóxico que afunda o masculino em crise, é aquilo que o destrói, que o transforma em seu contrário: o feminino.

Alguns até afirmarão que os homens que governam os Estados são guiados por valores femininos, como a empatia e o pacifismo. Os homens estão no poder, certamente, mas eles governam de maneira feminina e maternal. Michel Schneider, psicanalista e antigo diretor no Ministério da Cultura da França, lamentou "a maternalização do mundo",[17] pois "mesmo os homens políticos, se assim podemos dizer, chegaram ao ponto de desposar as virtudes cardeais emprestadas das mulheres: tolerância, bondade, doçura e compaixão".[18] Também aqui, uma oposição fundamental é (re)afirmada "entre o homem e a mulher, entre o masculino e o feminino, entre a atividade e a passividade, entre a heterossexualidade e a homossexualidade".[19] O que permite afirmar que "as três funções do Estado: polícia, forças armadas, diplomacia" revelam "tradicionalmente um imaginário do pai", mas podem se lamentar que hoje em dia o "Estado contemporâneo" se ocupa "do bem-estar dos cidadãos"[20] e que se transformou na "*Big Mother,* a mãe-Estado".[21]

Materno, o governo ocidental? As sociedades passam, outrossim, por um longo período de redução dos serviços sociais e de ajuda

---

17 Michel Schneider, *Big Mother*: Psychopathologie de la vie politique, Paris, Odile Jacob, 2005, p. 11.

18 *Ibid.*, p. 11, 19-20.

19 *Ibid.*, p. 270.

20 *Ibid.*, p. 63.

21 *Ibid.*, p. 20. A expressão é retomada por Patrick Guillot, autor de *La cause des hommes*: Pour une réelle équité sociale entre les sexes e de *La misandrie*: Histoire et actualité du sexisme anti-hommes; e pelo psicanalista Jacques Arènes, que fala em termos de "Big Mother enveloppante" (*Lettre ouverte aux femmes de ces hommes (pas encore) parfaits...*, Paris, Fleurus, 2005, p. 140) e que também escreveu o livro *Y a-t-il encore un père à la maison?*.

aos desfavorecidos, ao passo que as autoridades se orientam pela obsessão em reduzir a dívida pública. O orçamento das forças armadas continua a inchar, e as unidades policiais, cada vez mais militarizadas, dispõem de um número crescente de instrumentos legislativos para combater o crime e o terrorismo. Milhões de pessoas apodrecem nas prisões ou nos centros de detenção como imigrantes ilegais. O Ocidente parece estar em guerra permanente contra a civilização muçulmana, promovendo operações que devastam regiões inteiras e massacram populações civis.

De fato, as referências aos valores maternais e femininos podem ser enganosas. O filósofo Michel Foucault estudou bem essa passagem de um Estado dominador a um Estado que cuida, contudo, ele não teve a necessidade de apelar à figura da mãe para a sua análise. Ao contrário, Foucault recorreu à figura masculina do pastor ou do ovelheiro que toma conta de seu rebanho, conta seus animais, controla seus deslocamentos e finalmente se assegura que eles estejam bem tosquiados para o abate. Resumindo, as metáforas e as analogias com o tema do feminino e do maternal podem frequentemente ser desconstruídas e até mesmo superadas.

Para superar a crise da masculinidade, por assim dizer, muito frequentemente se propõe a revalorização de uma identidade masculina tradicional associada a certas qualidades, bem como a papéis e funções na sociedade, na família e na relação conjugal. Um homem, um de verdade, é evidentemente heterossexual, autônomo, ativo, agressivo, competitivo e possivelmente violento. Pretende-se que esse modelo de masculinidade deva ser (re)valorizado para assegurar um desenvolvimento sadio dos meninos e homens e uma complementaridade equilibrada com as mulheres. Estas últimas devem aderir à identidade feminina tradicional, quer dizer, serem elas também heterossexuais, mas igualmente cuidadosas, atenciosas, cooperativas, pacíficas e doces – e dependentes dos homens. Essas identidades sexuais complementares determinariam quais profissões são masculinas, como as forças armadas, polícia, bombeiros, piloto. Em 2006, a rádio France Culture propôs um programa intitulado "Crise da masculinidade hoje, mas que crise? O homem é uma mulher como as outras?". O programa era anunciado no site da emissora de rádio da seguinte maneira: "Agora que as meninas vão, enfim, poder sonhar em *se tornar Presidente da República* sem que elas sejam interrogadas sobre sua sanidade psíquica, os meninos vão continuar a aspirar uma carreira no *corpo de bombeiros*? Ninguém mais está seguro [...] Até os *psis* atestam uma crise da masculinidade sem precedentes" [grifo nosso]. Apesar disso, doze anos depois, continua-se esperando a primeira mulher presidente da França e ainda há 95,5% de homens no corpo de bombeiros.[22]

Além do discurso, um verdadeiro movimento social se mobiliza pela causa dos homens. Éric Zemmour se alegra, aliás, com a emergência nos Estados Unidos de uma certa "vingança reacionária", uma "revolução masculinista", viril e neoconservadora.[23] Nos Estados Unidos, com efeito, a fundação da National Coalition for Men (Coalizão Nacional para os Homens) se deu em 1977. Essa organização se apresenta hoje como "o mais antigo grupo de homens engajados a pôr fim à discriminação do sexo". Em junho de 2017, ou seja, quarenta anos após sua fundação, a organização National Coalition for Men apresentou em seu site um certo número de desafios importantes, incluindo o "viés anti-homens das mídias" e os homens vítimas de "violência doméstica". A organização A Voice for Men (Uma voz para os homens), por sua vez, tem como missão "educar e encorajar os homens e os meninos a se elevarem acima do tumulto da misandria [ódio aos homens], rejeitar as exigências insanas do ginocentrismo [centramento no feminino] em todas as

22 Segundo o site do corpo de bombeiros da França [http://www.pompiers.fr/pompiers/nous-connaitre/chiffres-cles] e Agnès Leclair, "Les femmes incitées à devenir pompiers", *Le Figaro*, 15 nov. 2016.

23 Éric Zemmour, *op. cit.*, p. 132-134.

suas formas e promover o bem-estar mental, físico e financeiro dos homens, sem concessões nem desculpas.[24] A página principal do site da organização (acesso em junho de 2017) oferece uma contagem dos suicídios dos homens no mundo todo. A página editorial apresenta suas "10 políticas editoriais" das quais as duas primeiras são (1) pró-macho e (2) antifeminista, pois "o feminismo é uma ideologia corrompida, traiçoeira, odiosa e baseada no elitismo feminino e na misandria".[25]

Esse movimento social, composto de ideólogos, militantes e organizações, é qualificado de movimento de homens, movimento pelos direitos dos pais ou de movimento hominista ou masculinista. Frente ao movimento feminista, o qual milita pela liberdade e igualdade de mulheres e homens, o *masculinismo* é um contramovimento que procura dificultar, parar ou fazer recuar o processo de emancipação das mulheres, em nome dos "direitos" e sobretudo dos interesses dos homens em relação às mulheres. Como todo movimento social, ele traz uma reivindicação, até mesmo um manifesto, tal como o *Manifesto masculinista*, difundido em um site italiano, que convoca à "emancipação dos homens da dominação feminina",[26] e o *Manifesto masculino*, difundido pelo Círculo Masculino do México, o qual chama as mulheres a colaborarem com o machismo, estágio supremo da civilização. No Canadá, nos Estados Unidos e em muitos países da Europa, esse movimento faz *lobby* junto a políticos e convidam-se para participar de instâncias públicas e de

---

24 https://www.avoiceformen.com/policies/mission-statement/

25 Citado em Michael Kimmel, "From Men's Liberation to Men's Rights: Angry White Men in the US", *OpenDemocracy*, 9 jul. 2014 [https://www.opendemocracy.net/5050/michael-kimmel/from-men%27s-liberation-to-men's-rights-angry-white-men-in-us].

26 http://www.uomini3000.it/68.htm (agradeço a Marcos Ancelovici por esta reverência). Ver também Mara Vivesos Vigoya, "Les couleurs de la masculinité: expériences intersectionnelles et pratiques de pouvoir en Amérique Latine", Paris, *La Découverte*, 2018, p. 182 e seguintes.

interesse público, como comissões parlamentares, além de incitar ações militantes individuais ou coletivas, como greves de fome, vigílias, manifestações, rebeliões e até mesmo intimidação. Muitas organizações desse movimento se apresentam publicamente como favoráveis à igualdade dos sexos, mas basta consultar seus estatutos, seus mandatos e seus objetivos para perceber que eles são geralmente muito críticos das feministas e da emancipação das mulheres, e que elas não são a favor da emancipação dos homens.[27]

Esse movimento tem uma dimensão transnacional, já que seus discursos e seus modos de organização e de ação são reproduzidos para além das fronteiras.[28] Isto posto, o masculinismo é fortemente influenciado pelo contexto local ou nacional dentro do qual ele evolui. Na Alemanha, por exemplo, a crise da masculinidade faz um laço com a história complexa do país, seja seu passado nazista, seja a experiência da Guerra Fria, enquanto se enfrentavam a Alemanha Ocidental liberal e a Alemanha Oriental soviética. Depois da queda do muro de Berlim, as feministas foram comparadas, nessas discussões na internet, aos antigos burocratas do regime soviético e à polícia secreta, a "polícia do pensamento", ou ainda qualificadas de "feminazis". Quanto aos homens pró-feministas, eles são taxados de *lila pudel* ou "poodle rosa". A feminilização e a "castração" dos homens são deploráveis, assim como a perda dos valores masculinos. Portanto, não haveria mais pais ou heróis românticos, como os cavalheiros do Império Germânico, os exploradores e os grandes caçadores. Como acontece em outros países, as feministas são acusadas de mentir acerca da violência conjugal, e os centros de acolhimentos para mulheres vítimas de violência são apresentados como lugares de doutrinamento onde os profissionais ensinam as mulheres a

27 Southern Poverty Law Center, "Misogyny: the Sites", *Intelligence Report*, primavera 2012.

28 Hélène Palma, "La percée de la mouvance masculiniste en Occident", 2008 [brochura sem editora].

odiarem os homens. Os endereços confidenciais dos centros de acolhimento foram todos tornados públicos.[29]

Os masculinistas podem cometer atentados, como na Austrália nos anos 1980, quando juízes do Tribunal da Família foram alvos de bombas, ou em 6 de dezembro de 1989 em Montreal, quando um homem jovem entrou em uma sala na Escola Politécnica armado com um fuzil semiautomático. Ele ordenou que os homens saíssem e apontou sua arma para as estudantes, as quais ele crivou de balas após gritar: "Eu odeio as feministas!". Ele matou catorze mulheres e depois se suicidou antes da chegada da polícia. Esse terrorista trazia consigo uma carta na qual ele explicava: "Eu decidi enviar *ad patres* as feministas que sempre me estragaram a vida". A carta tinha um anexo com dezenove nomes de mulheres que ele planejava assassinar, desde feministas que trabalhavam na política, na mídia e nos sindicatos, até a primeira mulher a se tornar bombeiro em Quebec e a primeira policial feminina de Montreal. Enquanto as mulheres e as feministas de Quebec choravam de medo, de dor e de raiva, a mídia frequentemente apresentava o assassino como uma vítima do feminismo e da emancipação das mulheres.

Sobre esse caso, um criminalista afirmou que "as mulheres se emancipam e muitos homens se sentem ameaçados".[30] Quanto ao assassino, "nunca foi confirmada sua identidade de homem", diagnosticou o psicólogo Guy Corneau, autor do célebre livro *Pai ausente, filho carente*, sem jamais ter encontrado o assassino nem ter avaliado sua ficha criminal.[31] A historiadora e socióloga Mélissa Blais relembrou que algumas pessoas chegaram a exaltar o terrorista,

---

29 Agradeço a Sébastien Tremblay por sua leitura dos textos a respeito do tema em alemão, em particular os artigos da revista *Emma*.

30 Pierre Landreville citado por Mélissa Blais em *"J'haïs les féministes!": le 6 décembre 1989 et ses suites*, Montréal, Les Éditions du remue-ménage, 2009, p. 86.

31 Patrick Grandjean, "Marc Lépine: un cas de 'père manquant, fils manqué'", *La Presse* (Montréal), 3 dez. 1990, p. A3.

como os soldados do regimento aeroportuário do exército canadense que comemoraram e fizeram uma salva de catorze tiros em sua homenagem, ou ainda um montrealense que enviou ameaças de morte a 25 mulheres afirmando ser a "reencarnação" do terrorista. Um site foi consagrado ao assassino, apresentando-o como um herói e um mártir, sugerindo "que não é culpa somente das feministas, mas de todas as mulheres em geral, se as escolas fomentam a violência nos homens jovens".[32] Vinte anos depois do atentado, um comentário publicado em um fórum de discussão do site da Radio-Canada explica que:

> *as tragédias como a do Politécnico são imperdoáveis, mas, é preciso dizer, inevitáveis. A luta das mulheres por igualdade perturbou bastante os costumes e as mentalidades. Os homens mais fastidiosos* [sic] *a essa mudança "perderam a cabeça" e massacraram as mulheres* para se vingar. *Isso é imperdoável, mas, ao mesmo tempo, inevitável; as grandes mudanças, mesmo que para melhor, geralmente trazem algumas* crises *de adaptação e tragédias também [grifos nossos].*[33]

Muitos que fazem parte desse movimento recusam o qualificativo "antifeminista", alegando serem verdadeiramente pela igualdade entre os sexos. No entanto, o feminismo é com muita frequência apresentado como a causa da crise da masculinidade. Por exemplo,

---

32 marclepine.blogspot.com, 30 out. 2009. Ver Mélissa Blais, "Marc Lépine: héros ou martyr? Le masculinisme et la tuerie de l'École polytechnique", Mélissa Blais e Francis Dupuis-Déri (Orgs.), *Le mouvement masculiniste au Québec: l'antiféminisme démasqué*, Montréal, Les Éditions du remue-ménage, 2015 (2. ed.).

33 Barbara Debays, "Tragédie de Polytechnique: Marc Lépine, un tueur transformé en héros", Radio-Canada, veiculado em 30 nov. 2009 [http://www.radio-canada.ca/nouvelles/societe/2009/11/27/001-polytech-lepine-masculinistes.shtml#commentaires].

muitas obras fazem referência desde a primeira linha ou da primeira página ao "feminismo", ao "movimento feminista" ao "movimento de mulheres" ou à "emancipação feminina", em suma, se referem a um movimento social que tem provocado nos homens "confusos" uma "crise existencial". Nós afirmamos que os homens "receberam o feminismo de frente",[34] que "a ordem masculina está atropelada como nunca" e que nós assistimos ao "fim do patriarcado". O homem vítima de "misandria" é agora "tímido, quase mudo, dominado". Os homens estão "feminilizados" e até mesmo "castrados"!

Tais afirmações que qualificam o feminismo como uma ameaça extrema aos homens também são encontradas nas plataformas virtuais. No Quebec, por exemplo, um homem comparou o feminismo ao "estalinismo" e ao "nacional-socialismo alemão", prevendo que a próxima etapa da "ditadura feminina [...] será talvez a construção de câmaras de gás"[35] para exterminar os homens. Esse homem era vice-presidente da Coalizão para a Defesa dos Direitos dos Homens do Quebec e autorizado, por esse título, a apresentar um memorial diante de uma comissão parlamentar que revisa o mandato do Conselho do Estatuto da Mulher do Quebec. As mídias afirmam que ele foi condenado por ameaça de morte e agressão contra sua ex-esposa. O tribunal lhe impôs um período probatório, o qual ele não respeitou; foi então condenado novamente a onze meses de prisão por ter assediado sua ex-esposa repetidas vezes por telefone. Ele declarou durante o processo que o sistema judiciário estava não somente corrompido, mas também orientado sistematicamente em favor das mulheres. Alguns membros da organização Fathers-4-Justice (F4J) assistiram à audiência em sinal de solidariedade. Em sua

---

34 No original, *de plein fouet*. A expressão *de plein fouet* tem o mesmo sentido de "frontalmente" ou "de braços abertos", porém, a palavra *fouet* por si significa chicote, de modo que o autor faz aqui um jogo de duplo sentido [N.T.].

35 Hermil Lebel, "Misandrie institutionnalisée", Indymedia-Nantes [http:nantes.indymedia.org/article.php3?id_article=2946].

sentença, o juiz sublinhou que o tal homem se colocou a perseguir e culpar sua ex-esposa, os advogados, os juízes e o sistema judiciário por todas as suas decepções, mas não fazia qualquer autocrítica e não aceitava nenhuma responsabilidade quanto à sua situação.[36]

O patriarcado, ainda e sempre

Esse discurso da crise da masculinidade está em descompasso com a relação entre os homens e as mulheres. Basta abrir os olhos para ver uma maioria de homens à frente dos Estados, mais precisamente em 175 dos 193 países membros da Organização das Nações Unidas (ONU).[37] Os homens dirigem também a maior parte das principais instituições internacionais, incluindo a ONU, a Organização Mundial do Comércio (OMC), o Banco Mundial, a Organização dos Países Exportadores de Petróleo (OPEP) e diversas alianças militares. São

---

36 Christiane Desjardins, "La prison pour un membre de Fathers-4-Justice", *La Presse*, 15 fev. 2006, p. A29. A apelação a esse julgamento será revertida em instância superior, pois o juiz considerou que o julgamento não foi suficientemente minucioso, mesmo reconhecendo a prova de culpa e a necessidade de um novo processo (Christiane Desjardins, "Un membre de Fathers-4-Justice gagne son appel sans livrer la dernière manche", *La Presse*, 6 jul. 2007, p. A11). Esse caso também é discutido no site do F4J [http://www.fathers-4-justice.ca/fr/mtl/affaireCamille.html] (acessado em maio de 2006; esse site não estava mais ativo em 2018).

37 Em 2017, os homens eram maioria no parlamento de todos os países, da Ruanda à Bolívia: 56% dos deputados da Suécia, 62% na Bélgica, 63% na Alemanha, 68% na Argélia, 71% na França, 72% no Afeganistão, Israel e Peru, 74% no Canadá e 81% nos Estados Unidos; a maioria dos municípios era dirigida por homens: 82% nos Estados Unidos e 84% na França e no Quebec (Vyara Apostolova, Richard Cracknell, *Women in Parliament and Government*, Londres, House of Commons, 27 fev. 2017; Yves Raibaud, *La ville faite par et pour les hommes*, Paris, Belin, 2015, p. 75; *Égalité femmes hommes: portrait statistique, gouvernement du Québec*, 2016, p.103; http://iknowpolitics.org/endiscuss/e-discussions/-women-mayors-women-elected-head-villages-towns-and-cities).

os homens sozinhos, ou quase, que governam o mundo, quer dizer, que têm o poder de tomar as decisões que afetam as populações.

As mulheres são não somente minorias no parlamento, como fazem uso da palavra com menos frequência e por menos tempo que seus colegas masculinos,[38] e elas ainda não estão protegidas de sofrerem violência sexual, inclusive por parte dos deputados do próprio partido.[39] Em 2017, um deputado britânico conservador lamentou que havia apenas uma possibilidade "limitada" de trazer ao parlamento as questões tocantes aos homens. O legislativo britânico contava na época com 78% de homens.[40] Ele inclusive propôs que a Câmara dos Comuns aprovasse um Dia Internacional dos Homens. Assim, é possível ouvir um homem se queixar de que não há espaço suficiente para os homens em uma assembleia com quatro vezes mais homens do que mulheres.

Os homens estão também mais frequentemente à frente dos exércitos e das polícias, das grandes companhias privadas e públicas, incluindo as empresas multinacionais do setor do petróleo, automobilístico e farmacológico, nas câmaras de comércio, nos sindicatos e associações estudantis, nas universidades, nos templos de diversas religiões, nas mídias e até nas poderosas redes de criminalidade e de luta armada. O mundo ainda é um *boys' club*, como explica a feminista Martine Delvaux. Ela destaca que é efetivamente de poder que se trata: "não se trata somente de os homens ocuparem muitos lugares; trata-se de eles os ocuparem *juntos*. [...] O *boys' club* é um grupo coeso de amigos homens que se protegem entre si" [grifo da autora], pois eles detêm o poder e sabem "como consegui-lo, como

---

38 Naël Shiab, "L'Assemblée nationale est sexiste et en voici la preuve", *L'Actualité*, 2 ago. 2016.

39 Jocelyne Richer, "Le phénomène d'inconduite sexuelle touche aussi les élues", *Le Devoir*, 4 dez. 2017; Mylène Crête, "Les inconduites sexuelles n'épargnent pas le Parlement", *Le Devoir*, 3 jan. 2018.

40 Vyara Apostolova e Richard Cracknell, *op. cit.*

conservá-lo".[41] Uma outra feminista, Sarah Labarre, afirmou acerca do tema do *boys' clubs* que

> *ainda que as mulheres fossem admitidas, elas não passariam de uma minoria e deveriam se curvar às regras ditadas pelos* rapazes. *Agir como os* rapazes. *[...] O que caracteriza o* boys' club *é essa solidariedade entre os homens que não têm o interesse de pôr o* status quo *em questão, ou de modificar suas regras para permitir uma verdadeira igualdade entre os sexos.*[42]

As riquezas também estão concentradas nas mãos dos homens. As dezessete pessoas mais ricas do planeta são homens.[43] Em 2016, o clube seleto dos bilionários do planeta contava com 88% de homens.[44] Aproximadamente 70% de toda a riqueza mundial está nas mãos dos homens,[45] e eles possuem aproximadamente 80% das terras do planeta.[46] No domínio dos esportes, as competições masculinas são as mais prestigiadas, as mais rentáveis e que arrecadam a maior parte dos fundos públicos, como testemunha o apoio financeiro dado às

---

41 Martine Delvaux, "Décider entre hommes", *À Bâbord!*, n. 62, dez. 2015-jan. 2016.

42 Sarah Labarre, "Les féministes, les réseaux sociaux et le masculinisme: guide de survie dans un *No Woman's Land*", Mélissa Blais, Francis Dupuis-Déri (Orgs.), *Le mouvement masculiniste au Québec: l'antiféminisme démasqué*, Montréal, Les Éditions du remue-ménage, 2015 (2. ed.), p. 165.

43 http://www.businessinsider.com/richest-people-world-billionaires-list-2017-11/#18-alice-walton-32

44 Valentina Zarya, "The Percentage of Women Billionaires Compared to Men is Shrinking", *Fortune*, 8 ago. 2016.

45 Megan Leonhardt, "Women's Wealth Growing Faster Than Men's", *Money*, 7 jun. 2016 [http://time.com/money/4360112/womens-wealth-share-increase/].

46 Segundo o Fórum Econômico Mundial [https://www.weforum.org/agenda/2017/01/women-own-less-than-20-of-the-worlds-land-its-time-to-give-them-equal-property-rights/].

corridas automobilísticas de Fórmula 1. Nos Estados Unidos, as ligas esportivas profissionais masculinas não mistas oferecem aos jogadores salários médios anuais de 2 milhões de dólares para a National Football League (NFL) e de 6 milhões de dólares para a National Basketball Association (NBA). Já as líderes de torcida, ou *pom-pom girls*, que executam alguns passos de dança nas quadras ou campos, têm um salário médio de 1.250 dólares por ano, sendo menos de 5 dólares por hora.[47]

Sem dúvida, não são todos os homens que são ricos; mesmo assim nós temos geralmente mais dinheiro no bolso que as mulheres, os empregos de melhor salário e maior prestígio e até mesmo as parcelas do seguro-desemprego e aposentadoria maiores. O trabalho (gratuito) das mulheres na realização do cuidado parental e doméstico é uma das principais causas dessa diferença.[48]

Por outro lado, pode ser que não haja nada mais do que dinheiro e trabalho na vida: nos Estados Unidos, os homens gozam de aproximadamente cinco horas a mais de tempo livre por semana do que as mulheres. Eles se dedicam, por exemplo, a assistir à televisão e praticar esportes. Se um casal heterossexual tem filhos, a diferença é de aproximadamente três horas a mais de tempo livre por semana para o pai, o que se constata também em outros países, como a França.[49]

Portanto, as mulheres são, em geral, menos *livres* que os homens. Elas se obrigam a seguir as decisões políticas, econômicas e culturais

---

47 Kurt Badenhausen, "The Average Player Salary and Highest-Paid in NBA, MLB, NHL, NFL and MLS", *Forbes*, 15 dez. 2016; Olga Khazan, "The Shockingly Low Salaries of Professional Cheerleaders", *The Atlantic*, 24 jan. 2014.

48 Anna Brown, Eileen Patten, "The Narrowing, But Persistent, Gender Gap in Pay", *Pew Research Center*, 3 abr. 2017 [http://www.pewresearch.org/fact-tank/2017/04/03/gender-pay-gap-facts/].

49 "Another Gender Gap: Men Spend More Time in Leisure Activities", *Pew Research Center*, 10 jun. 2013 [http://www.pewresearch.org/fact-tank/2013/06/10/another-gender-gap-men-spend-more-time-in-leisure-activities/]; Julia Kadri, "Les femmes ont moins de temps libre que les hommes", *Marie Claire*, 3 abr. 2017.

tomadas pelos homens. Elas têm menos acesso que eles à tribuna para se exprimirem publicamente. Elas sabem que algumas profissões de prestígio são pouco abertas às candidatas mulheres, de tal modo que elas nem ousam se candidatar. Por medo dos homens, elas evitam se aventurar sozinhas em alguns bairros para passear, trabalhar ou residir. Um homem pode ter medo de andar nas ruas, mas por receio de outros homens, e não de mulheres. Os homens estão tão mais presentes no ciberespaço a ponto de nos remeter a uma "manosfera", onde se exprime uma misoginia e um antifeminismo particularmente vingativos.

Em termos simbólicos e de representação, as características ditas masculinas são valorizadas, entre outros lugares, nas estratégias de comercialização de produtos. Se por um lado alguns se incomodam que os homens se depilem ou ostentem brincos nas orelhas, por outro podemos logo notar a moda do exercício físico nas academias, o retorno da barba ou ainda a lógica do mercado de produtos de higiene corporal. Os nomes dos desodorantes para homens se referem ao esforço esportivo, como "esporte intenso" e "jogo de poder", ao gosto da aventura em regiões hostis, como "força do ártico", e ao desenvolvimento da força bruta, como "adrenalina" ou "gel do poder". Aí está o quanto existe a valorização de uma imagem masculina associada à ação, à força e ao poder, mesmo em uma atividade tão insignificante como passar desodorante nas axilas. Para as mulheres, os nomes de desodorantes evocam a doçura da natureza ("jardim de seda", "pura pera"), o romantismo *kitsch* ("beleza da baunilha", "cereja apaixonada"), a maternidade ou a infantilização ("pó para bebê"). A mesma situação se constata na seção de lâminas para os homens: "força5", "poder de fusão", "Mach3". Ao fazer a barba, o homem deve ter a impressão de estar no comando de um foguete, de um avião de guerra ou de um carro de corrida. Por outro lado, os nomes das lâminas femininas evocam um ideal típico de beleza ("vênus", "sol cítrico") ou de uma forma de inteligência associada ao feminino ("intuição"). Tudo isso é ridículo, mas prova, contudo, que a feminilização dos homens não está em curso, antes o contrário.[50]

A (re)valorização da masculinidade convencional se realiza igualmente por meio da publicidade de carro e bancos, a moda do vestuário paramilitar, a expansão do volume muscular dos heróis nos filmes e desenhos animados desde os anos 1950-1960.[51] As lojas de brinquedos infantis promovem, para meninos de quatro a seis anos, as "fantasias de super-heróis musculosos". Isso não basta? Há ainda os videogames de guerra e a guerra real.

As próprias cidades são masculinas, de modo contrário ao que frequentemente se afirma. Em seu blog, Aruna Sankaranarayanan estudou os nomes de ruas de sete grandes cidades do mundo, e em Londres, Nova Deli, Paris e São Francisco, pôde-se constatar que os nomes das mulheres não somam mais do que 27,5% das ruas.[52] A inequidade é tão flagrante que os grupos feministas renomearam clandestinamente ruas e praças na Eslovênia, na Bósnia-Herzegovina e na Croácia, optando por nomes como Simone de Beauvoir, Dia Internacional das Mulheres, Lésbicas.[53] Nas cidades da França, 75% das verbas públicas para as atividades de lazer de jovens são destinadas a atividades praticadas majoritária ou unicamente pelos meninos, que utilizam bem mais do que as meninas esses espaços públicos, como quadras de basquete e pistas de skate.[54]

---

50 Marcas identificadas em uma farmácia de Montreal.

51 Observa-se isso facilmente vendo as novas versões dos filmes produzidos há quarenta ou cinquenta anos: os soldados americanos do filme *O dia em que a terra parou* não têm o mesmo porte físico na versão original de 1951 e naquela de 2008; a mesma situação acontece com Batman na série televisiva dos anos 1960 e nos filmes dos anos 2000.

52 Aruna Sankaranarayanan, "Mapping Female *versus* Male Street Names", *Mapbox*, 3 nov. 2015 [https://www.mapbox.com/blog/streets-and-gender/].

53 Hvala Tea, "Streetwise Feminism: Feminist and Lesbian Street Actions, Street Art and Graffiti in Ljubljana", *Amnis*, n. 8, 2008 [https://amnis.revues.org/545].

54 Yves Raibaud, *op. cit.*, p. 16-17.

Contrariamente ao que afirma o discurso da crise da masculinidade, nós – os homens – não carecemos de modelos masculinos convencionais nas representações midiáticas e culturais: numerosos são os presidentes e primeiros-ministros (Emmanuel Macron, Vladimir Putin, Justin Trudeau, Donald Trump), os generais de guerra e seus inimigos de ontem até os dias de hoje (Alexandre, Attila, César, Napoleão, Osama Bin Laden etc.), os reis, os imperadores e os grandes chefes de Estado (Churchill, Kennedy, De Gaulle, Mitterrand), os ícones revolucionários (Washington, Danton e Robespierre, Bolívar, Lenin, Mao, Che Guevara, Sakara), os grandes exploradores e conquistadores (Marco Polo, Cristóvão Colombo e Neil Armstrong), os heróis da literatura e do cinema (os dez homens da comitiva do *Senhor dos Anéis* passando por Ulisses, os Três Mosqueteiros, Cyrano de Bergerac, James Bond e super-heróis como Batman e Harry Potter). Para nos provar que o homem é inteligente, nós podemos nos referir aos sábios célebres, de Leonardo Da Vinci a Albert Einstein. Para nos convencermos que o homem tem talento, nós podemos nos identificar com artistas de renome, como Bach, Mozart e Beethoven na música ou Michelangelo, Renoir, Dali e Picasso nas artes visuais e visitar museus como o Metropolitan em Nova York, onde 95% da obras expostas na seção de arte moderna são assinadas por homens, embora 85% das ilustrações de corpos nus representem mulheres.[55] Mesmo os agressores, estupradores ou assassinos de mulheres são apresentados como gênios, da economia (Dominique Strauss-Kahn), nas artes (Woody Allen, Bertrand Cantat, Roman Polanski), na filosofia (Louis Althusser) ou nos esportes (O.J. Simpson, Mike Tyson). Se ainda estamos em falta de modelos, nós podemos enfim nos direcionarmos a Deus, seus profetas e seus grandes padres. Deus, criador absoluto e todo-poderoso, a cuja imagem e semelhança os homens são feitos. O que mais se pode querer de modelos masculinos? Como destacou a feminista Kate Millett: “O patriarcado tem Deus do seu lado. Um de

55 Helena Reckitt (Org.), *Art et féminisme*, Paris, Phaidon, 2005, p. 153.

seus agentes de controle mais eficientes é o caráter maravilhosamente cômodo de sua doutrina sobre a natureza e origem da mulher.[56] "Se Deus não basta, ainda tem o Diabo. Em suma, os homens não carecem de modelos de masculinidade convencional – simbolizado pela força, pela luta, guerra etc. –, está muito bem representado na cultura popular. É necessário acrescentar a esses modelos de grupos aqueles como o Fathers-4-Justice, que se apresentam como heróis da classe masculina, apresentando frequentemente suas ações explosivas fantasiados de super-heróis.

Nós poderíamos imaginar uma terrível "crise da feminilidade" diante de uma tal inequidade institucional, material e simbólica entre os homens e as mulheres. É por isso que o movimento feminista busca essas mobilizações em diversas frentes segundo perspectivas mais ou menos radicais. Ou ainda, o discurso da crise da masculinidade é utilizado ao mesmo tempo para explicar, justificar e chamar à mobilização os homens contrários à emancipação das mulheres e às feministas. É bem evidente as diferenças de intenção e de posições ideológicas entre os adeptos desse discurso. Apesar dessas distinções, eles formam um coro de vozes bem fortes que se põem a gritar que há realmente uma crise da masculinidade e que as responsáveis por isso são as mães monoparentais, as mulheres emancipadas em geral e as feministas em particular. Este livro apresenta esse discurso ao longo da história e na atualidade, se interessa por essa significação política e social e seus efeitos possíveis acerca do movimento feminista e acerca das relações entre homens e mulheres.

---

56 Kate Millett, *La politique du mâle*, Paris, Stock, 1971 [1969], p. 67.

1. Crise ou discurso de crise?

Uma pesquisa rápida[1] sobre o tema da crise da masculinidade nos levou a uma constatação espantosa: essa crise remonta desde a Roma Antiga até os reinos da Inglaterra e da França no fim da Idade Média. Encontra-se na Inglaterra do século XVIII e na França da Revolução de 1789, tanto entre os monarquistas quanto entre os republicanos e nas colônias europeias. O Império Germânico também foi tocado pela crise no começo do século XIX tanto quanto na Alemanha da virada do século XX. A crise se alastrou pelas colônias britânicas e pelos Estados Unidos e França ao fim do século XIX e começo do século XX; pela Alemanha entre as duas Guerras Mundiais, assim como pela Itália e Estados Unidos; nos anos 1950 e 1960 nos Estados Unidos, na Alemanha Oriental e na União Soviética até os anos 1970. Desde os anos 1990, ela se difundiu por quase todo o Ocidente,

---

1 As bases de dados utilizadas para esta pesquisa são Google, ProQuest Dissertations and Theses e ResearchGate, com a ajuda de palavras-chave (em inglês e francês) "crise de la masculinité" e "crise des hommes". Obrigado a Stéphanie Mayer pela ajuda na pesquisa. Ver Anexos para os estudos de caso de cada país em particular.

incluindo a Rússia pós-soviética e países muito prósperos como a Suíça, nos mais conservadores e influenciados pelo catolicismo como a Irlanda e Polônia, bem como naqueles onde a igualdade entre os sexos é considerada como já adquirida, como a Suécia. Em certos casos, há categorias específicas de homens que sofrem de uma crise de masculinidade, por exemplo, os jovens muçulmanos de origem paquistanesa que vivem na Escócia. Até mesmo os documentos da Comissão Europeia se referem à problemática da crise da masculinidade. Em suma, os homens no Ocidente são constantemente tomados por uma sociedade sempre muito feminilizada, qualquer que seja o regime político (feudal, colonial, capitalista, soviético etc.) e as leis que configuram o direito da família.

Fora do Ocidente, a masculinidade estaria hoje em crise no Magrebe, particularmente no Marrocos e na África subsaariana, mais isoladamente na Costa do Marfim, no Senegal junto aos Wolofs, no Quênia junto aos Kikuius, na Tanzânia, na África do Sul e até mesmo no Darfour em guerra. Os homens da América Latina e da Ásia não estariam isentos, notadamente no Bangladesh, na China, no Japão e na Mongólia. Uma crise da masculinidade teria igualmente abatido os iranianos no fim dos anos 1970, e os palestinos nos campos de refugiados e em Israel. A crise não se limita às fronteiras dos Estados, já que é possível afirmar que há "uma crise mundial da masculinidade negra",[2] assim como a masculinidade muçulmana. Enfim, segundo o cardeal alemão Paul Josef Cordes, "a masculinidade e mais especificamente a paternidade estão em crise" em todos as partes do mundo por causa do "feminismo radical".[3]

---

2 Jordanna Matlon, "Racial Capitalism and the Crisis of Black Masculinity", *American Sociological Review*, vol. 81, n. 5, 2016, p. 1014-1038.

3 Declaração feita nas Filipinas em 2009. Lito Zulueta, "Feminism Blamed for 'Erosion of Manhood'", *Philippine Daily Inquirer* [listado no site: CNNiReport – http://ireport.cnn.com/docs/DOC-257794] (acesso em jan. 2018).

Essa espantosa recorrência no tempo e no espaço nos força a nos questionarmos, junto com a historiadora Judith A. Allen, se "os homens não estão interminavelmente em crise".[4] Esse questionamento é encontrado também nos homens especialistas em masculinidade, como William F. Pinar, que se pergunta "como podemos utilizar o conceito de 'crise' quando esta não pode ser delimitada no tempo", quando "a masculinidade está em crise desde as origens misteriosas da humanidade".[5] Michael Atkinson afirma, em seu livro *Deconstructing men and masculinities* (*Desconstruindo os homens e as masculinidades*), que "a crise da masculinidade é uma questão de percepção, e não uma realidade objetiva".[6] Um outro especialista em masculinidade, Arthur Brittan, indica que a noção de crise da masculinidade carece de precisão e deve ser utilizada com prudência, pois ela simplifica a realidade e leva a pensar que "todos os homens estão em crise" e que "todos os homens têm a mesma sensação de uma identidade coletiva" masculina, qualquer que seja sua idade, sua classe social e sua condição econômica, a cor de sua pele, sua preferência sexual, sua condição de cidadania etc.[7]

Representação ou realidade?

Judith A. Allen deduz de sua análise de vários estudos sobre a crise da masculinidade na história dos Estados Unidos alguns elementos de reflexão que podem ajudar a aproveitar melhor a lógica das crises do tempo presente.

4 Judith A. Allen, "Men Interminably in Crisis? Historians on Masculinity, Sexual Boundaries, and Manhood", *Radical History Review*, n. 82, 2002.

5 William F. Pinar, *The Gender of Racial Politics and Violence in America: Lynching, Prison Rape, and the Crisis of Masculinity*, Nova York, Peter Lang, 2001, p. 1139-1140.

6 Michael Atkinson, *Deconstructing Men and Masculinities*, Nova York, Oxford University Press, 2001, p. 12.

7 Arthur Brittan, *Masculinity and Power*, Oxford, Wiley-Blackwell, 1989, p. 183.

Primeiramente ela constatou que os estudos históricos das crises da masculinidade se limitam muito frequentemente à análise de textos de época, seja de cartas pessoais, de autobiografias e de obras de ficção como romances.[8] Se é interessante estudar esses textos, também é necessário, todavia, não os confundir com a realidade política, econômica, social e cultural de uma época. Os personagens de romances, por exemplo, podem encarnar as angústias ligadas à masculinidade sem que esse problema seja realmente compartilhado por homens que vivem na mesma época em que o texto foi escrito. Na França, o especialista em história cultural André Rauch vai ainda mais longe; na introdução de seu trabalho *Crise de l'identité masculine: 1789-1914* (*Crise da identidade masculina: 1789-1914*), ele escreve que "os dados sobre os quais se apoia esse estudo – o diário íntimo, a crônica, o conto autobiográfico, a correspondência, as memórias e suas ramificações ou suas extrapolações nos jornais, nos romances ou no teatro de revista – *são bem frágeis*" [grifo nosso].[9] Jie Yang,

---

8 Ver Robert J. Corber, *Homosexuality in Cold War America: Resistance and the Crisis of Masculinity*, Durham-Londres, Duke University Press, 1997; Sally Robinson, *Marked Men: White Masculinity in Crisis*, Nova York, Columbia University Press, 2000. Para análise de filmes, ver, para a França, Phil Powrie, *French Cinema in the 1980s: Nostalgia and the Crisis of Masculinity*, Oxford, Oxford University Press, 1997; para a Romênia, ver "The Crisis of Masculinity in Post-Socialist Society", no livro de László Strausz, *Hesitant Histories on the Romanian Screen*, Londres, Palgrave Macmillan, 2017, p. 209-238. Ver também Charles Hatten, "The Crisis of Masculinity, Reified Desire, and Catherine Barkley in 'A Farewell to Arms'", *Journal of the History of Sexuality*, vol. 4, n. 1, 1993, p. 76-98; Brian Woodman, "Why Don't You Take Your Dress Off and Fight Like a Man?: Homosexuality and the 1960s Crisis of Masculinity in The Gay Deceivers", *Social Thought & Research*, vol. 26, n. 1-2, 2005, p. 83-102; e, para televisão: "Stéfany Boisvert, Le trouble silencieux des hommes en série: La 'masculinité en crise' dans les séries télévisées dramatiques nord-américaines centrées sur des personnages masculins", *Genre en séries: cinéma, télévision, médias*, n. 5, 2017, p. 213-246.

9 André Rauch, *Crise de l'identité masculine 1789-1914*, Paris, Hachette, 2000, p. 7-8.

especialista da China contemporânea, nota, por sua vez, que os estudos acadêmicos sobre a crise da masculinidade naquele país se interessam sobretudo pelas representações culturais, afirmando que "essa abordagem pode criar a ilusão de que aquilo que é representado nos textos literários é um reflexo adequado daquilo que ocorre na realidade social".[10]

As análises da crise da masculinidade fazem frequente referência aos filmes para demonstrar que os homens estão em desordem; filmes como *Clube da luta*, que coloca em cena os homens querendo retomar o controle de suas vidas por meio da luta de boxe; *Kramer vs. Kramer*, que conta a história de um pai separado vivendo sozinho em Nova York com seus filhos pequenos; *Quartier Mozart*, que traz uma cena de desaparecimento mágico de pênis na África pós-colonial, no Camarões;[11] o documentário indiano de Anand Patwardhan *Father, son and Holy War* (*Pai, Filho e Guerra Santa*), o qual se propõe a explicar a violência intercomunitária por meio de uma crise da masculinidade.[12]

A crise afetaria às vezes não somente os personagens de filmes de ficção, mas também os próprios atores. O ator Michael Douglas ficou famoso encarnando homens às voltas com mulheres dominadoras em filmes como *Atração fatal* e *Assédio sexual*. Em 2015, ele vem à mídia se lamentar de "uma crise nos jovens atores" dos Estados Unidos, os quais teriam deixado o campo livre aos australianos que não hesitam em encenar "a masculinidade. Nos Estados Unidos, nós temos aquela zona relativamente assexual ou unissex com homens

---

10 Jie Yang, "The Crisis of Masculinity: Class, Gender, and Kindly Power in Post--Mao China", *American Ethnologist*, vol. 37, n. 3, p. 559, nota de rodapé 12.

11 Samuel Lelièvre, "Les cinémas africains à l'AEGIS 2005" [http://www.africultures.com/php/index.php?nav=article&no=4154].

12 Rustom Bharucha, "Dismantling Men-Crisis of Male Identity in 'Father, Son and Holy War'", *Economic & Political Weekly*, vol. 30, n. 26, 1995, p. 1610-1616.

jovens e sensíveis" que carecem de machismo.[13] Já em 1960, John Wayne, ator conhecido por sua virilidade e seus papéis de *cowboy*, afirmou que "há 10 ou 15 anos [portanto, por volta de 1945], as pessoas queriam ver filmes nos quais os homens se comportavam como homens. Hoje há muitos papéis psicológicos".[14] De John Wayne a Michael Douglas, uma crise da masculinidade assolaria o cinema dos Estados Unidos há mais de cinquenta anos, ou seja de 1960 a 2015.

Deve-se crer em suas palavras?

Em 2017, nos Estados Unidos, a indústria do cinema pagava bem melhor os atores do que as atrizes, melhor ainda os homens que faziam papéis de super-heróis ou heróis de filmes de ação, policial, de guerra e de ficção científica. O ator mais bem remunerado (Mark Wahlberg) embolsou 68 milhões de dólares em cachê, enquanto a atriz mais bem remunerada (Emma Stone) ficou com 26 milhões. Os dez atores que tiveram o mais alto rendimento no ano ganharam uma soma total de 489 milhões de dólares, enquanto suas colegas do sexo feminino tiveram um ganho de 173 milhões. Em termos de visibilidade, as mulheres não representaram mais do que 29% de todos os papéis com falas nos filmes de 2016, e somente 25% dos papéis de personagens de 40 anos ou mais.[15] Tudo isso sem esquecer as violências sexuais na indústria do cinema, cuja recorrência foi revelada ao público pela campanha de denúncia pública #MeToo, em 2017.

---

13 Jack Shepherd, "Michael Douglas: 'Social Media Obsession is to Blame for Crisis in Young American Actors'", *Independant*, 8 jul. 2015; Jeff Labrecque, "Michael Douglas on 'Beyond the Reach' and the 'Crisis' in American Acting", *REntertainement Weekly*, 13 fev. 2015.

14 Jeet Heer, "One Hundred Years of Male Humiliation: the Perpetual Crisis of Masculinity", *Maisonneuve*, 13 maio 2005 [https://maisonneuve.org/article/2005/05/13/one-hundred-years-male-humiliation/].

15 Natalie Robehmed, "The World-Highest-Paid Actors's and Actresses 2017: Mark Wahlberg Leads with $68 million", *Forbes*, 22 ago. 2017.

Judith A. Allan também constatou que os estudos sobre a crise da masculinidade não expõem ou que muito raramente trazem indicadores para determinar se uma sociedade é (muito) feminilizada e se os homens estão (realmente) em crise. Consideremos, então, dois trabalhos lançados recentemente nos Estados Unidos: *The Decline of Men* (*O declínio dos homens*) e *The End of Men* (*O fim dos homens*). Esses dois trabalhos mencionam o fenômeno dos homens "herbívoros" no Japão, os *soushoku danshi* ou "meninos comedores de vegetais", sem defesa em face das mulheres "carnívoras" ou "predadoras".[16] Segundo esses livros, esse fenômeno – que é objeto de inúmeros artigos na imprensa popular japonesa – comprova que a questão da masculinidade assola o Japão. Por outro lado, esses dois livros não oferecem a menor informação a respeito do lugar ocupado por japoneses e japonesas no governo, no parlamento e nos conselhos de administração de grandes companhias. Esses dois livros não fornecem nenhuma especificidade quanto à divisão de grandes fortunas entre os sexos, quanto à propriedade imobiliária, ao trabalho doméstico e parental. Quem cuida física e emocionalmente dos avós, das crianças e dos doentes? Mistério. A discussão a respeito dos "comedores de vegetais" deixa na penumbra outras tendências masculinas observadas no Japão já há alguns anos. Keichi Kumagai fala, por sua parte, dos *otaku*, jovens apaixonados por computadores e *videogames*, e das jovens mulheres fantasiadas de personagens famosas como "os mestres de volta para a casa", assim como os neonacionalistas que se insurgem contra a imigração e a presença de uma comunidade coreana no Japão desde a primeira metade do século XX e que procuram revalorizar o glorioso passado do país e sua potência militar. Esse estudo afirma também que, apesar de alguma dificuldade econômica, as

16 Hanna Rosin, *The End of Men: Voici venu le temps des femmes*, Paris, Autrement, 2013, p. 10.

mulheres, muito mais do que os homens, devem se contentar com empregos de meio período.[17]

O livro *The End of Men* evoca também "o surgimento de mulheres homicidas ou de 'caçadoras' de Wall Street",[18] ou seja, as corretoras particularmente agressivas. Por outro lado, ele não apresenta o retrato global do meio financeiro de Nova York. Nesse mesmo espírito, um estudo do romance *Psicopata americano*, que coloca em cena um conselheiro financeiro de Nova York que agride mulheres, apresenta esse personagem como representativo da crise da masculinidade.[19] Contudo, esse estudo se limita ao romance e não traz nenhuma especificação quanto às relações entre os sexos em Nova York, incluindo o domínio financeiro: quem ocupa os postos de direção dos grandes bancos, quem gere as mais importantes carteiras, quem é o mais rico e quem faz os trabalhos sujos, ou seja, servir as refeições aos corretores multimilionários e limpar seus escritórios e suas casas na ausência deles? E, sobretudo: quem agride quem?

Resumindo, a historiadora Judith A. Allen considera que é preferível fazer o *discurso* da crise da masculinidade ao da crise real.[20] As reflexões da historiadora ecoam aquelas do especialista em literatura Bryce Traister, que constatou que o discurso da crise da masculinidade representa um apelo a "reestabelecer as normas e as práticas masculinas hegemônicas, estáveis e imutáveis".[21] Mais especificamente, ele considera que é particularmente problemático

17 Keichi Kumagai, "Floating Young Men: Globalization and the Crisis of Masculinity in Japan", *HAGAR: Studies in Culture, Policy and Identities*, vol. 10, n. 2, 2012, p. 3-15.

18 Hanna Rosin, *op. cit.*, p. 14.

19 Mark Storey, "And as Things Fell Apart": The Crisis of Postmodern Masculinity in Bret Easton Ellis's *American Psycho* and Dennis Cooper's *Frisk*", *Critique*, vol. 47, n. 1, 2005, p. 57-72.

20 Judith A. Allen, *op. cit.*, p. 202.

21 Bryce Traister, "Academic Viagra: the Rise of American Masculinity Studies", *American Quarterly*, vol. 52, n. 2, 2000, p. 287.

crer que os personagens de ficção masculinos que violentam e assassinam as mulheres encarnam uma crise da masculinidade. Assim, um estudo sobre o cinema produzido em Hong Kong evoca uma crise da masculinidade mesmo que ele defina que os heróis são os homens, que as mulheres quase não falam e que elas são geralmente assassinadas por um marido ciumento ou violentadas e eliminadas pelos *gangsters*.[22] Bryce Traister faz uma confidência: "Eu simplesmente não compreendo mesmo em que essa masculinidade detestável e cheia de crimes pode ser considerada como vítima de uma 'crise' comparável àquelas de suas vítimas"[23] violentadas ou assassinadas. A ficção encontra a realidade quando a mídia apresenta os homens como vítimas de uma crise de identidade masculina, ao passo que eles matam suas esposas ou ex-esposas e às vezes seus filhos.[24]

O discurso da crise da masculinidade se inscreve com mais frequência em uma perspectiva demasiado subjetiva, por exemplo, quando os homens sentem que suas mães, cônjuges ou ex-cônjuges os dominam e quando eles sentem que a sociedade está dominada por mulheres. Essas impressões e esses sentimentos de homens a respeito das mulheres bastam para elaborar grandes teorias sem comparar essas abstrações – essas ideias – com a realidade. Contudo, não é porque eu tenho medo de ser atacado por zumbis ao sair da minha casa que os zumbis existem;[25] e não é porque eu me sinto

22 Laikwan Pang, "Masculinity in Crisis: Films of Milkyway Image and Post-1997 Hong Kong Cinema", *Feminist Media Studies*, vol. 2, n. 3, 2002, p. 325-340.

23 Bryce Traister, *op. cit.*, p. 292.

24 Vivienne Elizabeth, "I'd Just Lose It If There Was Any More Stress in My Life": Separated Fathers, Fathers' Rights and the News Media", *International Journal for Crime, Justice and Social Democracy*, vol. 5, n. 2, 2016, p. 107-120.

25 Para uma discussão sobre filmes de zumbis como expressão da crise da masculinidade na América Latina, ver o capítulo "Bromance, Homosociality and the Crisis of Masculinity in the Latin American Zombie Movie", no livro de Gustavo Subero, *Gender and Sexuality in Latin American Horror Cinema*, Londres, Palgrave Macmillan, 2016.

dominado pelas mulheres que elas dominam realmente a sociedade e os homens.

Tom Harman constitui um exemplo dessa abordagem demasiado subjetiva com seu artigo "The crisis of masculinity as Deleuzian event" (A crise da masculinidade como um evento deleuziano). Ele distinguiu duas posturas adotadas em face dessa crise: a primeira consiste em demonstrar empiricamente que a crise não existe (este livro se aloca nesta categoria); a segunda considera *a priori* que há uma crise, mas sem provar que ela exista. Tom Harman propõe ainda uma terceira direção: constatar que há uma crise desde que haja a dúvida a respeito da identidade masculina e da própria definição de masculinidade. O importante para o autor é "a *autopercepção* dos homens e a percepção dos homens: o *sentimento* de quem e do que eles são" [grifo nosso].[26] A crise é, portanto, ao mesmo tempo autorreferente e puramente subjetiva: basta que eu me pergunte o que significa ser um homem hoje para que a identidade masculina esteja em crise.

Partindo de uma abordagem subjetivista a esse respeito, a crise da masculinidade pode ser postulada como um fenômeno sempre confirmado pela percepção dos homens que se dizem em crise ou que se percebem em crise. Assim, o autor do livro *The Decline of Men* defende que "há um *sentimento* assustador de que os homens são, de qualquer modo, uma espécie de perigo" [grifo nosso].[27] O psicoterapeuta Roger Horrocks explica já na primeira página de seu livro *Masculinity in crisis* (*Masculinidade em crise*) que "várias ideias nesse livro vêm do [seu] trabalho como psicoterapeuta", que o permitiu constatar que "muitos homens estão *com vergonha* do

26 Tom Harman, "The Crisis of Masculinity as Deleuzian Event", *Culture, Society & Masculinities*, vol. 3, n. 1, 2011, p. 36.

27 Guy Garcia, *The Decline of Men*, Nova York, Harper Perennial, 2008, p. xvi.

sentimento de vazio, de impotência e de raiva" [grifo nosso].[28] Horrocks executou uma pirueta intelectual ao abandonar a realidade institucional e material: "Minha tese é a de que os homens são poderosos econômica e politicamente, mais que as mulheres são poderosas emocionalmente".[29] Segundo essa abordagem, podemos afirmar que uma dona de casa domina seu marido tímido, mesmo que ela lhe prepare e lhe sirva suas refeições, limpe a residência do casal, lave suas roupas e se ocupe de seus filhos, e mesmo se o homem é o proprietário do domicílio e do carro do casal, que ele tenha um salário e guarde dinheiro para a sua aposentadoria. A dominação aparece aqui como uma questão de caráter e de força psicológica, e não de controle dos recursos e dos benefícios concretos extraídos do trabalho dos outros.

Efeitos de um discurso de crise

Não é porque se trata de um simples discurso que a tese da crise da masculinidade não tenha um efeito sobre o real. Os especialistas em comunicação lembram que as forças políticas e sociais têm frequentemente recorrido ao discurso de uma crise para encorajar a mobilização de recursos em seu benefício.[30] Estudando as reações de diplomatas e de militares diante de situações de crise como guerras civis e de genocídios, Yves Buchet de Neuilly notou que as

28 Roger Horrocks, *Masculinity in Crisis*, Nova York, St. Martin's Press, 1994, p. 1.

29 *Ibid.*, p. 26.

30 Marc Raboy, Bernard Dagenais, "Introduction: Media and the Politics of Crisis", Marc Raboy, Bernard Dagenais (Orgs.), *Media, Crisis and Democracy: Mass Communication and Disruption of Social Order*, Londres, Sage, 1992, p. 3; ver também Colin Hay, "Narrating Crisis: The Discursive Construction of the 'Winter of Discontent'", *Sociology*, vol. 30, n. 2, 1996, p. 253-277, e Stephen Hilgartner, C. L. Bosk, "The Rise and Fall of Social Problems: a Public Arenas Model", *American Journal of Sociology*, 1988, vol. 94, n. 1.

organizações humanitárias evocam as "crises" humanitárias para forçar as instituições internacionais e os Estados a reagir, ou seja, mobilizar os recursos para intervir e solucionar os problemas.[31] Existem até organizações que são especializadas em gestão de crises.

Outros acadêmicos especialistas em comunicação têm notado que "a identificação de uma certa situação como uma 'crise' é em si um ato ideológico e político".[32] O antropólogo David Bidney evocou um "complexo da crise perpétua"[33] para qualificar o hábito das elites políticas de recorrer ao discurso de crise para desacreditar e reprimir as forças contestadoras, apresentadas como a causa da crise em questão e, portanto, como uma ameaça à ordem social. Um discurso de crise pode parecer crível mesmo que não haja turbulências reais e mesmo se o sistema não está verdadeiramente desestabilizado nem ameaçado. Do mesmo modo, os problemas sociais muito importantes podem ser ignorados, ao passo que os falsos problemas ou os problemas menores possam ser vistos como prioridades, segundo as manobras políticas e de movimentos sociais, e de escolha das mídias, ávidas por esses assuntos. Esse discurso de crise é uma manobra política que serve aos interesses de quem o produz, de quem é vítima e de quem merece ajuda. Em outras palavras o discurso de crise é um encorajamento à intervenção, à reação.

Pode ser que se trate de um mesmo fenômeno por parte dos homens que evocam sempre uma crise da masculinidade? Declarar que nós – os homens – estamos em crise pode ter o efeito de

---

31 Yves Buchet de Neuilly, "La crise? Quelle crise?: Dynamiques européennes de gestion des crises. Crises extrêmes, Face aux massacres, aux guerres civiles et aux génocides", Marc Le Pape, Johanna Siméant, Claudine Vidale (Orgs.), *Crises extrêmes: Face aux massacres, aux guerres civiles et aux génocides*, Paris, La Découverte, 2006, p. 270-286.

32 Marc Raboy, Bernard Dagenais, *op. cit.*, p. 3.

33 David Bidney, *Theoretical Anthropology*, Nova York, Schocken Books, 1953, p. 359.

chamar a atenção para nós e fazer pressão sobre as autoridades para que elas nos direcionem ainda mais serviços e recursos. É possível ver um apelo à ação pública na introdução do livro *The decline of men*, na qual o jornalista Guy Garcia faz uma imagem apocalíptica da crise da masculinidade: "O estado miserável do masculino nos Estados Unidos representa uma *situação ameaçadora de urgência*, tendo ramificações econômicas, sociológicas e culturais ao mesmo tempo para os homens e as mulheres e para as próximas gerações. [...] Como uma *epidemia invisível tendo consequências catastróficas*, o declínio dos homens se constata em todas as idades, em todas as raças e categorias socioeconômicas" [grifo nosso].[34]

Essa dinâmica também foi trazida à luz em um estudo sobre o discurso da "crise do homem soviético". O debate acerca dessa crise seria disparado em 1970 pelo demógrafo Boris Tsesarevich Urlains, em um artigo publicado na *Literaturnaya gazeta*. Ao longo dos anos 1980, alguns sintomas teriam sido identificados por demonstrarem que os homens estavam em crise, por exemplo, o tabagismo e o alcoolismo, bem como um processo de "feminilização e de infantilização".[35] O Estado soviético seria responsável por essa crise, dizia-se, porque ele teria emancipado as mulheres e lhes teria aberto o mercado de trabalho. Certamente elas faziam uma dupla jornada, ou seja, o emprego fora de casa somado ao trabalho doméstico (gratuito), mas isso era a marca de seu poder ao mesmo tempo na vida pública e privada. Boris Tsesarevich Urlains tomou como desculpa essa pretensa crise da masculinidade para pedir às autoridades que ajudassem os homens, afirmando ainda que a falta de clínicas especializadas para os homens era a prova de uma discriminação contra os homens da URSS.[36] Declarar que há uma crise da masculinidade pode então

34 Guy Garcia, *op. cit.*, p. iii.

35 Elena Zdravomyslova, Anna Temkina, "The Crisis of Masculinity in Late Soviet Discourse", *Russian Studies in History*, vol. 51, n. 2, 2012, p. 17 e 27.

36 *Ibid.*, p. 19.

visar a colocar em movimento um conjunto de forças e de atores políticos e sociais para que eles tratem como se houvesse uma crise real e, portanto, provocar e favorecer os debates, a criação de grupos e o desenvolvimento de serviços e recursos para os homens, o lançamento de projetos de pesquisa e de estudos, a tomada de cargos públicos de autoridade etc. Após o desmonte do regime soviético, uma escola da masculinidade veio à tona e oferece um currículo "fundamentado na ciência" para transformar os meninos em homens. Trata-se de uma instituição para e pelos homens enquanto homens, para os ajudar a enfrentar e superar a crise. Segundo um dos fundadores dessa escola, a masculinidade é "a capacidade de avançar sem respeito ao medo, à dor ou outros obstáculos", mas ela está ameaçada pelas mães russas. Muitas mães, diz-se, teriam criado sozinhas os seus filhos em razão da carnificina da Segunda Guerra Mundial, da alta taxa de divórcio e da diminuição da expectativa de vida dos homens após o liberalismo dos anos 1990. Os filhos não aprenderiam a se tornar homens, pois os homens os teriam criado como filhas, problema agravado pela escola, onde as mulheres são maioria no ensino primário e secundário. Segundo Oleg Chagin, diretor do instituto de pesquisa da antropologia social, "o hormônio masculino" não é mais produzido nessas condições, o que acarreta uma "perversão de gênero". Em parceria com a escola da masculinidade, ele organizou um curso de férias para meninos em que eles deveriam se submeter a exercícios físicos, vestir uniforme militar e aprender a atirar facas e manusear rifles a *laser*.[37]

Esta (re)valorização da masculinidade convencional lembra os trabalhos do cientista político Michel Dobry, que mostrou em seu tratado *Sociologie des crises politiques* (*Sociologia das crises políticas*) que os atores capturados em uma crise real ou subjetiva geralmente

37 Eva Hartog, "Moscow School Teaches Russian Boys to Look Up to Cavemen", *Moscow Times*, 11 dez. 2015, p. 11-12.

escolhem retomar as mesmas práticas e as mesmas identidades para reagir à situação. Melhor ainda, alguns sistemas são habituados à recorrência das crises ao ponto de ter desenvolvido "um conjunto de rituais" para controlar a situação.[38]

O discurso de crise pode também se referir às ações individuais. Assim, o Super Bowl de 2010 foi a ocasião para as agências publicitárias evocarem a crise da masculinidade nas propagandas televisivas "para estimular os homens a comprarem" automóveis e outros produtos associados à virilidade.[39]

Do mais, o discurso da crise da masculinidade é uma ferramenta para mobilizar os homens (e possivelmente algumas mulheres) contra a ameaça que representaria o feminismo e as mulheres emancipadas, mesmo que os homens fossem tão claramente dominantes na sociedade. A socióloga Anne-Marie Devreux afirmou que o discurso da crise da masculinidade é "um discurso dos dominantes" e "que um estado de crise surge a cada vez que uma dominação é colocada em questão".[40] Analogamente, a antropóloga francesa Mélanie Gourarier constatou que esse discurso funciona como um "vetor de mobilização, necessário à manutenção de uma posição de força"[41] dos homens em relação às mulheres. Por se acharem em crise e em sofrimento, os homens podem (re)afirmar uma identidade masculina definida em função de critérios convencionais que justificam e consolidam sua dominação sobre as mulheres: ação, ordem, autoridade, força, luta, violência. Mais precisamente, Mélanie Gourarier considera que o

38 Michel Dobry, *Sociologie des crises politiques*, Paris, Presses de Sciences Po, 2009, p. 319-320.

39 Kyle Green, Madison Van Oort, "'We Wear No Pants': Selling the Crisis of Masculinity in 2010 Super Bowl Commercials", *Signs: Journal of Women in Culture and Society*, vol. 38, n. 3, 2013, p. 715-716.

40 Virginie Poyetton, "Les hommes vont mal. Ah bon?", *Le Courrier*, 18 mar. 2005.

41 Mélanie Gourarier, *Alpha mâle: séduire les femmes pour s'apprécier entre hommes*, Paris, Seuil, 2017, p. 11-12.

discurso da crise da masculinidade produz ao menos três efeitos: 1) ele insiste sobre a divisão da sociedade em duas classes de sexo, os homens e as mulheres; 2) ele define os critérios de pertencimento a essas duas classes ao retomar as qualidades masculinas e os defeitos femininos (ele define aquilo que deve ser um homem, um verdadeiro); e 3) ele chama à mobilização para reafirmar essa masculinidade por meio de privilégios e poder de classe dos homens, considerado como superior por natureza e que, portanto, deve ser reinstalada, protegida e mantida a superioridade.[42]

O discurso da crise da masculinidade é um discurso *supremacista* na medida em que ele surge podendo retomar as expressões "supremacia masculina" e "supremacista masculino" propostas nos anos 1970 pelas feministas e pelos antirracistas nos Estados Unidos, ecoando o supremacismo branco de grupos como a Ku Klux Klan.[43] Se o supremacismo branco é uma crença segundo a qual as pessoas de pele branca são superiores às outras "raças" e deveria, por isso, dominar a sociedade, os supremacistas masculinos defendem a supremacia dos homens sobre as mulheres, ou seja, o poder dos homens – em razão do seu gênero – de dominar, de oprimir, de se apropriar e excluir as mulheres. Do mais, os valores associados à masculinidade são considerados como superiores aos valores associados ao feminino, e as identidades devem permanecer puras e serem protegidas de toda hibridização que acarretaria uma contaminação, uma degradação, um declínio ou mesmo um

---

42 *Ibid.*, p. 38-40.

43 A poetisa e romancista Marge Piercy falou em supremacistas em 1970 (em Larry S. Williams, *Ideologies of the Men's Movement*, dissertação de mestrado, University of Missouri – Columbia, 1989, p. 38), e o afro-americano Gary Lemons propõe uma analogia entre supremacista branco e supremacista masculino, em "A New Response to 'Angry Black (anti)Feminists': Reclaiming Feminist Forefathers, Becoming Womanist Sons" (Tom Digby [Org.], *Men Doing Feminism*, Londres, Routledge, 1998, p. 288). Ver também "Male Supremacy", do Southern Poverty Law Center, 2017 (www.splcenter.org).

desaparecimento. Enfim, o supremacista masculino tem também a tendência a encorajar o desprezo e o ódio contra as mulheres em geral e as feministas em particular.

Pânico e declínio fatal

Uma forma particular de discurso da crise da masculinidade provém da tese do declínio fatal, o qual encontramos com frequência no discurso conservador e reacionário.[44] Segundo essa tese, uma concessão, mesmo limitada, a certas reivindicações de movimentos sociais abre as porteiras para uma transformação maior na sociedade.

Nesse sentido, sem a necessidade de que a igualdade seja alcançada, uma simples progressão em direção a ela é suficiente para provocar uma crise da masculinidade.

Na França, frequentemente sugere-se que "a dominação masculina [...] saiu alterada de maneira irreversível" da Declaração dos Direitos do Homem proclamada pelos revolucionários em Paris em 1789. Como essa declaração estabelece o princípio da igualdade fundamental entre os seres humanos, ela teria provocado uma "ameaça de identidade [dos] indivíduos masculinos confrontados com a desestabilização de seu estatuto".[45] Uma variante dessa tese é proposta por Éric Zemmour, para quem "a decapitação de Luís XVI havia anunciado a morte de *todos os pais*" [grifo do autor], mesmo que estes fossem os homens que o acusaram, julgaram, condenaram, decapitaram e que tenham tomado seu lugar no ápice do Estado.[46] Os revolucionários que anunciaram a Declaração concordaram em

44 Marc Angenot, *Dialogues de sourds: traité de rhétorique antilogique*, Paris, Fayard, 2008.

45 André Rauch, *op. cit.*, p. 9, ver também p. 252.

46 Éric Zemmour, *Le suicide français*, Paris, Albin Michel, 2014, p. 29.

sua Assembleia Nacional – reservada exclusivamente aos homens – a não conceder às mulheres os direitos de votar e de serem eleitas, de portar armas ou até de se reunirem entre si em sociedades ou clubes políticos. Os revolucionários prezavam a liberdade e a igualdade, mas, sobretudo, a *fraternidade*.[47] No entanto, a ilusão é mais forte do que a realidade para quem procura decretar uma crise da masculinidade: é a declaração de igualdade que teria provocado angústia nos homens, e não a realidade de sua dominação na Assembleia Nacional tanto quanto no exército e nos tribunais, então formados unicamente por homens. Novamente, um simples discurso de igualdade *entre os homens* é suficiente para afirmar que há uma crise real, mesmo que a igualdade *entre os sexos* fosse inscrita na Constituição francesa somente em 1944 (seguindo o Acordo de Argel).

Nos Estados Unidos, a autora do livro intitulado *The end of men*, Hanna Rosin, domina perfeitamente a retórica do declínio fatal. Ela admite claramente que, por enquanto,

> *as mulheres não ganham tanto dinheiro quanto os homens. Com mais frequência, elas se dedicam à educação das crianças, e os cargos de responsabilidade ainda são monopolizados pelos homens.* Mas *a economia* avança a uma velocidade tal *que essas estatísticas merecem ser consideradas mais como o último vestígio de uma* era passada *do que como um estado realmente inevitável [grifos nossos]*.[48]

Isso lhes permite anunciar "o fim dos homens" (mesmo que eles ainda dominem): "as apostas estão feitas [...]. Nós não podemos mais ficar para trás".[49]

---

47 Carole Pateman, *Le contrat sexuel*, Paris, La Découverte, 2010.

48 Hanna Rosin, *op. cit.*, p. 17.

49 *Ibid.*, p. 9.

Tendo seu livro rapidamente traduzido para alemão, Hanna Rosin respondeu algumas questões ao jornal *Spiegel*, o qual a lembrou que os homens nos Estados Unidos controlam ainda amplamente o Congresso e que eles dirigem as maiores companhias privadas do mundo. Sem se desarmar, a autora respondeu: "Sim, claro. Mas o que eu descobri é que há uma *mudança enorme* emergindo em nossa sociedade. *De repente,* há todas essas jovens mulheres que são mais educadas e que ganham mais dinheiro que os homens de mesma idade. [...] As pessoas tendem a *subestimar essa realidade*" [grifo nosso]. Haveria, portanto, uma tendência oculta de as mulheres ganharem terreno enquanto os homens perdem, o que explicaria nosso "fim".[50]

Não há nada de novo nessa tese do declínio fatal para explicar a crise da masculinidade. Em 1992, no Quebec, a revista *L'Actualité* (A Atualidade) publicou um artigo intitulado "Pena dos meninos: uma geração castrada". Um sexólogo afirmou nesse artigo que os homens carecem de modelos masculinos:

> *Ser um homem não é mais uma coisa muito interessante. Para as mulheres, tudo parece doravante possível. A pedido delas, podemos suplicar que façam uma carreira científica. Que pilotem aviões, sejam bombeiros, policiais [...] Para os meninos, vai tudo muito mal! Eles parecem convidados a tocar, assim, o segundo violino.*[51]

Vamos ver o que temos 25 anos após esse apelo à pena pelos meninos castrados.

---

50 Samiha Shafy, "Hanna Rosin on America's Male Identity Crisis", *Spiegel*, 1 abr. 2013.

51 Citado em: Pierrette Bouchard, Isabelle Boily e Marie-Claude Proulx, *Réussite scolaire comparée selon le sexe: catalyseur des discours masculinistes*, Ottawa, Condition féminine Canada, 2003, p. 28.

Por parte da polícia, é verdade que a situação evoluiu melhor para as mulheres, já que o serviço policial da Cidade de Montreal conta agora com a maior proporção de mulheres em um corpo policial canadense. Mas os homens ainda representam 68% dos efetivos.[52] Quanto à Guarda Real do Canadá, orgulhoso símbolo da identidade canadense, encontramos aproximadamente 80% de homens. Um recurso coletivo denunciando o assédio sexual e a discriminação com base no sexo ou na orientação sexual foi finalmente resolvido por um regulamento em 2017, por isso aproximadamente mil mulheres deverão ser indenizadas financeiramente.[53] Portanto, as mulheres estão ainda distantes de terem atingido a igualdade na polícia, e seu avanço dentro dela se faz ao preço de dores e de violências. E o que temos na aviação? Vinte e cinco anos após a publicação desse artigo afirmar que nós "suplicamos" para que as mulheres se tornem pilotas, os homens ocupam 95% das cadeiras de piloto no Canadá.[54] E nos quartéis dos bombeiros? Em 2017, a cidade de Montreal contava com 29 mulheres de um total de 2.411 bombeiros, somando aproximadamente 1,2%.[55] O número de mulheres aumenta em um ritmo tão lento que será necessário mais de mil anos para atingir a paridade.[56]

Na França também, o argumento do declínio fatal é utilizado para explicar que os homens estão em crise. Assim, o sociólogo Daniel Welzer-Lang, antigamente destaque pró-feminista nos meios

---

52 Relatório SPVM 2016.

53 Radio-Canada, "Les agentes de la GRC victimes de harcèlement sexuel seront indemnisées", 31 maio 2017 [http://ici.radio-canada.ca/nouvelle/1037108/harcelement-sexuel-grc-reglement-action-collective-approuve].

54 "Encore trop peu de femmes pilotes", Radio-Canada, 22 jun. 2017 [http://ici.radio-canada.ca/nouvelle/1041329/alberta-calgary-aviation-avion-pilote--feminisme-femme].

55 Segundo o relatório de atividades de 2016, apresentado pelo serviço de segurança de incêndio de Montreal no Hotel de Ville, em 28 de junho de 2017.

56 Isabelle Laporte, "La femme des casernes", *Le Devoir*, 6 jan. 2007.

progressistas, publicou em 2009 *Nous, les mecs: Essaie sur le trouble actuel des hommes* (*Nós, os rapazes: ensaio sobre o problema atual dos homens*), no qual afirma que "nossos modelos masculinos estão em crise".[57] É necessário dizer que as associações feministas francesas têm alegado que esse autor tem importunado sexualmente "de maneira recorrente" as estudantes sob sua orientação. Ele interpôs um processo por difamação contra as feministas, que ao final foram absolvidas pelo tribunal por anulação processual e por boa-fé.[58] Em seu livro lançado depois desse episódio, ele retoma os elementos centrais do discurso da crise da masculinidade: os homens estão alienados e por vezes dominados, eles são representados na sociedade como sacanas, eles sofrem na escola, eles sofrem de discriminação e... eles são falsamente acusados de violência conjugal. O sociólogo adota a tese do declínio fatal quando ele fala do "edifício da dominação masculina que *se desfaz e se desmorona paulatinamente*" [grifo nosso]. Para provar, ele menciona que "[o] exército e a polícia [ainda!], esses braços armados do Estado, estão triturados. Avessos e contra todos. Com exceção da Legião estrangeira, as mulheres estão por toda a parte. Ainda não é paritário, mas isso *avança rápido*" [grifo nosso].[59]

---

57 Daniel Welzer-Lang, *Nous, les mecs: Essai sur le trouble actuel des hommes*, Paris, Payot, 2009, p. 65 e 28.

58 "Polémique: Welzer-Lang, la contre-attaque", *La Dépêche*, 14 mar. 2007 [http://www.ladepeche.fr/article/2007/03/14/19153-polemique-welzer-lang-la-contre--attaque.html]; "Toulouse: Le sociologue soupçonné de harcèlement sexuel perd son procès en diffamation", *La Dépêche*, 30 maio 2017 [http://www.ladepeche.fr/article/2007/05/30/21585-toulouse-sociologue-soupconne-harcelement-sexuel-perd-proces-diffamation.html]. Ver também o texto "Chantage et abus de pouvoir dans les universités", *Bulletin de l'Association nationale des études féministes* (ANEF), n. 46, 2005, p. 97-100 [http://www.anef.org/wp-content/uploads/2014/03/46-PRINTEMPS-2005.pdf].

59 Daniel Welzer-Lang, *op. cit.*, p. 94 (Le sociologue propose d'abandonner l'étude du travail domestique dans les couples hétérosexuels pour mesurer l'égalité, pour considérer plutôt les statistiques concernant "les rapports bucco-génitaux, fellation et cunnilingus", "Ces chiffres traduisent la marche rapide vers l'égalité, selon lui", p. 98-100).

Quando seu livro chegou às livrarias, o exército francês não contava com mais do que 14% de mulheres junto aos militares da ativa.[60] Seis anos mais tarde, o número de mulheres havia baixado para 13%, ou seja, um recuo de 1%![61] A paridade no exército "avança rápido", dizia o autor para estimular o pânico masculino...

Segundo seu argumento do declínio fatal, o discurso da crise da masculinidade é, portanto, uma "nova alternativa", *fake news* antes da hora. A "dificuldade atual dos homens" se assemelha ao medo dos fantasmas: em pânico por coisas que nem existem, mas os charlatões ou os propagandistas querem provar que nós temos razão de entrar em pânico.

Mesmo um sociólogo simpático às mulheres, Alain Touraine, lançou no começo dos anos 2000 uma enquete junto às mulheres, cujo resultado ele apresentou em um livro intitulado *Le monde des femmes* (*O mundo das mulheres*). Touraine defendeu a ideia de que "nós não avançamos em direção a uma sociedade de igualdade entre homens e mulheres; [...] nós *já* entramos em uma cultura (portanto, em uma vida social) orientada (e por consequência *dominada*) pelas mulheres" [grifo nosso].[62] Touraine definiu que "os homens têm o poder e o dinheiro, mas as mulheres já têm o significado das situações vividas e a capacidade de as formular". É isso que permite a esse sociólogo afirmar que o homem "se tornou mais frágil, menos integrado, em contrapartida ao sucesso das mulheres na recomposição do mundo. O homem está muito abalado pelos estilhaços da violência" (contra

---

60 http://www.defense.gouv.fr/sga/a-la-une/les-femmes-militaires-aujourd-hui

61 Segundo o documento "Les femmes dans l'armée française", Ministério da Defesa [www.defense.gouv.fr/content/.../Les+femmes+dans+larmee+francaise--diptyque.pdf]. A queda também é discutida em: Tatiana Chadenat, "L'armée française, l'une des plus mixtes au monde malgré les résistances", *Madame Le Figaro*, 23 abr. 2015.

62 Alain Touraine, *Un nouveau paradigme: Pour comprendre le monde d'aujourd'hui*, Paris, Fayard, 2005, p. 321.

quem?) "ou sente as dificuldades para comunicá-la".[63] Touraine falava de um "mundo de mulheres" enquanto estas não ocupavam mais do que 12% das cadeiras da Assembleia Nacional, 13,5% dos cargos de direção de empresas e não chegavam a 20% nos quadros acadêmicos e de pesquisa (meio frequentado por Alain Touraine há décadas). Dito isso, 97% das secretárias eram mulheres.[64] Que um sociólogo especialista dos movimentos sociais evoque, então, "a vitória do feminismo"[65] e mesmo do "pós-feminismo"[66] é, no mínimo, perturbador.

A tese do declínio fatal não é, portanto, uma questão de realidade, de fato ou de números, mas de percepção, de sentido, de *meaning*, ou mesmo de intuição, de *feeling*. A lógica da abordagem idealista aparece mais claramente quando o jornal alemão *Spiegel* lembrou a autora de *The end of men* que os homens na Alemanha ainda ocupam os cargos dominantes nas esferas de poder político e econômico. Assim como nos Estados Unidos, isso não parece perturbar aqueles que anunciam o fim dos homens: "Os universitários alemães *me disseram* que os homens na Alemanha passam por uma crise extrema de identidade, mesmo que a divisão do poder não tenha mudado tanto assim *até o presente*. Portanto, a questão é: por que os homens alemães *se sentem sitiados* se, de um ponto de vista objetivo, eles não estão *realmente*" [grifo nosso].[67] É, portanto, possível declarar o fim dos homens porque eles *dizem* que se *sentem* sitiados pelas mulheres, mesmo que eles não estejam *realmente*.

Entre a realidade objetiva (materialismo) e a percepção subjetiva (idealismo), mais vale optar pela segunda se ela permitir fundamentar uma tese falaciosa que nós procuramos defender e vender.

---

63 *Ibid.*, p. 332.

64 Margaret Maruani (Org.), *Femmes, genre et sociétés: L'état des savoirs*, Paris, La Découverte, 2005, p. 453-454.

65 Alain Touraine, *op. cit.*, p. 325.

66 *Ibid.*, p. 333.

67 Samiha Shafy, *op. cit.*

2. Pequena história da masculinidade em crise

O discurso da crise da masculinidade é a tal ponto recorrente e persistente que seria possível a ele dedicar ao menos um ou mesmo vários livros para discutir a situação de cada país ao longo de sua história e no tempo presente. Mais modestamente, a discussão de alguns exemplos extraídos da história e da atualidade do Ocidente deve permitir identificar certas características dessa retórica antifeminista, sem presumir que tudo é sempre similar em todos os países, incluindo fora do Ocidente.

Vários estudos mais ou menos críticos acerca das crises da masculinidade revelam que esse fenômeno surge sempre em reação à atitude de mulheres que colocam em questão algumas normas patriarcais. Essas transgressões ou a simples ameaça de transgressão basta para que os homens declarem que a masculinidade está em crise, que os homens estão dominados pelas mulheres, e até mesmo que a sociedade está em perigo. O discurso da crise da masculinidade pode também se amalgamar aos discursos nacionalistas e racistas.

Já em Roma, em 195 a.C., Catão, o velho, reagiu à mobilização de romanas contra uma lei que as proibia de conduzir carroças e de usar vestes coloridas. Ele afirmou que "as mulheres se tornaram tão poderosas que nossa independência está comprometida dentro de nossas próprias casas, ridicularizada e pisoteada em público".[1] Em Roma, no entanto, as mulheres eram juridicamente qualificadas de "sexo fraco" (*infirmitas sexus*) e estavam sujeitas ao poder absoluto do "pai de família" (*pater familias*). Este último dispunha de um poder de vida e de morte sobre os membros da família. Em princípio, as mulheres não poderiam jamais se emanciparem do "poder paternal", passando da autoridade do pai à do marido, ou de um tutor em caso de viuvez. Por fim, as romanas não tinham o direto de ocupar uma função pública. Apesar de tudo, alguns protestos bastavam para alertar os homens de elite, como o magistrado Catão.[2]

Na Europa, a Idade Média começou logo após o colapso da civilização romana. Vários estudos têm mostrado que a relação entre os sexos era então em geral bem mais igualitária do que nos períodos seguintes, ou seja, a Renascença e a Modernidade até o século XX.[3] Na Idade Média, não havia separação clara entre a esfera privada e a pública, a divisão sexual do trabalho não era tão marcada como a do Renascimento e da Modernidade. A maioria

---

1 Susan Faludi, *Backlash: La guerre froide contre les femmes*, Paris, Des femmes--Antoinette Fouque, 1993, p. 120.

2 Yan Patrick Thomas, "La division des sexes en droit romain", Georges Duby e Michelle Perrot (Orgs.), *Histoire des femmes en Occident*, vol. 1, "L'Antiquité" (Pauline Schmitt Pantel [Org.]), Paris, Plon, 2002, p. 131-200.

3 Aliás a historiadora Joan Kelly pergunta se "as mulheres teriam tido um Renascimento" (em *Women, History, and Theory*, Chicago, Chicago University Press, 1984, p. 19-50). A historiadora Silvia Federici evocou uma "nova ordem patriarcal" que se faz presente durante a Renascença" (em *Caliban et la sorcière: femmes, corps et accumulation primitive*, Genève, Entremonde, 2017). Esse fenômeno é concomitante ao desenvolvimento do Estado moderno, da colonização, do capitalismo agrário e posteriormente industrial. Ver também Kathleen Casey, "The Cheshire Cat: Reconstructing the experience of Medieval women", Berenice A. Carroll (Org.), *Liberating Women's History: Theoretical and Critical Essays*, Chicago, University of Illinois Press, 1976.

da população vivia no interior, o homem e a mulher trabalhavam a terra com as crianças, e a mulher reunia aquilo que podia ser vendido no mercado com o que tinha colhido nas terras comunais, por exemplo, pequenas frutas para tortas e vime para cestos e balaios. As mulheres participavam das assembleias da aldeia que tomavam as decisões sobre as questões locais. Nas cidades da Idade Média, as mulheres praticavam a maioria dos ofícios, trabalhando o mesmo número de horas que os homens e recebiam um salário igual. Elas eram membros de guildas e ofícios e eram às vezes maioria, sem contar as guildas que só contavam com mulheres. Em termos de vestimentas, as diferenças eram mais marcadas entre os nobres do que nas classes inferiores, mas várias modas eram unissex, o que inclui roupas e brinquedos para as crianças. Os filhos tinham o nome da mãe, as meninas tinha acesso a escolas, as mulheres podiam se autogerenciar coletivamente nos monastérios ou serem rainhas e reinarem sobre seus domínios, ou seja, aplicar a justiça, aumentar os impostos e os exércitos.[4]

As coisas começaram a mudar por volta do século XII, em grande parte por causa da corrente misógina da Igreja católica. Em torno do século XIII, a nova legislação e os "costumes" (texto que propõe as normas de vida) encorajavam o marido a corrigir sua esposa, e especificavam que a mulher era sempre responsável pelo adultério. No reino da França, a lei sálica, adotada no século XIV, afastou as mulheres do trono. A universidade, fundada na Idade Média, era um elevado lugar de desenvolvimento da misoginia, estava incluída naquilo que caracteriza a "caça às bruxas", prova de que os diplomas não oferecem garantias contra o sexismo e a misoginia. Os universitários assinavam os tratados que serviam para que os tribunais

4 Jane Humphries, "Enclosures, Common Rights, and Women: the Proletarianization of Families in the Late Eighteenth and Early Nineteenth Centuries", *Journal of Economic History*, vol. 50, n. 1, 1990, p. 17-42; Madeline H. Caviness, "Féminisme, Gender studies et études médiévales", *Diogène*, n. 225, 2009.

da Inquisição condenassem milhares de mulheres às fogueiras. As mulheres estavam igualmente afastadas das faculdades mais prestigiadas. Do ponto de vista da cultura, assiste-se desde a "querela das mulheres" que se opunham a todos aqueles que procuravam demonstrar que elas eram imorais e perigosas até os "campeões de damas", os quais procuravam demonstrar tanto a igualdade entre os sexos quanto a superioridade moral e física das mulheres. No fim das contas, as mulheres são mais resistentes que os homens, como prova o parto, elas resistem mais às doenças e aos sofrimentos e vivem por mais tempo. Mesmo assim, os misóginos vão conseguir impor a concepção das mulheres imorais e do casamento como um inferno para os maridos diante das esposas inconstantes, manipuladoras, egoístas e autoritárias. Ao fim da Idade Média, as mulheres – e sobretudo as esposas – serão apresentadas como estúpidas, irracionais, inconstantes, frívolas, perversas, mentirosas, hipócritas, ciumentas, egoístas e sexualmente ameaçadoras.[5] Entre outros defeitos.

A teoria segundo a qual uma população forte é necessária ao poder econômico do Estado nascente foi desenvolvida por volta da metade do século XVI, quando apareceram os primeiros estudos estatísticos. Entretanto, onde se lê população numerosa lê-se também forte natalidade e, portanto, controle dos corpos femininos. Em 1556, no reino da França, um decreto real obrigava as mulheres a declarar a maternidade, ao mesmo tempo que multiplicavam as punições contra a contracepção e o aborto, as mulheres adúlteras eram condenadas à morte (mas não os homens infiéis), e era descriminalizado o estupro

---

5 Sara F. Matthews Grieco, *Ange ou diablesse: La représentation de la femme au XVIe siècle*, Paris, Flammarion, 1991, p. 14-15; Natalie Zemon Davis, "La femme 'au politique'", Natalie Zemon Davis, Arlette Farge (Orgs.), *Histoire des femmes en Occident: III – XVIe-XVIIIe siècle*, Paris, Plon, 2002, p. 218; Barbara Ehrenreich, Deirdre English, *Sorcières, sages-femmes et infirmières: Une histoire des femmes et de la médecine*, Montréal, Les Éditions du remue-ménage, 1976; Barbara Ehrenreich, Deirdre English, *Des experts et des femmes: 150 ans de conseils prodigués aux femmes*, Montréal, Les Éditions du remue-ménage, 1982.

de prostitutas. Por volta de 1625, apareceram os primeiros homens parteiros, cúmulo da pretensão masculina. Eles suplantaram o saber das parteiras e inventaram o fórceps. Em 1640, o rei da França, Luís XIII, suprimiu a escola mista, obrigando as comunidades mais pobres que não podiam manter duas escolas a não mais oferecer ensino para as meninas.[6]

Primeiras crises da masculinidade

É no momento que as mulheres estavam cada vez mais relegadas aos papéis subalternos, quando elas estavam totalmente excluídas dos setores produtivos, que emergiu o discurso sobre uma pretensa crise da masculinidade provocado pelas mulheres que se recusam a se comportar segundo o papel e os modelos que lhes eram designados. Já em 1558, no reino da Inglaterra, John Knox criticava as mulheres no poder em seu panfleto *First blast of the trumpet against the monstruous regiment of women* (*O primeiro sinal de alarme contra o monstruoso regime das mulheres*), lançado no mesmo ano em que Elizabeth I subiu ao trono. Knox denunciava a "tirania" exercida pelas mulheres e pelos modos afeminados entre os ingleses.

Em 1583, o panfleto *The anatomy of abuses* (*A anatomia dos abusos*) denunciava as mulheres vestidas de homens nas ruas de Londres, as "hermafroditas, quer dizer, os monstros de dois tipos, metade mulher, metade homem".[7] Ao que se assemelhava esse modo

6 Francis Ronsin, *La grève des ventres: Propagande néo-malthusienne et baisse de la natalité en France XIX*[e]*-XX*[e] *siècles*, Paris, Aubier, 1980, p. 23; Marcus Rediker, Peter Linebaugh, *L'hydre aux mille têtes: L'histoire cachée de l'Atlantique révolutionnaire*, Paris, Amsterdam, 2008, p. 143; Elsa Dorlin, *L'évidence de l'égalité des sexes: Une philosophie oubliée du XVII*[e] *siècle*, Paris, L'Harmattan, 2000, p. 56.

7 Anthony Fletcher, "Men's dilemma: The future of patriarchy in England 1560-1660", *Transactions of the Royal Historical Society*, vol. 6, n. 4, 1994, p. 69-70.

masculino entre as mulheres? Chapéu de plumas, cabelos curtos, roupas mais curtas, botas, sem esquecer o mais importante: arma na cintura, fossem os punhais ou as espadas, às vezes pistolas. Várias peças de teatro e panfletos atacavam os cortesãos afeminados que arrumavam o cabelo e se maquiavam. Dois panfletos anônimos, sem dúvida escritos pela mesma pessoa, tinham esse teor. O primeiro, intitulado *A mulher*, denunciava as mulheres de cabelo curto portando punhal; o segundo, intitulado *O homem*, criticava os homens maquiados da corte.[8] Tratava-se, portanto, de *atacar* a indiferenciação dos sexos e *defender* a diferença dos sexos cada vez mais demarcada desde o fim da Idade Média. Essa identidade de sexo, em princípio determinada por Deus ou pela natureza, era, portanto, frágil a tal ponto que um simples corte de cabelo, uma roupa ou um pouco de maquiagem sobre o rosto permitia transgredi-la. Em torno de 1600, os pastores começaram a dar sermão nas mulheres que assistiam à missa usando roupas masculinas.

O retorno de um homem sobre o trono parece não ter sido suficiente para evitar as crises da masculinidade. Em 1620, o rei Jacques I se levantou contra os hábitos das mulheres da corte de usarem cabelos curtos e punhais ou pistolas na cintura. O rei, então, pediu ao bispo de Londres que ordenasse o clero a condenar as mulheres que adotassem modos muito pouco femininos. O historiador Anthony Fletcher, que estudou a representação simbólica dos casamentos nas correspondências e nas peças de teatro do século XVII na Inglaterra, constatou que "a questão dos modos como se vestiam os homens e as mulheres era de grande importância para uma época em que o gênero não estava arraigado na diferença sexual", o que deu lugar aos comentários "histéricos" a respeito do travestismo. As peças de teatro encorajavam os maridos a controlarem suas mulheres, colocando

8 Baines, Barbara J. (Org.), *Three Pamphlets on the Jacobean Antifeminist Controversy*, Delmar, Nova York, Scholars' Facsimilies & Reprints, 1978.

em cena, por exemplo, um "banquete de maridos soberanos" que comiam carneiro para ganharem força antes de amarrar suas esposas ou até mesmo lhes cortar a língua para que elas parassem de falar.[9] A reação masculina se exprimia também na quantidade de provérbios pejorativos que desqualificavam as mulheres, apresentando-as como sexualmente vorazes, tagarelas, vaidosas e provocadoras da ruína dos maridos.

Segundo Anthony Fletcher, os homens eram solidários em impor e defender a "nova ordem patriarcal", para retomar a expressão de Silvia Federici, e o faziam por ao menos quatro modos: (1) os pastores eram solidários de todos os maridos, já que as pregações puritanas insistiam na importância de uma autoridade paternal forte para assegurar uma vida familiar sã – o homem era designado "chefe de família", tendo até mesmo o direito de usar de violência física para corrigir sua esposa (e seus filhos); (2) os dramaturgos ofereciam em suas peças de teatro os modelos de maridos punindo mulheres animadas pelos vícios, incluindo a vontade de amizades femininas que davam espaço para "reuniões de fofoca"; (3) as elites políticas das cidades e das aldeias adotaram a *cucking stool,* cadeira de balanço, novo dispositivo de tortura sobre o qual as mulheres eram sentadas à força e depois imersas no rio, para puni-las por terem desobedecido o pai ou seu marido, ou por ter traído este último; (4) enfim, as elites políticas também adotaram novas leis para punir condutas sexuais ilícitas, como a prostituição, o adultério que levasse à concepção de um filho "bastardo", o aborto e o infanticídio – tratava-se aqui de punições por açoite, aprisionamento em casas de correção ou enforcamento em casos de infanticídio. A isso deve-se somar a famosa caça às bruxas, acusadas – entre outras coisas – de fazer desaparecer o pênis.

9 *Ibid.*, p. 69 e p. 75-77.

Desde essas primeiras crises da masculinidade, as instituições mais poderosas se mobilizaram em favor dos homens contra as mulheres, a saber, a própria coroa (o rei), a Igreja, os juízes, a polícia e as instituições teatrais e literárias (imprensa, livraria). O objetivo primeiro era o de estabilizar a nova ordem patriarcal e até mesmo reforçar aquilo que distinguia os dois sexos e impedir as transgressões e as subversões das normas do sexo. O mundo não é, portanto, somente um *boys' club*, mas vários *boys' club* solidários uns dos outros, os quais formam uma aliança contra as mulheres. O discurso da crise da masculinidade é também usado para promover a supremacia masculina em todos os setores da sociedade.

Dinâmicas similares são observadas no reino da França. Um discurso criticando os homens afeminados da corte apareceu durante o reinado de Henri III (1574-1589), atingindo o próprio rei em razão de sua homossexualidade e de suas roupas muito femininas, como símbolos de decadência e de enfraquecimento da autoridade real. Por volta de meados do século XVII, uma crise da masculinidade teria sido provocada pela influência do Preciosismo, algumas cortesãs que reagiram de maneira rude à corte do rei e que exigiam acesso das mulheres à educação e a valorização do amor cortês. Ao mesmo tempo, elas criticavam os casamentos arranjados e não queriam se ocupar das crianças, que elas preferiam confiar às amas. Esse Preciosismo da corte real era apoiado em suas reivindicações por alguns preciosos que adotavam os modos ditos femininos: peruca longa, perfumes, *rouge* e sombras, pintas etc. Na Inglaterra, as preciosas se mostravam ainda mais exigentes, reivindicavam o direito ao prazer e de não serem deixadas sozinhas durante a maternidade. Dos dois lados do canal da Mancha, o debate acerca do Preciosismo mobilizou argumentos nacionalistas: os ingleses deploravam a influência das mulheres francesas; os franceses, a influência das mulheres inglesas.

Em 1669, um poema anônimo descrevia um homem da corte real francesa que se maquiava e usava uma peruca loira para "agradar ao belo sexo", mas este homem "se afastava do seu [de seu sexo], e transformando seu corpo e sua alma para se tornar um belo homem, ele se tornou mulher".[10] Em seu livro *Os personagens* (1688), La Bruyère apresentou o homem afeminado como um urbano que se comprazia com a aparência e perdia seu tempo em seu "banheiro", é um "homem coquete" insignificante, faz tudo "como uma mulher".[11] Em La Bruyère, o homem afeminado trazia dois problemas, a transgressão da vontade e do plano de Deus e a marca da degenerescência da sociedade. O *Dictionnaire* de Furetière (aproximadamente 1690) propunha o verbete "Travestir", que lembrava que "era severamente proibido pela Loy de Moyse [Lei de Moisés] se *travestir*, usar a roupa do outro sexo".[12] O mesmo dicionário definia "afeminado": "o que se diz de um homem mole, voluptuoso, que se tornou similar a uma mulher". Quanto ao verbete "mulher", ele especifica que "dizemos também que um homem faz a *mulher* quando ele é fraco, inativo e afeminado, quando é muito delicado". O feminino era, então, associado àquilo que é delicado, mole, fraco, passivo; e o masculino, a tudo o que é contrário a esses vícios e esses defeitos, ou seja, a força, a dureza, a coragem, a ação. Por fim, a vontade de Deus e a natureza não parecem jamais bastar para determinar o que é um homem e o que é uma mulher, não mais embasa o masculino e o feminino. É necessário múltiplos artifícios para ser um verdadeiro homem e uma verdadeira mulher, particularmente aqueles que se referem ao comprimento dos cabelos e às roupas. Um pouco de

---

10 Citado em Cédric Corgnet, "Une masculinité en crise à la fin du XVIIe siècle? La critique de l'efféminé chez La Bruyère", *Genre & Histoire*, n. 2, primavera 2008.

11 *Ibid.*

12 Antoine Furetière, o dicionário universal contém geralmente todas as palavras francesas, tanto antigas quanto modernas, e os termos de todas as ciências e artes, de acordo com "Le Furetière", 1690 [http://gallica.bnf.fr/ark:/12148/bpt6k50614b.r=.langFR].

maquiagem, por exemplo, permitiria transgredir a norma sexual natural determinada por Deus.[13]

Na apresentação da obra coletiva *High anxiety: masculinity in crisis in early modern France* (*Alta ansiedade: masculinidade em crise no início da França moderna*), Kathleen P. Long resume da seguinte maneira as suas reflexões sobre a crise da masculinidade no final da Idade Média: "O efeito profundo desse questionamento da norma masculina que começou no XVI e que se estendeu ao longo do século XVII pode ser notado nas transformações das instituições sociais e políticas, como o casamento, a monarquia e a Igreja, até a Revolução e após".[14] Com efeito, a Inglaterra do século XVIII ainda é assolada por uma crise da masculinidade, assim como o reino da França. Algumas décadas antes da Revolução Francesa, em 1750, o famoso filósofo Jean-Jacques Rousseau manifestava seu pânico acerca da feminilização da cultura e das artes em seu *Discurso à Academia de Dijon sobre as artes e as ciências.* Ao acreditar nas artes e nas ciências, "os homens têm sacrificado seu gosto pelos tiranos de sua liberdade", ou seja, para as mulheres: "os homens farão sempre o que agrada as mulheres". Resultado, ele tem "sacrificado as belezas e as forças masculinas em favor de nossa falsa delicadeza".[15] Em seu tratado da educação, escrito alguns anos mais tarde, Rousseau

---

13 Segundo os dados da polícia, haveria no reino da França 307 casos de travestismo do fim da Idade Média até a Revolução de 1789, dos quais 117 durante a Revolução Francesa. Desses 307 casos, 291 são de mulheres. A coerção visava sobretudo as mulheres que teriam transgredido o modelo feminino que o Estado procurava impôr por meio de suas leis e de sua polícia (Sylvie Steinberg, *La confusion des sexes: Le travestissement de la Renaissance à la Révolution*, Paris, Fayard, 2000, p. VIII).

14 Kathleen P. Long (Org.), *High Anxiety: Masculinity in Crisis in Early Modern France*, Kirksville, Truman University Press, 2002, p. xv.

15 Jean-Jacques Rousseau, *Discours sur les sciences et les arts/Discours sur l'origine et les fondements de l'inégalité parmi les hommes*, Paris, GF-Flammarion, 1971, p. 50-51 (incluindo nota de rodapé 1).

lançou algumas flechas contra "a vaidade das disputas sobre a preferência ou a igualdade dos sexos", especificando que "sustentar vagamente que os dois sexos são iguais, e que seus deveres são os mesmos, é se perder em declamações inúteis".[16] Ele acrescenta: "Quando a mulher se queixa sobretudo da injusta inequidade que lhe impõe o homem, ela está errada", porque "a natureza dotou [as mulheres] do depósito dos filhos". Rousseau propôs também uma definição simplista de homem "ativo e forte", opondo-o à mulher "passiva e fraca". A verdadeira mulher é também "modesta, atenta e reservada". Mais importante ainda, segundo Rousseau, "a mulher é feita especialmente para agradar ao homem" e "toda educação das mulheres deve ser relativa aos homens. Seus gostos, seus fazeres úteis, fazer-se amar e honrá-los, despertar-lhes a jovialidade, cuidar-lhes, aconselhar, consolar, tornar-lhes a vida agradável e doce: estes são os deveres das mulheres o tempo todo, e é isso que devemos lhes ensinar desde a infância".[17]

Essas reflexões de Rousseau iluminam a estrutura geral do discurso da crise da masculinidade, que funciona segundo uma mecânica retrógrada que tem por objetivo final justificar a supremacia masculina: (1) afirmamos primeiro que os homens cederam às mulheres e as obedecem em tudo, o que faz com que eles sejam afeminados, ou seja, doces e pacíficos (crise da masculinidade); (2) declaramos em seguida que aqueles que clamam por igualdade dos sexos estão errados, como demonstrariam as santas Escrituras, a filosofia antiga, a natureza ou a história (do antifeminismo); (3) pois não somente os sexos não devem ser iguais, mas as mulheres deveriam se submeter aos homens, lhes agradar, lhes servir, lhes honrar (supremacia masculina); (4) isso que imprime a própria natureza das mulheres, que são passivas, fracas, doces, atenciosas

16 Jean-Jacques Rousseau, "Sophie ou la femme", J.-J. Rousseau, *Émile ou de l'éducation*, Paris, GF-Flammarion, 2009 [1762], p. 516, p. 521.

17 *Ibid.*, p. 521, p. 516 e p. 526.

(e que não lutam nem fazem guerra). Por prudência, por assim dizer, convém lhes tirar as armas, punhais ou pistolas, pois eles precisam sobretudo que elas não possam se defender diante dos homens "ativos e fortes".

Os discursos da crise da masculinidade que surgiram na França na época da Revolução de 1789 permitiram por toda a parte acusar seus adversários de serem responsáveis pela degenerescência dos costumes e de uma feminilização da França e de suas colônias.[18] Segundo o discurso revolucionário, a corte seria controlada por mulheres possivelmente lésbicas, em primeiro lugar a rainha Maria Antonieta, que manipulava ao seu gosto um rei afeminado. Do lado monarquista, acusávamos as republicanas de serem muito masculinas, pois elas usavam o barrete frígio, crítica que a mesma elite masculina republicana retomaria por conta própria. Como menciona a historiadora Ève-Marie Lampron, esses discursos de crise exprimiam novamente então que o patriarcado se reforçava e que os homens, longe de estarem sob o poder das mulheres, tinham ainda mais privilégios e poder do que aquelas: a Assembleia Nacional havia proibido as mulheres de votar e serem eleitas, de formar sociedades ou clubes de mulheres, de usar armas, depois finalmente de se reunirem em mais de cinco no espaço público, sem contar o infame código napoleônico que as designava como menores.[19]

---

18 Carol E. Harrison, "La crise de l'homme blanc: Ethnographie française et masculinité dans les mers du Sud à l'époque révolutionnaire", Régis Revenin (Org.), *Hommes et masculinité de 1789 à nos jours*, Paris, Autrement, 2007, p. 238-250.

19 Ève-Marie Lampron, "'Liberté, fraternité, masculinité': les discours masculinistes contemporains du Québec et la perception des femmes dans la France révolutionnaire", Mélissa Blais, Francis Dupuis-Déri (Org.), *Le mouvement masculiniste au Québec: L'antiféminisme démasqué*, Montréal, Les Éditions du remue-ménage, 2015 (2. ed.), p. 33-54.

Crise da masculinidade por volta de 1900

Uma outra crise da masculinidade teria atacado o Ocidente ao fim do século XIX e começo do século XX, ainda que somente algumas mulheres se aventuravam então, e com dificuldade, nos domínios reservados aos homens, os quais - é necessário lembrar - controlavam os parlamentos, os exércitos, a magistratura, os bancos e as companhias privadas, as universidades, as Igrejas etc.

Alguns casos merecem uma atenção particular, sendo os Estados Unidos, a França, a Alemanha e os exemplos de sociedades pretensamente matriarcais, como a Bretanha (França), o Quebec (Canadá) e a comunidade afro-americana (Estados Unidos). Esses casos bem documentados apresentam contextos diferentes em termos de regime político, de desenvolvimento econômico, de perfil demográfico, de localização geográfica e de cultura religiosa e artística. Apesar de suas diferenças, eles revelam algumas similaridades: as fontes de época - jornais, discursos, romances etc. - e os estudos históricos mostram que os homens estariam em crise por causa das transformações sociais que os afeminaram ou por influência das mulheres, o que justificaria a (re)afirmação da masculinidade convencional pelas forças políticas, incluindo o auge do Estado, por meio de produções culturais e artísticas e pela formação de instituições pelo e para os homens.

Estados Unidos: à procura de novas aventuras

Uma crise da masculinidade teria assolado os Estados Unidos da metade do século XIX até o começo do século XX, afetando sobretudo os homens de origem europeia.[20] Em torno de 1830-1840, os

20 J. L. Dubbert, "Progressivism and the Masculinity Crisis", *Psychoanalytic Review*, n. 61, 1974, p. 443-455; Susan Goodier, *No Votes for Women: The New York State*

cidadãos deixaram crescer barba e bigode, confirmando que alguns pelos parecem o bastante para determinar a identidade sexual. Após a Declaração de sentimentos de Seneca Falls, redigido em 1848 por uma assembleia que exigia os direitos políticos para as mulheres, os jornais se insurgiram contra as amazonas, as viragos, as utopias um pouco rachadas, as mulheres masculinas, e se incomodaram mais ou menos seriamente que "os senhores e mestres devem lavar a louça, dar lustro, pegar água no poço, pegar a vassoura, costurar as meias, remendar as cuecas, chamar as empregadas".[21] Em 1851, aparecia um pastiche de uma ata de uma tal "Convenção dos direitos dos homens" apresentada como uma reação à assembleia de Seneca Falls. Senhor Husband (marido), o presidente desta convenção masculina imaginária, e outros membros se incomodavam que a "crise atingiu as relações domésticas" e que agora é razoável se angustiar com a "aniquilação dos homens", e a chegada da "decapitação universal dos homens e da forma amazônica de governo em que deverá resultar".[22]

Em 1856, a equipe editorial da revista *Putnam* publicou um texto mais sério, intitulado "Uma palavra para os direitos dos homens" ("A word for men's rights"). Depois de ter reconhecido que as mulheres sofriam a tirania da "maneira mais brutal, da sociedade, das leis e de seus maridos", os autores anônimos chamavam contudo

Anti-Suffrage Movement, Chicago, University of Illinois Press, 2013; Margaret Hoobs, "Rethinking Antifeminism in the 1930s: Gender Crisis or Workplace Justice? A Response to Alice Kessler-Harris", *Gender & History*, vol. 5, n. 1, 1993, p. 4-15; E. Anthony Rotundo, "Patriarchs and Participants: A Historical Perspective of Fatherdhood in the United States", Michael Kaufman (Org.), *Beyond Patriarchy: Essays by Men on Pleasure, Power, and Change*, Toronto-Nova York, Oxford University Press, 1987, p. 64-72; Jefferey Ryan Suzik, "'Building Better Men': the CCC Boy and the Changing Social Ideal of Manliness", *Men and Masculinities*, 1999, vol. 2, n. 2, p. 152-179.

21 Citado em Claudette Fillard (Org.), *Elizabeth Cady Stanton: Naissance du féminisme américain à Seneca Falls*, Lyon, ENS Éditions, 2009, p. 173-174.

22 Angela Howard, Sasha Ranaé, Adams Tarrant (Orgs.), *Antifeminism in America: A Reader*, Nova York, Garland Publishing, 2000, p. 2 e seguintes.

à prudência por quem quer que tenha pensado em modificar a lei do casamento, pois "as alterações práticas com o único objetivo de liberar as espoas da tirania e da opressão poderiam ter como efeito uma igual injustiça para o marido".[23] O texto esclarece que o poder do marido foi tão bem minado que o homem não pode mais trancar a sua esposa nem levantar um dedo para ela sem correr o risco de ser denunciado pelos vizinhos e acusado de agressão, sem esquecer todos os maridos que apanham de suas esposas.

Para concluir, o texto reivindicava para os homens o direito de renunciar ao futuro casamento com uma mulher com quem eles tenham ficado noivos.

A virilidade estava na moda por meio da representação da "conquista do Oeste", em particular por meio da biografia de pioneiros e romances publicados de 1840 a 1870 que colocavam em cena "a vida selvagem". Daniel Boone e Davy Crockett encarnavam então o homem viril e autônomo. Esses novos heróis nacionais evoluíam sem mulheres, isso que correspondia bastante bem à realidade da Califórnia da corrida do ouro, povoada – pelos colonizadores – de 93% de homens em 1850.[24] Depois de 1880, o cowboy se tornou um herói nacional nos romances de sucesso e nos circos ambulantes. É igualmente nesse momento que nasciam os rodeios, mais precisamente em 1883 em Pecos, no Texas. A conquista do Oeste tinha, no entanto, terminado e os cowboys viris e solitários dos romances populares não tinham nada a ver com a realidade dos guardadores de rebanhos, mas os homens tinham sede de um modelo de masculinidade combativa. Outros romances de sucesso ofereciam narrativas

23 "A word for Men's Rights", *Putnam's Monthly Magazine of American Literature, Science and Art*, vol. 7, n. 38, fev. 1856, p. 208.

24 Michael S. Kimmel, "'Born to Run': Nineteenth-Century Fantasies of Masculine Retreat and Re-Creation (or the Historical Rust on Iron John)", Stephen M. Whitehead (Org.), *Men and Masculinities: Critical Concepts in Sociology*, I ("Politics and Power"), Londres-Nova York, Routledge, 2006 [1995], p. 286.

épicas em alto-mar (Moby Dick) ou em florestas longínquas: as aventuras de Tarzan, lançadas em 1912, venderam dezenas de milhões de exemplares. Outros romances, menos heróicos, tratavam explicitamente da emancipação das mulheres. O romance *Les Bostoniennes* (1886), de Henry James, colocava em cena a sulista Basil Ransom, que lamentava que o masculino se apaga em uma época feminina e histérica.

Além dessas representações culturais, a Guerra de Secessão (1861-1865) levou ao fim da escravidão, o que provocou um pânico ao mesmo tempo racista e sexista. A antiga escravidão de origem africana apareceu então como uma ameaça sexual para as mulheres de origem europeia. A solução? Linchamento público sem processo, normalmente antecedido de uma castração. O senador Ben Tillman declarou que os brancos do Sul "não podem deixar os negros satisfazerem seus apetites sexuais às custas de nossas mulheres e de nossas filhas sem serem submetidos ao linchamento".[25] Vários milhares de homens negros foram assim linchados, e muitos castrados, mesmo que os autores tivessem apresentado antes o homem branco da época como vítima de uma castração simbólica em razão da emancipação dos escravos. Essa tese é retomada hoje por Victor Meladze, em seu artigo "Crise da masculinidade nos Estados Unidos: militarismo e guerra" ("U.S. masculinity crisis: militarism and war"), publicado no *The Journal of Psychohistory.* Ele adianta que a emancipação dos escravos teria provocado entre os brancos "um estresse intrapsíquico adicional que mobilizou a memória fetal e aquela da infância, reativando as lembranças de interação com os objetos primários de amor de ódio",[26] reanimando os medos enterrados de castração e mesmo de aniquilação, e isso

25 Angela Davis, *Femmes, race et classe*, Paris, Des femmes/Antoinette Fouque, 2007 [1981], p. 132.

26 Victor Meladze, "U.S. Masculinity Crisis: Militarism and War", *The Journal of Psychohistory*, vol. 42, n. 2, 2014, p. 96.

explicaria o linchamento dos negros. Essa tese absurda é contestada pelas feministas afro-americanas, como Angela Davis, Patricia Hill Collins e bell hooks, bem como pelo estudioso da masculinidade William F. Pinar, para quem "a 'masculinidade' [*manhood*] em si, branca ou negra, é no final das contas uma ilusão". Ele lamenta que os homens frequentemente convencidos de que são os verdadeiros homens violentam outros homens e as mulheres: "A 'desmasculinização' [...] foi uma resposta específica a essa agressão sexual para o homem branco, que participou do seu racismo de branco, e que era às vezes explícita na prática do linchamento".[27]

Assinala-se que algumas mulheres negras também foram linchadas, algumas por terem matado o homem branco que as tentou estuprar. Em alguns casos particularmente horríveis, as mulheres negras eram estupradas antes de serem enforcadas pela multidão. Mary Turner era uma mulher negra que tinha ameaçado fazer tudo que estivesse ao seu alcance para que os homens que tinham linchado seu marido fosse punido. Ela foi, por fim, enforcada em uma árvore, depois besuntada em óleo de motor e gasolina e queimada depois que um homem lhe havia aberto o ventre com uma faca para extirpar um bebê que chegou a chorar antes de ser esmagado a golpes de calcanhar.[28]

É no mínimo espantoso, considerando essa violência racial e sexual, sugerir que os brancos sofriam de uma "crise de masculinidade" em razão da ameaça que os escravos emancipados representavam; se for necessário forçar a identificação de uma "crise da masculinidade", sem dúvida deveria ser encontrada entre os negros cujos semelhantes eram linchados por milhares e eram verdadeiramente castrados.

---

27 William F. Pinar, *The Gender of Racial Politics and Violence in America: Lynching, Prison Rape & the Crisis of Masculinity*, Nova York, Peter Lang, 2001, p. 909.

28 Crystal N. Feimster, *Southern Horrors: Women and the Politics of Rape and Lynching*, Cambridge, Harvard University Press, 2009, p. 174.

A pretensa crise da masculinidade do fim do século XIX é frequentemente explicada pelas importantes transformações que afetaram as relações entre os sexos, bem como as relações de classe. Antes da guerra, a maioria dos homens brancos era agricultor, comerciante ou artesão independente e trabalhava geralmente em casa, em parceria com sua esposa. Duas gerações mais tarde, a grande maioria saía de casa para trabalhar na manufatura ou em escritórios em troca de um salário. Simultaneamente foi desenvolvida a ideia de que a mãe é mais apta do que o pai no cuidado das crianças – eles agora passam o dia fora da casa da família. O urbanismo marcou, portanto, para muitos homens, o fim de uma autonomia da qual seus pais haviam gozado graças à sua fazenda ou ao seu comércio, e o fim de uma vida sem divisão clara entre o espaço privado e o público. A mecanização do trabalho nas manufaturas era então acusada de provocar uma certa feminilização do trabalhador ao valorizar, pois, "a habilidade mecânica" como um tributo masculino, o que justificava a exclusão das mulheres das fábricas.[29] Os homens, pretensamente em crise, se beneficiavam então de milhares de organizações exclusivas para homens, sem contar o Congresso, a magistratura, o exército, o clero etc. Por volta de 1900, um em cada quatro homens era membro de uma fraternidade, como os Red Men (165 mil membros), os Knights of Pythias (475 mil), os Franco-maçons (750 mil), os Old Fellows (810 mil), sem contar o Grande Exército da República, os Cavaleiros do trabalho e outras organizações.[30] O desenvolvimento do esporte amador, como o atletismo, participou também dessa mobilização de recurso e da criação de instituições para e pelos homens. A atividade esportiva devia permitir o desenvolvimento da masculinidade em homens não fumantes, pois "o campo de futebol

29 Matthew Paterson, *Automobile Politics: Ecology and Cultural Political Economy*, Cambridge University Press, 2007, p. 48 (obrigado a Martin Blanchard por essa referência).

30 William F. Pinar, *op. cit.*, p. 391.

americano (esporte americano particularmente violento) é o único lugar onde a supremacia masculina é incontestável",[31] segundo um jornalista da época. Por parte das classes populares, o socialista cristão Thomas Hughes, autor do livro *The manliness of Christ* (*A virilidade de Cristo*), publicado em 1880, encorajava a "cristandade muscular". Essa abordagem aliava a fé ao esporte, particularmente o futebol americano. Trata-se de reatar com a imagem de um Jesus Cristo na qual a coragem, a vontade e a força que tinham sido forjadas ao longo dos anos passou a obedecer a Deus, a aceitar as responsabilidades divinas e a resistir à tentação, incluindo a solidão no deserto.[32] Essa abordagem tornou-se necessária porque a Young Men's Christian Association (YMCA – Associação dos Jovens Homens Cristãos) não cultivava suficientemente a virilidade. Na mesma época, um discurso da "crise da masculinidade" se impunha também na Grã-Bretanha em reação à concorrência econômica dos Estados Unidos e da ameaça militar alemã, e o esporte de competição em equipe era apresentado como um dos remédios.[33]

Para encorajar mais o esporte, os promotores dessa abordagem queriam neutralizar a influência nefasta da educação livresca em favor das atividades realmente masculinas, como a caça, a pesca e o acampamento. Nesse mesmo espírito, Escoteiros da América foi fundado em 1910. O fundador, Ernest Thompson Seton, declarou

---

31 Citado em Élisabeth Badinter, *XY: De l'identité masculine*, Paris, Odile Jacob, 1992, p. 39.

32 Essa abordagem foi retomada no fim do século XX pelas organizações protestantes, como Chistians in Sport (Cristãos no Esporte) na Grã-Bretanha e Fellowship of Christian Athletes (Sociedade dos Atletas Cristãos) nos Estados Unidos. Nick J. Watson, Stuart Weir, Stephen Friend, "The Development of Muscular Christianity in Victorian Britain and Beyond", *Journal of Religion & Society*, vol. 7, 2005.

33 Steven Roberts (Org.), "Introduction", Steven Roberts (Org.), *Debating Modern Masculinities: Change, Continuity, Crisis?*, Londres, Palgrave Macmillan, 2014, p. 5.

que o escotismo permitiria "contrariar as formas de feminilização e manter a masculinidade tradicional", sem contar que deveria representar "um movimento de libertação dos meninos, para libertar os jovens meninos das mulheres, especialmente de suas mães".[34] Segundo a edição de 1914 do manual da organização: "a aspereza e as privações da vida de pioneiro, que tanto fizeram para o desenvolvimento de uma masculinidade segura, são agora uma simples lenda na história e nós devemos contar com o Movimento dos Escoteiros para produzir os HOMENS do futuro.[35] A crise da masculinidade justificou, portanto, o desenvolvimento de instituições para os meninos e para os homens, e uma verdadeira segregação sexual e sexista, com escolas separadas para meninos e meninas e até mesmo setores especializados em certas livrarias para livros designados para mulheres e para homens.

A mais alta autoridade do país, o presidente Theodore Roosevelt, retomou por sua própria conta o discurso da crise da masculinidade para (re)afirmar a importância da virilidade. Em 1900, ele declarou que "o homem tímido, o homem preguiçoso, o homem que não trazia segurança a seu país, o homem subcivilizado [...], o homem ignorante, e o homem de espírito desinteressante" impedem que o país se lance a novas aventuras, e o impede de constituir um exército e uma marinha responsável para com suas necessidades.[36] O presidente exaltou "os verdadeiros esportes para uma raça masculina", como a corrida, o remo, o beisebol, o futebol americano,

34 Michael S. Kimmel, "Men's Responses to Feminism at the Turn of the Century", *Gender and Society*, vol. 1, n. 3, 1987, p. 271. Lord Baden-Powell, fundador dos escoteiros na Grã-Bretanha, havia declarado que "a masculinidade não pode ser ensinada senão pelos homens, e não por aqueles que são semi-homens, as mulheres semi-velhas" (idem).

35 Jeet Heer, "One Hundred Years of Male Humiliation: the Perpetual Crisis of Masculinity", *Maisonneuve*, 13 maio 2005 [https://maisonneuve.org/article/2005/05/13/one-hundred-years-male-humiliation/].

36 Michael S. Kimmel, "'Born to Run': Nineteenth-century Fantasies of Masculine Retreat and Re-Creation (or the Historical Rust on Iron John)", *op. cit.*, p. 301.

o boxe, a luta e o tiro. Seu texto "The american boy" (O menino americano), publicado em 1900, explicava que, "há quarenta ou cinquenta anos, o autor que falasse da moralidade americana estava certo em lamentar a afeminação e a decadência do luxo do jovens americanos nascidos de pais ricos". Felizmente para o homem, ele pode "hoje, [...] por meio de exercícios masculinos, desenvolver seus corpos – e, de uma certa maneira, seu caráter – nos esportes violentos".[37] Esse presidente afirmava também que a mulher que não tinha pelo menos quatro filhos participava do "suicídio da raça" e devia ser considerada uma traidora da pátria: "Nós a desprezamos assim como desprezamos e condenamos o soldado que desiste da batalha".[38] Em 1917, a emancipação das mulheres era associada a uma "superfeminilização" dos Estados Unidos. Temia-se, inclusive, que o Japão não os considerasse mais como uma ameaça porque o país estava agora dominado pelas mulheres.[39]

A tese da crise da masculinidade também foi invocada para criticar o movimento pelos direitos das mulheres de votar e de serem eleitas. Os antissufragistas afirmavam que deixar as mulheres votar acarretaria inevitavelmente uma indiferenciação dos sexos, ou ainda uma masculinização das mulheres, que não iam querer mais dar à luz e teria como consequência uma feminilização dos homens. A derrota dos povos nativos era apresentada, nesse contexto, como a prova de que eles não podiam dar muitos direitos às mulheres em uma sociedade. O jornal *Woman Patriot* denunciava também o movimento sufragista ao afirmar que as mulheres gozavam de "direitos de indígenas", que haviam acarretado a destruição de suas nações:

---

37 *Ibid.*, p. 303.

38 *Ibid.*

39 Amy Rae Lagler, *Antifeminism and National Differences: The German League for the Preservation of Women's Emancipation and the U.S. National Association Opposed to Woman Suffrage, 1911-1920*, dissertação de mestrado, Departamento de História, Michigan State University, 1995, p. 46.

"O feminismo no seio dos indígenas da América" consistia em impor "um duro trabalho e responsabilidades civis às mulheres indígenas" e teve como efeito direto que essas mulheres "falharam em reproduzir sua raça, e os indígenas perderam o continente ao imporem às mulheres os direitos que as feministas modernas demandavam!".[40] Apresentada como uma "guerra dos sexos", a luta pelo ou contra o sufrágio feminino deu lugar para que o supremacismo masculino se exprimisse sem restrição: "Eu estou aqui como o apóstolo do homem antigo – o verdadeiro homem –, o homem tirânico. O homem antigo levava a renda para a casa [...] para comida, para o aquecimento, para a luz [...] o homem antigo que cortava lenha, tirava a água, escavava as montanhas, erguia as pontes sobre os rios e construía as estradas de ferro".[41] Durante o Patriotic Anti-Suffrage Mass Meeting (Grande Encontro Patriota Antissufrágio) em Nova York, em 1917, Henry A. Wise Wood, da National Security League (Liga da Segurança Nacional), encorajou a audiência a "ficar em pé como um muro diante da onda de afeminação que agora ameaça nosso eleitorado de uma semicastração", lembrando também que "o primeiro dever é o de remasculinizar a América".[42] A oposição ao direito de voto das mulheres se manifestava geralmente simultaneamente à apologia da guerra como a encarnação dos valores masculinos. Woodrow Wilson, que viria a ser presidente dos Estados Unidos em 1913 e seria ainda um obstáculo para a obtenção do direito das mulheres ao voto em nível federal em 1920 (direito restrito até 1965), havia comparecido em 1884 a um congresso para o progresso das mulheres sobre o qual ele escreveu para sua esposa que havia ficado horrorizado ao ver as mulheres falando em público. Inicialmente professor de

40 Kim E. Nielsen, *Un-American Womanhood: Antiradicalism, Antifeminism, and the First Red Scare*, Columbus, Ohio State University Press, 2001, p. 44-45.

41 Alexander Keyssar, *The Right to Vote: The Contested History of Democracy in the United States*, Nova York, Basic Book, 2000, p. 2008.

42 Susan Goodier, *No Votes for Women: The New York State Anti-Suffrage Movement*, Chicago, University of Illinois Press, 2013, p. 110.

História e Ciências Políticas em um colégio de meninas, ele havia declaradamente se recusado a obedecer à reitora: "Eu não servirei sob ordens de uma mulher".[43] Em seu livro *The State*, ele explica que a família patriarcal é um miniestado: "as famílias foram os Estados primitivos. O Estado original era a família. Historicamente, o Estado atual pode ser considerado como [...] uma família ampliada".[44] Ele era contra as sufragistas, não só por considerar que as mulheres deveriam ficar em casa, mas também porque as sufragistas eram, segundo ele, mulheres execráveis, assexuadas, masculinas, ou seja, monstros metade mulher, metade homem.

Os discursos acerca da masculinidade geralmente faziam eco ao discurso militarista. Uma guerra, afirmavam então as ligas antissufragistas nos Estados Unidos, poderia "purificar" a sociedade e "curá-la" de todos os seus males, incluindo a "questão da mulher".[45] Os jovens homens de classe abastada matriculados nas mais prestigiosas universidades consideravam que eles tinham o dever de homem de dissolver as greves, uma ação comparada à guerra. Assim, durante a greve dos estivadores do Porto de São Francisco em 1901, os estudantes da Universidade da Califórnia em Berkeley descarregaram as mercadorias dos navios, uma ação apoiada pelo reitor. Os líderes dessas mobilizações eram frequentemente os jogadores ou os antigos jogadores das equipes de futebol americano dos *campi* universitários. Em 1903, as companhias privadas recrutaram os dissolvedores de greve entre os jogadores de futebol americano da Universidade de Chicago, que foram treinados em um campo dos "Cristãos Musculosos". Em 1912, os estudantes de Harvard e do Massachusetts Institute of Technology (MIT) se juntaram às filas de uma milícia formada pelas empresas

43 Claire Delahaye, *Wilson contre les femmes*, Paris, Les Presses Sorbonne Nouvelle, 2011, p. 36.

44 *Ibid.*, p. 45.

45 Amy Rae Lagler, *op. cit.*, p. 47.

para dissolver a greve da companhia têxtil Lawrence. Os jornais e as revistas festejaram sua coragem e sua virilidade. Por outro lado, a imprensa socialista e proletária os qualificou como "mariquinhas". O movimento trabalhista teve sua revanche em 1919, durante a greve do sistema telefônico da Nova Inglaterra; na ocasião, as brigas de rua de Boston deixou desdentados e inconscientes vários estudantes de Harvard, do MIT, da Tufts e da Brown University. As telefonistas em greve maquiaram o rosto desses estudantes inconscientes e lhes chamaram de "garotos maquiados" durante os conflitos. No mesmo ano, durante a famosa greve da polícia de Boston, duzentos estudantes de Harvard se renderam ao apelo de seus reitores e se voluntariaram para formar milícias que patrulhavam as ruas para neutralizar os criminosos e os "bolcheviques", enquanto os portões do *campus* foram protegidos por barricadas por precaução. Quase toda a equipe de futebol americano foi mobilizada, e o treinador tinha declarado: "para o diabo com o futebol, o que precisamos é de homens". O reitor passava nas ruas para encorajar suas tropas.[46]

Para alguns autores, era interessante comparar o homem da América e o homem da Europa. Assim, o escritor canadense Wyndham Lewis explicou em 1926, em seu tratado *The art of being ruled* (*A arte de ser governado*), que muitos dos "homens europeus nunca foram muito afeitos à ideia de serem 'homens'". Ele ainda acrescentou que a mecanização do trabalho "precisou da castração [...] do homem europeu"; sem contar que "o homem invertido, mais 'feminino' do que qualquer mulher [...], é um propagador inconsciente do feminismo [...], a espinha dorsal do exército feminista engajado na guerra dos

46 Stephen H. Norwood, "The Student as Strikebreaker: College Youth and the Crisis of Masculinity in the Early Twentieth Century", *Journal of Social History*, vol. 28, n. 2, 1994, p. 331-349.

sexos por ser composto de um corpo insípido e afeminado, ativo e passivo". Ele conclui que "o 'homo' é o filho legítimo da 'sufragista'".[47]

A crise econômica de 1929 levou ao aumento massivo da frustração nos homens ao ver as mulheres ganhando salários. Em 1930, aparece na *Harper's Magazine* um texto intitulado "O novo masculinismo" ("The new masculinism"), revista na qual Lillian Symes havia escrito vários textos sobre a parentalidade, o feminismo, o socialismo e o comunismo. Ela propôs uma análise aprofundada da atitude misógina e antifeminista que observou em muitos homens nos Estados Unidos e no estrangeiro, em consequência da onda sufragista das décadas de 1910 e 1920. A autora considera que "o movimento feminista está morrendo de inanição em decorrência de sua vitória parcial", mas, ela prossegue, "nós estamos condenadas a um movimento masculinista". Ela especifica ainda que

> *o masculinismo se beneficia do privilégio de culpar o avanço da mulher por todas as dificuldades e problemas que vivem os homens e as mulheres no mundo moderno. A maior parte dessas dificuldades apareceu nos últimos dez anos, e foi durante esses dez últimos anos que a mulher obteve um certo grau de emancipação social e psicológica. Por que procurar mais longe por uma explicação?*[48]

Symes identificou vários autores do sexo masculino de sua época que lamentavam a "feminilização" da literatura e da cultura e que criticavam as mulheres no geral, mas sobretudo "a mulher moderna", sem jamais definir essa noção. Symes explica que o novo masculinismo se

---

47 Wyndham Lewis, *The Art of Being Ruled*, Londres, Chatto & Windus, 1926, p. 280, p. 272-273 e p. 244.

48 Lillian Symes, "The New Masculinism", *Harper's Magazine*, jun. 1930, p. 98-99.

baseia em uma concepção nostálgica dos bons e velhos tempos, mais especificamente da "paz e do conforto do círculo familiar no interior do qual a posição da mulher não necessitava ser questionada". Ela destaca também que "pouco importa a convicção intelectual que isso pôde ter acerca da igualdade", o homem masculinista considerava que "ele deveria ter alguém para se ocupar dele; e para o homem médio, essa pessoa sempre foi uma mulher". Talvez ele precise ser admirado pela mulheres, mas Symes sublinha com ironia que "a mulher moderna mediana [...] talvez não tivesse tantos motivos para os admirar".[49] Acima de tudo, esses homens não gostavam nada de ter as mulheres como chefes. Nos anos 1930, foi criado o American Civilian Conservation Corps, que veio permitir lutar contra o desemprego e contra a feminilização dos homens americanos.

A Segunda Guerra Mundial, que eclodiu alguns anos depois, acentuou a presença das mulheres no mercado de trabalho assalariado, mas deu oportunidade aos homens de reafirmarem sua masculinidade tradicional, viril, protetiva e guerreira. Depois do massacre das massas e do retorno dos sobreviventes, as mulheres foram convidadas a voltarem para casa pela mídia, pela publicidade e pelos patrões. A presença delas no espaço público diminuiu até os anos 1960, o que não impediu os comentadores de afirmarem que uma crise da masculinidade assolava os Estados Unidos durante a Guerra da Coreia.

França: os notáveis e o resgate do patriarcado

A crise da masculinidade no século XIX na França é associada a situações excepcionais, como a revolta que teria notadamente

49 *Ibid.*, p. 104. Ainda hoje, os livros de psicologia de casal (heterossexual) insistem em convencer as mulheres que elas devem admirar seu cônjuge o qual não gosta de ser criticado (ver Yvon Dallaire e John Gray).

permitido ao povo instaurar a Comuna de Paris (1871), que terminou esmagada pelas tropas do governo. A analista política Sidonie Verhaeghe, que estudou os discursos antifeministas a respeito de Louise Michel, uma das revolucionárias conhecidas da Comuna, fala de "protomasculinismo" para designar um movimento que ainda não tinha identidade coletiva, mas que já defendia a tese de uma crise da masculinidade, da qual as mulheres emancipadas e as (proto)feministas eram as causadoras.[50] É também possível falar de crise da masculinidade no que tange ao "caso Dreyfus" (1894-1906), assim nomeado por causa do oficial de origem judaica acusado de ser um espião da Alemanha. Esse caso provocou uma verdadeira crise política e social na França, já que muitos consideraram a traição de Alfred Dreyfus como um ato covarde e consequentemente feminino, sem esquecer que os judeus eram considerados como afeminados. O fato de que um oficial judeu tivesse sido capaz de trair o exército provava a afeminação do exército francês, um verdadeiro escândalo diante de um exército alemão sempre ameaçador.[51]

Como a dos Estados Unidos, a crise da masculinidade na França foi analisada por meio de estudo de fontes históricas – jornais, discurso etc. – que davam espaço para as transformações econômicas, sociais e culturais. Como nos Estados Unidos, o machismo se traduz na França por uma perda do orgulho de exercer uma profissão ou do cultivo da terra e pela experiência de submissão à lei do encarregado na fábrica. Nos escritórios onde se passava o tempo remexendo os papéis, os burocratas não eram mais do que "semi-homens", como

---

50 Sidonie Verhaeghe, "De la réaction antiféministe aux rhétoriques protomasculinistes: le traitement de Louise Michel dans la presse française à la fin du XIX e siècle", Diane Lamoureux, Francis Dupuis-Déri (Orgs.), *Les antiféminismes: analyse d'un discours réactionnaire*, Montréal, Les Éditions du remue-ménage, 2015, p. 19-35.

51 Christopher E. Forth, *The Dreyfus Affair and the Crisis of French Manhood*, Baltimore, Johns Hopkins University Press, 2004.

dá a entender Maurice Barrès em *Os Desenraizados*, no qual se exprime a nostalgia dos momentos vividos entre homens, junto aos colegas, no meio do mato, com muito perigo ao redor".[52] "Não existem mais homens", declarou na França o autor do livro *Soyez des hommes: à la conquête de la virilité* (*Bem-vindos, homens: à conquista da virilidade*), lançado em 1909.[53] Já em 1872-1873, o professor de anatomia Jean-Martin Charcot falava de histeria masculina, os homens afundados em crise "como uma mulher",[54] mesmo que ele especificasse que poucos choravam.

Nota-se que esse argumento é retomado ainda no início do século XXI, entre outros, por Alain Soral, um autor envolvido com as redes de extrema direita e que assina a obra *Vers la féminisation? Pour comprendre l'arrivée des femmes au pouvoir* (*Em direção à feminilização? Para compreender a chegada das mulheres ao poder*), na qual explica que o homem de hoje está "feminilizado" por causa da "feminilização do trabalho" e "que o homem perde *pouco a pouco* seus músculos na automatização dos trabalhos de escritório" [grifo nosso].[55] É exatamente o que afirmam os defensores do discurso da crise da masculinidade nos Estados Unidos e na França do fim do século XIX.

O discurso da crise da masculinidade dessa época também era uma reação diante da mobilização das feministas, que defendiam as assembleias, organizavam congressos e se manifestavam pelo direito de votar e de serem eleitas, pelo "amor livre", pela contracepção e pela

52 Annelise Maugue, *L'identité masculine en crise au tournant du siècle, 1871-1914*, Paris, Payot-Rivages, 2001 [1987], p. 89.

53 Citado em François Guillet, *La mort en face: Histoire du duel de la Révolution à nos jours*, Paris, Aubier, 2008, p. 337.

54 George L. Mosse, *L'image de l'homme: L'invention de la virilité moderne*, Abbeville, 1997, p. 99.

55 Alain Soral, *Vers la féminisation? Pour comprendre l'arrivée des femmes au pouvoir*, Paris, Blanche, 2007, p. 114-115.

proteção das prostitutas. A feminista Hubertine Auclert defendia em 1891 que "o homem não deve mais assumir sozinho a autoridade pública, e a mulher não deve mais assumir sozinha a carga de trabalho da casa. [...] aproveitando-se do bem-estar doméstico, ele deve partilhar as tarefas do lar".[56] Em *A Caricatura*, Hubertine Auclert é apresentada como alguém que prepara um "golpe de Estado feminino" que permitiria instaurar um regime em que os homens seriam expropriados de direitos políticos e forçados a se vestirem como mulher.[57] Em seu editorial "Mulheres! Vocês tomaram nosso lugar", escrito em 1881 no *La Citoyenne* (*A cidadã*), ela explicou, entretanto, que "dividir um lugar não é tomá-lo", mas "os homens dizem que eles têm medo de que as mulheres lhes obriguem a se espremerem para lhes dar lugar na sociedade, perturbando a posição deles".[58] Que posição é essa?, pergunta a analista política Armelle Le Bras-Chopard. "É a de dominação", e é bem por isso que ela não pode compartilhar da dominação. Em uma réplica a Diderot a respeito das mulheres, Louise d'Epinay defendeu já no século XVIII que a igualdade dos sexos faz com que os homens percam o poder sobre as mulheres e seus sentimentos de superioridade: "esse último condiciona o sentimento de identidade masculina? Se os homens tivessem uma necessidade vital de dominar para existirem enquanto homens, o que se tornarão eles no dia em que as mulheres não os reconhecerem mais como mestres?".[59]

Esse movimento feminista ainda de magnitude fraca era o alvo de um bombardeio por parte de celebridades da época, como Anatole

56 Armelle Le Bras-Chopard, *Le masculin, le sexuel et le politique*, Paris, Plon, 2004, p. 346.

57 Florence Rochefort, "L'antiféminisme à la belle époque: une rhétorique réactionnaire", Christine Bard (Org.), *Un siècle d'antiféminisme*, Paris, Fayard, 1999, p. 140.

58 Armelle Le Bras-Chopard, *op. cit.*, p. 344.

59 *Ibid.*, p. 344.

France, Guy de Maupassant, Octave Mirbeau, Émile Zola e Charles Maurras, os quais, ocupando o campo conservador, qualificaram as feministas de "matriarcas".[60] De sua parte, o socialista Gustave Hervé se incomodava com uma inversão de papéis a respeito de um projeto de serviço militar para as mulheres: "se as mulheres vão ao quartel, os homens deverão fazer a sopa". "Somos nós, os homens, que faremos [*sic*] os doces e as conservas", reclama o escritor J. Barbey d'Aurevilly.[61] Sempre essa aposta da divisão sexual do trabalho e essa recusa dos homens de realizarem as tarefas domésticas, incluindo as refeições.

Um fenômeno igualmente inquietante para os homens na França são as *primeiras* mulheres a obterem o *status* de advogada e outras profissões de prestígio. As feministas ironizaram o absurdo que foi a colocação de barreiras legais e interdições regulamentares: ninguém precisa impedir as mulheres de chegar a tais profissões se elas são *por natureza* impróprias para exercê-las.

Em um artigo intitulado "A virilidade e suas 'crises'", o historiador contemporâneo Georges Vigarello defende que o ingresso de algumas mulheres em algumas profissões masculinas poderia provocar uma crise da masculinidade. No entanto, os números que ele adianta indicam de fato a clara permanência da supremacia masculina: os homens continuam sendo maioria nas profissões "invadidas" por uma ou algumas mulheres. Para falar desas crise, Georges Vigarello se debruça sobre as "novas formas de ansiedade" que se exprimem "no universo do romance" e "no universo dos estudioso", e esses textos se proliferam sobre os "degenerados", os "invertidos" e os "impotentes".[62] O discurso da crise é exprimido, portanto, na arte e

60 Florence Rochefort, *op. cit.*, p. 136.

61 Armelle Le Bras-Chopard, *op. cit.*, p. 345; e J. Barbey d'Aurevilly, *Les Bas-Bleus*, Paris, Société générale de librairie catholique, 1878, p. 82.

62 Georges Vigarello, "La virilité et ses 'crises'", *Travail, genre et sociétés*, n. 29, 2013, p. 157. Nota-se que o historiador não parece levar a sério a noção de "crise de virilidade".

na ciência, mas os indicadores econômicos mostram que os homens em geral dominam ainda a sociedade e as mulheres.[63]

Os autores declaram em ensaios e romances que os homens irão responder por meio da força à emancipação das mulheres, que serão necessariamente derrotadas. Em seu romance *Emancipadas* (1889), Albert Cim coloca em cena a sociedade do "masculinismo" que teria reduzido as mulheres à escravidão, as mais belas sendo reservadas à prostituição, enquanto as outras seriam serviçais ou mães. Nesse romance, os masculinistas afirmavam que "a igualdade dos sexos produzirá o confronto e naturalmente a vitória estará ao lado do bíceps".[64] A masculinidade era então definida pelos músculos, pela força bruta e pela violência, inclusive pela violência contra a mulher. Aliás, no dia 4 de maio de 1897, em Paris, o Bazar da Caridade foi devastado por um incêndio no qual morreram 125 pessoas, sendo 5 homens (dos quais três idosos) e 120 mulheres. As testemunhas permitem compreender rapidamente que os homens trilham o caminho dos socos e pauladas. A historiadora Annelise Maugue, que estudou o discurso da crise da masculinidade na França em torno dos 1900, comenta que "os adversários das emancipadas frequentemente o mencionam [o incêndio], operando um ousado deslocamento de responsabilidade",[65] as mulheres emancipadas sendo declaradas culpadas pela morte das mulheres no incêndio. A partir do dia subsequente à tragédia, com efeito, o *Le Petit Journal* interpelará assim as mulheres: "Vocês não

63 A cientista política Juliette Rennes lembrou dos "primeiros" em um "debate permanente" sobre todos os temas e em todos os níveis. Cada primeiro deveria se virar para obter acesso à informação, então ser formado, depois admitido à ordem, obter o título, ir para a prática, sem esquecer das manifestacões dos alunos da Faculdade de Medicina que queimaram a estátua de Blanche Edwards, primeira estudante mulher (Juliette Rennes, *Le mérite et la nature: Une controverse républicaine, l'accès des femmes aux professions de prestige 1880-1940*, Paris, Fayard, 2007, p. 35).

64 Citado em Annelise Maugue, *op. cit.*, p. 176 e p. 183.

65 Annelise Maugue, *op. cit.*, p. 178.

querem mais o cavalheirismo? Que seja. Nós seremos brutos. Entre o homem e vocês será doravante a concorrência pela vida naquilo que ela tem de mais dura".[66] Diante disso, feministas como Madeleine Pelletier encorajariam as mulheres a abandonar cursos de costura ou dança para treinar manuseio de armas.

As publicações antifeministas são numerosas nessa época e às vezes premiadas. Assim, Théodore Joran escreveu *Mensonge du féminisme* (*Mentiras do feminismo*), honrado com o prêmio da Academia Francesa em 1905, depois *Autour du féminisme* (*Em torno do feminismo*), de 1906, *Au coeur du féminsme* (*No coração do feminismo*), de 1907, *Les feministas avant le féminisme* (*As feministas antes do feminismo*), de 1910, e *Le sufrage des femmes* (*O voto das mulheres*), de 1913. Joran declarou que a mulher livre e sem protetor estaria "desarmada como no tempo das cavernas".[67] Joran citou Henri Fouquier, para quem

> *A virilização das mulheres, a* confusão dos sexos *é uma das tristezas de nosso tempo. O que era bom e necessário, ou seja, a emancipação legal e civil das mulheres, é estragado pela tendência de um igualitarismo grosseiro, que beira ao vício. É lamentável que essa tendência se revele até no jeito de se vestir, e eu tremo só de pensar que nós podemos ter uma geração de mulheres masculinizadas, de cabelos curtos, canelas de fora e que usam cuecas [grifo nosso].*[68]

---

66 *Ibid.*, p. 178.

67 *Ibid.*, p. 176.

68 Théodore Joran, *Autour du féminisme*, 1906, p. 14-15. Nota-se que a confusão dos sexos também é título de uma obra lançada na França em 2007, escrita por Michel Schneider; o autor afirma que impera na França a "Big Mother" porque os políticos teriam adotado os valores femininos e maternais.

A importância de consolidar o binarismo dos sexos e a heterossexualidade é tal que a convenção era falar dos dois gêneros como humanos distintos. Alexandre Dumas Filho associava as funções e as profissões aos dois sexos: "quando ela (a mulher) se pretender capaz de promulgar leis, de comandar exércitos, de conduzir locomotivas, ela será tão ridícula quanto será se o sexo forte se quiser usar coque, mostrar os ombros e amamentar os filhos".[69] A divisão sexual do trabalho é, portanto, clara e nítida. Alexandre Dumas Filho encorajava, em *O homem-mulher* (*L'homme-femme*), os homens a "reconquistarem" a natureza, as mulheres e os filhos: "é por essa tripla conquista moral que ele se afirmará homem".[70] Além disso, o problema da masculinização das mulheres ou da indiferenciação dos sexos está diretamente ligado à crise da masculinidade, já que a supremacia masculina não pode se manter se os sexos são idênticos ou se as mulheres são masculinas.

A esse antifeminismo disfarçado de sexismo somam-se as críticas a respeito da mobilização dos homossexuais ao fim da década de 1890 na Europa, identificados por usarem um cravo verde como sinal distintivo, junto com as críticas às celebridades homossexuais como Oscar Wilde, à abertura de bares para homossexuais em Paris e Berlim (20 bares em 1904) e à publicação de romances alusivos à homossexualidade (Proust).[71] Os homossexuais eram então considerados como necessariamente afeminados e possivelmente estéreis.

Após o massacre da Primeira Guerra Mundial, os "repovoadores" da França se alarmavam com a baixa natalidade e queriam convencer as mulheres a terem muitos filhos para preparar a próxima guerra contra a Alemanha. É que "o problema do despovoamento

69 Christine Bard, "L'anti-féminisme et la peur de l'indifférenciation des sexes et des genres", Catherine Bourgeois (Org.), *Les fausses bonnes idées pour les femmes: sortir du sexisme et du capitalisme*, Bruxelles, Université des femmes, 2010, p. 18.

70 Citado em Annelise Maugue, *op. cit.*, p. 23.

71 George L. Mosse, *op. cit.*, p. 105.

é de uma gravidade sem precedentes: trata-se da vida ou da morte do país", acreditava Georges Blet, jurista e autor de *L'avortement: est-ce un crime? Sa répression est-elle légitime?* (*Aborto: seria um crime? Sua repressão é legítima?*), de 1921.[72] O feminismo era então acusado de destruir a família, pois defendia o trabalho assalariado das mulheres; ele desviaria aquelas da maternidade e destruiria a diferença entre os sexos. Insistindo no risco da indiferenciação dos sexos, Fernand Aubertin propôs então, em *La patrie en danger: La natalité* (*A pátria em perigo: a natalidade*), lançado em 1921, a não mais falar de "feminismo", mas "antes de hominismo, palavra que seria a melhor escolha [...] porque ela consiste em fazer da mulher um ser que se distingue do homem o mínimo possível".[73] Essa retórica retoma os argumentos já enunciados antes da Primeira Guerra Mundial, por exemplo, por P. Leroy-Beaulieu, em seu livro *La question de la population* (*A questão da população*), de 1913, no qual ele defende que "a masculinização da mulher é, em todos os pontos de vista, uma das grandes ameaças à civilização contemporânea. É um fator exsicante e esterilizante".[74] O problema da indiferenciação dos sexos e da masculinização das mulheres está diretamente ligado à crise da masculinidade, pois a supremacia masculina no espaço público e na família não saberia se manter se os sexos fossem idênticos ou se as mulheres fossem masculinas. A mulher liberada das tarefas ou das obrigações da maternidade dominaria a sociedade francesa por meio de sua sexualidade fora de controle, como afirmou em 1918 Gaston Rageot: "Nas nações civilizadas, os tempos de despovoamento nos oferece uma imagem análoga à da mulher. Ela domina a sociedade inteira. Ela não reina

72 Citado em Fanny Bugnon, *Repopulateurs et réduction volontaire des naissances: Un exemple notoire du discours antiféministe, France, 1919-1923*, dissertação de mestrado, Université Paris I-Sorbonne, 2003, p. 14.

73 *Ibid.*, p. 56.

74 *Ibid.*, p. 57.

econômica nem juridicamente, mas sexualmente, pela beleza, por seu luxo, pela voluptuosidade ou pelo sentimento".[75] Para encorajar as mulheres à maternidade, instituições são então fundadas com a ajuda de forças políticas, econômicas e culturais bastante influentes. O primeiro Congresso Nacional da natalidade é organizado em 1919 por iniciativa da Câmara de comércio de Nancy, sob a presidência de Auguste Isaac, igualmente presidente da Câmara de comércio de Lyon, da associação La Plus grande famille (A maior família) (de pais de família com ao menos cinco filhos) e da Federação Nacional das Associações das Famílias Numerosas (ele mesmo tinha dez filhos). Por volta de trezentos participantes assistiram ao evento, e entre eles havia delegados das câmaras de comércio e membros da Academia de Ciências Morais e Políticas. Em suma, essa mobilização em favor dos interesses dos pais de família foi apoiada pelas autoridades. Nos anos seguintes, o Congresso Nacional da Natalidade é organizado pelas Câmaras de comércio de Rouen em 1920, de Bordeaux em 1921 e de Tours em 1922. O próprio governo francês lançou o Conselho superior de natalidade, cujo presidente não era outro senão Auguste Isaac, que acumulava tantas funções oficiais ao ponto de provavelmente não sobrar muito tempo para passar com seus dez filhos.

Segundo a historiadora Fanny Bugnon, havia então quatro modelos de mulheres problemáticas que se opunham à imagem positiva da mulher mãe: a solteira, a lésbica, a prostituta e a moleca; esta última se caracterizava sobretudo por um corte de cabelo curto, bem como por seu modo de se vestir e seu hábitos ditos "masculinos", como fumar cigarro. Em 1922, aparece um romance de Victor Margueritte, intitulado *La garçonne* (*A emancipada*), o qual vendeu um milhão de exemplares em sete anos e foi traduzido para mais de dez línguas. Como uma extensão à "nova mulher" do começo do século XX, a obra comete uma dupla transgressão, a indiferenciação sexual e a

---

75 *Ibid.*, p. 41.

homossexualidade feminina, presumida ou real.[76] O fenômeno é internacional se considerarmos o padre Georges Panneton, que publicou o ensaio intitulado *Le garçonisme* em 1931, no Quebec. Esse pequeno livro trazia subtítulos como "a mulher em roupas de homens" e "a mulher com aspectos masculinos". Ele trabalha com a seguinte constatação:

> *Nossa sociedade já estava afligida de graves doenças endêmicas: materialismo, naturalismo, sensualismo... à presunção mundana veio somar-se uma complicação: o* garçonisme! *Nós isolamos o micróbio: a* garçonne, *tipo híbrido criado por um feminismo desvirtuado, degenerado e dessexuado [...] É a mulher aparentemente metamorfoseada em homem, tal como encontramos adaptada em todos os países.*[77]

Se o romance *A emancipada* apresenta uma mulher livre, o contexto político e legislativo da França, por outro lado, encontrava-se longe de estar marcado pelo feminismo: o Senado rejeitou o direito de voto das mulheres no mesmo dia em que houve o lançamento do romance, e o Parlamento havia votado dois anos antes uma lei punindo a propaganda em favor da contracepção por 500 votos a 53.[78]

Foi o general de Gaulle quem concedeu às francesas o direito de votar e serem eleitas em 1944, ainda que ele tenha ironizado

76 Christine Bard, *Les garçonnes: Modes et fantasmes des années folles*, Paris, Flammarion, 1998.

77 Abbé Georges Panneton, *Le garçonnisme*, Semaine religieuse du Québec, 1931, p. 4.

78 Roger-Henri Guerrand, Francis Ronsin, *Jeanne Humbert et la lutte pour le contrôle des naissances*, Paris, Spartacus, 2001, p. 71.

acerca de uma eventual mulher ministra em seu governo: será que ela criaria uma subsecretaria de Estado do tricot?[79]

Alemanha: a nação contra a emancipação das mulheres

A crise da masculinidade já se exprimia na Alemanha no início do século XIX, notadamente por meio da peça de teatro *O príncipe de Hamburgo,* de Heinrich von Kleist.[80] Mas a situação parece mais inquietante ao final do século XIX, quando emerge o movimento feminista, dividido em três tendências: (1) as sufragistas, que militavam pelo direito das mulheres de votar e serem votadas, pelo amor livre e pela assistência financeira estatal para as mães; (2) o movimento de mulheres social-democratas, que tinha por objetivo o sufrágio feminino, a igualdade jurídica completa entre os sexos e a modificação do direito da família (casamento e divórcio); (3) as mulheres da burguesia mobilizadas no seio da Federação das Associações de Mulheres Alemãs (BDF), que lutavam para melhorar a educação das meninas, formar as mulheres para os trabalhos domésticos, abrir-lhes as portas do mercado de trabalho, obter direito ao voto e promover a abstinência do álcool. A BDF, organização mais influente, contava também com instituições mais conservadoras, como a Liga de Mulheres Alemãs Evangelistas (DEF), e mesmo grupos que não reivindicavam o direito de voto das mulheres. Ainda assim, a BDF obteve para as mulheres em 1908 o direito de frequentar a universidade e participar das atividades políticas. Essa vitória encorajou uma radicalização do antifeminismo na Alemanha, onde havia uma "política de emasculação" e a "feminilização dos homens".[81]

---

79 Annelise Maugue, *op. cit.*, p. 222.

80 John Lyon, "Kleist's Prinz Friedrich von Homburg and the Crisis of Masculinity", *The Germanic Review*, vol. 83, n. 2, 2008, p. 167-188.

81 Diane J. Guido, *The German League for the Prevention of Women's Emancipation: Antifeminism in Germany, 1912-1920*, Nova York, Peter Lang, 2010, p. 12.

Os cientistas alemães também se mobilizaram contra a emancipação das mulheres, apelando de uma só vez para o discurso da crise da masculinidade e o da masculinização das mulheres. Segundo o neurologista Kurt Ollendorff, as sufragistas de sua época não eram nem mulheres, nem homens, mas "hermafroditas" física e mentalmente, ao passo que os homens que apoiam a causa das mulheres são "afeminados" (uma tese proferida igualmente na Grã-Bretanha e em outros países na mesma época). Já para os homens, era uma questão de afirmar a virilidade ao se opor às feministas. O sexólogo berlinense Iwan Bloch, autor de *A vida sexual do nosso tempo*, de 1906, constatou a aparição de um quarto sexo, sendo este os homens que são "os inimigos das mulheres" e os quais encarnam uma nova "cultura masculina" de "emancipação do homem".[82] O desenvolvimento da psicanálise marca então as sociedades alemã e austríaca, com figuras conhecidas como Sigmund Freud e Carl Gustav Jung, que propuseram noções que serão retomadas de maneira mais ou menos rigorosa pela propaganda da crise da masculinidade. Aí encontramos a importância do pênis (*phallus*) e da penetração, o pai como modelo da masculinidade, a relação da patologia dos meninos com suas mães, o feminino reduzido a um sexo interior, receptor, passivo e úmido.

No caso da Alemanha e da Áustria, dois livros lançados em 1903 tentavam provar a existência de uma crise de identidade masculina. Daniel Paul Schreber escreveu *Memórias de um doente dos nervos*, um relato autobiográfico que conta o desmoronamento de sua identidade masculina e sua transmutação em mulher. Trata-se do relato verídico de um presidente da Câmara do Tribunais de recursos de Dresden que foi tratado por psiquiatras e depois internado, e cujo caso inspirou Sigmund Freud e Jacques Lacan. Otto

82 Jacques Le Rider, *Modernité viennoise et crises de l'identité*, Paris, Presses universitaires de France, 2000, p. 124.

Weininger, por sua vez, publicou *Sexe e caractère* (*Sexo e caráter*), o qual destaca que o masculino seria ativo, produtivo, consciente, racional (lógico) e moral e o único apto à engenharia, ao passo que o feminino seria passivo, improdutivo, inconsciente, irracional e imoral. O autor considerava que o homem do mais baixo nível é infinitamente superior à mulher mais distinta. Contudo, Otto Weininger dizia constatar uma escalada do poder do feminino às custas do masculino e a influência cada vez mais forte da mulher lasciva, fatal, depravada e contra a qual o homem viril e genial lutava em vão. Weininger explica que sua época

> *colocou acima das outras as mulheres altas, de quadris estreitos e peito chato, o aumento do dandismo e da homossexualidade caracterizam nosso tempo que é o mais judeu e o mais afeminado de todos os tempos. Uma época que exprime sua essência por meio de sentimentos vagos. [...] O pensamento masculino se distingue pela necessidade de formas seguras e esta arte "impressionista" é justamente uma arte sem forma.*[83]

Ele lutava, portanto, contra tudo aquilo que era feminino nele e na cultura, até o seu suicídio. Sua análise, assim inscrita no discurso nacionalista que cada vez mais se afirmava, qualificava o movimento das mulheres de "não alemão" e o apresentava como um aliado objetivo do judaísmo e do comunismo, também os chamando de "parasitas da saúde do povo".[84] A autora Kathinka von Rosen afirmou a esse respeito que o feminismo, assim como o socialismo, "está em contradição com o espirito alemão".[85]

83 *Ibid.*, p. 139.

84 Diane J. Guido, *op. cit.*, p. 15-16.

85 *Ibid.*, p. 15.

Os sindicatos estimavam também que o movimento das mulheres era controlado e dirigido pelos judeus. O sindicato nacional alemão dos trabalhadores do comércio, uma organização não mista que contava com 120 mil afiliados, qualificava a entrada das mulheres no mercado de trabalho como um roubo dos empregos destinados aos homens e insistia que isso provocava uma baixa geral dos salários. A mobilização era particularmente forte no meio educacional, então uma profissão preponderantemente masculina. Em 1906, vinte mil professores assinaram uma petição apresentada ao Parlamento para protestar contra a admissão de mulheres em suas profissões. O ofício de professor tinha o maior número de representantes dentro da Liga Alemã Contra a Emancipação das Mulheres (LACÉF), fundada em 1912 por Friedrich Sigismund, autor do livro *Voto das mulheres*. Segundo ele, o sufragismo não passava de uma importação vinda dos Estados Unidos e da Grã-Bretanha. A historiadora Amy Rae Lagler constatou, ao comparar a Associação Nacional Contra o Sufrágio Feminino (National Association Opposed to Woman Suffrage) dos Estados Unidos e a Liga Alemã com a Emancipação da Mulheres (LACÉF), que as duas organizações eram espantosamente similares, compartilhavam uma mesma repulsão à emancipação das mulheres, um racismo assumido e um ódio contra o individualismo. A LACÉF, cujo *slogan* era "Verdadeira masculinidade para os homens; verdadeira feminilidade para as mulheres", reunia os homens de classes superiores, os nobres, advogados, teólogos, os professores universitários, escritores, políticos, comerciantes e oficiais superiores. Vários de seus membros ilustres eram igualmente afiliados à Associação Patriótica (*fatherland)* de escritores, à Liga Pangermânica e à Liga Imperial Contra a Social-Democracia. Os membros médicos instrumentalizavam a ciência ao afirmarem que é da natureza biológica das mulheres se devotarem à manutenção do domicílio familiar. No entanto, as mulheres, que somavam 23% dos membros da LACÉF, procuravam exprimir seu apoio à nação alemã e relembravam – paradoxalmente – que o papel principal das mulheres era ficar em casa. Durante o primeiro Congresso anual da LACÉF, um palestrante explicava que todos os dirigentes dos movimentos feministas eram judeus ou de origem judaica e, portanto, antinacionalistas. A esse respeito, o presidente Arnold Ruge, professor de Filosofia, declarou que o movimento de mulheres era composto de "mulheres velhas, mulheres estéreis e viúvas judias".[86] Ele também era membro, entre outras, da Liga pela Família Alemã e da Força Racional (fundada em 1917) e do Partido Nacional-Socialista (nazista) em 1923. Um ano após sua fundação em 1913, a LACÉF contava com dezessete comitês locais, somando entre 2 mil e 505 mil membros".[87] O Grupo Cristão-nacional Contra a Emancipação das Mulheres é fundado em 1912 pelos antifeministas, que consideravam que a LACÉF não era suficientemente engajada na defesa da cristandade. Segundo o fundador desse segundo grupo, o pastor Julius Werner, "uma feminilização significativa havia ocorrido, mais particularmente no setor da Igreja e nos domínios ligados à espiritualidade e ao trabalho".[88] Esse grupo se opunha mais diretamente à Liga das Mulheres Alemãs Evangélicas.

Se, por um lado, o objetivo geral da LACÉF era de se opor sobretudo à Federação das Associações de Mulheres Alemãs "Burguesas" (BDF), por outro, ela era igualmente contrária ao sufrágio feminino, mesmo nas eleições municipais ou paroquiais, contra a ocupação feminina de cargos públicos ou em postos de trabalho onde elas fossem superiores aos homens, contra a escola mista que faria diminuir a qualidade da educação, já que meninas seriam uma fonte de distração para os meninos. Segundo a LACÉF, as feministas minavam o poderio militar alemão, já que elas desencorajavam as mulheres de se tornarem mães. As feministas da BDF iam assistir às reuniões da LACÉF para

86 *Ibid.*, p. 97.

87 *Ibid.*, p. 59.

88 *Ibid.*, p. 37.

fazerem réplicas aos oradores e até mesmo perturbarem o evento e encorajarem as mulheres a deixarem seus lugares.

No início do século XX, as mães alemãs que se recusavam a dar brinquedos de guerra para seus filhos eram zombadas e acusadas de criarem covardes. Na Grã-Bretanha, na mesma época, os antissufragistas também se preocupavam que o feminismo enfraqueceria o poder militar do país em relação à Alemanha. Assim, Lord Cromer declarou em 1910 que "o homem alemão é masculino, e a mulher alemã é feminina", perguntando: "podemos nós rivalizar com tal nação se estamos em guerra contra a natureza, e imbuídos de inverter o papel natural dos sexos? Nós não poderemos".[89] Uma paz muito prolongada era percebida como um momento de afeminação na Alemanha, bem como nos Estados Unidos. Seguindo essa lógica, a guerra de 1914 foi apresentada como uma ocasião para que a sociedade alemã assistisse a um "poderoso impulso de energia masculina".[90] A Primeira Guerra Mundial, a qual eclodiu em agosto de 1914, forçou vários membros da LACÉF a se ocuparem de questões outras que a emancipação das mulheres, e a LACÉF momentaneamente encerrou suas atividades para se devotar ao esforço patriótico de guerra. Ela retomou suas atividades em 1915 pela insistência na diferença entre os sexos, e lembrando que os homens são feitos para lutar e as mulheres para criar as crianças e cuidar dos homens.

Em 12 de novembro de 1918, dia seguinte ao armistício, a monarquia alemã é abolida para ser substituída pelo parlamentarismo. O sufrágio universal para os adultos de ambos os sexos é proclamado. A LACÉF decide então seguir com suas atividades para "evitar uma supremacia completa das mulheres".[91] Mesmo que

89 Brian Howard Harrison, *Separate Spheres: The Opposition to Women's Suffrage in Britain*, Nova York, Holmes & Meier Publishers, 1978, p. 34.

90 Amy Rae Lagler, *op. cit.*, p. 47.

91 Diane J. Guido, *op. cit.*, p. 137.

sempre tivessem sido opostos ao direto de voto das mulheres, ela vai convidar as "verdadeiras mulheres alemãs" a votarem para impedir que os socialistas cheguem ao Parlamento. Uma mulher membro da LACÉF vai até se candidatar. Em 1920, a liga alemã contra a emancipação das mulheres (LACÉC) muda o nome para Liga Alemã para a Restauração da Raça, e vai perseguir três objetivos: (1) manter e encorajar as diferenças entre os verdadeiros homens e mulheres alemães; (2) criar e apoiar instituições que fazem a promoção da divisão do trabalho segundo os sexos; e (3) proteger a instituição do casamento e da família alemã.

Nos anos 1920, Adolf Hitler, que iniciava sua carreira política, se dirigiu diretamente aos "homens de ferro", ou seja, aos veteranos da Primeira Guerra Mundial, cujas identidades foram forjadas na não miscigenação masculina nas trincheiras. Esses homens se sentiam traídos pela paz e consideravam que seu país atravessava uma crise em razão da influência de forças deletérias: a democracia e o liberalismo, a arte de vanguarda e a boemia literária e cultural, o socialismo, bem como o feminismo e a homossexualidade encarnada pelas travestis dos cabarés.[92] Hitler afirmava que "a mensagem de igualdade das mulheres é uma mensagem que só o espírito judeu pôde ter trazido.[93]

Em seu livro *Mein Kampf*, Hitler defendia o casamento precoce de várias crianças e uma disciplina familiar de ferro. No partido nazista, as mulheres não podiam ocupar os postos da alta direção, a despeito das reivindicações da Associação das Mulheres Nazistas. Uma vez que os nazistas chegaram ao poder em 1933, *Mein Kampf* é oferecido a cada novo casal. O ataque contra as mulheres é então

---

92 Sarah Murphy-Young, "'His Name is Robert Paulson': The Crisis of Masculinity and the Rise of Fascism", *New Histories*, vol. 2, n. 7, 21 maio 2011.

93 Dans Brigitte Classen, Gabrièle Goettle, "Le Juif nous a volé la femme", Maria A. Macciocchi (Org.), *Les femmes et leurs maîtres*, Paris, Christian Bourgois, 1978, p. 17.

rápido e brutal: o novo regime impõe uma cota máxima de 10% de estudantes mulheres nas universidades, as mulheres perdem o direito de serem juízas e advogadas, elas perdem o direito à contracepção, bem como ao aborto, e não havia mais nenhuma deputada em 1938. O nazismo faz parte, portanto, dos *boys' clubs*. Durante o Congresso Nazista de 1934 em Nuremberg, Hitler declarou que "o que há de maravilhoso na natureza e na Providência é que nenhum conflito entre os dois sexos é possível se cada um cumprir as funções que a natureza os destinou.[94] Durante um discurso feito na Conferência da Mulheres Nacional-Socialistas, o chefe declarou "que não é correto para uma mulher invadir o mundo do homem" e que as mulheres devem ser "o complemento do homem". Essa complementaridade dos sexos sendo evidentemente sinônimo de supremacia masculina, a despeito da glorificação dos papéis da mulher, em particular a maternidade. Assim, o mestre da propaganda nazista, Joseph Goebbels, declarou que "a esfera própria da mulher é a família. Aqui, ela é a rainha soberana.[95]

A propaganda patriarcal e sexista do nazismo era dirigida para as massas, mas os dirigentes do partido viviam segundo outras normas, outros valores. Quando jovem, Hitler tinha relações com prostitutas e ele não se casou com Eva Braun até a véspera de seu suicídio conjunto, bem ao fim da guerra. Segundo alguém próximo de Hitler, ele teria seus propósitos: "Os homens muito inteligentes deveriam escolher as mulheres simples e tolas. Imaginem então que eu tenha uma mulher que tente se intrometer no meu trabalho!

---

94 Jean-Michel Palmier, "Romantisme et bestialité: Quelques remarques sur la représentation de la femme dans l'idéologie et l'art sous le IIIe Reich", Maria A. Macciocchi (Org.), *Les femmes et leurs maîtres*, Paris, Christian Bourgois, 1978, p. 34.

95 Karen Offen, *European Feminisms 1700-1950: A Political History*, Stanford, Stanford University Press, 2000, p. 308.

Durante meu lazer, eu quero ficar tranquilo".[96] O próprio Hitler não fundou uma família e não parece ter tido filhos.

Nações matriarcais

Enquanto alguns países estariam atingidos pelas crises da masculinidade, outras sociedades supostamente seriam matriarcais em sua essência cultural, como se ouve a respeito da Bretanha (França) e do Quebec (Canadá), ou ainda da comunidade afro-americana nos Estados Unidos. Contudo, segundo Ida Magli e Ginevra Conti Odorisio, as discussões a respeito das sociedades matriciais são frequentemente fundamentadas em premissas falaciosas e mitos. Em sua obra inteiramente dedicada a essa questão, elas distinguiram duas concepções de matriarcado, sendo uma pública, na qual as mulheres exerceriam o poder político e possuiriam riquezas, e outra privada, na qual as esposas-mães exerceriam o poder na família. Assim, o matriarcado não é visto como um regime político e social no qual as mulheres deteriam e exerceriam o poder *ao mesmo tempo* na espera pública e privada, contrariamente ao patriarcado, que é um sistema em que os homens são *ao mesmo tempo* chefes políticos da comunidade e chefes de família. Sem dúvida, ninguém pensaria em falar de patriarcado para designar uma sociedade na qual os homens-pais reclusos no domicílio fariam a limpeza, a comida e cuidariam dos filhos, enquanto as mulheres exerceriam o poder nas instituições políticas (Estado, partidos, exército etc.) bem como econômico (bancos, empresas privadas etc.). Todavia, nas discussões a respeito das sociedades pretensamente matriarcais, é bem disso que se trata: os homens dominam as instituições públicas, enquanto as mulheres efetuam gratuitamente o trabalho doméstico e de cuidado dos filhos.[97]

---

96 Jean-Michel Palmier, *op. cit.*, p. 34.

97 Ida Magli, Ginevra Conti Odorisio, *Matriarcat et/ou pouvoir des femmes?*, Paris, Des femmes, 1983.

Matriarcado na Bretanha

A Bretanha é uma região da França na qual a cultura é distinta do resto do país: seus mitos e sua literatura são específicos e tem a sua própria língua – o francês lhe foi imposto de modo coercitivo. Em 1983, o psicólogo Philippe Carrer assinou a obra *O matriarcado psicológico dos bretãos* (*Le matriarca psychologique des bretons*), reagrupando vários de seus estudos de etnopsiquiatria. As editoras universitárias da França publicaram no ano seguinte a obra *O matriarcado bretão* (*Le matriarcat breton*), assinado por Agnès Audiert, cuja abordagem se inscreve também na seara traçada pela Sociedade Bretã de Etnopsiquiatria.[98] Em 1986, aparece uma segunda obra de Philippe Carrer, *Édipo em Bretanha: ensaio de etnopsiquiatria* (*Œdipe en Bretagne: essai d'ethnopsychiatrie*). Esse neuropsiquiatra se preocupa com essa sociedade "matriarcal" ou "matriarcalizante", evocando uma "patologia mental"[99] coletiva, uma "sociedade enferma"[100] e uma "cruel realidade de consequências psicopatológicas catastróficas".[101]

Nessas obras, a tese da dominação feminina e da submissão masculina é comprovada por numerosas referências à mitologia e à história celta, incluindo Merlin, o mago, e o "menir encarnando o ancestral protetor e fertilizador",[102] por meio de anedotas da vida cotidiana bretã, pelo desenho de algumas dezenas de crianças que preferem desenhar mais frequentemente a mãe do que o pai e pela discussão de casos patológicos de mulheres que consultaram clínicos por causa de problemas de saúde mental. Philippe Carrer apresenta

98 Agnès Audibert, *Le matriarcat breton*, Paris, Presses universitaires de France, 1984

99 Philippe Carrer, *Le matriarcat psychologique des Bretons*, Paris, Payot, 1983, p. 17.

100 *Ibid.*, p. 19.

101 Philippe Carrer, *Œdipe en Bretagne: essai d'ethnopsychiatrie*, Toulouse, Privat, 1986, p. 10.

102 *Ibid.*, p. 21.

também o alcoolismo como um sintoma da crise da masculinidade, cuja causa primeira seria a aculturação da Bretanha, cada vez mais influenciada pelas normas e valores franceses.

Lamentando que o homem bretão seja "desvalorizado, dominado" e que os pais se mostrem "ausentes" e "submissos",[103] o neuropsiquiatra explica que o matriarcado bretão é marcado por uma verdadeira "androfobia", ou mesmo ódio aos homens. Ele chega a propor uma analogia entre o feminismo e Adolf Hitler – evocação precoce do feminazismo – e se preocupa com "um novo São Bartolomeu dos homens e, ainda pior, um novo holocausto fundamentado dessa vez por um delírio sexista feminista".[104] Vinte anos após suas proposições paranoicas, um jornalista do *Télégramme* declarou que a região do "regime matriarcal" não soma mais do que 11,7% das mulheres na chefia dos municípios.[105]

Se o matriarcado bretão permite explicar o poder totalitário e possivelmente genocida do feminismo, a jurista Anne Kerhuel expôs exatamente o contrário em um texto intitulado "Os bretões na dianteira" publicado no *Le Monde*, em 1978, no qual ela escreve que "não há feminismo ativo na Bretanha porque a mulher bretã nunca se sentiu oprimida. Ela descobre esse aspecto da vida social [...] quando é obrigada a ir trabalhar em uma grande cidade francesa" fora da Bretanha.[106]

Tais palavras levaram Anne Guillou, autora do livro *Pour en finir avec le matriarcat Breton* (*Para acabar com o matriarcado bretão*), a considerar que esse mito do matriarcado tem por objetivo implícito

---

103 Philippe Carrer, *Le matriarcat psychologique...*, *op. cit.*, p. 48.

104 Philippe Carrer, *Œdipe en Bretagne...*, *op. cit.*, p. 85. O Massacre da Noite de São Bartolomeu foi um massacre de protestantes, que ocorreu na França no dia 24 de agosto de 1572.

105 Anne Guillou, *Pour en finir avec le matriarcat breton*, Morlaix, Skol Vreizh, 2012, p. 8-9.

106 *Ibid.*, p. 147.

ou explicito convencer as mulheres acerca da futilidade do feminismo, um movimento que seria inútil em uma sociedade dita matriarcal. A etnóloga Martine Sagalen se lamenta que a autora tenha forçado o tom ao acreditar em sua tese, juntando sem grande rigor as referências folclóricas de rainhas que lideraram armadas em um passado distante aos testemunhos de velhas mulheres e de homens hospitalizados como elementos "cuidadosamente classificados segundo sua serventia ou não, na demonstração" de um matriarcado bretão. Martine Segalen notou ainda que a demonstração pôde convencer "o leitor acerca do lugar particular que ocupa a mulher da baixa Bretanha na família e na sociedade, mesmo que não se trate de um matriarcado propriamente dito, já que o poder político, incluindo o nível local, escapa totalmente às mulheres". Mais precisamente, ela indicou que uma análise distinguindo corretamente "ideologia, regra e prática" permitiria demonstrar de fato "a inexistência de um matriarcado bretão".[107]

Essa discussão sobre um dito matriarcado na Bretanha acontece por comparação com o resto da França: as mulheres dessa região são consideradas como mais influentes ou poderosas que aquelas de outras regiões do país. No entanto, pouco interesse é alcançado aos lugares de poder político, econômico e cultural: quem dos bretões ou das bretãs ocupa os postos de poder (deputado, presidente da câmara, prefeito etc.)? Quem comanda a polícia e quem dirige as penitenciárias? Quem é proprietário de bancos, de comércios, dos barcos de pesca e das linhas de beneficiamento dos peixes? Quem é proprietário das terras, das casas, dos automóveis e das armas de fogo? Quem tem mais dinheiro? É igualmente problemático constatar que, se a Bretanha é qualificada de "matriarcado" em comparação com o resto da França, é também possível afirmar que a França inteira é um matriarcado, como sugerem as autoras que qualificam o Estado

107 Martine Segalen, "Le matriarcat breton", *L'Homme*, vol. 25, n. 95, 1985, p. 180.

francês de "Big Mother". O polêmico Éric Zemmour lamenta que os partidos políticos na França estejam agora dominados pelos valores femininos, mesmo na Frente Nacional de Extrema Direita, no qual a antiga chefe Jean-Marie Le Pen "lança sua filha para 'adocicar' a imagem" do partido.[108] Mesmo nas empresas privadas, o "paternalismo é substituído pelo maternalismo". Quanto ao pai francês, sempre segundo Zemmour, desde "o nascimento de seu filho, (ele) brinca de mãe de família incansável". Tudo isso por causa de um "feminismo" que seria sinônimo de "puritanismo".[109]

Se é possível afirmar que o matriarcado bretão torna fútil o feminismo naquela região, uma vez que as mulheres já são dominantes por lá, é também possível afirmar que é o feminismo na França quem os impôs o matriarcado.

Matriarcado no Quebec

Assim como a Bretanha na França, a província do Quebec ocupa um lugar particular no Canadá: berço da população de origem francesa e católica que começou a se implantar durante a colonização da Nova-França a partir do século XVII, a nação do Quebec é considerada como vulnerável diante da maioria anglo-canadense e protestante, mas também diante da influência da língua inglesa na América do Norte e no mundo. Consequentemente, várias pessoas defendem a tese de que o Quebec é uma sociedade matriarcal. Em seu livro *De l'homme en crise à l'homme nouveau: essai sur la condition masculine* (*Do homem em crise ao novo homem: ensaio sobre a condição masculina*), André Leroux dedica uma seção à questão do matriarcado. Ele cita a esse respeito Denise Bombardier, diretora do documentário *L'homme en désarroi* (*O homem em desordem*) e

108 Éric Zemmour, *Le premier sexe*, *op. cit.*, p. 41.

109 *Ibid.*, p. 43, p. 45, p. 50.

autora do livro *La déroute des sexes* (*O desvio dos sexos*) e de um artigo sobre o matriarcado na revista *L'Actualité*: "O Quebec é um matriarcado psicológico, onde o homem ainda muito frequentemente deve se desculpar por ser homem. Quer queiram as feministas ou não [...], a dominação feminina sobre o homem daqui se faz sentir *em todas as esferas de atividade*" [grifo nosso].[110]

Esse matriarcado do Quebec se explicaria pela dita superioridade emocional e psicológica das mulheres, bem como pela história política de uma pequena nação que não conheceu os defeitos políticos desde o fim da colônia da Nova-França: "o declínio Ocidental da virilidade foi acentuado [no Quebec] pela conquista da Nova-França pela Inglaterra em 1760", assim explica o psicólogo Guy Corneau, em seu livro *Pai ausente, filho carente*.[111] Devemos compreender que tudo ia bem para a virilidade dos colonos franceses que desembarcaram na América do Norte para tomar as terras das primeiras nações e matar quem quer que se opusesse a essa conquista colonial. Ninguém parece se incomodar com os povos nativos derrotados, dizimados e desapossados de suas terras, depois finalmente confinados em reservas.[112] A crise da masculinidade não teria atingido os colonos franceses antes de os ingleses esmagarem militarmente as tropas do rei da França diante da cidade de Quebec, em 1759, e submeterem a Nova-França à coroa inglesa.

Seria, entretanto, divertido brincar de "invente-me uma crise da masculinidade" para a Nova-França antes da conquista inglesa: os

---

110 André Leroux, *De l'homme en crise à l'homme nouveau: essai sur la condition masculine*, Montréal, Option santé, 2009, p. 55.

111 Guy Corneau, *Père manquant, fils manqué*, *op. cit.*, p. 17.

112 Para uma análise crítica da masculinidade nativa no contexto colonial, ver: Robert Alexander Innes, Kim Anderson (Orgs.), *Indigenous Men and Masculinities: Legacies, Identities, Regeneration*, Winnipeg, University of Manitoba Press, 2015; Sam McKegney (Org.), *Masculindians: Conversation About Indigenous Manhood*, Winnipeg, University of Manitoba Press, 2014.

colonos franceses sofriam da falta da figura paterna do Rei de quem o oceano atlântico lhes separava; os colonos não podiam confirmar sua virilidade já que eles sentiam falta de mulheres com quem se casar e constituir uma família (as próprias autoridades coloniais fizeram vir um contingente de "filhas do rei"); os colonos passavam os longos meses de inverno fechados em suas casas como no útero de suas mães; os colonos caçavam castores, um animal cuja cauda achatada provocava o medo do esmagamento do pênis. Contudo ninguém procurou demonstrar que os colonos franceses sofriam uma crise da masculinidade antes da conquista inglesa. O discurso nacionalista prefere, ao contrário, apresentar seus colonos como gloriosos e viris fundadores da nação do Quebec.

Infelizmente, se diz, esse homem do Quebec de origem franco-católica teria ao longo da história sofrido não somente uma castração, mas uma "tripla castração". O ensaísta Jean-Phillipe Trottier afirma, com efeito, que uma primeira castração foi provocada durante a conquista pelos ingleses, uma segunda pelos padres que impuseram no século XIX a veneração da Virgem Maria e uma terceira pelas feministas do período contemporâneo. Trottier defende essa tese em seu livro *Le grand mensonge du féminisme ou le silence sur la triple castration de l'homme québécois* (*A grande mentira do feminismo ou o silêncio acerca da tripla castração do homem de Quebec*).[113] Outros autores identificam os traumatismos coletivos que teriam marcado os homens de Quebec, como o psicólogo Guy Corneau, autor de *Pai ausente, filho carente*, e fundador da Rede Homens de Quebec, cujas reuniões são exclusivas para homens. Ele discute também a "síndrome do derrotado" para falar da crise da masculinidade do

113 Jean-Philippe Trottier também escreveu um capítulo, na obra coletiva *300.000 femmes battues: y avez- vous cru?*, que ataca as "feministas desviantes misândricas" e lamenta a ausência de um Conselho do estatuto do homem (François Brooks, "Préambule", F. Brooks *et al.* (Org.), *300.000 femmes battues: y avez- vous cru?*, Sainte-Adèle, Café Crème, 2010, p. 17).

homem de Quebec, mencionando ainda a derrota do movimento republicano dos Patriotas em 1837. Em seu livro *Échecs et mâles* (*Homens e fracassados*), Mathieu-Robert Sauvé evoca uma longa série de chefes políticos derrotados, desde o marquês de Montcalm, morto pelos ingleses durante a tomada de Quebec em 1759, a René Lévesque e Jacques Parizeau, os dois primeiros-ministros que perderam os referendos de adesão à soberania, respectivamente em 1980 e 1955. O autor resume assim seu projeto:

> *a proposta do presente livro é sustentar que os grandes homens de Quebec deram, sobretudo aos garotos que os admiram, o exemplo da derrota, da resignação e da renúncia. Nós somos vários a lamentar a carência de figuras masculinas de envergadura capaz de trazer a ambição do sucesso aos jovens garotos".*[114]

O autor se lamenta também que o cinema de Quebec não oferece como modelos masculinos os "heróis de ação", como os personagens encarnados por John Wayne, "os homens superpoderosos" que restabelecem "a ordem e a justiça em um mundo caótico".[115] Enfim, o autor retoma os argumentos evocados nos Estados Unidos e na França na metade do século XIX quando lamenta que, "enquanto a cultura agrícola tradicional valorizava as qualidades físicas do homem para o trabalho no campo, a economia do saber hoje quer que o cérebro é que seja musculoso".[116] É difícil compreender porque esses defeitos políticos da nação de Quebec não afetariam os homens, já que as mulheres também pertenciam àquela nação

---

114 Mathieu-Robert Sauvé, *Échecs et mâles: Les modèles masculins au Québec du marquis de Montcalm à Jacques Parizeau*, Montréal, Les Intouchables, 2005, p. 230.

115 *Ibid.*, p. 65-67.

116 *Ibid.*, p. 306

derrotada pelos ingleses depois dominada pelos padres, sem esquecer que elas não tinham nenhum modelo feminino como general do exército ou primeira-ministra até que Pauline Marois fosse eleita primeira-ministra de Quebec em 2012.

Segundo a cientista política Diane Lamoureux, tal retórica que junta o nacionalismo e o masculinismo permitiu associar o projeto de independência nacional às imagens convencionais da masculinidade e colocar a responsabilidade nas mulheres pelas derrotas políticas de um movimento de soberania controlado, entretanto, majoritariamente por homens.[117] Além disso Mathieu-Robert Sauvé afirma que "a ideia de independência [do Quebec] foi uma ideia de homens. Não só as mulheres não tiveram aderência como também não foram boas embaixadoras da causa [...]. Talvez estas estivessem atrás de seus pais, seus maridos, seus irmãos, como fontes de inspiração ou conselheiras secretas, talvez elas tivessem empoderado seus homens para a ação política [...], mas elas não tomaram a dianteira da cena".[118]

O matriarcado de Quebec se explicaria também pelo fato de que seus habitantes tinham que deixar com muita frequência o domicílio familiar para trabalhar nas longínquas frentes de trabalho de extração de madeira, deixando suas mulheres gerirem sozinhas a casa e assim desenvolver seus poderes. Essa tese, que encontramos também a respeito do matriarcado basco, é sustentada pelo antropólogo Serge Bouchard,[119] que fala de "poder doméstico":

---

117 Diane Lamoureux, *L'amère patrie: féminisme et nationalisme dans le Québec contemporain*, Montréal, Les Éditions du remue-ménage, 2001.

118 Mathieu-Robert Sauvé, *op. cit.*, p. 77. Para o escritor Pierre Nepveu, "a Revolução tranquila [processo de modernização do Estado e da sociedade do Quebec dos anos 1960] é inicialmente uma história de órfãos que procuram não só uma mãe, mas, quase desesperadamente, uma identificação paterna (em *L'écologie du réel: Mort et naissance de la littérature québécoise contemporaine: Essais*, Montréal, Boréal, 1988, p. 72).

119 Que também pode ser simpático à história das mulheres, tendo escrito, junto com Marie-Christine Lévesque, a obra *Elles ont fait l'Amérique: de remarquables oubliés*, Montréal, Lux, 2011.

> *nas famílias camponesas, as mulheres tinham bastante poder. Os homens saíam para as frentes de trabalho, eles eram como estrangeiros na casa. [...] Nessa sociedade tradicional, as mulheres gerenciavam o orçamento doméstico. Elas educavam as crianças [...]. Elas exerciam, portanto, uma* real dominação *entre as famílias camponesas [grifo nosso].*[120]

As feministas reagiram a essa maneira de escrever a história de Quebec da seguinte maneira: "E não me venha falar de matriarcado de Quebec e da força das mulheres daqui. *Bullshit.* Forçada de barra. O poder cerrado dentro das quatro paredes de uma cozinha",[121] declarou sem sarcasmo Hélène Pedneault. Essas pretensas matriarcas não tinham salário, não tinham direito nem de votar nem de serem eleitas, nem de se divorciarem, de herdarem ou terem suas próprias contas bancárias. No campo onde as mulheres – dizem – dominavam tudo de suas cozinhas, era, entretanto, os homens e somente os homens que eram prefeitos e conselheiros municipais, bispos e padres, diretores de banco, tabeliães, advogados, médicos, jornalistas e proprietários dos armazéns, dos moinhos, das serrarias e das terras. Estas últimas eram geralmente cedidas a um filho, sem qualquer compensação para as filhas. As vilas eram completamente submissas ao governo

---

120 Serge Bouchard, "Une société matriarcale est-elle plus juste? ", Mario Proulx, *La planète des hommes*, Montréal, Bayard/Radio-Canada, 2005, p. 24-25.

121 Citado em Hélène Pedneault, "Y a-t-il un Georges Hébert-Germain dans la salle? Ou le syndrome du couillon", *Chroniques délinquantes*, La Vie en Rose, Montréal, VLB Éditeur, 1988 [crônica datada de 1984], p. 50. Ver também Sarah Labarre, "Le Québec... une société matriarcale?", *Urbania*, 14 maio 2014; Émilie Goulet, Julie Robillard, "Le Québec, matriarcal?", *La Presse*, 21 nov. 2009; Michèle Jean, France Théoret, "Le matriarcat québécois: analyse par les reines du foyer", *Têtes de pioche*, mar. 1976, p. 1 e p. 3-4; Saint-Martin, Fernande, "Éditorial – un mythe à détruire: aucun matriarcat au Québec", *Châtelaine*, vol. 5, n. 12, dez. 1964, p. 1.

central, o qual também era unicamente composto de homens, assim como os batalhões de polícia.

A tese do matriarcado de Quebec e da crise da masculinidade é igualmente invocada para lamentar as perdas dos privilégios masculinos, por exemplo, o fim da presença exclusivamente masculina nas tabernas. Paul Chamberland escreveu, em 1964, acerca dessas tabernas reservadas aos homens, que se tratava somente de um "refúgio viril" onde a exclusão das mulheres traz uma encarnação prática de uma sociedade "feminilizada", condenada à expectativa, à docilidade, a passividade e à vassalagem".[122] A dessegregação sexual da tabernas é depois apresentada como um trauma por André Gélinas, antigamente professor no Departamento de Ciências Políticas da Universidade Laval, diretor de pesquisa na École Nationale d'Administration Publique (ENAP) e diretor de pesquisa do Ministério da Justiça do governo de Quebec. Aposentado desde 1995, ele é um dos agitadores do site *Hommes d'aujourd'hui* (Homens de hoje) e autor de *L'égalité de fait entre les femmes et les hommes: un piège à cons* (*A igualdade de fato entre homens e mulheres: uma armadilha*) e de *La discrimination positive: privilèges aux femmes, injustices envers les hommes* (*A discriminação positiva: privilégio para as mulheres, injustiça para os homens*), ambos de

122 Citado em Denyse Baillargeon, "Réflexions féministes autour du conservatisme du Québec", Francis Dupuis-Déri, Marc-André Éthier (Orgs.), *La guerre culturelle des conservateurs québécois*, Saint-Joseph-du-Lac, M éditeur, 2016, p. 89; ver também Diane Lamoureux, "Un terreau antiféministe", Mélissa Blais, Francis Dupuis-Déri (Org.), *Le mouvement masculiniste au Québec: L'antiféminisme démasqué*, Montréal, Les Éditions du remue-ménage, 2015 (2. ed.), p. 94-100; Vacante, Jeffery, "Liberal nationalism and the challenge of masculinity studies in Quebec", *Left History*, vol. 11, n. 2, outono 2006, p. 96-117; Stéphanie Lanthier, *L'impossible réciprocité des rapports politiques et idéologiques entre le nationalisme radical et le féminisme radical au Québec: 1961-1972*, dissertação de mestrado, Departamento de História, Université de Sherbrooke, 1998.

2008. Ele declarou em outra obra, *L'équité salariale et autres dérives et dommages collatéraux du féminisme au Québec* (*A equidade salarial e outros desvios e danos colaterais do feminismo no Quebec*), de 2002, que "uma das primeiras façanhas do movimento feminista foi, sem contestação, o fechamento das tabernas pela razão única de elas serem inacessíveis às mulheres. [...] Matando as tabernas, mata-se um símbolo, castra-se o homem de Quebec".[123] Junto com outros autores de Quebec, como Yvon Dallaire, ele considera que as latas de lixo seriam hoje o único "território que não esteja invadido pelas mulheres";[124] por sua vez, o autor da coleção *Os homens são de Marte, as mulheres são de Vênus,* John Gray, encoraja as mulheres a receberem companheiros que saíram da lata do lixo "como se ele fosse um cavalheiro em armadura que teria combatido os perigos da noite para [lhe] prestar socorro"[125] (os homens russos também são, aparentemente, restritos à gestão das latas do lixo, segundo um artigo sobre a crise da masculinidade na Rússia).[126] Por sua vez, o autor da história em quadrinhos *Les vaginocrates* (*Os vaginocratas*) e diretor do documentário *La machine à broyer les hommes* (*A máquina de moer homens*), Serge Ferrand, traz em seu livro *Papa, a quoi sers-tu?* (*Papai, pra que você serve?*) as palavras de um homem que lhe confidenciou que, "como território masculino, não há mais grandes coisas. As mulheres têm as academias só para mulheres, clubes feministas e uma avalanche de programas

---

123 André Gélinas, *L'équité salariale et autres dérives et dommages collatéraux du féminisme au Québec*, Montréal, Varia, 2002, p. 138-139.

124 Nota-se que, se temos em 2001 a "troca de óleo", não é mais o caso em 2015, ano em que reeditou seu livro: *Homme et fier de l'être, Québec*, Option santé, 2001 (1. reed.), p. 29; e *Homme et toujours fier de l'être*, Montréal, Québec-Livres, 2015, p. 23. Ver também André Gélinas, *L'équité salariale et autres dérives et dommages collatéraux du féminisme au Québec, op. cit.*, p. 150.

125 John Gray, *Mars et Vénus: Les chemins de l'harmonie*, Paris, J'ai lu, 1998, p. 151.

126 Sarah Ashwin, Tatyana Lytkina, "Men in crisis in Russia: The role of domestic marginalisation", *Gender & Society*, vol. 18, n. 2, 2004, p. 194.

adaptados às necessidades delas... e nós achamos isso normal. Mas e nós? O que nos resta? Os clubes de dançarinas e os urinóis!".[127]

Resumindo, como no caso da Bretanha, as discussões a respeito do matriarcado do Quebec se preocupam bem pouco em definir quem, os homens ou as mulheres, ocupa os postos de poder na política (ministros, deputados etc.), quem comanda a polícia, quem dirige os bancos e as companhias privadas, quem está à frente das instituições religiosas e das universidades, quem possui mais dinheiro. Tragamos à memória que desde 1867, ou seja, a fundação do Canadá moderno, o Quebec foi governado por 36 primeiros-ministros, dos quais 35 homens. Quanto à capital da província, Cidade de Quebec, foi governada por 37 prefeitos diferentes desde 1833, dos quais 36 homens. No mesmo período, Montreal, metrópole da província, conheceu 46 diferentes governantes, dos quais 45 homens. Curiosamente, a sociedade de Quebec dita matriarcal é quase exclusivamente governada pelos homens. Também é muito curioso constatar que a tese do matriarcado permitiria explicar a fraqueza do feminismo no caso da Bretanha e a força do feminismo no caso do Quebec.

E, assim como para a Bretanha e para a França, convém relembrar que, se os homens do Quebec sofrem de uma crise da masculinidade por causa de sua derrota militar histórica para aos Ingleses, o resto do Canada também teria sido afetado por uma crise da masculinidade. Seus efeitos se constatariam, entre outros, pela falta de professores homens nas escolas ou pela morte de homens vítimas de overdose de opioides. A situação é a tal ponto preocupante, parece, que convém organizar conferências públicas sobre o tema "homens: são eles obsoletos?" (Men: are they obsolete?) diante de um auditório de 3.500 pessoas, em Toronto.[128]

---

127 Serge Ferrand, *Papa, à quoi sers-tu? On a tous besoin d'un père*, Québec, Option santé, 2003, p. 27.

128 Ver, por exemplo, Kristi A. Allain, "'A Good Canadian Boy': Crisis Masculinity, Canadian National Identity, and Nostalgic Longings in Don Cherry's Coach's

Matriarcado afro-americano

Nos Estados Unidos, os discursos de crise da masculinidade preocupam sobretudo os homens brancos de origem europeia. Entretanto, alguns afirmam que a nação afro-americana é matriarcal, o que permitiria explicar bem os problemas que afligem aquela comunidade. Daniel Patrick Moynihan, ministro adjunto do Trabalho do presidente Lyndon Johnson, produziu em 1965 o relatório *The negro family: the case for a national action* (*A família negra: caso para uma política nacional*), antes de se tornar professor na Universidade de Harvard, conselheiro do presidente Nixon e depois senador. O projeto partia de um nobre objetivo, refletir sobre a maneira como os Estados Unidos poderiam permitir à população afro-americana passar de uma igualdade de direitos a uma igualdade de fato. Sem negar o racismo da sociedade americana, o relatório identificava a estrutura familiar como a causa primeira dos atrasos ou das falhas em termos de êxito social e econômico. O relatório lembra com insistência que as crianças negras mais frequentemente nascem fora do casamento e muitas vezes sem pais: em torno de 25% das famílias afro-americanas eram então gerenciadas por mães monoparentais, ou seja, duas vezes mais do que as famílias euro-americanas. Procurando inserir o risco em uma perspectiva histórica, Moynihan se apoiou em algumas teses acerca da escravidão, destacando que o cuidado da casa dos escravos era mais frequentemente domínio da mãe; o homem não podia se realizar como homem em um sistema tão dominado pelo senhor, no qual ele era um bem móvel, assim como as mulheres e as crianças. O relatório trazia como exemplo o argumento

---

Corner", *International Journal of Canadian Studies*, vol. 52, 2015; Douglas Todd, "'A Crisis of Masculinity': Vast Majority of Overdose Deaths Happen to Men", *Vancouver Sun*, 22 jul. 2017; e, do mesmo jornalista, "Crisis in Elementary Schools: Virtually No Male Teachers", *Vancouver Sun*, 15 nov. 2010; Rudyard Griffiths, "Men: Are They Obsolete?", *Globe & Mail*, 14 nov. 2013.

de um historiador especialista em escravidão que comparava essa situação com os campos de extermínio da Segunda Guerra Mundial onde "o confinamento pelos nazistas provocou uma profunda mudança na personalidade [entre os homens confinados], reportado independentemente por um número de psicólogos e psicanalistas que sobreviveram, a saber, uma infantilização e *a aceitação total da guarda SS como uma figura paterna*" [grifo nosso].[129] Nota-se que, para o autor, é o senhor dos escravos que teria substituído a figura do pai – o "possuidor do falo" – aos olhos dos escravos, enquanto os pais escravos não tinham poder diante das mães.[130] Tais ilações são reveladoras de concepções de paternidade fundamentalmente autoritárias ou mesmo dominadoras. Por que diabos se deveria entristecer por sua falta, se o pai pode ser confundido com um senhor de escravos ou um guarda da SS? Todavia, segundo a tese do matriarcado afro-americano, a história da escravidão e da segregação teria tido o efeito nos Estados Unidos de atrasar "a emergência de uma figura paterna forte [pois] a verdadeira natureza do animal masculino, do galo ao general de medalhas, é de se pavonear". O relatório propunha ainda que o governo federal está empenhado em um "novo tipo de objetivo nacional: o estabelecimento de uma estrutura estável da família negra".

Entre as vias de solução propostas para tirar os negros da delinquência e do inferno da droga, o relatório lembra que "o serviço militar apresenta uma qualidade especial para os homens negros: é um mundo quase unicamente masculino". O exército representava uma solução diante do matriarcado das mulheres negras, já que os homens negros ali encontrariam "um mundo longe das mulheres, um mundo dirigido por homens fortes e detentores de uma autoridade afirmada", onde há uma saudável disciplina e onde a performance

129 Todas a citações do relatório foram tiradas de Daniel Geary, "The Moynihan Report: An Annotated Edition", *The Atlantic*, 14 set. 2015.

130 Philippe Carrer, *Œdipe en Bretagne...*, *op. cit.*, p. 11.

é encorajada. O relatório se vale ainda do *slogan* da campanha de recrutamento do exército: "No exército dos Estados Unidos, você vai saber o que significa se sentir um homem".

Concluindo, o relatório afirma que

> *não há provavelmente razões particulares para se crer que uma sociedade na qual os homens são dominantes nas relações familiares seria preferível a um arranjo matriarcal. Dito isso, se trata claramente de uma desvantagem de um grupo minoritário de ser estruturado segundo um princípio enquanto a grande maioria da população, que é a mais favorecida, está estruturada segundo outro princípio […].* Nossa sociedade assume uma direção masculina *nas relações privadas e públicas. A estrutura familiar facilita essa liderança e a recompensa [grifo nosso].*

Em vez de propor a emancipação das mulheres brancas, as quais se admite que sejam submissas a uma "direção masculina", o relatório sugeria alastrar a dominação masculina – essa "liderança" – à comunidade afro-americana para o bem dos homens e das crianças.

O relatório escondia toda a complexidade da experiência da maternidade entre os afro-americanos. Patricia Hill Collins lembra que elas são encorajadas a serem mães muito jovens para provar que são adultas, que elas veem seus filhos não como vítimas de uma família sem pai, mas como alvos potenciais da polícia; os filhos a quem elas ensinam com insistência a desconfiarem da polícia para não acabarem na prisão ou crivados de balas.[131]

---

131 Patricia Hill Collins, *La pensée féministe noire*, Montréal, Les Éditions du remue-ménage, 2017.

O relatório Moynihan será acusado de ser de uma só vez racista, misógino e antifeminista, notadamente por Jean Bond e Pauline Perry que escreveram um texto intitulado "Is the black male castrated?" (O homem negro é castrado?).[132]

Moynihan respondeu aos críticos afirmando que "uma parte dos posicionamentos contrários ao relatório vem de uma sorte de feminista cuspideira de fogo.[133]

Dito isso, os afro-americanos vão por sua vez fazer o discurso da crise da masculinidade. Em 1979, Robert Staples assina um artigo intitulado "The myth of black macho: a response to angry black feminists" (O mito do negro macho: uma resposta às feministas negras em fúria), publicado na revista *Black Scholar*. O texto adianta que as afro-americanas tiraram proveito do movimento de emancipação bem mais do que os negros, já que há mais mulheres do que homens que seguem os estudos universitários e que elas se saem no geral melhor no mercado de trabalho. Assim, é retomada a tese do declínio fatal, declarando estar surpreso de que "esse ataque contra os homens negros ocorre enquanto as mulheres negras ameaçam de os superarem *na virada do século*, em termos de educação, de emprego e de rendimentos".[134] Isso explicaria, sem dúvida, que "tantos homens negros sentem que sua masculinidade, e, mais especificamente, que sua autoestima, estão ameaçadas pelas mulheres negras [...]. Os homens negros são habitados de uma raiva estranha porque nós não os permitimos – quer se goste disso ou não – desempenhar os papéis (por exemplo, provedor e protetor) que a sociedade os designa [...].

132 bell hooks, *Ne suis-je pas une femme? Femmes noires et féminisme*, Paris, Cambourakis, 2015, p. 132.

133 Em *ibid.*, p. 175.

134 Robert Staples, "The Myth of Black Macho: A Response to Angry Black Feminists", *Black Scholar*, vol. 10, n. 6-7, 1979, p. 25. Encontramos aqui a tese do declínio fatal (ver Capítulo 1).

Certos homens negros não têm nada mais do que seu pênis".[135] Ele lembra que os afro-americanos têm uma alta taxa de suicídio, que eles são presos maciçamente, que têm problemas de toxicomania e de desemprego. Tudo isso é verdade, mas não são as mulheres negras nem as afro-feministas que controlam o mercado de trabalho, os batalhões de polícia, as penitenciárias, o tráfico de drogas etc. Esse texto suscitou tantas réplicas que a revista *Black Scholar* propôs um dossiê sobre o assunto. Julianne Malveaux, por exemplo, acusou Robert Staples de confundir a realidade da comunidade afro-americana e as representações artísticas e culturais. Ela denuncia também que Staples se preocupa com o fato de que mais mulheres negras do que homens negros estudem em universidades, sem destacar que as afro-americanas têm rendimentos muito mais baixos do que os brancos e as brancas e do que os homens negros.[136]

A feminista afro-americana bell hooks também criticou abertamente a tese do matriarcado negro; ela o enxerga como uma negação da realidade, tanto das mulheres afro-americanas que aceitam empregos mal remunerados em que sofrem discriminações racistas e sexistas, como também uma ilusão que dissimula o fato de muitos dos homens afro-americanos não sentirem que sua masculinidade está em jogo quando decidem recusar pequenos trabalhos mal remunerados ou não pagam a pensão alimentícia à mãe de seus filhos. Enfim, ela sugere que os afro-americanos retomam a tese do matriarcado como "arma psicológica" para atacar as mulheres afro-americanas que buscam se emancipar, e para forçá-las a permanecerem submissas aos homens na vida conjugal e familiar.

---

135 *Ibid.*, p. 26.

136 Julianne Malveaux, "The Sexual Politics of Black People: Angry Black Women, Angry Black Men", *The Black Scholar*, vol. 10, n. 8-9, 1979.

O discurso da "crise da masculinidade" dos negros também é um lugar-comum[137] nas mídias da África do Sul pós-apartheid, quando certos fenômenos são apresentados como sintomas que provariam a existência de tal crise: desemprego masculino, epidemia de Aids e mesmo violências masculinas contra as mulheres, em particular os estupros, incluindo estupros de bebês. A violência física e sexual dos homens contra mulheres e crianças é considerada como um sintoma da crise, pois ela demonstraria que os homens são incapazes de autodisciplina, que a masculinidade está fora de controle e, consequentemente, em crise (essa tese também é retomada pelas agências que querem erradicar a masculinidade tóxica e, ao mesmo tempo, o patriarcado, a misoginia e a violência de gênero).[138] Esse discurso é frequentemente retomado para explicar os homicídios de cônjuges ou ex-cônjuges, na medida em que o homem assassino é apresentado como um sofredor, em desordem, perdido: tão vítima quanto assassino. Ele teria perdido o controle, dizem, no exato momento em que exercia o controle mais absoluto sobre uma mulher, ao retirar-lhe a vida. Nós encontramos aqui a preocupação de Bryce Traister; esse autor se surpreende que os romances ou filmes que coloquem em cena homens violentando ou assassinando as mulheres possam ser visto como a representação de uma crise da masculinidade. Na África do Sul, essa problemática atingiria antes de tudo o homem negro,[139] cuja crise de identidade se explicaria também por ele ser profundamente "tradicional", talvez bárbaro e, portanto, inadaptado e em discrepância com uma sociedade moderna. Os analistas

---

137 Joël Charbit, *"La crise de la masculinité" en Afrique du Sud: Discours public et panique morale autour des hommes dans la nouvelle démocratie*, dissertação para master 2, Ciência Política, Université de Bordeaux, 2009, p. 33.

138 Danielle Hoffmeester, "Masculinity in Crisis", The Institute for Justice and Reconciliation [https://www.ijr.org.za/2017/06/29/masculinity-in-crisis/].

139 Joël Charbit, *op. cit.*, p. 75, p. 90 e seguintes.

da tese da crise da masculinidade para explicar a violência dos negros na África do Sul a criticam sob o argumento de que essa tese esvazia os efeitos de opressão racial e social.[140]

Nota-se que também é possível inverter a lógica da propaganda da crise, como o fizeram os líderes do movimento político do Black Power, ao afirmarem que o homem branco é afeminado enquanto o homem negro é muito viril. O militante Amiri Baraka adianta que "a maior parte dos homens brancos estadunidenses é formada para ser marica [...]. Você pode imaginar por um momento um homem típico da classe média podendo fazer mal a alguém? Sem a tecnologia que nesse momento ainda lhe permite dirigir o mundo? Compreende a doçura do homem branco, sua fraqueza?".[141] Diante dessa masculinidade branca dita afeminada, Baraka defendeu no jornal *Black World* instaurar um patriarcado negro: "nós não cremos, por exemplo, na 'igualdade' entre homens e mulheres. Nós não compreendemos isso que os demônios e as pessoas possuídas querem dizer quando elas reivindicam igualdade para as mulheres. Não poderemos jamais ser iguais... A natureza não nos fez assim".[142] Por sua vez, Hanna Rosin intitula um dos seus capítulos "O novo matriarcado americano: a classe média muda de sexo" em seu livro *The end of men*, lançado quase cinquenta anos depois do relatório Moynihan. Ela afirma que os Estados Unidos são agora um "matriarcado", e que isso é verdade tanto para a nação afro-americana quanto para a população de origem europeia.

---

140 Maurice Dunaiski, "Gender-Based Violence in South Africa: A Crisis of Masculinity?". *E-International Relations Students* (University of York, Grande-Bretagne), 27 abr. 2013 [http://www.e-ir.info/2013/04/27/gender-based-violence-in-south-africa-a-crisis-of-masculinity/].

141 Citado em bell hooks, *op. cit.*, p. 163.

142 bell hooks, *ibid.*, p. 162; ver também Daniel Geary, "Moynihan's Anti-Feminism", *Jacobin*, 7 jan. 2015.

Guerras, genocídios, terrorismo e crise da masculinidade

Sendo a identidade convencional masculina tão fortemente associada às armas e à guerra, não surpreende que os discursos a respeito da crise da masculinidade evoquem com tanta frequência o terrorismo, a guerra e mesmo os genocídios. A derrota militar provocaria, segundo vários autores, uma crise da masculinidade nas nações vencidas. Em outros casos, os homens vítimas de uma crise da masculinidade vão à guerra para se afirmarem como "verdadeiros homens", estarem entre iguais ou em um *boys' club* – nos quartéis, nas trincheiras etc. –, e para terem experiências de heroísmo e de violência homicida. Enfim, o choque da guerra pode provocar uma crise da masculinidade, por exemplo, a chuva de projéteis na guerra de trincheiras durante a Primeira Guerra mundial, quando não, é o retorno à vida civil que mergulha os veteranos em uma crise enquanto sofrem para voltarem às suas posições sociais de antes da guerra tendo as mulheres a contestar sua autoridade.[143]

Ainda aqui, os discursos a respeito da crise da masculinidade se encontram em fontes do passado ou em estudos históricos contemporâneos. Assim, nos Estados Unidos, um artigo publicado em 1898, no jornal *The Independent,* intitulado "Vigourous men, A vigourous nation" (Homens vigorosos, nações vigorosas), explicava que um longo período de paz produz a afeminização dos homens jovens e o declínio. Isso em uma época em que os Estados Unidos são lançados em uma corrida aos armamentos e às expedições imperialistas, como a guerra hispano-americana (1898-1901), a qual

---

143 Tracey Loughran, "A Crisis of Masculinity? Re-Writing the History of Shell--Shock and Gender in First World War Britain", *History Compass*, vol. 11, n. 9, 2013; Brandon Moblo, "Failed Men: The Postwar Crisis of Masculinity in France 1918-1930", *Student Summer Scholars*, Grand Valley State University, 2008.

ofereceu a oportunidade de invadir Cuba e as Filipinas, depois a Primeira Guerra Mundial, com um pouco de atraso (1917). Em seu artigo intitulado "U.S. masculinism crisis: Militarism and war" (Crise da masculinidade nos Estados Unidos: militarismo e guerra), Victor Meladze afirma que é porque os homens brancos de origem europeia sofrem de uma crise da masculinidade que eles têm perpetrado um "genocídio"

> *contra os ameríndios, por exemplo, e lançado as guerras contra os mexicanos (a guerra de 1846-1848) e contra os espanhóis (1898), enquanto sintomas da necessidade da nação de restaurar seu sentimento de poder masculino graças a rituais de sacrifício de renascimento e de assassinatos em massa de "estrangeiros". A escravização dos negros foi um outro mecanismo de defesa contra os distúrbios de perseguição materna e paterna.*[144]

Segundo Meladze, guerras e escravidão não se explicam por meio de manobras políticas dos que tomam as decisões e as relações de força ligadas aos interesses econômicos, mas por meio de uma análise psicanalítica da repressão dos desejos sexuais dos meninos por suas mães que afetaria o conjunto dos homens de origem europeia nos Estados Unidos. A identidade masculina se consolidaria segundo Freud, interpretado por Victor Meladze,

> *durante a fase fálica do desenvolvimento – geralmente entre três e seis anos – quando o menino toma consciência de diferenças anatômicas entre os homens e as mulheres. [...] Por exemplo, segundo Freud, a descoberta de que*

144 Victor Meladze, *op. cit.*, p. 95-96.

> *há um pênis é uma experiência para a criança do sexo masculino ao mesmo tempo vitalizante e aterrorizadora. Em relação às mulheres, as quais não possuem pênis, a criança do sexo masculino é atravessada de sentimentos de superioridade [mas] ele também começa a ter medo de perder seu pênis...*[145]

O medo da "castração" explicaria e justificaria assim a escravidão, as guerras e os genocídios. O autor prossegue discutindo os romances e os filmes que confirmaram a tese da crise da masculinidade entre os homens brancos. Ele associa, assim, as guerras mais importantes feitas pelos Estados Unidos no século XX a certos fenômenos que teriam - ainda - provocado um medo da castração: o direito ao voto das mulheres e sua entrada no mercado de trabalho para explicar a Segunda Guerra Mundial, o início do movimento homossexual e do movimento afro-americano dos direitos civis para explicar a Guerra da Coreia e a Guerra do Vietnã.

Uma tal tese tem a aparência de sofisticação, já que ela evoca noções psicanalíticas e faz referência à origem da vida, à mãe e ao seu útero, ao desejo sexual e ao falo. No entanto, ela se baseia na realidade em explicações muito abstratas e muito especulativas para explicar fenômenos complexos como o genocídio, a guerra ou a escravidão. Além disso, o autor não distingue nenhuma categoria entre o grupo dos homens de origem europeia que afirma estar em crise: os políticos que declaram a guerra, mas dela não participam, os proprietários de escravos, os chefes do exército, os simples soldados recrutados ou voluntários, os produtores de armamentos que fazem fortuna com as guerras, seus trabalhadores, os desempregados rurais e das cidades, os homens da Costa Oeste, os pastores do Norte ou do Sul, os abolicionistas contra a escravidão, os pacifistas e os desertores,

145 *Ibid.*, p. 89-90.

os jovens, os adultos e os anciãos, os imigrantes de origem alemã, irlandesa, italiana, os homens judeus, católicos ou protestantes, e entre estes últimos os mórmons, os batistas, os quakers, menonitas, sem esquecer dos ateus, republicanos, socialistas, anarquistas, os membros da Ku Klux Klan etc. E a lista poderia continuar.

Outro problema: não é menos verdade nem menos falso afirmar que tal ou tal país desencadeou a guerra precisamente porque os homens sofriam de uma crise da masculinidade e do medo da castração. Puramente interpretativo e especulativo, a noção de "crise da masculinidade" pode, portanto, ser invocada a cada vez que se procura explicar e justificar a inação ou a ação de todos os homens de uma mesma nação, a todo tempo e em todo lugar, sem necessitar a menor reflexão sobre os processos de tomada de decisão: quem decide concretamente começar uma guerra, quem é capaz de forçar milhões de homens a matar e a morrer de uniforme?

A tese da crise da masculinidade também era invocada para explicar o genocídio em Ruanda em 1994, no qual quase um milhão de membros da comunidade Tutsi foram massacrados pelos Hutus. Por quê? Porque um "declínio econômico, combinado a uma crise contínua a respeito das terras disponíveis, produziu uma crise de *gênero* entre os jovens Hutus", segundo Adam Jones, um especialista na questão que escreveu um artigo sobre o assunto no *Journal of Genocide Research*.[146] Jones admite de passagem que as mulheres poderiam também fazer frente a uma "crise de subsistência" em razão dos problemas econômicos, mas ele preferiu defender que os homens eram – eles mesmos – tomados por uma crise "existencial", não podendo realizar sua masculinidade sem emprego nem terra que permitissem casar e se reproduzir. Adam Jones cita extensamente o trabalho de Christopher Taylor, que também sustenta uma tese

146 Adam Jones, "Gender and Genocide in Rwanda", *Journal of Genocide Research*, vol. 4, n. 1, 2002, p. 66.

de uma "crise de gênero". Segundo ele, "para vários ruandeses, as relações de gênero nos anos 1980 e 1990 estavam em um estado de decadência" - ainda que com uma média de seis crianças por mulher - "porque muitas mulheres tinham posições elevadas na vida pública e econômica, e elas estavam cada vez mais exercendo suas escolhas pessoais em suas vidas privadas. Uma política sexual complexa precedeu o genocídio, e nele se manifestou".[147] Jones segue sugerindo que o genocídio pôde

> *representar, em partes, uma tentativa dos dirigentes extremistas de Ruanda para resolver a crise de gênero da qual sofriam os homens Hutus, assegurando-se que fossem disponibilizados os recursos (terras e outras propriedades, posições na educação superior, empregos públicos e na indústria privada etc.) que o próprio governo não lhes poderia oferecer.*[148]

Como destaca com razão a socióloga feminista Sandrine Ricci, que estudou o genocídio, é bem possível ser sensível aos problemas dos homens com dificuldade de desempenhar seu papel de "homem provedor", mas por que então silenciar ou "minimizar os impactos da pobreza na vida das meninas e das mulheres, Hutus, Tutsis ou Twas.[149] Pode-se igualmente supor que elas eram vítimas de suas dúvidas existenciais em uma sociedade profundamente patriarcal".[150] Não para Jones. As mulheres ruandesas estavam, ao contrário, em

---

147 Christopher C. Taylor, *Sacrifice as Terror: The Rwanda Genocide of 1994*, Oxford, Berg, 1999, p. 157, citado em Adam Jones, *op. cit.*, p. 78.

148 Adam Jones, *ibid.*, p. 67.

149 Grupo étnico também conhecido com o nome de "pigmeus": cerca de 1% da população de Ruanda.

150 Sandrine Ricci, *Avant de tuer les femmes, vous devez les violer! - Rwanda: rapports de sexe et génocide des Tutsis*, Paris, Syllepse, 2014, p. 33.

boa posição, segundo ele, o que explica que elas participaram ativamente do genocídio ao encorajarem os homens a estuprarem e massacrarem, e, quando não, elas mesmas o fariam. Os homens, portanto, participaram do genocídio, já que eles eram dominados pelas mulheres e as mulheres os incluíram, uma vez que elas os dominavam. Em ambos os casos, os homens são desresponsabilizamos do genocídio, enquanto as mulheres são responsáveis, incluindo dos crimes cometidos pelos homens. Jones pode agora concluir que sua análise do genocídio em Ruanda tem um valor "previsível" porque ela demonstra que as mulheres, assim como os homens, são capazes de exercerem uma violência genocida – na realidade mascara uma tese fundamentalmente desigual. Jones afirma que a crise masculina teria precipitado os homens em um genocídio, mas ele não ousa afirmar que as mulheres poderiam massacrar milhões de homens porque nós ocupamos a maioria dos postos de poder, dos empregos bem remunerados, das propriedades etc. Mesmo que os homens se divirtam chamando as mulheres de "feminazis", nunca houve um tal genocídio feminista – jamais.

A noção de "crise da masculinidade" mobilizada no âmbito das teorias de guerra podem também servir para criticar a entrada das mulheres e das feministas nas instituições militares. Francis Fukuyama, um intelectual conservador dos Estados Unidos que se tornou famoso por sua obra *O fim da história e o último homem*, também publicou uma artigo em 1998 intitulado "Women and the evolution of world politics" (As mulheres e a evolução da política mundial), na revista *Foreign Affairs*. O artigo começa com uma seção intitulada "Política do chimpanzé", na qual Fukuyama afirma que "a violência e a criação de coalizões são principalmente um trabalho de macho. [...] Em outras palavras, as chimpanzés fêmeas têm relações; os chimpanzés machos praticam a real política",[151] quer dizer, a política

151 Francis Fukuyama, "Women and the Evolution of World Politics", *Foreign Affairs*, set.-oct. 1998, p. 25.

dita "realista" que tem a consciência de que vivemos em um mundo perigoso onde se arrisca sempre uma guerra. Como podemos dizer tamanhas generalidades? Ele se inspira no estudo de um grupo de chimpanzés de Arnhem nos Países Baixos e em um grupo de trinta chimpanzés de um parque nacional na Tanzânia. Criticando as "feministas radicais" sem nomear nenhuma, ele declara também que "há diferenças profundas entre os sexos que têm uma origem mais genética do que cultural, e que essas diferenças vão além dos corpos, até o domínio do espírito [...]. Os machos e as fêmeas estão competindo não somente com o meio ambiente, mas também uns contra os outros em um processo que Darwin chamou de "seleção sexual", o que é na verdade uma "corrida armamentista sem fim entre os homens e as mulheres.[152] Em 1998, Fukuyama se incomodaria com o fato de que as mulheres influenciam cada vez mais a política dos Estados Unidos, o qual está cada vez mais feminilizado, enfraquecendo, portanto, o poderio militar do país (ele retoma – talvez sem saber – o discurso a respeito da *superfeminilização* dos Estados Unidos que se seguiu à vitória das sufragistas, em 1917, e provocou o temor do enfraquecimento militar do país diante do Japão).[153] Todavia, no mundo perigoso povoado por ditadores que não têm medo de agir como verdadeiros homens, "as políticas masculinas seriam ainda necessárias".[154] Fukuyama associa explicitamente a identidade masculina à violência, o que lhe permite concluir que o feminismo é um pouco fútil no que concerne às relações internacionais e à guerra:

> *Os domínios da guerra, e da guerra e da política internacional em particular, vão permanecer controlados pelos homens por mais tempo do que muitas feministas*

152 *Ibid.*, p. 30-31.

153 Amy Rae Lagler, *op. cit.*, p. 46.

154 Francis Fukuyama, *op. cit.*, p. 37.

> *gostariam. Mais importante, a tarefa de ressocializar os homens para que eles sejam mais parecidos com as mulheres – ou seja: menos violentos – vai se deparar com limites. O que está arraigado em nós até os ossos não pode ser alterado facilmente pelas mudanças na cultura ou na ideologia.*[155]

As feministas vão responder lembrando que as mulheres fizeram a guerra, bem como os homens foram pacifistas e não violentos, como Leon Tolstói, Martin Luther King, Mahatma Gandhi. As feministas também lembraram que os homens devem ser ressocializados e formados para matar e que vários se recusam, como mostra a longa história de deserção, insubmissão, rebeliões e mesmo de automutilação para se tornarem inaptos ao combate. De qualquer modo, os chefes de Estado que declararam guerra não são aqueles que se alistam, e nenhum chefe de Estado precisa de força muscular hoje em dia para mandar de seu gabinete o exército atacar o inimigo.[156]

As feministas também vão se surpreender que Fukuyama afirme que a política externa dos Estados Unidos seja muito feminilizada. No momento que Francis Fukuyama escrevia seu texto, a feministas Katha Pollitt lembra que as "mulheres não somavam 12% do Congresso. E não ocupavam mais do que três cadeiras de governadoras [...], mas Fukuyama se incomoda que as meninas estejam a ponto de tomar o poder e transformar os Estados Unidos em covarde

155 *Ibid.*, p. 27-28. Na época em que publicou seu artigo, Francis Fukuyama declarou também em uma entrevista ao *Observer* que "a questão principal que os dados suscitam sobre o crime é nossa opção de socializar os jovens homens lhes oferecendo modelos parentais de pais que têm um ganha-pão" (citado em James Heartfield, "There is No Masculinity Crisis", *Genders*, n. 35, 2002).

156 Barbara Ehrenreich, "Men Hate War Too", *Foreign Affairs*, jan.-fev. 1999 e Katha Pollitt, "Father Knows Best", *Foreign Affairs*, jan.-fev. 1999.

internacional".[157] Segundo J. Ann Tickner, uma das primeiras teorias feministas das relações internacionais em Ciência Política, o texto de Fukuyama faz parte de fato "da retaliação contra as mulheres na política internacional"[158] e "do programa conservador que serve não para controlar as mulheres, mas para lhes manter afastadas das posições de poder".[159] Enfim, Fukuyama se esqueceu de dizer – ele disse exatamente o contrário – que são os Estados Unidos pretensamente feminilizados que atacaram militarmente e derrotaram os garotos maus que lhes causavam tanto medo, entre outros Saddam Hussein, o qual foi enforcado. A despeito da crença de Fukuyama, a elite política dos Estados Unidos não hesitou em lançar o país em novas guerras (Afeganistão em 2001, Iraque em 2003, Líbia em 2011, Síria e Iraque em 2016 etc.), sem esquecer as ações clandestinas de batalhões de elite, os ataques a míssil e alguns ataques de drones aprovados pelo presidente.

Logo depois do ataque aéreo de 11 de setembro de 2001 contra os símbolos do capitalismo e do militarismo nos Estados Unidos, a ensaísta Susan Sontag assinou um texto no *New Yorker* explicando que se trataria de um "ataque contra a única superpotência autoproclamada do mundo".[160] Ela pergunta se esse ataque aéreo não teria sido "empreendido em resposta a certas ações e alianças dos Estados Unidos? Quantos entre nós temos a consciência de que os Estados Unidos bombardeiam sem descanso o Iraque?" [desde 1991]. Segundo estimativas moderadas, a Guerra do Iraque em 1991 teria provocado ao menos cem mil mortos e deixado o país em um grave

---

157 Katha Pollitt, *ibid.*

158 J. Ann Tickner, "Why Women Can't Run the World International Politics According to Francis Fukuyama", *International Studies Review*, vol. 1, n. 3, 1999, p. 4.

159 *Ibid.*, p. 6.

160 Para essa passagem, ver Susan Faludi, *The Terror Dream: Fear and Fantasy in Post-9/11 America*, Nova York, Metropolitan Books/Henry Holt and Company, 2007, p. 21.

estado de devastação. Para Susan Sontag, portanto, não era necessário explicar o ataque aéreo de 11 de setembro por meio de uma crise de identidade que afligiria os homens e os levariam a desviar os aviões e a lançá-los contra os arranha-céus para enfim se sentirem como verdadeiros machos. Sontag sugeriu bem mais simplesmente que esse ataque fosse talvez a consequência lógica, de um ponto de vista político (e não psicanalítico), de ações militares mortíferas levadas pela maior potência militar ao mundo. Sontag complementa a esse respeito: "'nosso país é forte', repete-se isso mais e mais. De fato, eu não acho isso reconfortante. Quem duvida que os Estados Unidos sejam fortes? Mas isso não é tudo o que os Estados Unidos devem ser". O argumento de Sontag causou reações. No *New York Post*, o colunista Rod Dreher declarou: "Eu quero andar descalço nos estilhaços de vidro sobre a ponte do Brooklyn até o apartamento dessa mulher desprezível, pegá-la pelo pescoço e arrastá-la até o Marco Zero e forçá-la a dizer isso para os bombeiros". No *Newday*, um especialista em guerra e em mulheres, Martin Van Creveld, declarou que "um dos principais derrotados [do 11 de setembro] é provavelmente o feminismo, que é fundamentado em partes na falsa crença de que a mulher mediana está tão apta a se defender quanto o homem mediano".[161]

Algumas semanas após o ataque aéreo, o *New York Times* publicou um artigo anunciando "o retorno dos homens viris". O presidente do Institute for American Values (Instituto para os Valores Americanos), David Blankenhorn, explica que

> *já há alguns anos, vários acadêmicos da moda discorrem acerca do "fim do projeto masculino", segundo a tese de*

161 *Ibid.*, p. 21; a respeito da "narração de crises masculinas" nos filmes que têm o terrorismo como tema, ver também Susan Jeffords, "Terrorism: A New Crisis in White Masculinity?", *Fugurationen*, vol. 3, n. 1, 2002, p. 81-94.

> *que os homens não teriam mais a necessidade da força física em razão dos avanços tecnológicos. Será que a realidade parece bem diferente hoje em dia, uma vez que "o projeto" é lutar contra os piratas aéreos, atirar em pessoas para fora de construções e perseguir os terroristas em cavernas do Afeganistão?*[162]

A "guerra contra o terrorismo" inspirou o título sugestivo do artigo "Real men are back" (Os verdadeiros homens estão de volta), no jornal *Orange County Register* (18 de dezembro de 2001), ao passo que um texto publicado no *Washington Times* defendia que "pode ser que o novo clima de perigo – perigo dos homens maus – vai acalmar a agitação antimachista que nós devíamos ter superado há muito tempo".[163]

O ataque aéreo de 11 de setembro contra os Estados Unidos também foi explicado como uma crise da masculinidade dos jovens homens muçulmanos, que teriam tomado como alvo um país no qual os homens também sofreriam de uma crise da masculinidade. A "guerra contra o terrorismo", portanto, não seria senão o conflito entre homens em crise de identidade em todos os campos. A esse respeito, o acadêmico Paul Amar constatou que o discurso da "crise da masculinidade" é retomado nas mídias ocidentais sempre que se explicam os conflitos e as crises políticas no mundo muçulmano, como a "primavera árabe" de 2011 na Tunísia, no Egito e na Líbia, ou ainda o desenvolvimento do militarismo islâmico radical, incluindo os atentados aéreos contra os Estados Unidos no dia 11 de setembro de 2001. Os homens jovens da primavera árabe e aqueles que têm colocado bombas em nome do Islã se mobilizariam politicamente

---

162 Patricia Leigh Brown, "Ideas & Trends: Heavy Lifting Required – the Return of Manly Men", *New York Times*, 28 out. 2001.

163 Susan Faludi, *op. cit.*, p. 21.

para se purgarem de suas frustrações sexuais, consequência do desemprego, que lhes impediria de ter uma esposa, ou porque eles haviam sido humilhados por uma policial feminina ou simplesmente porque a esposa lhes havia deixado.[164]

Segundo Paul Amar, o discurso a respeito da crise da masculinidade dos jovens muçulmanos repousa sobre as concepções patriarcais e sexistas "pseudoantropológicas" e sobre "vagas generalizações" "psicobehavioristas", em suma, no senso comum e em estereótipos.[165] No entanto, evocar uma "crise da masculinidade" oferece a satisfação de uma explicação fácil, sem que se desenvolvam pesquisas sérias e rigorosas, até mesmo sem conhecer minimamente a situação política, econômica e social de um país. A tese da "crise da masculinidade" permite evitar questionamentos importantes: quem detém poder no país em questão? Quem são realmente esses homens revoltados? Qual é a influência deles? Como eles são recrutados, por quem e em quais redes eles se desenvolvem? Há diferentes facções e rivalidades entre eles? Todos os homens muçulmanos respondem à mesma motivação? Quais são as influências que exercem os partidos políticos, os patronatos, os sindicatos, os movimentos estudantis, as mídias? Qual é o impacto da influência das potências estrangeiras? Qual é a situação das mulheres nesses países? Elas participam das revoltas e mobilizações políticas?

Paul Amar constata ainda que o discurso da "crise da masculinidade" é mobilizado para justificar as medidas de coerção de governos autoritários, os chamados Estados de segurança humana (Egito, Jordânia, Marrocos, Turquia). O homem muçulmano é identificado pela polícia, empresas de segurança privada e gestão

164 No Quebec, o sociólogo Jacques Mascotto defendeu teses semelhantes em uma conferência na Université du Québec à Montréal (UQAM).

165 Paul Amar, "Middle East Masculinity Studies Discourses of 'Men in Crisis', Industries of Gender in Revolution", *Journal of Middle East Women's Studies*, vol. 7, n. 3, 2011, p. 37-38 e p. 45.

de risco, como uma ameaça à segurança pública, sendo, portanto, fundamentalmente "um predador sexual, um membro de gangue de rua ou um bandido, um traficante ou, enfim, o tema último da masculinidade de segurança: um terrorista".[166] O discurso da "crise da masculinidade" pode, portanto, servir para justificar a repressão contra o homem ao considerá-lo notadamente como uma ameaça por estar em crise.

Se o discurso da crise da masculinidade serve para explicar as dinâmicas nos países de maioria muçulmana, ele serve também para explicar a guerra perpétua entre o Islã e o Ocidente. Na França, por exemplo, Laurent Bibard publicou a obra *Terrorisme et féminisme: le masculin en question* (*Terrorismo e feminismo: o masculino em questão*), na qual se propõe a explicar o terrorismo islâmico que atinge a França e o Ocidente. Segundo ele, estaria em jogo "algo de mais profundo do que somente as tensões sociais, econômicas, financeiras, políticas, culturais".[167] Esse "algo" se situaria na relação entre os muçulmanos e as mulheres, incluindo as feministas, já que eles não reconheceriam os direitos das mulheres como se faz no Ocidente e porque a violência deles contra as mulheres seria mais intensa e comum do que aquela dos homens ocidentais. Tendo o feminismo emergido no Ocidente, segundo o autor, a guerra entre o Islã e o Ocidente seria sobretudo uma guerra contra as jovens mulheres de confissão muçulmana e uma civilização ocidental feminina e feminilizada.

166 *Ibid.*, p. 40.

167 Laurent Bibard, *Terrorisme et féminisme: le masculin en question*, Paris, L'Aube, 2016, p. 16. O autor parece mais simpático ao feminismo, mas ele consegue a proeza de não citar nenhuma feminista em sua obra, que traz o título *Terrorisme et féminisme*, preferindo refletir sobre essa relação se inspirando em autores masculinos, a respeito de grande parte dos séculos XVIII-XIX. Segundo ele, Thomas Hobbes estaria na origem de um pensamento igualitário entre os sexos (como se nenhuma mulher tivesse pensado sem a influência desse filósofo).

Por sua parte, Éric Zemmour defende que, em razão da queda da taxa de natalidade, é possível evocar "o desaparecimento programado dos povos europeus", a "feminilização das sociedades ocidentais [...] devendo terminar tragicamente com o desaparecimento coletivo". Em resposta a esse declínio demográfico do qual o feminismo seria o responsável, os "progressistas" têm optado pela imigração:

> *Tudo se passa como se os homens franceses e europeus, tendo colocado* seus falos na terra, *não podendo ou não querendo mais fecundar suas mulheres, que se tornaram reticentes, teriam pedido socorro a seus antigos "domésticos" [...] como se a França e a Europa, transformadas uniformemente em mulheres, fossem declaradas terra aberta, esperando serem fecundadas por uma virilidade vinda de fora [grifo nosso].*[168]

Com a imigração, chega "o jovem árabe", o qual Zemmour descreve como vindo "de um universo onde os homens não são feminilizados [e] se comportam conforme suas pulsões" sexuais. Sempre segundo Zemmour, a revolta social, econômica ou política desse jovem árabe se explica por meio da sexualidade: "eles não entendem nada das questões geopolíticas", eles lutam para provar que são "verdadeiros homens" contra os franceses e os europeus afeminados. Por causa dessa pulsão viril e sexual, esse jovem árabe "se torna um selvagem. Bárbaro. Como todos os pequenos machos desde o começo da humanidade, os jovens árabes têm medo das mulheres. Medo dessas máquinas de castrar".[169] Assim, segundo esses autores, o homem árabe ou muçulmano – a confusão parece pouco importante para eles – é ou castrado ou superviril, e ele ataca ou

168 Éric Zemmour, *Le premier sexe*, Paris, Denoël, 2006, p. 107-108.
169 *Ibid.*, p. 109, p. 113.

invade o Ocidente ou porque ele é castrado ou porque o homem de origem europeia é castrado. A tese da crise da masculinidade permite explicar tudo pelo avesso, sobretudo quando se trata de fenômenos complexos como imigração, terrorismo, guerra etc.

Nota-se que os discursos racistas e masculinistas se reciclam muito facilmente ao sabor das gerações. Na França, logo depois da independência da Argélia em 1962, a extrema direita criticava a sociedade francesa por ser afeminada, decadente e minada pelo feminismo e a homossexualidade. O general Charles de Gaulle seria afeminado e mesmo "invertido" (homossexual), e dizia-se, então, que era isso que explicaria sua fraqueza diante dos rebeldes argelinos. Dominique Venner, um antigo militar paraquedista preso por seu engajamento na Organização Armada Secreta (OAS), rede clandestina que militava contra a independência da Argélia, desenvolveu a noção de "humanismo viril" no âmbito de suas reflexões sobre a "revolução nacionalista" para "salvar" a França e a Europa. Durante a guerra da Argélia, por volta do fim dos anos 1950, as imagens de alguns soldados franceses não só mortos, mas também emasculados, teriam sido percebidas por muitos como uma afronta à virilidade francesa e como a prova de que os argelinos representariam uma ameaça sexual. Alguns anos mais tarde, a extrema direita francesa criticava os jovens brancos de extrema esquerda do Maio de 1968 de serem envolvidos com os árabes e de não serem senão "gatinhos revoltados". Após terem lutado pela independência, os homens árabes são agora uma ameaça na França, porque eles representam o imigrante que "invadiu" a antiga metrópole. Ele seria ao mesmo tempo responsável pela disseminação da homossexualidade e da violência sexual.[170]

---

170 Todd Shepard, *Mâle décolonisation: L'"homme arabe" et la France, de l'indépendance algérienne à la révolution iranienne*, Paris, Payot, 2017.

Retorno de uma longa história

Seguindo os traços da historiadora Judith van Allen, que se propôs a falar de "discurso de crise" antes do que de crise real, a historiadora Mary Louise Roberts constatou que seus colegas retomavam a noção de crise sem a definir de uma maneira tão pouco crítica a ponto de em suas análises ecoarem teses conservadoras e reacionárias do passado. O "abuso do termo 'crise'" faz crer que o "sujeito masculino é sempre vulnerável". Ele permite também afirmar que a expressão de uma mal-estar (diante das novas formas femininas, por exemplo), de uma ansiedade (diante do ingresso nas fábricas, por exemplo), de um trauma (de guerra, por exemplo) significa que haja uma *crise real*. Entretanto, o termo *crise* deveria designar uma situação excepcional de desestabilização, até mesmo de caos, às vezes trazidos por transformações profundas dos sistemas, das instituições e dos indivíduos.[171] No entanto, mesmo que certos homens sofram por diversas razões, não há uma real crise da masculinidade, pois é sempre a mesma identidade masculina que é valorizada pelas mesmas referências à ação, à força e à violência, e porque é sempre a supremacia masculina que é reivindicada, valorizada, mantida e defendida.

Uma crise perpétua é um contrassenso, mas afirmar constantemente que há "crise" permite perseguir certos objetivos: desacreditar as mulheres e apresentar seus avanços como uma ameaça, um escândalo, uma catástrofe, uma monstruosidade; reafirmar uma divisão binária dos sexos assinalando funções superiores aos homens, e mobilizar ou desenvolver recursos para os homens.

171 Mary Louise Roberts, "Beyond 'Crisis' in Understanding Gender Transformation", *Gender & History*, vol. 28, n. 2, 2016, p. 359.

Do mais, o discurso da crise da masculinidade é fomentado por instituições poderosas de um ponto de vista político (o próprio presidente) e cultural (editoras etc.). Assim, esse discurso permite matar dois coelhos com uma cajadada só, notadamente ao se assegurarem que os homens permanecem os únicos no poder e ao criticarem as mulheres que tentam se emancipar. Por exemplo, os discursos de crise têm servido para justificar a exclusão das mulheres de profissões que os homens querem reservar para eles mesmos. O discurso sobre a crise dos homens revela, portanto, uma atitude antifeminista, ou seja, trata-se de uma retórica que serve para frear ou fazer recuar o feminismo ao desacreditá-lo, ou declarando-o culpado do sofrimento dos homens e de todos os seus problemas.

Nota-se que é sempre possível encontrar casos de uma possível "crise da masculinidade", e isso interessa aos homens, que são sem dúvida os que mais sofrem em uma determinada época, sejam eles mendigos, escravos, prisioneiros, anarquistas perseguidos, homossexuais estigmatizados, imigrantes ilegais etc.

Quanto à tese do matriarcado, esta parece permitir explicar tudo e seu contrário, já que sofre de múltiplas contradições. Na realidade, ela por vezes não é mais do que uma variante do discurso da crise da masculinidade: é uma maneira de afirmar que as mulheres dominam os homens, que não conseguiriam – dizem – afirmar sua identidade masculina convencional. É isso que constatou Myron Brenton em seu livro *The american male*, lançado em 1966 e cujo primeiro capítulo se intitula "O homem em crise" (*The male in crisis).* Adotando uma perspectiva pró-feminista, Breton refutou a tese segundo a qual a sociedade americana era matriarcal. Ele especifica que são os homens frustrados que veem a influência das mulheres em toda a parte e chegam à conclusão de que há um "matriarcado" no século XX. Para esse autor, os homens deveriam logo aproveitar o apelo das feministas pela igualdade entre os sexos para se libertarem das normas masculinas obrigatórias.[172]

Conhecer essa longa história da crise da masculinidade permite saber que parece sempre ser possível afirmar que as mulheres são muito influentes e dominadoras. Por que o discurso hoje seria menos reacionário e conservador que aquele dos séculos precedentes?

172 Myron Brenton, *The American Male*, Nova York, Coward-McCann, 1966, p. 73 e p. 233.

3. O movimento de homens dos anos 1960 até os dias atuais

Para três acadêmicos especialistas na "condição masculina" no Ocidente, a "crise da masculinidade" de hoje começou nos anos 1960. Entre as três causas possíveis, eles citam a "revolta dos jovens" dos anos 1960, o movimento gay e o feminismo. Eles esclarecem que é esse último que teria provocado a crise e colocado os homens a se mobilizarem coletivamente, ou seja, "se encontrarem para falar e refletir sobre sua condição de homens", em suma, isso os levou a fundar o "movimento social dos homens".[1] É verdade que os chamados foram feitos desde o começo dos anos 1970 para fundar um movimento de homens que se apresentasse então como a justa contrapartida ao movimento feminista.

Entretanto, o discurso da crise da masculinidade já circulava desde os anos 1950 nos Estados Unidos, por exemplo, onde os

1 Jocelyn Lindsay, Gilles Rondeau, Jean-Yves Desgagnés, "Bilan et perspectives du mouvement social des hommes au Québec entre 1975 et 2010", Jean-Martin Deslauriers, Gilles Tremblay, Sacha Genest Dufault, Daniel Blanchette, Jean-Yves Desgagnés (Orgs.), *Regards sur les hommes et les masculinités: Comprendre et intervenir*, Québec, Presses de l'Université Laval, 2010, p. 14-15.

associados de grandes empresas privadas se diziam "emasculados e humilhados" por seus superiores hierárquicos e pelo peso das estruturas organizacionais. Durante a Guerra da Coreia, a National Men's Legion se incomodava com os laços entre o feminismo e o comunismo, duas forças que trabalhariam juntas para provocar o declínio da moralidade nos Estados Unidos.[2]

Mas é a "revolução" contracultural dos anos 1960, em particular Maio de 1968 na França, que é mais frequentemente identificado como o ponto de ruptura da relação entre os sexos, em razão da emergência do feminismo "radical" e do movimento homossexual, sem esquecer das pessoas transgêneros e transexuais que se mobilizaram contra a brutalidade policial em São Francisco em 1966 e que fundaram o National Transexual Counselling Unit na mesma cidade em 1968.[3] A pílula anticoncepcional, que facilitou uma certa liberdade sexual das mulheres, levou outros a crerem que os homens estavam perdendo "a orgulhosa consciência de sua virilidade fértil".[4]

Essa efervescência contracultural já teria marcado Amsterdã no início dos anos 1960, com o movimento anarquista de Provo. Em 1966, Myron Brenton publicou nos Estados Unidos *The american male*, cujo subtítulo merece uma atenção particular: *a penetrating*

2 Larry S. Williams, *Ideologies of the Men's Movement*, dissertação de mestrado, University of Missouri – Columbia, 1989, p. 64.

3 Susan Stryker e Talia M. Bettcher, "Introduction: Trans/Feminisms", *Transgender Studies Quarterly*, vol. 3, n. 1-2, 2016, p. 5-14; Cristan Williams, "Radical Inclusion: Recounting the Trans Inclusive History of Radical Feminism", *Transgender Studies Quarterly*, vol. 3, n. 1-2, 2016, p. 254-258.

4 Citado em Françoise Héritier, *Masculin/féminin I: La pensée de la différence*, Paris, Odile Jacob, 1996, p. 299; o neonazista norueguês Anders Breivik lamentou em seu manifesto, em 2011, que a distribuição de pílulas contraceptivas na Europa provoque a cada ano 500 mil abortos e prive os homens de seus direitos e privilégios enquanto "patriarcas" e "chefes de família" (Stephen J. Walton, "Anti-Feminism and Misogyny in Breivik's 'Manifesto'", *NORMA: Nordic Journal of Feminist and Gender Research*, vol. 20, n. 1, 2012, p. 6).

look at the masculinity crisis (*O homem americano: um olhar penetrante sobre a masculinidade em crise*).[5] Segundo Brenton, a crise se explica porque os empregos não ofereciam mais desafios físicos que lembrassem a imagem do caçador (ou seja, o mesmo discurso do fim do século XIX). Ainda pior, esse autor diz que um homem que voltava do trabalho não podia simplesmente relaxar em uma poltrona, pois agora ele devia aguentar as reclamações de sua esposa insatisfeita com o dia dela. Enfim, o espírito democrático da época significava que as mulheres deveriam ser tratadas em igualdade, ao ponto de os homens se preocuparem com o desejo sexual delas e com seu prazer (isso lembra o artigo publicado em 2005 na *Details*, mencionado na introdução, que associava a castração dos homens à exigência de "oferecer um orgasmo à mulher"). Mais simpático ao feminismo, Breton sugeriu, sobretudo aos homens, que aproveitassem a ocasião para refundar a masculinidade, positivamente influenciada pelo feminismo e pelo humanismo. Além disso, é bem comum homens pró-feministas que vão instituir organizações que hoje chamamos de "movimento de homens".

Do pró-feminismo antissexista ao masculinismo misógino e antifeminista

Parece que, nos Estados Unidos, os primeiros homens a quererem formar grupos de homens nos anos 1960 militavam nos movimentos progressistas e se avizinhavam das feministas como cônjuges, colegas, amigos ou irmãos. Em 1965, um congresso da Students for a Democratic Society (SDS) foi a ocasião de interpelar os homens acerca de sua relação incoerente com o movimento feminista. A partir daí, grupos de apoio para os homens vão aparecer, ao modelo dos

5 Myron Brenton, *The American Male*, Nova York, Coward-McCann, 1966, p. 69-70.

grupos de conscientização das feministas. Esses homens queriam ser solidários com as mulheres, buscando promover encontros entre homens para falar do patriarcado, do sexismo e da sexualidade das mulheres. As primeiras organizações de homens, nomeadamente a Men Allied Nationally, a National Organization for Changing Men (NOCM), ou ainda o Berkeley's Men Center, eram explicitamente pró-feministas e abertos à homossexualidade. Em 1974, alguns homens vão participar do primeiro congresso *Male and Masculinity*. Os homens pró-feministas vão também criar o grupo Homens contra o estupro (Men Against Rape e Rape and Violence End Now – RAVEN). Entre esses homens pró-feministas, a maioria espera simplesmente que o Estado conceda uma igualdade jurídica para as mulheres e adote as medidas para protegê-las, enquanto uma minoria mais radical considerava que era necessário lutar diretamente contra as violências masculinas, a pornografia e, mais amplamente, contra o patriarcado e o sexismo nas relações interpessoais.

Na Alemanha Oriental, os grupos de homens heterossexuais surgiram a partir de dissidências do movimento estudantil radical dos anos 1960 e tomaram abertamente o lado das mulheres e dos homossexuais. Eles propunham o "desenvolvimento pessoal" do homem.[6] Na França, os primeiros grupos de homens se mobilizaram junto com as feministas em 1972. Trata-se do Mouvement de Libération des Hommes, um coletivo de homens "antifalocratas" que tomavam conta dos filhos das feministas que participavam das Journées de dénonciation des crimes contre les femmes.[7] Outros grupos são formados nos anos seguintes, mas tiveram uma existência efêmera.

---

6 Georg Brzoska, Gerhard Hafner, "Des hommes en mouvement? Groupes d'hommes et organisations en Allemagne", Daniel Welzer-Lang, Jean-Paul Filiod (Orgs.), *Des hommes et du masculin*, Lyon, Presses universitaires de Lyon, 1992, p. 225-230.

7 Guido de Ridder, *Du côté des hommes: À la recherche des nouveaux rapports avec les femmes*, Paris, L'Harmattan, 1982, p. 62.

Em 1977, um pequeno anúncio publicado no *Libération*, escrito pelo coletivo *Pas rôle d'hommes*, propunha desconstruir a masculinidade e organizou um encontro em Paris, no qual participaram cerca de 130 homens. Em novembro do mesmo ano, esse grupo lançou um boletim público. Em março de 1978, os franceses organizaram um encontro na Floresta de Sénart, o qual reuniu também homens da Alemanha, Inglaterra, Dinamarca, Países Baixos e Suíça. Ao fim dos anos 1970, o encontro de homens tomou lugar em Londres e em Rotterdam, sem esquecer da abertura de locais específicos para homens nos Países Baixos. Em 1980, apareceu na França um grupo misto sobre a contracepção masculina. O boletim *Pas rôle d'hommes* mudou de formato e assumiu o título *Types paroles d'hommes*, publicado pela Association pour la disparition des archétypes masculins (ADAM).[8]

No Quebec, um texto intitulado "Pour un front de libération de hommes" (Por uma frente de liberação dos homens) foi publicado em outubro de 1971 na revista *Mainmise*. Esse texto sustenta a tese de que os privilégios masculinos sejam de fato verdadeiros grilhões para os homens, que deveriam se emancipar.[9] Grupos mistos de discussão se reuniram em Montreal de 1971 a 1975 para tratar da relação entre os homens e as mulheres, dos papéis sexuais, da família e do amor livre etc. Um primeiro convite para promover um encontro não misto de homens é feito em 1975. Em 1980, os grupos de *Parole d'hommes* elaboraram um balanço de suas atividades; vários enfrentavam graves problemas de disputa de liderança e de homofobia. Na ocasião da Jornada Internacional das Mulheres de

---

8 Jacques Broué, "Le groupe: Pour hommes seulement" Hervé de Fontenay (Org.), *La certitude d'être mâle? Une réflexion hétérosexuelle sur la condition masculine*, Montréal, Jean Basile éditeur, 1980, p. 24-30.

9 "Pour un Front de libération des hommes", *Mainmise*, n. 7, oct. 1971, p. 162-169. Essa revista dedica muito mais páginas para discutir a opressão e a liberação dos homens do que o feminismo e a liberação das mulheres (Karim Larose, Frédéric Rondeau (Orgs.), *La contre-culture au Québec*, Montréal, Presses de l'Université de Montréal, 2016).

8 de março de 1980, um grupo de teatro de intervenção apresentou uma performance sobre a condição masculina. Em maio do mesmo ano, o Groupe d'individus masculins d'intervention (GIMI) organizou uma jornada contra o estupro, da qual cerca de 125 homens participaram e para o qual o ministro da Justiça do Quebec ofereceu $ 3.500 dólares. "Logo veremos os grupos de homens reclamarem a metade do dinheiro dedicado à condição feminina?",[10] se perguntava um militante da época. Em 8 de março de 1981, ainda por ocasião da Jornada Internacional das Mulheres, diversas oficinas são realizadas nas sedes da Confederação dos Sindicatos Nacionais (CSN) no Quebec, das quais uma foi dedicada à condição masculina, deflagrando a criação dos "grupos de apoio".[11]

Esse movimento de homens no Ocidente contava então sobretudo com homens brancos, dotados de um nível de educação acima da média (escolaridade universitária), trabalhadores do setor de serviços: jornalistas, escritores, tradutores, trabalhadores sociais, psicólogos, consultores de informática etc.[12]

De acordo com vários comentadores, na Austrália, nos Estados Unidos, no Quebec e outros, esse movimento de homens contou em seus primeiros anos com cinco tendências mais ou menos definidas:[13]

---

10 Jacques Broué, *op. cit.*, p. 31.

11 Jean-François Pouliot, "L'impact des groupes-hommes sur les relations sociales de sexe: Enquête sur la condition masculine", *Les Cahiers de recherche du GREMF* (Groupe de recherche et d'échange multidisciplinaires féministes), Québec, Université Laval, n. 7, 1986, p. 1.

12 Florian Tanguay, *Nouveau mouvement social et identités masculines*, Montréal, dissertação de mestrado, Departamento de Sociologia, Université du Québec à Montréal, 1995, p. 137.

13 Outros autores propõem diferentes tipologias: para a Suíça, Hakim Ben Salah, Jean-Martin Deslauriers e René Knüsel propõem três "perspectivas": defensiva, expressiva e relacional, e pró-feminista; para os Estados Unidos, Larry S. Williams propõe três categorias: pró-feministas, tradicionalistas, masculinistas; Kenneth Clatterbaugh divide o movimento em sete tendências: conservadores,

1. Os grupos antissexistas pró-feministas que se organizaram como uma força auxiliar das feministas, por exemplo, cuidando das crianças durante os eventos feministas ou entrando em confronto com os homens misóginos e antifeministas (esses grupos podem misturar as problemáticas do sexismo e do racismo, como o grupo Black Men for the Eradication of Sexism).
2. Os grupos de homens gays, frequentemente próximos ao feminismo.
3. Os grupos de conversa que queriam libertar os homens das restrições patriarcais e sexistas e desenvolver uma nova masculinidade.
4. Os grupos de ajuda aos homens violentos.
5. Os grupos de pesquisa sobre a contracepção e as novas expressões da sexualidade masculina.

Evidentemente, as organizações do movimento dos homens que emergiu nos anos 1960 e 1970 e as diversas tendências que representavam foram influenciadas pelo contexto do país, mesmo que o movimento tenha sido um fenômeno transnacional. Os discursos e os modelos de organização viajavam de uma país para o outro, levados por personalidades públicas que faziam conferências e publicavam livros traduzidos em diversas línguas, ou ainda pelos militantes que circulavam em diferentes círculos sociais. Assim, certas tendências ainda hoje não são reconhecidas pelos próprios homens, mesmo que elas mirassem objetivos diferentes e por vezes contraditórios e representassem linhas de tensão dentro do movimento.[14] Vários conflitos haviam eclodido entre certas correntes, sem contar as lutas

---

masculinistas, antissexistas, direitos de homens, nova era, socialistas, grupos de interesse. Ver também Michael Shiffman, "The Men's Movement: An Exploratory Empirical Investigation", Michael S. Kimmel (Org.), *Changing Men: New Directions in Research on Men and Masculinity*, Beverly Hills-Londres, Sage, 1987.

14 Florian Tanguay, *op. cit.*, p. 57.

internas pelas lideranças e as inimizades pessoais. Enfim, a homofobia trazia frequentes problemas aos grupos compostos em sua maioria por homens heterossexuais. Vários homossexuais se juntaram aos movimentos gays e lésbicos, então muito ativos por terem que lutar contra a Aids nos anos 1980-1990.

Apesar das boas intenções do início dos homens pró-feministas, a iniciativa de se reunir entre homens abriu caminho para o desenvolvimento da ideologia masculinista e para uma repercussão antifeminista. É necessário dizer que a não diversidade dos dominantes não tem a mesma significação política nem o mesmo efeito para os subalternos. Os dominantes que se reuniram – por exemplo, o Conselho do Patronato – tendem a partilhar suas preocupações diante dos subalternos e as suas reivindicações por mais liberdade e igualdade. Assim, um grupo de homens pode muito bem se tornar um lugar onde se desenvolve o ressentimento a respeito das mulheres de modo geral e das feministas em particular, sobretudo se alguns dos homens em questão estão em doloroso processo de divórcio ou de separação, e mais ainda se eles usaram de violência física ou sexual contra uma mulher.[15]

Um homem que militou no Collectif masculin contre le sexism nos anos 1980, em Montreal, identificou o problema político que corre o risco de surgir quando os homens se encontram para falar de suas emoções, de suas experiências diante de seus pais e diante das mulheres:

> *se descrever como "pós-feminista" é para eles contornar a análise feminista para concluir que os homens são oprimidos. Para chegar a essa conclusão, os masculinistas se baseiam nas relações pessoais [...] Eles esvaziam*

15 Selon Larry S. Williams, *op. cit.*, p. 55.

> *assim suas atitudes sexistas direcionadas às mulheres e procuram se desresponsabilizar ao máximo ao evocarem causas externas a eles para se justificarem: educação recebida, alienação, falta de consciência etc.*[16]

Nos Estados Unidos, David Tracey também constata que os grupos de conversa masculinos poderiam "facilmente se transformar em ligas misóginas":

> *eu fui testemunha de tal processo quando do meu engajamento pessoal em um encontro do movimento de liberação dos homens. [...] Recentemente, esse grupo operou uma reviravolta e eu fiquei estupefato de constatar que esses homens [...] falam agora de "direitos dos homens" e "igualdade para os homens" [...] e combatem aquilo que eles nomeiam "a propaganda feminista" nos jornais locais e nas repartições governamentais.*[17]

Na Alemanha, dois sociólogos destacaram que os grupos de conversa masculinos privilegiavam a abordagem psicanalítica. Esses grupos postulavam a existência nos indivíduos de elementos femininos (Anima) e masculinos (Animus), o que facilitava a rejeição da análise feminista e a defesa dos direitos e interesses dos homens, em nome de uma (re)valorização de Animus, ou seja, do masculino. Além disso, esses grupos se inspiravam em escritos publicados nos

---

16 Denis Doucet, "Confronter les hommes", *Les hommes et le sexisme*, Montréal, Collectif masculin contre le sexisme, [s. d.], p. 14 (citado em Jean-François Pouliot, *op. cit.*, p. 71).

17 David J. Tracey, "Polemical Introduction: Jungian Thought and the Post--Patriarchal Psyche", Stephen M. Whitehead (Org.), *Men and Masculinities: Critical Concepts in Sociology*, vol. 1 (Politics and power), Londres-Nova York, Routledge, 2006 (1997), p. 266.

Estados Unidos, por exemplo, o livro *The hazards of being male*, de Herb Goldberg. Esses homens começaram a se mobilizar para uma reforma do direito do divórcio e para obterem a guarda das crianças.[18]

O nível de tensão cada vez mais alto acometeria os movimentos de homens, opondo os homens pró-feministas aos homens antifeministas. Em 1973, nos Estados Unidos, o autor de *The men's manifesto* (*O manifesto dos homens*) e de *The rape of male* (*O estupro dos homens*), Richard Doyle, organizou a Associação para os Direitos dos Homens (Men's Rights Association – MRA). Ele defendia a tese de que a crise da masculinidade era a consequência dos divórcios e do sistema jurídico injusto para com os homens. Ele igualmente defendia a ideia de que os pais obtivessem a guarda completa dos filhos em caso de divórcio. A instituição indicava advogados para representar os homens nos casos de divórcio e organizava manifestações na Times Square em Nova York para comemorar o Dia dos Pais. Em 1981, é fundado o National Congress for Men, que oferecia oficinas sobre estratégias jurídicas a serem adotadas em caso de divórcio ou para combater as "falsas alegações" de agressão sexual. A organização também aconselhava quanto ao uso de detetives privados nas questões familiares e argumentava em favor do sequestro de crianças pelos pais que não tinham conseguido a guarda.[19] Em 1982, os homens entoavam "são as mulheres que oprimem os homens"[20] na entrada dos Men's Centers de Nova York. Por fim, o Men and Masculinity Congress vai oferecer com cada vez mais frequência tribunas aos homens antifeministas, tanto quanto os militantes pró-feministas vão formar uma "bancada dos homens progressistas" para reagir a essa tendência e vão se organizar para assegurar uma presença nos

18 Georg Brzoska, Gerhard Hafner, *op. cit.* ver nota 6, p. 130, p. 225-230.

19 Segundo Larry S. Williams, que organizou esse congresso (*Ideologies of the Men's Movement*, *op. cit.*, p. 76).

20 *Ibid.*, p. 56.

comitês de trabalho acerca de temas sensíveis, como a pornografia, a violência masculina ou a guarda dos filhos.

Um caso emblemático é o de Warren Farrell. Ele simpatizou com as feministas enquanto fazia seus estudos em Nova York no início dos anos 1970. Ele mesmo escreveu um livro que se tornou referência para os homens pró-feministas, *The liberated man*, e depois redigiu o programa para a "liberação do homem" na National Organization of Women (NOW). Também organizou uma dezena de grupos de conversa de homens, afirmando que o feminismo é bom para os homens porque ele se libertará das obrigações de provedor, que restringem questões ligadas à masculinidade. Na metade dos anos 1980, ele veste de novo a camisa e propõe uma série de oficinas para ensinar as mulheres a "ouvir as críticas que lhes fazem os homens e as levarem em consideração".[21] Ele finalmente se tornará um dos principais porta-vozes do masculinismo, com seu livro *The myth of male power*. Suas conferências públicas são por vezes motivo de manifestações feministas.[22]

Em uma saga de vinte anos, o movimento de homens se distanciou bastante da postura pró-feminista do seu início. Para várias organizações e militantes, não se trataria mais de criticar a supremacia masculina, mas de promovê-la, sob o pretexto de que os homens eram oprimidos pelas mulheres e pelas feministas.

Essa mudança foi influenciada pelo contexto político e social dos anos 1980, marcado por um retorno da bandeira neoconservadora, com Ronald Reagan na presidência dos Estados Unidos. Uma forte

---

21 Susan Faludi, *Backlash: La guerre froide contre les femmes*, Paris, Des femmes/Antoinette Fouque, 1993, p. 438.

22 Como em Toronto em 2013, durante um evento organizado pela Canadian Association for Equality (CAFE), um grupo que defende a igualdade, mas que milita sobretudo pelo interesse dos homens (eles organizaram uma projeção do filme *The Red Pill*, em Montréal, em 2017). Brad Casey, "We Went to a Men's Rights Lecture in Toronto", *Vice*, 17 abr. 2013.

repercussão antifeminista toma então as mídias e o mundo político, provocando um impacto no movimento de homens, que retomou por sua própria conta o discurso de uma crise da masculinidade, ainda que seja verdade que esse discurso já era audível nos anos 1970. Nesse contexto, o jornalista Howard K. Smith se permite fazer uma confidência sobre o assunto nos Estados Unidos: "entre a multiplicidade de causas a defender nesta época, uma que não é convincente – para mim ao menos – é aquela da liberação das mulheres". Ele complementa que "as mulheres dominam nossas eleições; elas provavelmente têm a maior parte da riqueza da nação; e não importa que o homem pense que é ele quem dirige seu lar, e não sua esposa, ele está sonhando". O jornalista conclui relatando: "eu não estou, portanto, convencido do movimento de liberação das mulheres – na verdade, talvez houvesse materialidade para um movimento de liberação do homem".[23]

A repercussão bateu igualmente fora dos Estados Unidos. No Quebec, o escritor Georges-Hébert Germain tratou do desenvolvimento dos homens em um artigo alarmista em 1994, publicado na revista de grande tiragem *L'Actualité*. Ele cita o psiquiatra e psicanalista Claude Saint-Laurent, segundo quem "o feminismo criou nos homens uma profunda insegurança e uma fragilidade emocional que o tornou muito mais vulnerável às doenças psicossomáticas".[24] A feminista Hélène Pedneault reagiu a esse artigo interpelando o autor: "eu te saliento que vocês [os homens] estão ainda no poder em toda parte, caso você precise ser pressionado pelas mulheres para o perceber". O que irritou mais ainda a feminista é o fato de que um homem como Georges-Hébert Germain ouse afirmar que "os homens todos estão", quando ele escreve um texto em um

23 Susan Douglas, *Where the Girls Are: Growing Up Female with the Mass Media*, New York Times Books, 1994, p. 195 e p. 196.

24 Georges-Hébert Germain, "Les hommes après 20 ans de féminisme ou le syndrome du bourdon", *L'Actualité*, abr. 1984, p. 43-49.

periódico de grande tiragem e até mesmo em revistas femininas como *Châtelaine* e enquanto ocupa as tribunas na televisão e na rádio CKAC.[25] Até as revistas femininas começaram a retomar o discurso da crise da masculinidade. A revista *Châtelaine* propôs o dossiê "Especial homens". A fórmula foi boa porque a revista *Elle Québec* também propôs um dossiê sobre os homens em 1992 com o artigo "Os heróis estão cansados", que anuncia que os homens "se sentem confusos, agredidos, perdidos e isolados", e que "a maioria entre eles se diz esmagada pelo progresso do feminismo e se creem enganados pelas regras que esse último reescreveu".[26]

Na França, no fim da década de 1990, Dominique Frischer constatou que, "a respeito dos homens traumatizados por uma perturbação qualquer dos esquemas tradicionais, a imprensa em geral, incluindo a feminina, se faz imediatamente compassiva". Segundo ela, esse discurso da crise da masculinidade está marcado pelos odores de propaganda sexista e quiçá racista.[27]

Cinco outras tendências masculinistas vão se consolidar nos anos 1990, mesmo que algumas já tenham surgido nos anos precedentes:

1. Os grupos de *novos guerreiros*, que propõem que os homens (re)descubram seu "guerreiro interior".
2. Os grupos de defesa dos direitos e da saúde dos homens.

---

25 Hélène Pedneault, "Y a-t-il un Georges-Hébert Germain dans la salle? Ou le syndrome du couillon", Hélène Pedneault, *Chroniques délinquantes de La Vie en Rose*, Montréal, VLB, 1988; ver também Benoît Aubin, "Georges-Hébert Germain: René Angélil: Le maître du jeu", *Canoë*, 21 fev. 2009 [http://fr.canoe.ca/divertissement/livres/critiques/2009/02/19/8449091-jdm.html].

26 Stéphanie Mayer, Francis Dupuis-Déri, *Quand le "prince charmant" s'invite chez Châtelaine: Analyse de la place des hommes et des discours antiféministes et masculinistes dans un magazine féminin québécois*, Montréal, L'R des centres de femmes du Québec/Service aux collectivités de l'UQAM, 2010, p. 26-29.

27 Dominique Frischer, *La revanche des misogynes: où en sont les femmes après trente ans de féminisme?*, Paris, Albin Michel, 1997, p. 65.

3. Os grupos de defesas dos interesses de pais divorciados ou separados.
4. Os grupos conservadores e religiosos de refundação da família, como os Promise Keepers, que enchem os estádios de homens, ou o Nation of Islam e sua Million Man March.
5. A comunidade de artistas sedutores que reivindicam o acesso das mulheres à sexualidade livre.

Michael Flood estudou as transformações do movimento de homens na Austrália e constatou que as novas tendências consolidaram "a ala antifeminista do movimento de homens",[28] e a tendência pró-feminista não representa mais do que um elemento marginal desse movimento. Sinal das transformações das relações de força, uma pesquisa com mais de uma centena de organizações da Suíça feita nos anos 2000 revelou que a perspectiva pró-feminista representava menos do que 5% do "movimento de homens" e que "as duas únicas organizações que adotaram esse ponto de vista foram dissolvidas durante o andamento da pesquisa.[29] Essa mesma pesquisa indicou que a maioria das organizações se inscreviam na perspectiva "defensiva" com relação aos "direitos dos homens" ou mesmo eram antifeministas. Nos Estados Unidos, o especialista sobre a condição masculina Michael A. Messner considera que o discurso dos direitos do homem ganhou cada vez mais importância no movimento de homens e que esse discurso frequentemente é marcado por "um *antifeminismo implícito*".[30] Nota-se que todas essas

---

28 Michael Flood, "What's Wrong with Fathers' Rights?", Shira Tarrant (Org.), *Men Speak Out: Views on Gender, Sex, and Power*, Londres, Routledge, 2008, p. 213; Michael Flood, "Backlash: Angry Men's Movements", Stacey Elin Rossi (Org.), *The Battle and Backlash Rage On: Why Feminism Cannot be Obsolete*, États-Unis, Xlibris Corporation, 2004, p. 269-270.

29 Hakim Ben Salah, Jean-Martin Deslauriers, René Knüsel, *op. cit.*, p. 119.

30 Michael A. Messner, "Forks in the Road of Men's Gender Politics: Men's Rights vs Feminist Allies", *International Journal for Crime, Justice and Social Democracy*, vol. 5, n. 2, 2016, p. 6-20.

organizações e mobilizações de homens tomam lugar numa sociedade onde ainda há uma presença forte dos *boys' clubs*, incluindo os escoteiros, as equipes esportivas, as fraternidade e os clubes de notáveis como os Chevaliers de Colomb, bem como os centros para toxicômanos ou abrigos para sem-teto, sem contar as instituições onde os homens são notadamente maioria (parlamento, exército, polícia etc.).[31]

Com o tempo, os grupos de conversa são institucionalizados e colocados em rede destacadamente após iniciativa da Men Envolvement Network (M.E.N.), com sede em Vancouver, na Colúmbia Britânica, inspirando a criação da Réseau Hommes, no Quebec no início nos anos 1990, cuja missão era encorajar a "introspecção e o desenvolvimento psicológico e espiritual dos homens".[32] Hoje em dia, a Réseau Hommes do Quebec envolve seus membros em noites de informação e de compartilhamento, em jantares e fogueiras. Ela promove também uma Jornada Internacional do Homem e a Jornada do Quebec para a saúde e o bem-estar dos homens. O exemplo foi retomado na Bélgica, na França e na Suíça, que também têm as suas Réseau Hommes. Podemos reconhecer que as mulheres sofrem de desigualdade diante dos homens, mas a atenção é sobretudo focada nas "restrições sofridas pelos homens" e na prioridade a desenvolver o bem-estar psicológico dos homens, em particular sua autoestima e sua aptidão para a comunicação.[33]

---

31 Marie-Josée Béchard, "La relation entre les hommes et le féminisme: une question de rapport de pouvoirs", Maria Nengeh Mensah (Org.), *Dialogues sur la troisième vague féministe*, Montréal, Les Éditions du remue-ménage, 2005, p. 174-189; Samara S. Foster, *Gender, Justice, and Schooling in 'Postfeminist' Times: A Critical Examination of the 'Boy Crisis'*, tese de doutorado, School of Education, University of Colorado, 2011, p. 49-51.

32 Florian Tanguay, *op. cit.*, 1995, p. 59.

33 Tal como revela um estudo sobre a Rede de Homens da Suíça Romana (Réseau hommes Suisse romande) (Hakim Ben Salah, Jean-Martin Deslauriers, René Knüsel, *op. cit.*, p. 117).

A Réseau Hommes do Quebec se apresenta em seu prospecto como "um lugar de expressão entre os homens" a fim de "afirmar [os] valores masculinos" e exprimir suas emoções. Quem deu início a essa rede, o psicólogo Guy Corneau, frequentemente apresenta o feminismo como uma ocasião excepcional para os homens reorganizarem suas identidades masculinas. Contudo, Guy Corneau não deixa de culpar as mães por dominarem os filhos e de provocarem um desarranjo masculino. Segundo o psicólogo, essas mães "empreendem a destruição da masculinidade do filho por meio de gestos e argumentos por vezes violentos.[34] Corneau conta a sua própria decepção de ter um pai que lhe falava pouco, já que ele era uma criança "à procura de uma palavra, de um membro de um falo: procurando a confirmação de minha realidade de homem".[35] Ele propõe então que "o filho esteja em contato com a ordem do pai, que ele ouça o som mais grave de sua voz e que vá e venha em seus braços". Agindo assim com o filho, o homem não corre o risco de perder "seu esperma gerador, nem a capilaridade de seu corpo [...] marcas inegáveis de sua masculinidade".[36] Retornamos aqui aos argumentos defendidos em 1951 pelo psicólogo Théo Chentrier, que afirmou que "importa muito pouco que o pai veja raramente o filho. Ele deve vê-lo de vez em quando, tocar-lhe mesmo que às vezes, e renovar assim o laço, reestabelecer o *circuito vital*".[37] A psicóloga italiana Patrizia Romito fala de Corneau com ironia: "que os pais se assegurem: Corneau não lhes vai pedir para participar, nem de modo igual nem ao menos em partes, dos cuidados cotidianos da

---

34 Guy Corneau, *Père manquant, fils manqué: Que sont les hommes devenus?* Montréal, Éditions de l'Homme, 1989, p. 113 (ver também p. 115).

35 *Ibid.*, p. 15.

36 *Ibid.*, p. 32.

37 Em Vincent Duhaime, "'Les pères ont ici leur devoir': Le discours du mouvement familial québécois et la construction de la paternité dans l'après-guerre, 1945--1960", *Revue d'histoire de l'Amérique française*, vol. 57, n. 4, 2004, p. 562.

criança".[38] O interesse de Corneau é, sobretudo, que os homens "comecem domar o homem primitivo que eles trazem dentro deles [...] os homens precisam tomar consciência de sua agressividade".[39]

A concepção de masculinidade proposta por Corneau é caricatural:

> *um homem deve aceitar se reconhecer no deus falo, no pênis ereto, para sentir a qualidade da energia que lhe diferencia essencialmente de uma mulher. [...] um homem não é um homem enquanto ele não domar sua energia bruta e selvagem, enquanto ele não domar também o prazer de lutar e sua capacidade de se defender.*[40]

Outras organizações propõem não somente grupos de conversas de homens, mas também retiros na natureza durante vários dias visando (re)descobrir seu guerreiro ou seu selvagem interior, retomando as ideias apresentadas no fim do século XIX, em nome do "cristianismo muscular". Essa abordagem dos *novos guerreiros* é aquela do movimento "mitopoético" (mitologia e poética), retomado pelo Mankind Project, lançado nos Estados Unidos no início dos anos 1980. Esse aqui foi influenciado pelo veterano do movimento contra a Guerra do Vietnã Robert Bly, e por seu livro cult *Iron John: A Book About Men*, publicado nos anos 1990. O Mankind Project foi fundado pelos homens que se declararam próximos às feministas, inspirando-se em seu modo de organização não misto e nos grupos de conversa, retomando também a noção de *empowerment* daqueles. Esse conceito, inventado pelas feministas na Índia, designa um

---

38 Patrizia Romito, *Un silence de mortes: la violence masculine occultée*, Paris, Syllepse, 2006, p. 171.

39 Guy Corneau, *op. cit.*, p. 32.

40 *Ibid.*, p. 119 e p. 129.

processo individual e coletivo de desenvolvimento da autonomia e da capacidade de agir. Um dos fundadores do Mankind Project, Bill Kauth, recupera esse conceito explicando ter "formado um grupo de homens e passado à ação. Nós criamos juntos o treinamento do *novo guerreiro*, com a missão do *empowerment* dos homens".[41]

O Mankind Project Europe, francófono, foi instituído em 2004. Boris Lulé entrevistou alguns desses *novos guerreiros* na França e participou com eles de um retiro na natureza. Um desses homens divorciados havia começado juntando-se à Réseau Hommes antes de finalmente aderir aos *novos guerreiros*, o que lhe permitiu fazer esta comparação: "a Réseau Hommes de Guy Corneau no Quebec, ela tem... ela é mais humm... eu diria mais violenta que a nossa porque... hum... as mulheres adquiriram muito poder no Quebec, os homens se sentem um tanto desempoderados, frustrados principalmente com a guarda dos filhos, com os pagamentos de pensão".[42] Na França, os *novos guerreiros* propõem uma espécie de negociação ou de fusão com o feminismo, em reconhecimento da contribuição da importância do feminismo para as mulheres, mas sobretudo pela importância de se abrir a suas emoções. No entanto, os homens também são apresentados como vítimas do patriarcado, destruídos e alienados pela norma masculina. Eles devem se libertar ao aprender a nomear suas emoções e a controlá-las. As atividades e os exercícios são propostos ou impostos, como a humilhação dos retardatários, o despertar ao som do tambor e a ducha fria antes do nascer do sol, a visualização de um leão caçando uma gazela e a de

41 Citado em Boris Lulé, *Initiation masculine, dépolitisation masculiniste: la recomposition de la domination masculine par le mouvement mythopoétique – comprendre l'antiféminisme de l'intérieur*, master 2, Histoire de la pensée politique, École normale supérieure de Lyon et Université Lumière Lyon 2, 2010, p. 48. Sobre a noção de empoderamento, ver: Marie-Hélène Bacqué e Carole Biewener, *L'empowerment, une pratique émancipatrice?*, Paris, La Découverte, 2013.

42 Boris Lulé, *op. cit.*, p. 23.

um guerreiro samurai, o grito do grupo em volta de um homem, a expressão de insultos direcionados ao pai e à mãe, a nudez depois de um duelo na lama. Boris Lulé constata, a partir do retiro que fez, que há uma verdadeira obsessão pelos testículos e pelo pênis como fontes ou representações do poder masculino.

As organizações católicas também organizaram retiros na natureza somente para homens, o que demonstra que as fronteiras são, às vezes, opacas entre as diferentes tendências dos movimentos de homens. Nos Estados Unidos, a organização Ransomed Heart é dirigida por John Eldredge, autor de vários livros, como *A grande aventura masculina*. Ele define a masculinidade por meio da aventura, do combate e do amor a uma mulher "cativante". Oferece aos membros masculinos da tribo dos "campos de treinamento do coração selvagem" algumas centenas de dólares.[43] Encoraja os "verdadeiros homens" a se reunirem aos grandes guerreiros que combatem o mal, já que o homem é feito à imagem e semelhança do Deus guerreiro (Êxodos 15,3: "javé é um homem de guerra").[44] Uma pensão também é proposta, sob o nome "cativante", para as mulheres que querem "mais expectativa, mais amor, mais cura, mais Jesus".[45] Ele se dirige também àquelas que querem aprender a "revelar sua beleza", na esperança de que um homem lutará por elas.[46]

Na França, os católicos são inspirados por essa experiência e colocam em funcionamento o *acampamento ideal*, em cujo site se afirma que "a masculinidade é uma vocação" que tem sua fonte no coração de Deus. O site especifica que o homem masculino" é aquele que sabe "se aventurar na vida, lutar pelo bem, amar apaixonadamente

43 https://www.ransomedheart.com/events/wild-at-heart-boot-camp
44 https://www.ransomedheart.com/story/real-men/your-core-passions
45 https://www.ransomedheart.com/event-details/210
46 https://www.ransomedheart.com/story/captivating-women/your-core-desires

uma mulher, exercer a autoridade e a paternidade".[47] Na mesma ordem de ideias, o padre Alain Dumont explica, a respeito de um retiro para homens chamado "Adão, onde você está?", que:

> *Deus está em busca do homem, do homem desperto e feliz com aquilo que é ser um homem. [...] A língua de hoje – incluindo a igreja – tornou-se muito feminina. Muitos homens não lhe dão mais importância. Sem fazer julgamento de valor, é importante lembrar que há um modo de falar masculino, de conversar, que é diferente da maneira como as mulheres falam e conversam. É necessário os dois, mas faz bem, às vezes, não os misturar.*[48]

Propor os retiros para católicos não é uma ideia nova, pois já existiam as Peregrinações de pais de família nos anos 1970 e os Retiros para homens da Comunidade de Emmanuel nos anos 2000. Esse "movimento virilista" cristão faz eco ao "cristianismo muscular" do fim do século XIX. Hoje em dia, ele propõe os exercícios musculares adotados à época, por exemplo, empurrar juntos um carro, já que "o homem adora mensurar sua força, servir-se dela, utilizá-la". Os agitadores encorajam os homens ao diálogo com suas esposas e a praticarem uma sexualidade "doce", mas lembram também que eles são "chefes de família" e que é importante "repensar a submissão das mulheres". Após quatro dias somente com homens, um dos

---

47 http://campoptimum.com/vision/. Ver também Nathalie Brafman e Cécile Chambraud, "Des catholiques veulent rendre à l'Église sa virilité", *Le Monde*, 27 dez. 2016.

48 "Retraites pour hommes: un succès croissant", *Communauté de l'Emmanuel*, 10 out. 2014 [http://www.emmanuel.info/agenda/retraite-hommes-partie-1/].

participantes aprendeu esta lição: o homem constrói a casa por meio de sua força bruta, e a mulher assegura que o interior esteja bonito.[49]

Mesmo na Polônia, onde a Igreja é muito influente, o grupo de homens católicos Homens de São José (Mężczyźni św Józefa) afirma que a sociedade está dominada por valores femininos e que é necessário remasculinizá-la. O grupo propõe encontros de caminhada e retiros entre homens. "Eu creio que a posição dos homens e das mulheres na sociedade não são iguais e não deveriam ser idênticas – do contrário, isso tudo seria simplesmente doentio", explica um dos membros desse grupo.[50]

Desde o início dos anos 1990, a feminista Rosemary Radford Ruether estabeleceu essa analogia entre o movimento dos *novos guerreiros* e os supremacistas brancos, imaginando com ironia uma reunião de brancos na natureza a fim de resolverem o problema do racismo:

> *Diria-se que as pessoas brancas são profundamente atingidas pela falta de modelos positivos brancos [...]*

---

49 Ver sobre esse tema o trabalho de Josselin Tricou e a reportagem da France 2 [http://www.konbini.com/fr/tendances-2/france-2-reportage-sexiste-abject-20h/]. Durante sua apresentação, o apresentador, David Pujadas, fez este comentário: "De fato, meio século antes dos anos 1960 e o fim do patriarcado, muitos homens estariam à mercê de uma dúvida existencial". O Conselho Superior do Audiovisual condenou a emissora, dizendo que "ao propor esse assunto sem antes contextualizá-lo e sem comentários críticos explícitos, que seja durante a fala do repórter ou durante a sua chamada, a emissora teria difundido uma cena apresentando uma concepção retrógrada e machista do lugar das mulheres em relação aos homens" (Mélissa Perraudeau, "Le CSA condamne France 2 pour son reportage sur les stages de masculinité au JT de 20 heures", *Konbini*, ago. 2017 [http://www.konbini.com/fr/tendances-2/csa-condamne-france-2--reportage-stages-masculinite-jt/]).

50 Katarzyna Wojnicka, "Masculist Groups in Poland: Aids of Mainstream Anti-feminism", *International Journal for Crime, Justice and Social Democracy*, vol. 5, n. 2, 2016, p. 43.

> *O que se precisa é restaurar a confiança das pessoas brancas a respeito da brancura como a encarnação de características psicológicas fortes e positivas. [...] Os terapeutas vão então propor viagens e rituais por meio dos quais as pessoas brancas poderiam redescobrir e reivindicar as imagens positivas de uma brancura magistral, sábia, boa, pura e magnífica. As expedições por regiões de areia de um branco purificado [...] serão recomendados para pessoas brancas vestidas com camisas brancas que dançaram ao redor de uma fogueira de madeira de vidoeiro, bradando os símbolos do poder branco. [...] será que alguém pensará que essa é uma resposta adequada para o racismo?*[51]

Ou seja, o cristianismo e mesmo o catolicismo não reagem somente à suposta crise da masculinidade oferecendo retiros para os homens. As personalidades eclesiásticas ou intelectuais defendem também a tese de que a comunidade dos fiéis e as próprias instituições da Igreja estão muito feminilizadas e que os homens se desviam por falta de modelos masculinos, mesmo que os homens assegurem sua supremacia interditando os postos de poder das mulheres. Além disso, o psiquiatra infantil francês Marcel Rufo, autor de *Chacun cherche un père* (*Todo mundo procura um pai*), e o psicólogo de Quebec Guy Corneau, autor de *Pai ausente, filho carente*, escrevem sobre as "últimas palavras de Cristo na cruz" para evocar a causa da crise da masculinidade, pois tais palavras "não poderiam ser mais explícitas: 'Pai, por que me abandonaste?'".[52] Jesus seria então

---

51 Rosemary Radford Ruether, "Patriarchy and the Men's Movement: Part of the Problem or Part of the Solution?", Kay Leigh Hagan (Org.), *Women Respond to the Men's Movement*, San Francisco, Pandora, 1992, p. 16-17.

52 Guy Corneau, *Père manquant, fils manqué: que sont les hommes devenus?*, Montréal, Éditions de l'Homme, 1989, p. 18; Marcel Rufo, *Chacun cherche un père*, Paris, Anne Carrière, 2009, p. 234.

um filho com a falta do pai, e o próprio Deus, um pai ausente. Essa interpretação fica mais ridícula ainda porque Jesus – segundo a lenda – não é um homem em crise, dominado pelas mulheres, mas uma parte da divindade – da Santíssima Trindade – que vai realizar o mais poderoso dos milagres, triunfar sobre a morte e ressuscitar. Apresentá-lo como um modelo de filho que sente falta do pai é ao mesmo tempo um erro de interpretação e um desvio da lenda teológica para fins de propaganda masculina.

Já nos anos 1980, a pastora Leanne Payne publicou nos Estados Unidos vários *best-sellers*, incluindo uma obra para "curar" a homossexualidade (*A cura do homossexual*) e *Crisis in masculinity*. A "neurose homossexual é, aliás, um dos sintomas da crise da masculinidade", explica ela já na primeira página de seu livro. A pastora retoma a ideia de que o pai deve confirmar a identidade pessoal e sexual das crianças, pois a mãe – parece – "não pode de fato dizer a seu filho que ele é um homem nem à sua filha que ela é uma mulher".[53] Se Deus é ao mesmo tempo masculino e feminino, segundo a autora, ele teria criado o ser humano macho e fêmea, duas identidades diferentes e complementares. Payne compartilha ainda com seus leitores um excerto de um caderno pessoal em que ela anotava suas orações:

> *Senhor, ilumine-me com Vossa sabedoria a respeito da masculinidade e de suas ligações com a vontade e com a autoridade. Pai, Santo-Pai [...] sois toda a autoridade, toda a sabedoria, toda a verdade, toda a justiça. Na verdade, vós sois tão masculino, que nós somos todas e todos femininos diante de vós. Eu sei que isso não poderá jamais ser bem compreendido, mas, por favor,*

53 Leanne Payne, *Crisis in Masculinity*, Wheaton (Ill.), Crossway Books, 1993, p. 14.

> *Pai, defina para mim o mais precisamente possível o que é Vossa masculinidade.*

Eis as palavras que a partir daí lhes foram inspiradas (destaque no texto original):

> *A masculinidade é o* poder *de fazer o bem. Eu sou [...] poderoso, todo poderoso. Meu poder de fazer o bem, o que é santo, o que é direito, isso é a "Masculinidade". [...] Quando jesus disse "Todo o poder me é dado a Mim na terra quanto no céu", nós veremos o masculino último. É necessário ajoelhar-se diante desse poder último e dessa autoridade.*[54]

Aleluia!

Leanne Payne escreveu esse livro em plena Guerra Fria, na época do presidente Ronald Reagan e do desenvolvimento de novas armas atômicas. A autora defende ainda que a crise da masculinidade tornou o Ocidente particularmente vulnerável diante do bloco soviético, sendo esse regime a encarnação do "ateísmo diabólico": "Onde muitos indivíduos são desconectados do masculino, a sociedade inteira está fragilizada em todos os níveis de sua existência",[55] estima ela. Quatro anos antes da publicação de seu livro, o muro de Berlim havia sido derrubado a golpes de marreta por pessoas segurando taças de champagne, o que anunciava o colapso completo do bloco soviético, a própria fragmentação da URSS e a vitória do liberalismo político, econômico, cultural e moral.

Mais recentemente, em 2015, o cardeal Raymond Burke declarou que, "felizmente, o movimento feminista radical foi fortemente

---

54 *Ibid.*, p. 94.
55 *Ibid.*, p. 95.

influenciado pela igreja, levando-se a se preocupar constantemente com os desafios das mulheres às expensas de problemas de importância crucial para os homens".[56] Segundo o cardeal, as atividades paroquiais estão a tal ponto cooptadas pelas mulheres em razão do "feminismo radical" que os homens se sentem excluídos e não ousam mais participar. Esse discurso lembra aquele do Grupo Cristão-Nacional contra a emancipação das mulheres, fundado na Alemanha em 1912 e cujo fundador lamentava que "uma feminilização significativa esteja ocorrendo, mais particularmente no setor da Igreja e nos domínios ligados à espiritualidade e ao trabalho".[57] Hoje, essa suposta crise interna da Igreja católica justificou a organização do projeto The New E*man*gelization, um jogo de palavras que se refere ao projeto mais liberal da nova evangelização lançado após o Concílio do Vaticano II. A "'crise do homem' católico se manifestaria, segundo esse grupo, em todos esses homens que abandonaram a prática católica".[58]

O movimento Promisse Keepers, criado nos Estados Unidos e que mantém braços no Canadá, encoraja, por sua vez, "as igrejas a construírem oportunidades para que os homens se percebam em um contexto tipicamente masculino a fim de ajudar sua progressão em Cristo".[59] O movimento geria um orçamento de mais de cem milhões

---

56 Mark Woods, "Feminism to Blame for Men's Crisis of Confidence, Says Cardinal", *Christian Today*, 7 jan. 2015 [https://www.christiantoday.com/article/feminism.to.blame.for.mens.crisis.of.confidence.says.cardinal/45551.htm]

57 Diane J. Guido, *op. cit.*, p. 37.

58 http://www.newemangelization.com/the-man-crisis-in-the-catholic-church/; ver também Jennie Chapman, "Tender Warriors: Muscular Christians, Promise Keepers, and the Crisis of Masculinity in *Left Behind*", *Journal of Religion and Popular Culture*, vol. 21, n. 3, 2009. A historiadora das religiões Lucia Ferretti analisa o escândalo dos sacerdotes que agrediram sexualmente também os meninos como a encarnação de uma "crise institucional que é uma vez mais, necessariamente, uma crise moral e uma crise masculina" (Stéphane Baillargeon, "L'Église et les femmes", *Le Devoir*, 3 abr. 2010).

59 https://www.promisekeepers.ca/francais/

de dólares nos anos 1990, mas parece ter decrescido no fim dos anos 2000.[60] Em seu estudo a respeito do tema, apoiada em entrevistas com homens do movimento, Tanya Rose Allen destaca que eles são frequentemente convencidos de que existe uma "crise da masculinidade". Seu projeto permitiria ainda aos homens (re)afirmarem sua autoridade, inclusive diante das mulheres. Essa autoridade masculina deve se expressar por meio de uma liderança espiritual, bem como pelo controle das finanças conjugais ou familiares, a divisão sexual do trabalho e o poder de tomar as decisões pelo casal (heterossexual). O discurso de crise da masculinidade pode, portanto, permitir que a supremacia masculina seja reafirmada.

No Leste da Europa, os discursos dos grupos de pais podem ser fortemente marcados pelos referenciais religiosos. Na Ucrânia, documentos do Centro Internacional para a Paternidade afirmam que "o marido é superior à esposa e Deus é superior ao homem. O homem é responsável por sua família perante Deus".[61] Esses discursos fazem eco àqueles das organizações evangélicas dos Estados Unidos, como os do Centro Ucraniano. O presidente da organização justifica essa tese da seguinte maneira: Deus é o primeiro dos pais e ele escolheu os homens para serem pais na terra, onde podem transmitir os mandamentos divinos a seus filhos, que, por sua vez, serão pais. Nesse espírito, o presidente da organização declarou que

---

60 "Tanya Rose Allen, *Is Masculinity in Crisis?: A Discourse Analytic Study of Men and Masculinities*, dissertação de mestrado, University of Saskatchewan, 2004, p. 111; ver também Jennie Chapman, "Tender Warriors: Muscular Christians, Promise Keepers, and the Crisis of Masculinity in *Left Behind*", *Journal of Religion and Popular Culture*, vol. 21, n. 3, 2009; John P. Bartkowski, *Remaking the Godly Marriage: Gender Negotiation in Evangelical Families*, New Brunswick, Rutgers University Press, 2001.

61 Iman Karzabi, "Fathers' Activism in Ukraine: Contradictory Positions on Gender Equality", Katalin Fábián, Elżbieta Korolczuk (Orgs.), *Rebellious Parents: Parental Movements in Central-Eastern Europe and Russia, Bloomington-Indianapolis*, Indiana University Press, 2017, p. 186.

"os homens e as mulheres realizam papéis distintos e complementares na educação dos filhos. O papel da mãe é fornecer proteção emocional e carinho à criança. O pai garante a segurança material e ajuda as crianças a consolidar sua capacidade de se afirmar. [...] os pais não podem jamais substituir um ao outro nesses papéis".[62] Misturando as referências a Deus com as considerações sexistas e nacionalistas, essa organização se preocupa com os homens que não realizam suas missões paternas, pois a própria nação estaria então condenada à destruição e à morte.[63]

Por parte do judaísmo, Éric Zemmour lembra que os judeus reataram com uma masculinidade viril graças aos feitos militares de Israel, depois de serem considerados por muito tempo como afeminados na história ocidental, inclusive pelos nazistas. O homem árabe se sentiria afeminado diante da (nova) virilidade do homem judeu e do poder militar de Israel, que tantas vezes venceu seus adversários. É também a "crise da masculinidade" que permite explicar, parece, a violência familiar dos homens palestinos em Israel. Se eles tivessem uma identidade masculina bem consolidada, diz-se, esses homens palestinos saberiam fazer um uso controlado e disciplinado de suas forças. Tal força não seria usada predominantemente de maneira desordenada contra as mulheres e as crianças.[64]

Contudo, uma crise da masculinidade assolaria também a diáspora judia nos Estados Unidos, segundo a jornalista Malina Saval, autora do livro *A vida secretas dos garotos* (2009). Ela explica a

---

62 *Ibid.*, p. 186.

63 Para uma crítica da tese de que os homens cristãos se dizem afetados por uma crise da masculinidade e que eles veriam Deus ou a Religião como uma solução, ver Stewart M. Hoover, Curtis D. Coats, *Does God Make the Man?: Media, Religion and the Crisis of Masculinity*, Nova York, New York University Press, 2015.

64 Amalia Sa'ar, Taghreed Yahia-Younis, "Masculinity in Crisis: The Case of Palestinians in Israel", *British Journal of Middle Eastern Studies*, vol. 35, n. 3, 2008, p. 305-323.

uma jornalista do Jewish Telegraphic Agency que os "meninos são as novas meninas",[65] nada menos. O artigo tratava também da campanha para os meninos judeus dos Estados Unidos, que conta com "subgrupos de 'alta performance'", nas escolas, o que não os impede de afirmar que essas crianças estão afetadas por uma crise.[66] De acordo com uma pesquisa, cada vez mais os garotos e os homens do movimento do judaísmo liberal abandonam a prática religiosa porque tal meio se torna cada vez mais feminilizado.[67] A Union for Reform Judaism (União pela Reforma do Judaísmo) criou o *Young Men's Projetc* para enfrentar a "carência dos meninos e dos jovens homens", pois não haveria mais do que uma minoria de homens nos campos de formação de lideranças para adolescentes ou ainda no Centro de Estudos Modernos de Judeus da Universidade Brandeis, perto de Boston.

Rona Shapiro, primeira mulher rabino a dirigir a sinagoga conservadora de Cleveland, nos Estados Unidos, é bastante crítica à tese da crise da masculinidade. De acordo com ela, é necessário "refletir mais cuidadosamente sobre a maneira como se exprime e se contextualiza essa questão, pois, senão, nossos discursos expressando nossas preocupações acerca dos meninos podem rapidamente se reduzir a afirmações sexistas acerca das mulheres e meninas. Para começar, eu tenho dificuldade de nomear como 'crise' essa carência dos meninos na vida judia". Se há uma preocupação sincera acerca dos meninos em dificuldade, a comunidade judia deveria então se interessar pelos "meninos de cor desse país", em primeiro lugar os jovens afro-americanos. Mais importante ainda, defende ela, o

---

65 Amy Klein, "Are Jewish Boys in Crisis?", *Jewish Telegraphic Agency*, 3 ago. 2009 [http://www.jta.org/2009/08/03/life-religion/are-jewish-boys-in-crisis].

66 *Ibid.*

67 Gil Ronen, "Study Finds 'Man Crisis' in Liberal Jewish Circles", *Arutz Sheva*, 19 jun. 2017 (25 Sivan, 5777) [http://www.israelnationalnews.com/News/News.aspx/126139].

discurso de crise é hipócrita de várias formas: quando as meninas não são admitidas no ensino superior ou nele são claramente minoria, quando as meninas não podem se tornar rabinas, e são excluídas de certas cerimônias ou práticas religiosas importantes,

> *onde estão os grandes títulos acerca de uma crise das meninas? [...] Considerando a história de exclusão das mulheres na comunidade judia, defender a igualdade deveria ser uma coisa a celebrarmos, e não sinal de uma crise crescente. [...] Mais traiçoeira ainda é a afirmação expressa pelos defensores da crise dos meninos pretendendo que os homens se eximam de um engajamento ativo na vida judia porque as mulheres agora são dominantes. Essa tese não é mais do que um* backlash. *[...] Se os homens judeus, velhos ou novos, são refratários à liderança das mulheres, então nosso engajamento em direção à justiça nos obriga a nomear tal atitude pelo seu nome – sexismo – e trabalhar para mudá-la, antes que eles se acomodem.*[68]

Com o desenvolvimento do ciberespaço, o movimento de homens desenvolveu sites para apresentar os grupos, os sites são autônomos e por vezes são efêmeros, sem contar as intervenções, às vezes virulentas, na Web e nas redes sociais, incluindo em fóruns de discussão e plataformas feministas. Em 2016, um estudo feito nos Estados Unidos sobre uma dezena de sites do movimento de homens concluiu que uma "forma de *backlash* contra o feminismo" se expressa, frequentemente, associado ao discurso da crise da masculinidade. A tendência mais vingativa, a dos "cibermeninos em

68 Rona Shapiro, "The 'Boy Crisis' That Cried Wolf", *Forward*, 5 jan. 2007 [http://forward.com/opinion/9792/the-boy-crisis-that-cried-wolf/].

busca de masculinidade", desencoraja abertamente as mulheres e os homossexuais a participarem das trocas e promove uma masculinidade convencional associada à musculatura, às armas de fogo, à caça e aos jogos de combate. Supõe-se também que o feminismo prive os homens da sexualidade à qual eles deveriam ter direito. Segundo essa tendência, é a falta de disponibilidade sexual das mulheres que mantém o suicídio dos homens e a violência masculina contra as mulheres, incluindo os homicídios, tal como escreve um homem na internet em termos particularmente tóxicos: "quantas vidas poderiam ser salvas cada ano se as vadias do mundo fossem somente um pouco conscientes e um pouco mais igualitárias nas distribuições de boquetes".[69] A vertente "cibervítimas em busca de igualdade" é menos abertamente misógina e antifeminista. Seu discurso evoca a igualdade, a justiça, os direitos e a saúde dos homens, mas lamenta que as feministas façam uma "guerra contra os homens" e que elas tenham sugado todos os recursos do Estado, ao ponto em que não resta nada para os homens que sofrem. Outros estudos, dessa vez sobre sites de grupos de homens, ou de pais divorciados ou separadas no Quebec, trouxeram à luz ataques contra personalidades feministas ridicularizadas e insultadas por afirmações misóginas e lesbofóbicas e menções ao estupro ("você vai sentir minha pica grossa"), o xingamento aos corpos das mulheres e a negação das violências contra as mulheres. A jurista Louise Langevin fala explicitamente de um discurso "de ódio" a respeito das mulheres e das feministas.[70]

69 Citado em Rachel M. Schmitz, Emily Kazyak, "Masculinities in Cyberspace: An Analysis of Portrayals of Manhood in Men's Rights Activist Websites", *Social Sciences*, vol. 5, n. 18, 2016, p. 7; ver também Southern Poverty Law Center, "Misogyny: the Sites", *Intelligence Report*, primavera 2012.

70 Louise Langevin, "Internet et antiféminisme: le difficile équilibre entre la liberté d'expression et le droit des femmes à l'égalité", *Rapports sociaux de sexe/genre et droit: repenser le droit*, Paris, Archives contemporaines (Agence universitaire de la Francophonie), 2008, p. 193-214; Louise Langevin, "La rencontre d'internet et de l'antiféminisme: analyse de sites web qui se disent à la défense des droits des

Os ataques são às vezes dirigidos diretamente contra as feministas, por exemplo por meio de intervenções em fóruns de discussão feministas ou em páginas pessoais nas redes sociais: os homens fazem ali suas reclamações, afirmam que o feminismo é um sexismo contra eles, despejam enxurradas de informações a respeito de problemas que afetariam os homens, ou ainda insultam, intimidam e ameaçam as feministas ao ponto de várias se retirarem de algumas zonas do ciberespaço a fim de se protegerem.[71] Na Suécia, um estudo sobre blogueiros que afirmam que os homens são dominados pelas mulheres e comparam o feminismo ao nazismo revelou que eles pertencem a categorias econômica ou culturalmente privilegiadas. São médicos, empresários, funcionários públicos, professores, músicos e poetas.[72]

Com efeito, não somente esse vasto movimento de homens é composto em grande parte de homens com um nível de educação superior à média e com profissões que lhes oferece um forte capital social ou cultural, mas ele pode também contar com aliados e cúmplices nas instituições como o Estado e partidos políticos, em particular conservadores e neofascistas, igrejas e mídias públicas e privadas. Os homens que ganharam destaque no movimento de homens em seguida passam para instituições públicas e público-privadas de serviços sociais ou da saúde, centros hospitalares ou

---

pères et des hommes", Josette Brun (Org.), *Interrelations femmes-médias dans l'Amérique française*, Québec, Les Presses de l'Université Laval, 2009, p. 223-241; Mathieu Jobin, "Cyberviolence: le discours masculiniste sur les femmes", Mélissa Blais e Francis Dupuis-Déri (Org.), *op. cit.*, p. 147-162.

71 Natacha Ordini, "Le discours masculiniste dans les forums de discussion", Sisyphe, 2002 [http://sisyphe.org/spip.php?article271]; Sarah Labarre, "Les féministes, les réseaux sociaux et le masculinisme: guide de survie dans un No Woman's Land", Mélissa Blais e Francis Dupuis-Déri (Orgs.), *op. cit.*, p. 163-181.

72 David Svanberg, *Manufacturing Dichotomy: Dissecting Modern Antifeminism in Sweden*, monografia de bacharelado, Ciência Política, University West, 2013, p. 48-49.

Ministério da Saúde e Assistência social.[73] O sociólogo de Quebec Germain Dulac explicou, em 1994, que

> *não se deveria insistir muito no sistema de alianças que os líderes masculinistas propuseram. Tal sistema permite sustentar uma boa parte das intervenções sobre a questão masculina do Quebec. Inúmeros simpatizantes asseguram uma rápida difusão de ideias, a consolidação de um bocado de leitores e a propagação de práticas de grupos de expansão. Nesse capítulo, os trabalhadores e diversos interventores da rede de relações sociais constituem uma "classe de apoio" que assegura uma boa iniciação e uma continuidade das práticas.*[74]

Nas universidades, esse movimento tem aliados e cúmplices, incluindo estudantes, em particular nos departamentos de Psicologia e Serviço Social. Seguindo a emergência e a consolidação do movimento de homens, os estudos universitários sobre a condição masculina foram primeiro desenvolvidos nos Estados Unidos em uma perspectiva feminista, crítica à dominação masculina e às desigualdades entre os sexos. A institucionalização desse campo de estudos levou à criação de equipes de pesquisa, de programas universitários de ensino especializado, à criação da Associação Americana de Estudos de Homens (American Men's Studies Association), sem esquecer da aparição da revista *New Male Studies*, que retoma a tese da crise da masculinidade.[75] Assim, o primeiro artigo do primeiro número da revista *New Male Studies* estipula que "a identidade

---

73 Germain Dulac, *op. cit.*, p. 72-73.

74 *Ibid.*, p. 55.

75 Jennifer Epstein, "Male studies *vs.* Men's studies", *Inside Higher Education*, 8 abr. 2010.

masculina [...] tem sido um problema pelos últimos mil anos. Ou seja, o feminismo *extrapolou* esse problema".[76] Esse artigo foi escrito por Paul Nathanson e Katherine K. Young, que também escreveram uma série de obras abertamente masculinistas que defendem a tese de que a sociedade contemporânea está saturada de expressões de ódio e desprezo direcionada aos homens.[77]

Neonazistas e a crise da masculinidade

Assim como as feministas que militam em diversos movimentos sociais – ecologismo, pacifismo, sindicalismo etc. – porque a causa lhes parece importante e compatível com o feminismo, os masculinistas não se envolvem somente no movimento de homens, circulando, por exemplo, nas redes neonazistas.

Sem afirmar que o psicólogo Guy Corneau, autor de *Pai ausente, filho carente*, simpatiza com essa ideologia, um estudo destaca estranhas similaridades quanto à sua concepção do masculino e aquela do nazismo: importância das figuras do pai todo-poderoso (o deus do falo) e do guerreiro primitivo, valorização da agressividade, talvez até da violência, a qual devemos aprender a controlar, incluindo provas e rituais entre homens.[78] Estudos iniciais explicam

---

76 Paul Nathanson e Katherine K. Young, "Misandry and Emptiness: Masculine Identity in a Toxic Cultural Environment", *New Male Studies: An International Journal*, vol. 1, n. 1, 2012, p. 7.

77 *Spreading Misandry: The Teaching of Contempt for Men in Popular Culture* (2006), *Sanctifying Misandry: Goddess Ideology and the Fall of Man* (2001) e *Replacing Misandry: A Revolutionary History of Men* (2015).

78 Esse movimento aceita homossexuais, mas o discurso de Guy Corneau e de outros teóricos da condição masculina pode expressar uma "homofobia camuflada", para retomar a expressão da socióloga Janik Bastien Charlebois. Desde a primeira página de seu livro *Pai ausente, filho carente*, por exemplo, Corneau cita um médico que lamenta que os "homens dominam de longe assuntos como transexualidade, homossexualidade e perversões sexuais" (Guy Corneau, *op. cit.*, p. 9, e Janik Bastien

por meio da crise da masculinidade o engajamento de jovens homens alemães em grupos neonazistas e sua violência contra os imigrantes como estratégias individuais para afirmar suas virilidades.[79] Além disso, a história do discurso da crise da masculinidade revela que o supremacismo masculino é frequentemente associado a uma propaganda nacionalista e ao supremacismo branco, e vice-versa (sobre esse tema ver o Capítulo 2). Em outras palavras, sexismo e racismo que fazem eco e apelo à luta contra o declínio da nação ou da "raça" são frequentemente feitos do mesmo sopro que o apelo a frear o declínio dos homens. Do mais, os movimentos neonazistas trazem e difundem o discurso da crise da masculinidade.

Durante uma reunião de supremacistas brancos em Charlottesville nos Estados Unidos, em agosto de 2017, para denunciar a remoção de uma estátua de um general racista da Guerra de Secessão, um militante *skinhead* virou notícia por ter declarado que estava pronto para matar os militantes antirracistas. Ele justificou a ação de um de seus companheiros, que avançou com seu carro em cima de uma manifestação antirracista, deixando vários feridos graves e matando um militante. Ele havia publicado em seu blog, por anos a fio, vários textos explicando por que a igualdade é impossível entre homens e mulheres. Também denunciou o conceito de "cultura do estupro" no site A Voice for Men e as mulheres que – segundo ele – faziam falsas acusações de agressão sexual. O jornalista David Futrelle investigou esse militante e os polemistas que fazem de uma vez só a propaganda da supremacia masculina e branca, e concluiu que essas ligações se explicam, entre outras coisas, por possuírem lógicas políticas similares: os dois movimentos supõem que aqueles

Charlebois, "L'homophobie sournoise dans l'idéal masculin des masculinistes", Mélissa Blais, Francis Dupuis-Déri (Orgs.), *op. cit.*, p. 183-200).

79 Gert Krell, Hans Nicklas, Änne Ostermann, "Immigration, Asylum, and Anti--Foreigner Violence in Germany", *Journal of Peace Research*, vol. 33, n. 2, 1996, p. 159.

que têm mais poder na sociedade são, na verdade, vítimas da opressão, "em outras palavras, se você pode se convencer que os homens são as primeiras vítimas do sexismo, não é muito difícil se convencer que os brancos são as primeiras vítimas do racismo. E é fácil assim para os membros desses dois movimentos enxergar o homem branco como o pobre tipo mais oprimido de todos".[80]

Um jovem homem branco nos Estados Unidos explicava desde os anos 1980 que "todo mundo tem vantagens agora, salvo a raça do homem branco (*white male race*)".[81] Os homens racistas supõem ser as vítimas até nas relações sexuais, como explica o texto "Sexuality in a sick society" (Sexualidade em uma sociedade doente):

> *A desmasculinização do homem ocidental, em paralelo com a reação das mulheres a essa situação, é a causa de uma profunda preocupação. [...] Uma forma como as mulheres ocidentais reagiram a essa desmasculinização entende que seus homens se tornaram homens não ocidentais, que são entendidos como masculinos [...] [uma mulher] vai acumular uma longa série de parceiros negros em sua busca instintiva, mas vã, por um homem que não somente a amaria, mas também a dominaria.*[82]

---

80 David Futrelle, "Men's-rights Activism is the Gateway Drug for the Alt-Right", *The Cut*, 17 ago. 2017. As ligações entre o racismo e o sexismo se encontram também em um jovem branco que entrou armado na Mesquita do Quebec, em janeiro de 2017, e assassinou seis muçulmanos em plena prece; quando mais jovem, ele teria chamado de "putas" suas colegas de classe e de "feminazis" as feministas (Pierre-André Normandin, Isabelle Ducas, Gabrielle Duchaine, Vincent Larouche, "Le suspect connu pour ses critiques sur Facebook", *La Presse*, 30 jan. 2017).

81 Abby L. Ferber, *White Man Falling: Race, Gender, and White Supremacy*, Lanham, Rowman & Littlefield, 1999, p. 59.

82 *Ibid.*, p. 95.

O problema seria, pois, que os homens brancos não têm mais força nem coragem de proteger "suas" mulheres diante dos homens de outras "raças". Essa seria a prova de uma degenerescência após uma longa e gloriosa história dos homens norte-europeus, os quais eram dominantes antes de se tornarem submissos e passivos. Ridicularizando as feministas e os antifascistas que se queixam das desigualdades (e da diferença), os supremacistas brancos afirmam que a igualdade e as políticas antidiscriminatórias representam ameaças à superioridade natural dos brancos e conduzem fatalmente ao genocídio da "raça" branca.[83]

O romance utópico *The turner diaries*, apreciado no meio dos supremacistas, apresenta o "movimento de liberação das mulheres" como "uma forma de psicose em massa [...] As mulheres que sofrem disso renegaram sua feminilidade e afirmam que elas são 'pessoas', e não 'mulheres'. Essa aberração foi promovida e encorajada pelo sistema como um meio para dividir nossa raça e nos colocar contra nós mesmos".[84] Ou seja, os próprios grupos supremacistas brancos são controlados por homens que escrevem a maioria dos discursos supremacistas. O chefe de uma célula da Ku Klux Klan estima que o recrutamento de mulheres é necessário para atrair seus cônjuges ou para assegurar que os homens fiquem na organização: sem a esposa, os homens abandonam a instituição com mais frequência.

---

83 O feminismo nos Estados Unidos seria também controlado pelas "feministas judias", como procuram demonstrar os textos que apresentam estatísticas, retratos e comentários, sugerindo que ela interferem em tudo e que se trata de uma estratégia para destruir a sociedade branca cristã (ver o texto de Harlan Blackwood, "Why is there a prolific jewish presence in the American Feminist Movement?", publicado no site masculinista Return of Kings, em 26 de outubro de 2015 [http://www.returnofkings.com/72572/why-is-there-a-prolific-jewish--presence-in-the-american-feminist-movement]). Eis quem retoma as obsessões da Liga Alemã Contra a Emancipação das Mulheres, na Alemanha do início do século XX.

84 Abby L. Ferber, *op. cit.*, p. 93.

Por sua vez, Anders Breivik, um norueguês neonazista que assassinou 77 pessoas em 2011, na sua maioria mulheres jovens do partido trabalhista, escreveu um manifesto de 1.500 páginas (com partes copiadas de outros textos) intitulado *2083: Uma declaração europeia de independência*. Nesse texto ele retoma inúmeras teses masculinistas: "a ideologia feminista" é mais influente no Ocidente e visa "transformar o patriarcado em matriarcado"; tal ideologia não quer só "homens ocidentais que saibam como arrumar a cama, mas que tenham perdido sua capacidade de combate", e é responsável pelo decréscimo da natalidade cujo efeito justifica a imigração muçulmana, que não passa de uma invasão. O manifesto trazia também uma seção intitulada "Matar as mulheres no campo de batalha – diretamente ou indiretamente", que dava este conselho aos homens: "vocês devem [...] adotar e se familiarizar com a ideia de matar as mulheres, mesmo as mulheres mais atraentes, porque não somente elas representam a maioria das marxistas-culturais, mas também 20% das forças policiais, e não hesitarão em todo o caso em lhes matar".[85] Uma enquete jornalística na Noruega revelou que, nos meses após o atentado, as jornalistas mulheres receberam entregas e cartas de insultos sexuais e ameaças de morte, nos quais vários autores anônimos se apresentavam como membros do "fã-clube de Breivik".[86] Ativo nas redes sociais, um militante do movimento de homens e fã do terrorista declarou que há uma guerra aberta

---

85 Maria Edström, "The Trolls Disappear in the Light: Swedish Experiences of Mediated Sexualised Hate Speech in the Aftermath of Behring Breivik", *International Journal for Crime, Justice and Social Democracy*, vol. 5, n. 2, 2016, p. 97; Alexander Reid Ross, *Against the Fascist Creep*, Oakland-Edinburgh, AK Press, 2017, p. 301; Jane Clare Jones, "Anders Breivik's chilling anti-feminism", *The Guardian*, 27 jul. 2011.

86 Maria Edström, *op. cit.*, p. 99; ver também Stephen J. Walton, "Anti-Feminism and Misogyny in Breivik's 'Manifesto'", *NORMA: Nordic Journal of Feminist and Gender Research*, vol. 20, n. 1, 2012, p. 4-11.

contra os homens e que, nesse caso, "matar as mulheres é a única via de fazer justiça".[87]

A horrível expressão "feminazismo" e a junção entre o feminismo e o nazismo contêm duas mentiras: não só as feministas jamais praticaram ações que se parecem com os massacres e genocídios perpetrados pelos nazistas, como são os neonazistas que adotaram o discurso antifeminista e misógino da crise da masculinidade. Em vez das imaginárias feminazis, conviria, pois, falar em verdadeiros masculinazis.

Qual é a identidade masculina?

O movimento de homens, incluindo suas ramificações religiosas e neofascistas, defende a tese da diferença fundamental dos sexos e a complementaridade entre eles. De acordo com essa perspectiva, as identidades masculina e feminina atribuem a ambos valores, competências, papéis, funções e tarefas específicas na sociedade e na vida privada dos casais e famílias heterossexuais. Nada traduz mais claramente a importância atribuída a essa diferença do que o bordão "os homens são de Marte, as mulheres são de Vênus", de John Gray, que publica um livro atrás do outro para dar seus conselhos aos casais heterossexuais. É, portanto, possível supor que há uma crise da masculinidade (mas não da feminilidade) quando ambos não se conformam exatamente com suas identidades de gênero, tais como determinadas pela vontade divina, os hormônios, a forma do cérebro ou o modo como os ancestrais viviam no "tempo das cavernas". Compreende-se, assim, que as identidades masculina e feminina são antes de tudo uma questão de interpretação, mesmo

87 Alexander Reid Ross, *op. cit.*

que as crenças a esse respeito sejam frequentemente muito rígidas e defendidas como certezas ou mesmo verdades absolutas, dogmas.

Para muitos, a configuração morfológica de nossos órgãos genitais determinaria as identidades masculina e feminina. Guy Corneau, autor de *Pai ausente, filho carente*, destaca que "o homem possui um sexo exterior que levanta, penetra, ejacula [...] Por sua vez, a mulher possui um sexo interior que recebe e que é úmido"[88] e que essas diferenças anatômicas têm implicações psicológicas muito importantes, o masculino sendo associado à tomada de decisão e à ação, o feminino, à interioridade e à recepção.

O psicólogo Yvon Dallaire, que escreveu o livro *Homme et fier de l'être* (*Homem e orgulho de ser*) e que presidiu o Congresso Paroles d'homme, se deixa levar por um tom lírico quase ridículo a respeito do pênis e da ejaculação:

> *Suas ejaculações, que projetam seu esperma para fora de seu corpo, confirmam igualmente a existência de um movimento masculino que parte do interior em direção ao exterior. De modo contrário às mulheres, cujos orgasmos genitais são interiores e receptivos, o homem possui órgãos genitais intrusivos que predispõem aos comportamentos intrusivos: seguramente a penetração da mulher, mas também penetração da matéria, penetração ao fundo dos oceanos, penetração à imensidão do universo.*[89]

Aí estão reatualizados os clichês apresentados em 1958 pelo jesuíta Jacques Tremblay, que sugeria que "o homem sai, viaja, explora,

---

88 Guy Corneau, *op. cit.*, p. 115-116.

89 Yvon Dallaire, *Homme et toujours fier de l'être*, Montréal, Québec Livres, 2015 (2. ed.), p. 187.

constrói, projeta a longo alcance no tempo e no espaço. Esses são os traços do caráter masculino".[90] Segundo Yvon Dallaire, a intrusividade masculina nos levou a "construir submarinos [...] inventar foguetes [...] para conquistar o mundo e assegurar a perenidade da vida humana. Há uma outra razão para ser orgulhoso. A penetração é fecunda".[91] Se é para brincar de metáfora e analogias, por que então defender que as mulheres são as mais bem colocadas para inventar e fabricar as cápsulas espaciais e os submarinos que abrigam astronautas e marinheiros como um útero abriga o feto? Mais ainda, por que não dizer que são nossos cérebros, nossos olhos, nossas mãos e nossos pés que nos permitem – tanto homens quanto mulheres – viajar, explorar, conquistar e construir submarinos e foguetes, mas também fazer as camas, lavar a louça e tirar o lixo? O tom lírico e as teorias aparentemente rebuscadas a respeito dos órgãos genitais não servem para justificar a apropriação das funções políticas, econômicas, sociais e culturais diferentes e desiguais para homens e mulheres, que têm, contudo, as mesmas capacidades *humanas*.[92]

Por parte dos masculinistas, a celebração do pênis penetrante e conquistador acompanha conselhos para as mulheres heterosexuais: "ser feminina na vossa sexualidade é, sem renunciar àquele que vos

90 Dans Vincent Duhaime, *op. cit.*, p. 548.

91 Yvon Dallaire, *Homme et toujours fier de l'être*, *op. cit.*, p. 187.

92 Nota-se que certas feministas adotam uma abordagem diferencialista a respeito das identidades de sexo. Por exemplo, as nativas tradicionalistas das Primeiras Nações da América do Norte consideram que as identidades de sexo sejam diferentes e complementares. Mas as desigualdades são reduzidas ao mínimo porque sua comunidade tradicional não conhecia nem a propriedade privada nem o poder coercitivo dos chefes e até dos pais. Os colonizadores europeus de então ficaram surpresos com a liberdade das mulheres perante os homens em várias comunidades nativas. Os missionários católicos viram nisso a prova da decadência moral e espiritual dessas nações "sem rei, sem lei e sem fé". Para as psicanalistas feministas como Antoniette Fouque e Luce Irigaray, a capacidade da maternidade oferece um bônus moral às mulheres, naturalmente mais acolhedoras e mais generosas do que os homens.

ama, receber a sexualidade masculina em sua essência: visual, genital, intrusiva, intensa e rápida".[93] Diante dessa sexualidade masculina conquistadora, a mulher pode dizer ao seu parceiro "aquilo que ela ama quando eles fazem amor, *não aquilo que ela não ama*" [grifo nosso].[94] Esse conselho é dado no livro *Qui sont ces femmes heureuses?* (*Quem são essas mulheres felizes?*), no qual Yvon Dallaire explica também, a respeito dos afazeres domésticos, que "toda recompensa [...] sexual estimule a iniciativa masculina".[95] Enfim, o psicólogo se permite oferecer este conselho aos pais de meninos:

> *a fim de lhes ajudar a não sentiram culpa de serem seres sexuados, sexuais e genitais. Digam a eles para que sejam bastantes orgulhosos e que aprendam a assumir e gerir essa força libidinal no melhor contexto possível.* Não deixem que suas mulheres, as mães deles, lhes chamem a atenção contra os excessos possíveis dessa sexualidade pedindo-lhes para prestar "atenção" nas meninas com quem eles saem *[grifo nosso]*.[96]

Para Dallaire, o caminho da felicidade para além desse casal (heterossexual) talvez seja essa dominação masculina que ele deva proteger. O que permite ao psicólogo tudo remeter às escolhas individuais e supor que "a prevenção da violência em todas as suas formas passa pela responsabilização individual, pelo fortalecimento do casal e pela *prevenção do divórcio*" [grifo nosso].[97]

---

93 Yvon Dallaire, *Qui sont ces femmes heureuses? La femme, l'amour et le couple*, Québec, Option santé, 2009, p. 200.

94 *Ibid.*, p. 154; conselho repetido na página seguinte.

95 *Ibid.*, p. 169.

96 Yvon Dallaire, *Homme et toujours fier de l'être, op. cit.*, p. 187.

97 Yvon Dallaire, "La violence n'est jamais banale", *Le Journal de Montréal*, 6 dez. 2009, p. 21. Louise Brossard analisou o discurso de Yvon Dallaire a respeito da

O mito do "tempo das cavernas" também é evocado para justificar uma definição da identidade masculina muito útil para os homens que pretendem adotar a crise da masculinidade.[98] A referência a esse mito no discurso antifeminista não é uma novidade: já no início do século XX, o célebre autor antifeminista Théodore Joran chamava a atenção das mulheres contra sua possível emancipação, que as deixaria "desarmadas como na época das cavernas".[99]

Mais recentemente, nos Estados Unidos, Edward O. Wilson, um dos pais da sociobiologia, afirmou que, "nas sociedades de caçadores-coletores, os homens caçavam e as mulheres ficavam em casa. Essa distinção persiste de modo notável na maior parte das sociedades agrícolas e industriais; e por essa única razão ela *aparece como tendo uma origem genética*" [grifo nosso].[100] A referência ao tempo das cavernas é retomada em vários livros de psicologia popular. Em um tom leve, aprendemos que está na própria natureza dos homens se colocar em lugares hierárquicos, dominar seus ambientes, dirigir suas famílias e companheiras e até mesmo usar a força. Um desses livros explica por que o homem não responde sua esposa enquanto ele assiste esporte na televisão: ele concentra toda a sua atenção no televisor, como seu ancestral longínquo que observava a savana na

---

violência e concluiu que se trata de uma empreitada de desculpabilização de homens violentos e de culpabilização de mulheres (Louise Brossard, "Le discours masculiniste sur les violences faites aux femmes: une entreprise de banalisation de la domination masculine", Mélissa Blais, Francis Dupuis-Déri (Orgs.), *op. cit.*, p. 136. Ver também Normand Brodeur, "Le discours des défenseurs des droits des hommes sur la violence conjugale: Une analyse critique", *Service social*, vol. 50, 2003, p. 145-173).

98 Martha McCaughey, *The Caveman Mystique: Pop-Darwinism and the Debates Over Sex, Violence, and Science*, Nova York, Routledge, 2008, p. 23.

99 Annelise Maugue, *L'Identité masculine en crise: Au tournant du siècle, 1871-1914*, Paris, Payot-Rivages, 2001 [1987], p. 176.

100 Entrevista de Edward O. Wilson para a *New York Times Magazine*, 12 out. 1975 (tradução para o francês de Catherine Vidal, Dorothée Benoit-Browaeys, *Cerveau, sexe & pouvoir*, Paris, Belin, 2005, p. 56).

busca de um mamute. Ao contrário, estaria na natureza das mulheres cooperar, tomar conta, escutar e falar. Lembrem-se ainda que os fundadores da Escola da Masculinidade em Moscou evocam os tempos das cavernas para discutir a masculinidade, como revela o artigo escrito sobre esse tema intitulado "Uma escola em Moscou ensina os meninos russos a se inspirarem nos homens das cavernas" (Moscow school teaches Russian boys to look up to caveman). Um dos fundadores explica:

> *O homem mata o mamute que ele traz para a casa para sua esposa a fim de que ela se ocupe de cozinhá-lo e guardar as sobras [...] O homem pega a sua esposa pela mão, a conduz a uma caverna e lhe diz: "aqui está nossa caverna. Vamos viver aqui. Eu a encontrei." A mulher olha para a caverna. É fria e vazia. Ela diz: "aqui nós vamos pintar, aqui instalaremos nossa fogueira. Você pode se ocupar da construção, por favor, meu amor, as rochas são muito pesadas".*

O fundador dessa escola vai até mesmo afirmar que seu programa de treinamento da masculinidade é "fundamentado na ciência".[101]

Na França, encontramos referências ao tempo das cavernas em vários polemistas de extrema direita, como Dominique Venner, promotor do "humanismo viril" para salvar a França após a independência da Argélia, ou ainda Alain Soral, que discute "a divisão primitiva (sexual) do trabalho". Esse último esclarece que as pinturas pré-históricas nas paredes das cavernas são obras de mãos de homens, e não de mulheres.[102]

---

101 Eva Hartog, "Moscow School Teaches Russian Boys to Look Up to Cavemen", *The Moscow Times*, 11 dez. 2015 [https://themoscowtimes.com/articles/moscow--school-teaches-russian-boys-to-look-up-to-cavemen-51156].

102 Alain Soral, *Vers la féminisation? Pour comprendre l'arrivée des femmes au pouvoir*, Paris, Blanche, 2007, p. 74; Dominique Venner, *Histoire et traditions des Européens: 30.000 ans d'identité*, Paris, Du Rocher, 2011.

Éric Zemmour evoca também uma Pré-História mítica para fazer rimar masculinidade e violência: "nosso passado de homens das cavernas [...] nossa bestialidade [...] nossa virilidade", eis de onde vem "a diferença dos sexos. Ele [nosso passado] nos lembra que a virilidade vai de encontro com a violência, que o homem é um predador sexual, um conquistador".[103] O apresentador da televisão suíça RTS, que o convidou para falar de seu livro, o fez notar que "isso é uma incitação ao estupro". Zemmour se defendeu: "eu continuo a pensar que haja uma violência nas relações sexuais entre homens e mulheres, é uma violência civilizada, evidentemente". Zemmour esclarece que o homem é "um predador civilizado [...] há uma expectativa de virilidade, há uma expectativa de força", junto com isso, ele diz que "o ser humano é muito primário, nós temos um cérebro arcaico, um cérebro reptiliano, deve-se levar isso em conta; ao querer negá-lo, nós criamos gerações de impotentes, homossexuais e divorciados".[104]

Yvon Dallaire também afirma várias vezes que a verdadeira masculinidade tem sua origem no "tempo das cavernas" e até mesmo na caça aos mamutes. O homem teria aprendido a ser silencioso caçando mamute, supõe Dallaire, enquanto a mulher teria desenvolvido a arte de falar na época em que ela se escondia com as crianças na caverna conjugal. Hoje em dia, as mulheres falam demais e ousam criticar seus cônjuges, segundo Dallaire, "80% das críticas feitas pelo casal são feitas pelas mulheres"[105] (sem se perguntar o motivo, nem mesmo confirmar esse número por meio de estudos). O homem reagiria à crítica se inspirando na experiência pré-histórica de seus longínquos ancestrais "caçadores-coletores":

---

103 Éric Zemmour, *Le premier sexe*, *op. cit.*, p. 32-33.

104 Programa da emissora RTS de 26 de março de 2006 [https://www.rts.ch/play/tv/mise-au-point/video/eric-zemour-auteur-de-louvrage-le-premier--sexe-est-notre-invite?id=453708&station=a9e7621504c6959e35c3ecbe7f6bed0446cdf8da].

105 Yvon Dallaire, *Cartographie d'une dispute de couple. Le secret des couples heureux*, France e Suisse, Jouvence, 2007, p. 54.

> *Os homens se tornam rapidamente defensivos. Existem explicações biológicas para isso. [...] E, como nosso cérebro não sabe a diferença entre um perigo real (um tigre) e um virtual (a tigresa que existe em todas as fêmeas), podemos compreender a reação atávica do homem em situações estressantes. [...] os homens galvanizados pelas forças dos hormônios de estresse, reagem respondendo "fugir ou lutar" [...]. Quanto mais ele foge, mais a mulher estressada procura segurar o homem que, preso,* não terá outra possibilidade senão lutar. *O tom pode então se inflamar até explodir em violência verbal e/ou física [grifo nosso].*[106]

Segundo a tese das identidades complementares feminina e masculina, as palavras das mulheres podem então ser identificadas como uma agressão que provocaria uma reação *normal* de violência física do homem.[107]

De fato, a Pré-História e o tempo das cavernas são referências no imaginário coletivo que podem ser mobilizadas para explicar e justificar os comportamentos masculinos, a reclusão no silêncio e a violência física, passando pela infidelidade amorosa e sexual e até mesmo o estupro. Durante uma agressão sexual grupal no Central

---

106 *Ibid.*, p. 54-58-59-60-61

107 Além disso, Dallaire disse em seu livro de conselho aos casais heterossexuais que "nenhuma violência é admissível em um casal", mas ele completa: "sobretudo se você não fez nada, física e verbalmente para provocar" (Yvon Dallaire, *Qui sont ces hommes heureux? L'homme, l'amour et le couple*, Québec, Option santé, 2010, p. 32, e Yvon Dallaire, *Qui sont ces femmes heureuses?*, *op. cit.*, p. 27). Ver também J. Jansz, "Masculine identity and restrictive emotionality", Agnela H. Fischer (Org.), *Gender and Emotion: Social Psychological Perspective*, Cambridge, Cambridge University Press, 2000, p. 166-186.

Park, em Nova York, um homem disse à sua vítima: "Bem-vinda de volta ao tempo das cavernas!".[108]

Já no século XIX, a feminista Jenny d'Héricourt havia ridicularizado a tese da superioridade masculina, pois "por este raciocínio os homens fracos não deveriam ser iguais aos outros".[109] Em 1969, nos Estados Unidos, a feminista Kate Millett destacava com lucidez que a "musculatura mais desenvolvida do homem, caractere sexual secundário comum a todos os mamíferos, é de origem biológica, mas também é encorajada culturalmente pela educação, pelo regime alimentar e exercício". Contudo, diz ela, a superioridade muscular

> *não é a categoria dos sonho sobre a qual uma* civilização *possa edificar as relações políticas. A supremacia masculina, como outros credos políticos, reside em última instância não na força física, mas na aceitação de um sistema de valores que não seja biológico. A superioridade em matéria de força física não é um fator que desempenhe seu papel nas relações políticas, ao contrário da raça e da classe. A civilização sempre pôde substituí-la por outros métodos (graças à técnica, ao armamento e aos conhecimentos), e não a faz de todo necessária. No tempo atual, como no passado, o esforço físico é geralmente um fator de classe, as tarefas mais sofridas são reservadas àqueles das classes baixas, sejam eles robustos ou não.*[110]

Com efeito, os homens detentores do poder e da riqueza não são necessariamente os mais musculosos, como o Papa, os chefes de

108 Martha McCaughey, *op. cit.*, p. 2.

109 Jenny P. d'Héricourt, *La femme affranchie: Réponse à MM. Michelet, Proudhon, É de Girardin, A. Comte et autres novateurs modernes*, vol. 1, Bruxelles, A. Lacroix, Van Meenen, 1860, p. 140.

110 Kate Millett, *La politique du mâle*, Paris, Stock, 1971 [1969], p. 41.

Estado ou de grandes companhias. Eles não obtiveram seus postos com murros, mas sobretudos graças ao privilégio de suas famílias, à astúcia, à ambição, às alianças e aos apoios políticos e financeiros, de onde vem a importância para os homens dos *boys' clubs*.

Por fim, essas referências aos "tempos das cavernas" revelam um mito que paira sobre especulações que adquiriram uma aparência de verdade pela força da repetição, inclusive nos livros infantis e filmes de ficção. O mito do "tempo das cavernas" se desenvolveu no século XIX, em grande parte com a espeleologia amadora. Entretanto, os arqueólogos descobriram muito poucos esqueletos de mais de duzentos mil anos, os que se tem até agora são incompletos ou isolados uns dos outros, tornando impossível deduzir como teriam sido os papéis de gênero naquele período da humanidade. Com muita frequência, não é possível determinar o sexo do esqueleto. Mesmo *Lucy*, esta ancestral famosa, deve seu nome à canção dos Beatles porque a equipe a escutava com muita frequência. Seu verdadeiro nome é AL 228-1 e seu sexo continua desconhecido. Sophie A. de Beaune destaca, em seu artigo: "No cotidiano dos caçadores-coletores", estamos diante de uma "incerteza acerca da divisão dos papéis" dos ancestrais longínquos. Além disso, "nós ignoramos quase tudo acerca da divisão de tarefas nas comunidades" de humanos que viveram há dez mil a quarenta mil anos (entretanto, somos ainda mais ignorantes ao que se refere àqueles e àquelas que viveram antes disso).[111] Essa conclusão decepcionante, mas razoável, é compartilhada por várias obras que discutem a invenção do mito do "tempo das cavernas", e mesmo mais especificamente as especulações a respeito dos papéis sexuais na Pré-História.

Adam Kuper destaca em *The invention of primitive society* (*A invenção da sociedade primitiva*) que "a história da teoria da

---

111 Sophie A. de Beaune, "Dans le quotidien des chasseurs-cueilleurs", *L'histoire de l'homme*, éditions Le Monde, 2017, p. 52.

sociedade primitiva é a história de uma ilusão"[112] mobilizada pelos reacionários, conservadores, progressistas e revolucionários para justificar tudo e seu contrário: a monarquia, a aristocracia ou o parlamentarismo, bem como o patriarcado e o matriarcado. Adam Kuper refaz os debates especulativos desde o século XIX a respeito das sociedades ditas "primitivas" para sublinhar que não existem traços fossilizados da organização social. As teorias a respeito da realidade política, social e cultural do início da humanidade permanecerão sempre como especulações, talvez como devaneios. De fato, as comunidades pré-históricas provavelmente tiveram uma grande diversidade de modos de organização e de funcionamentos adaptados a seus ambientes. O nomadismo foi sem dúvida muito difundido e várias comunidades jamais viveram em cavernas. Sobretudo, nada prova que as mulheres também não participavam da caça que devia ter diversas formas – caça às grandes e às pequenas presas, caça por armadilha, por embate violento etc. –, e que os homens, ou alguns homens, não tomassem conta das crianças.

Os especialistas afirmam que é razoável admitir que nós não podemos saber quais eram as identidades e as funções dos homens e das mulheres pré-históricas e que não saberemos jamais (é bem provável que tenha havido na Pré-História e na história da humanidade uma diversidade de identidades de gênero).[113] Hoje, a família burguesa idealizada do final do século XIX ou aquelas do subúrbio norte-americano nos anos 1950 e 1960 servem de modelo para imaginar a família pré-histórica vivendo em suas cavernas conjugais, o homem partindo para a caça do mamute como seu contemporâneo

---

112 Adam Kuper, *The Invention of Primitive Society: Transformations of an Illusion*, Londres, Routledge, 1988, p. 7-8.

113 Ver, entre outros: Wiktor Stoczkowski, *Anthropologie naïve, anthropologie savante: De l'origine de l'Homme, de l'imagination et des idées reçues* (2001), Claudine Cohen, *La femme des origines: Images de la femme dans la préhistoire occidentale* (2006), ou Martha McCaughey, *op. cit.*

deixa o domicílio para ir para o escritório. Nós somos, portanto, vítimas de uma ilusão: nosso modelo familiar serve de forma para o "tempo das cavernas" e pensamos agora que as mulheres e os homens da Pré-Historia viviam *realmente* como uma família "modelo" da atualidade, o marido trazendo seu salário para alimentar sua família tal como o ancestral longínquo trazia o mamute.[114]

Dallaire afirma candidamente que "nós ainda reagimos por meio dos avatares que datam do tempo das cavernas. *Essas cavernas foram substituídas por casas*, mas nossos comportamentos não evoluíram" [grifo nosso].[115] Não somente o casal heterossexual é justificado por meio de uma lenda pré-histórica, como também o é a utilização da força pelos homens. Em sua obra *La femme des origines: Images de la femme dans la préhistoire occidentale* (*A mulher das origens: imagens da mulher na Pré-História ocidental*), Claudine Cohen lembra, entretanto, que

> *as obras científicas, os manuais e os textos vulgarizados da Pré-História no século XIX frequentemente representavam, de modo convencional, a mulher pré-histórica como vítima dos desdobramentos da violência sexual, testemunha da barbárie desses "tempos ferozes" e de seu estatuto de objeto sexual sem defesa – ou seja, no seio de uma estrutura familiar nuclear e monogâmica judaico-cristã: agachada escondida no fundo da caverna, rodeadas de crianças e comidas, com o olhar voltado*

114 Essa ilusão – que também é um erro histórico – é partilhada por muitos sociobiologistas e psicólogos (ver Janet Sayers, *Biological Politics: Feminist and Anti-Feminist Perspectives*, Londres, Tavistock, 1982, p. 78 e seguintes).

115 Yvon Dallaire, *Moi aussi... Moi... plus: 1001 différences homme-femme*, Québec, Option santé, 2002, p. 16, palavras repetidas quase identicamente em Yvon Dallaire, *Qui sont ces femmes heureuses?*, *op. cit.*, p. 164.

> *para a terra e suas progenituras – enquanto o homem, ereto, olha para o horizonte. Os divulgadores, os pintores, romancistas,* reproduzem até hoje esses clichês *que são perpetuados em obras de grande difusão [grifo nosso].*[116]

Com Dallaire, aprendemos que as mulheres da Pré-História esperariam os "caçadores dos tempos das cavernas [...] que as alimentavam, *porque elas ficavam no fundo das cavernas,* com suas crianças penduradas em seus seios" [grifo nosso].[117]

Nem todos os entusiastas do masculinismo aderem à tese do pênis conquistador ou ao mito do "tempo das cavernas", mas é necessário procurar em algum lugar a fonte de uma identidade masculina *tal como se quer definir*. Podemos nos referir a Deus, à Pré-História, ao pênis ou aos hormônios, mas o mais importante é sempre definir a identidade masculina da mesma maneira: poderosa e dominante, ativa e violenta. Serão recriminadas em seguida as feministas que recusarão esse determinismo sexista por blasfemar contra a vontade de Deus ou por serem ideólogas que não reconhecem a verdade científica da biologia e da evolução humana.

Primeiras críticas feministas

As feministas e alguns homens pró-feministas exprimiram desde o começo do movimento de homens um mal-estar diante dos grupos não mistos masculinos e diante da tese segundo a qual os homens são vítimas, seja do patriarcado, seja das mulheres e do feminismo. Nos Estados Unidos, por exemplo, várias pessoas achavam que esses

116 Claudine Cohen, *La femme des origines: Images de la femme dans la préhistoire occidentale*, *op. cit.*, p. 25.

117 Yvon Dallaire, *Homme et toujours fier de l'être*, *op. cit.*, p. 26.

grupos ofereciam um espaço aos homens para se aliarem contra as mulheres. O grupo poderia servir de caixa de ressonância às queixas de um homem para com sua esposa, por exemplo, quando uma feminista o repreendesse por não fazer sua parte nas tarefas domésticas, por não deixá-la falar nas reuniões com os amigos ou não respeitar seu desejo sexual.[118]

Dominando as teorias e os conceitos feministas, esses homens os recuperaram, desviaram, inverteram. O patriarcado se tornou o matriarcado, a dominação masculina foi substituída pela dominação materna, feminina ou feminista, e a violência masculina foi transformada em violência feminina ou em violência bidirecional.[119]

O princípio da igualdade, caro às feministas, também foi recuperado pelos homens, notadamente para reivindicar os programas de intervenção para os homens, sob o pretexto de que as feministas e as mulheres recebiam milhões de dólares de fundos públicos, portanto, os homens deveriam receber o equivalente, segundo o princípio da igualdade. O efeito espelho também é traduzido por uma reprodução idêntica dos modos de organização e das ações militantes feministas, grupos de conversas não mistos, formação de grupos de ajuda mútua, manifestações e ações espetaculares, recursos aos tribunais para mudar leis, *lobby* junto a políticos e envio de delegações para instâncias como comissões parlamentares.[120]

A feminista Rosemary Radford Ruether ironizou acerca da insistência do movimento que identifica as mães ao domicílio familiar como a fonte de todos os problemas dos homens. Isso permite desviar a atenção, segundo ela, do poder real concentrado nas "salas

---

118 Leonard Schein, "Dangers with Men's Consciousness-Raising Groups", Jon Snodgrass (Org.), *A Book of Readings For Men Against Sexism*, Albion (CA), Times Change Press, 1977, p. 133.

119 Essa constatação me foi sugerida por Mélissa Blais.

120 Germain Dulac, *op. cit.*, p. 55-56.

de reunião da elite do poder masculino, onde esses homens tomam decisões para conservar em suas mãos tal concentração injusta de riqueza. [...] Nenhuma análise precisa ser muito avançada para saber por que a família é estruturada de modo que o trabalho doméstico é principalmente responsabilidade da mãe".[121]

Para a feminista Carol Hanish, que popularizou a expressão "o privado é político", os estudos sobre a masculinidade são muito frequentemente feitos pelos "patriarcas relutantes", como foi o caso, segundo ela, da obra coletiva *Men and masculinity*, publicada em 1971. Ela critica esses homens por darem a entender que o movimento de mulheres e o de homens são de igual importância, pois não haveria hierarquia e opressão, segundo o *Manifesto do centro de libertação dos homens de Berkeley* (de acordo também com o *Manifesto de libertação dos homens* publicado em Quebec no início dos anos 1970).[122] Em todo caso, mesmo os homens bem intencionados para com as mulheres pertencem à "casta" dos dominantes e aproveitam desse privilégio e do poder que dele decorre, mesmo que afirmem que não o querem. O objetivo feminista não é desencorajar os homens a falarem entre eles de suas condições, mas de lutar pela liberdade e igualdade das mulheres diante dos homens e, portanto, contra a supremacia masculina. Entretanto, lembrou a feminista Carol Hanish,

> *A maior parte dos indivíduos em posição de privilégio não querem abandonar seu poder a outros, mesmo admitindo que eles são totalmente conscientes da extensão de seu poder. E eles não querem abandoná-lo, o poder*

121 Rosemary Radford Ruether, *op. cit.*, p. 16.

122 Carol Hanish, "The Reluctant Patriarchs: A Review of Men and Masculinity", Jon Snodgrass (Org.), *A Book of Readings For Men Against Sexism*, Albion (CA), Times Change Press, 1977, p. 142.

deve ser tomado deles. Não somente alguns entre eles, mas todos eles; e não por meio dos indivíduos, mas por meio das pessoas agindo juntas. Por essa razão [...] é grotesco dizer aos homens que sua prioridade deveria ser se juntar em um grupo consciente.[123]

123 *Ibid.*, p. 145.

4. Os pais se mobilizam

De todas as tendências contemporâneas do movimento de homens, a dos grupos de pais divorciados ou separados é, sem dúvida, a mais influente e a mais militante. Esses grupos geralmente levantam as bandeiras da igualdade entre pai e mãe, sobretudo dos "direitos dos pais" e do "direito das crianças a ter dois progenitores". Além disso, o movimento retoma a tese da crise da masculinidade e mesmo da paternidade, já discutidas nos anos 1950 nos Estados Unidos na revista *Marriage and Family* (1957) e *Psychological Reports* (1959). Na época, o sociólogo Talcott Parsons considerava a família branca de classe média disfuncional porque os papéis parentais estavam menos definidos, o que minava a legitimidade do modelo do pai provedor. Em Birmingham, os homens deflagraram uma greve conjugal, uma "greve de maridos" em 1953, e tal evento foi discutido até no Canadá. Apresentando-se como vítimas de suas esposas, eles exigiam "que suas mulheres parassem de lhes forçar a cortar a grama quando fazia calor, a pintar o portão e colocar o bebê para dormir".[1] No Quebec, o

1 S. a., "Une grève des maris...", *La famille*, vol. 17, n. 7, 1953 (em Vincent Duhaime, "'Les pères ont ici leur devoir': Le discours du mouvement familial québécois

artigo "O lar cristão" acusava a "civilização democrática moderna" de ser responsável pela "derrota do pai"[2] e a revista *L'école des parents* acusava os pais de não serem tão presentes em casa, "um reino que eles abandonaram a suas esposas".[3]

Por que tanta preocupação a respeito do pai? É que a época parecia particularmente confusa e ameaçadora para a autoridade paternal, em razão da economia que veio logo após a Segunda Guerra Mundial, da ameaça do comunismo e da Guerra da Coreia, do consumismo, das mídias de massa e da migração para os subúrbios, que acentuavam a clivagem entre o lugar do trabalho assalariado e o domicílio da família.

A "nova paternidade" ou a "paternidade moderna" era ridicularizada na imprensa por meio de caricaturas de pais fazendo tarefas domésticas. A revista *Le mouvement ouvrier* advertia acerca da "insuficiência de um pai 'maternal' e de uma mãe 'paternal' [que] podem marcá-la [a criança] para sempre.[4] Os conselhos oferecidos aos pais se limitavam a encorajar um afeto viril e a expressão da autoridade disciplinar, de natural responsabilidade do chefe de família, e a ser um "provedor de lazer"[5] para as crianças.

Nos anos 1960 nos Estados Unidos, a revista pornográfica *Playboy* dava conselhos jurídicos aos pais em caso de divórcio e os encorajava a não pagarem pensão alimentícia, em particular em uma crônica escrita pelo advogado Sidney Siller. Ele fundou em 1965 o Committe for Fair Divorce and Alimony Laws (Comitê para as Leis Justas do Divórcio e das Pensões Alimentícias), um grupo de pais que

---

et la construction de la paternité dans l'après- guerre, 1945-1960", *Revue d'histoire de l'Amérique française*, vol. 57, n. 4, 2004, p. 559).

2 Em Vincent Duhaime, *ibid.*, p. 554.

3 *Ibid.*, p. 537.

4 *Ibid.*, p. 563.

5 Vincent Duhaime, *ibid.*, p. 565.

militava pela abolição das pensões alimentícias. O grupo The Divorce Racket Busters (Contra a Farsa do Divórcio), que posteriormente mudará de nome para United States Divorce Reform (Reforma do Divórcio nos Estados Unidos), elegeu delegados representantes para as audiências públicas sobre a lei do divórcio da California, lá defendendo a tese de que as mulheres arruínam os homens por meio das pensões alimentares.

Durante a década de 1960, várias obras lamentavam a falta do pai ou a crise da masculinidade. Na Alemanha Ocidental, por exemplo, apareceram as obras *Vers la société sans pères* (*Em direção a uma sociedade sem pai*) de Alexandre Mitscherlich (1963), e *La crise de l'homme* (*A crise do homem*) de Karl Bednarik (1969). Algumas décadas mais tarde, Robert Bly, iniciador do movimento mitopoético (ver capítulo anterior), criticava o livro *Vers la société sans pères* de Mitscherlich, afirmando que é "essencial escapar à influência maternal para entrar no mundo do pai".[6] Bly sugeria que "as revoltas estudantis dos anos sessenta" se explicam pela ausência do pai: "centenas de jovens, homens e mulheres, invadiram à época os gabinetes do presidente da Universidade de Columbia a fim de procurar provas de ligações ocultas que os professores teriam com a CIA. Uma universidade apresenta, *como um pai*, uma fachada proibida e de respeitabilidade" [grifo nosso]. Para esses jovens revoltados, a ocupação dos gabinetes da direção de uma universidade responde, segundo Bly, a "suas aspirações mais profundas: a saber, a necessidade que todos os filhos têm de aproximar seu corpo do corpo de seu pai".[7] Ainda hoje, o polêmico Éric Zemmour afirma que a turbulência dos anos 1960 é o saldo da "morte do pai de família",[8] ao mesmo tempo que o intelectual francês Pascal Bruckner recicla essa tese para falar de uma manifestação ecológica em 2014,

6 Robert Bly, *L'homme sauvage et l'enfant: L'avenir du genre masculin*, 1992, p. 10.
7 *Ibid.*, p. 41.
8 Éric Zemmour, *Le suicide français*, Paris, Albin Michel, 2014.

durante a qual a polícia matou um jovem militante com um tiro de bomba de gás lacrimogêneo. Segundo esse intelectual, "a juventude encontra seu sentido ao afrontar a polícia, o cavalheiro tem sua crise de adolescência em uma sociedade sem pai".[9] Não somente esses comentários oferecem uma análise simplista das mobilizações militantes, mas também desdenham dos "jovens" que se mobilizam contra as guerras imperialistas ou a destruição do planeta, causas extremamente importantes. Na realidade, esses são os intelectuais que parecem sentir falta dos filhos, uma vez que eles desempenham o papel do pai arrogante e professoral.

A questão dos pais "em crise" se seguiu ao nascimento do movimento de homens dos anos 1960 e 1970. A temática do pai já era recorrente nos primeiros grupos de conversa de homens nos anos 1970, sobretudo quando os pais faziam parte desses. Naquela época, surgiram discussões sobre "a imagem do pai", sobre "aquilo que não podíamos dizer para os pais" e a respeito do pai ausente.[10] Grupos de homens propuseram serviços de consultoria jurídica em casos de divórcio e separação. Segundo o sociólogo Germain Dulac, que os estudou:

> *o surgimento dos grupos de pais, na metade dos anos 1980, é indício de uma intensificação da reação dos homens ao movimento de emancipação das mulheres, já que um número crescente daquelas se recusava a prolongar a união que não mais lhes satisfazia. Por parte dos homens, assistimos então a um deslocamento das*

---

9 https://www.youtube.com/watch?v=ts4d-V6XwX8

10 Jean-François Pouliot, "L'impact des groupes-hommes sur les relations sociales de sexe: Enquête sur la condition masculine", *Les Cahiers de recherche du GREMF* (Groupe de recherche et d'échange multidisciplinaires féministes), Québec, Université Laval, n. 7, 1986, p. 42.

> *práticas militantes orientadas para o Eu (os grupos de desenvolvimento masculinistas), na direção de confrontos de caráter jurídico-político (os grupos de pais).*[11]

Nos Estados Unidos, o número de grupos de pais, que era estimado em 185 em 1981, saltou para mais de mil em 1985. Na metade dos anos 1990, David Blankenhorn, membro da National Fatherhood Initiative (Iniciativa Nacional para a Paternidade), lança seu livro *Fatherless America: confronting our most urgent social problem* (*América sem pais: confrontando nosso problema social mais urgente*), no qual ele identifica a ausência dos pais como a causa de muitas tragédias, entre as quais a delinquência juvenil. Ele denuncia uma verdadeira propaganda contra os pais muito frequentemente feita pelas feministas e que se exprimiria, segundo ele, na cultura e nas mídias. Ele constata que há certamente um "novo modelo de pai", que expressa suas emoções, toma conta das crianças e até troca as fraldas, o que ele lamenta, entretanto, pois vê nisso a recusa do papel masculino na paternidade. Para ele, ser pai se resume ao papel de provedor, de protetor e de transmissor de valores. Note-se que o autor foi nomeado pelo presidente George Bush (pai) à liderança da National Commission on America's Urban Families (Comissão Nacional das Famílias Urbanas dos Estados Unidos). Outras obras foram publicadas a respeito da ausência dos pais, como *Families without fathers: fatherhood, marriage and children in american society* (*Famílias sem pais: paternidade, casamento, e crianças na sociedade americana*), por David Popenoe em 1996 e reeditado em 2009.

Segundo Germain Dulac, os grupos de pais procuravam menos favorecer o desenvolvimento pessoal do que "defender seus direitos"

---

11 Em Germain Dulac, *Penser le masculin: Essai sur la trajectoire des militants de la condition masculine et paternelle*, Québec, Institut québécois de recherche sur la culture, 1994, p. 128.

e mudar as leis.[12] Para ilustrar o caráter contestatório de vários desses grupos, bastou ele lembrar do caso da Austrália durante os anos 1980. Os pais afirmavam que a Lei da Família retomava táticas dignas da Gestapo, pois elas tratavam de uma série de emendas, em particular, no que diz respeito ao direito das mulheres de se divorciarem, da violência conjugal e do estupro no cenário conjugal. Os Camisas Negras (Blackshirts), um grupo composto de homens mascarados e vestidos de uniformes paramilitares negros, intimidavam as mulheres recém-divorciadas em suas próprias casas. Um outro grupo de homens teria contratado detetives particulares para encontrar as esposas de seus membros que teriam fugido dos abrigos para mulheres vítimas de violência doméstica.[13] Por sua vez, o jurista Geoffrey Lehmann lamentou que não houvesse na Austrália um "movimento de direito de homens eficaz", reconhecendo que alguns grupos haviam sido criados pelos "pais excluídos pela justiça".[14] Em 1983, um jornalista publicou um livro apresentando histórias de pais divorciados ou separados que assassinaram seus filhos durante a visita, consequência, em sua opinião, de decisões injustas dos tribunais. Thérèse Taylor considera, nesse caso, que é curioso que "o homicídio é a prova última do amor paterno (e) que o tribunal seja acusado de ter estragado a família".[15] A Austrália não é um caso isolado: a mídia frequentemente apresenta homens que assassinam suas esposas, e às vezes seus filhos, como vítimas de um terrível sofrimento, tomando seus atos violentos como a

---

12 *Ibid.*, p. 69.

13 Michael Flood, "Backlash: Angry Men's Movements", Stacey Elin Rossi (Org.), *The Battle and Backlash Rage On: Why Feminism Cannot be Obsolete*, Estados Unidos, Xlibris Corporation, 2004, p. 265.

14 Geoffrey Lehmann, "The Fault in No Fault Divorce", *Quadrant*, vol. 27, n. 4, 1983, p. 27, citado em Thérèse Taylor, "Australian Terrorism: Traditions of Violence and the Family Court Bombings", *Australian Journal of Law and Society*, vol. 8, n. 1, 1992, p. 12.

15 Thérèse Taylor, *ibid.*, p. 13.

triste consequência de seus ciúmes ou sofrimento provocado pela separação. Se a mídia às vezes recorre à expressão "crimes racistas" para falar de ataques contra populações imigrantes, por exemplo, a expressão "crime machista" ou "crime misógino" não é utilizada e sem dúvida nem mesmo considerada pelos jornalistas. Prefere-se evocar as "tragédias passionais" ou "familiares" quando não se trata simplesmente de uma "notícia local".

Por fim, o juiz australiano David Opas, da Vara da Família, foi assassinado em frente à sua casa no início dos anos 1980 com um tiro de carabina. Seu assassino nunca seria encontrado, mas várias pessoas suspeitam que essa morte esteja ligada aos movimentos de pais. A casa do juiz que substituiu o juiz Opas foi alvo de uma bomba, em 1984. No mês seguinte, uma bomba explodiu na frente do prédio da Vara da Família. O mesmo tipo de explosivo foi utilizado todas as vezes. Os terroristas nunca foram identificados ou capturados, mas os próprios grupos de defesa do interesse de pais sugeriram que deveria se tratar de um ou mais homens que teriam se sentido lesados por uma decisão do tribunal. "Não é de se surpreender que o homem tenha com frequência um sentimento de raiva", afirmava no subtítulo o jornal *The Australian*, a respeito desses atentados.[16]

Entretanto, para o juiz Ray Watson, da Vara da família, é antes "a ausência da igualdade entre os homens e as mulheres em nossos casais que é o problema [...]. Agora que há pensões a serem pagas para as mães, as mulheres não são mais obrigadas a aturarem as porcarias em seus casamentos e podem por si mesmas partir. Os homens estão meio em choque, e não sabem mais onde bater".[17] Uma bomba colocada na frente da casa desse juiz explodiu quando sua esposa, Pearl Watson, abriu a porta. A mulher morreu com a explosão. Os discursos públicos a respeito desses atentados à bomba

16 Citado em Thérèse Taylor, *ibid.*, p. 17.

17 *Ibid.*, p. 18.

geralmente dão a entender que os juízes da Vara da família eram responsáveis por terem lesado os homens e, portanto, por terem provocado a violência mortífera da qual foram alvo. Por sua parte, o governo convidou representantes da Lone Father's Association (Associação de Pais Sós) e do Christian Evangelical Men's Rights Group (Grupo Cristão Evangélico dos Diretos dos Homens) para serem consultores do governo, mas esse privilégio lhes foi retirado com a eleição do Partido Trabalhista em 2007.

Na Europa Ocidental, o Mouvement pour l'égalité parentale (Movimento pela Igualdade Paternal), iniciado na Bélgica em 1982, será o primeiro grupo de pais, seguido na Alemanha pelo Väteraufbruch für Kinder (Renovação pais-filhos) em 1988 e SOS Papa na França em 1990.[18] Em 1982, Marie-Josèphe Dhavernas já havia constatado que os grupos de pais divorciados na Europa era animado por uma "frustração (que) se converte frequentemente em rancor contra as pensões alimentícias, mais frequentemente vividos como uma pilhagem do divórcio do que como uma necessidade para criar os filhos ou uma compensação pelo trabalho gratuito feito durante o casamento ao esposo e aos filhos".[19] Do outro lado do muro de Berlim, um grupo de defesa dos interesses dos pais divorciados ou separados apareceu na Polônia nos anos 1980. O grupo organizava vigílias, manifestações e oferecia aconselhamento. No Quebec, a Association des hommes séparés ou divorcés de Montréal (Associação dos Homens Separados e Divorciados de Montreal) é criada em 1983, com a ajuda do Centre local de services communautaires – CLSC (Centro Local de Serviços Comunitários). Em junho de 1987, acontece em Montreal o colóquio La part du père (A Parte do Pai).

---

18 Fonte: "'Masculinisme': Petit historique" (http://www.arte.tv/fr).

19 Marie-Josèphe Dhavernas, "Les 'nouveaux pères'", Élisabeth Paquot (Org.), *Terre des femmes: panorama de la situation des femmes dans le monde*, Montréal/Paris, Boréal express/La Découverte-Maspero, 1982, p. 324.

Em 1989, o psicólogo Guy Corneau lança o seu famoso livro *Pai ausente, filho carente.*

Assim como na Austrália, os grupos de pais do Ocidente acusam as varas de família de provocarem a ruptura dos casais, de destruírem as famílias, expulsarem os pais de seus domicílios, os roubarem e afastarem da vida de seus filhos. Além disso, as mães monoparentais são responsabilizadas pela violência dos jovens e pela delinquência, pelo consumo de álcool e drogas, pela depressão, suicídios, pela prostituição juvenil, pela maternidade adolescente, pelo risco de ser sexualmente violentada pelos estrangeiros, até pelas revoltas nos bairros populares e... pela homossexualidade.

Nos anos 1990, vários livros apresentavam as queixas dos pais, geralmente com base em exemplos pessoais. Nos Estados Unidos, John Lee escreve o livro *Killing the father: the symbolic quest of the son* (*Matando o pai: a busca simbólica do filho*) bem como *At my father's wedding: reclaiming our true masculinity* (*No casamento do meu pai: reivindicando nossa verdadeira masculinidade*), enquanto na França Bernard Fillaire escreve *La douleur des pères: un enfant a droit à ses deux parents* (*A dor dos pais: uma criança tem direito a seus dois progenitores*). Em alemão, aparece também *Die vaterlose Gesellschaft* (*A sociedade sem pais*), de Matthias Matussek.

Em 2004, na Grã-Bretanha, os militantes dos grupos de pais divorciados e separados Fathers-4-Justice (F4J) tumultuaram uma sessão na Câmara dos Comuns em Londres, jogando um pó de cor lilás no primeiro-ministro Tony Blair. No ano seguinte, um militante fantasiado de Batman escalou o muro do Palácio de Buckingham. Em 2006, a polícia grampeou os simpatizantes do F4J suspeitos de terem planejado o sequestro do filho do primeiro-ministro, o que levou a organização a suspender temporariamente suas atividades. Em 2008, os militantes ocuparam o telhado da casa de Harriet Harman, ministra das Mulheres e Igualdades, agitando uma bandeira com os dizeres: "um pai é para a vida, não somente para a concepção". Eles se lamentavam que a lei de regulamentação da fertilização humana e da embriologia tornariam os pais inúteis. Em 2016, os membros do New Fathers for Justice (Novos Pais por Justiça), por sua vez, protestaram ocupando o telhado da casa de Jeremy Corbyn, chefe do Labour Party (Partido Trabalhista), agitando bandeiras com a frase "Stop the war on dads" (Parem a guerra contra os pais).[20] No site do F4J (acessado em junho de 2017), o grupo defendia "o direito humano das crianças de terem um pai" e definia ter por missão prioritária "pôr fim à ausência dos pais e ao câncer da fragmentação familiar", bem como "à demonização e ao menosprezo dos homens e dos meninos na sociedade".[21] No site apresenta-se também um vídeo que lembra as principais ações do grupo: manifestação de militantes fantasiados de Papai Noel, colocação de faixas em viadutos e gruas, ataques à Câmara dos Comuns em 2004 etc.

Em Montreal, no Quebec, os militantes associados à F4J também fizeram ações espetaculares, pendurando faixas em estruturas urbanas como a grande cruz iluminada sobre o monte Royal e sobre a ponte Jacques-Cartier, provocando o seu fechamento por longas horas. Um dos membros do grupo abriu um processo por difamação contra o jornal progressista *À bâbord!* e contra a jornalista que escreveu um artigo sobre o "masculinismo". Diante do juiz, o militante declarou: "se eu estivesse no Iraque, eu não perderia meu tempo com burocracias

---

20 "Fathers' Rights Protester Scales Parliament", *The Guardian*, 27 set. 2005; Simon Jeffery, "Fathers-4-Justice Founder Ends Campaign", *The Guardian*, 13 jan. 2006; Rob Davies, "Fathers-4-Justice Campaigner Arrested After Rooftop Protest at Harriet Harman's House", *The Telegraph*, 9 jun. 2008; Josh Halliday, "Men Stage Child Custody Protest on Jeremy Corbyn's Roof", *The Guardian*, 5 ago. 2016; Georges Jones, "Purple flour bomb hits Blair", *The Telegraph*, 20 maio 2004.

21 http://www.fathers-4-justice.org/our-campaign/our-mission/; ver também Ana Jordan, "'Dads Aren't Demons. Mums Aren't Madonnas': Constructions of Fatherhood and Masculinities in the (Real) Fathers 4 Justice Campaign". *Journal of Social Welfare & Family Law*, vol. 31, n. 4, 2009, p. 419-433.

legais, eu pegaria uma metralhadora e explodiria a cabeça deles", falando a respeito dos juízes da vara de família e das feministas.[22] Esse militante considerava que "o Quebec era o oposto do Talibã,[23] o Talibã é a opressão contra as mulheres, o Quebec é a opressão contra os homens, essa é a verdade".[24] No Canadá, os representantes de grupos de pais divorciados ou separados também apresentaram suas memórias durante a reunião da comissão parlamentar da família, divórcio e prevenção da violência conjugal.[25] Durante a comissão parlamentar a respeito do mandato do Conselho do estatuto da mulher em Quebec, os grupos de homens e de pais reivindicaram uma Jornada do Homem, uma Secretaria da Condição Masculina e Paterna, um Conselho do Estatuto do Homem, bem como a abolição de políticas e programas para as mulheres.

Na França, cantores populares propuseram odes à luta dos pais que brigam pela guarda de seus filhos, repreendendo, de passagem, as mães que os abandonaram. Daniel Balavoine, por exemplo, lançou nos anos 1980 a canção "Mon fils, ma bataille" (Meu filho, minha luta), na qual alguns versos tomam forma de ameaça: "*Les juges et les lois, ça m'fait pas peur/C'est mon fils ma bataille/Fallait pas qu'elle [sa conjointe] s'en aille/Oh Oh Oh/Je vais tout casser, si vous touchez/Au fruit de mes entrailles*" (Os juízes e as leis não me causam medo/é meu filho minha luta/Ela [a esposa] não devia ter ido/oh oh oh/eu vou quebrar tudo se você tocar/no fruto de minhas entranhas) – nota-se

---

22 Notas pessoais durante as audiências, 4-5-6 de junho de 2008.

23 Em referência às milícias islâmicas no Afeganistão e no Paquistão que impediram as meninas de frequentarem a escola e obrigaram as mulheres a cobrirem o rosto.

24 Entrevista no documentário *La domination masculine*, dirigido por Patric Jean, 2009.

25 Susan Boyd, "Backlash against Feminism: Canadian Custody and Access Reform Debates of the Late Twentieth Century", *Canadian Journal of Women and the Law*, vol. 16, 2004, p. 255-290; Susan Boyd, "Demonizing Mothers: Fathers' Rights Discourse in Child Custody Law Reform Processes", *Journal for the Association for Research on Mothering*, vol. 6, n. 1, 2004, p. 52-74.

a deturpação da referência a Jesus, "filho das entranhas" de sua *mãe*, a Virgem Maria. Em 2008, foi a vez do cantor Cali fazer uma canção intitulada simplesmente "Le droit des pères" (O direito dos pais). Diz a canção: "*Nous sommes des milliers de pères le nez dans la poussière/Les milliers qu'ils ont jetés dans ce cachot, ce piège à rats, cette misère/[...] Des milliers à mendier notre droit des pères*" (Nós somos milhares de homens rastejando a seus pés/milhares que estão jogados na prisão, essa ratoeira, essa miséria/[...] milhares a mendigar nossos direitos de pais). Em 2013, os militantes franceses foram inspirados pelas ações espetaculares feitas em Quebec e, por sua vez, eles mesmos inspiraram as experiências da Grã-Bretanha. Um pai escalou e ocupou uma grua de um canteiro naval para chamar a atenção para os "direitos" dos pais, em Nantes. O efeito desse tipo de ação foi imediato: a mídia amou esses que eles nomearam "os papais", e o primeiro-ministro francês pediu a dois de seus ministros se encontrarem com representantes do movimento. Desde que desceu da grua, no entanto, o "papai" tomou algumas atitudes agressivas, afirmando que "as mulheres que nos governam querem que os pais se fodam". Por fim, os jornalistas descobriram que esse homem havia recusado por meses que seu filho retornasse para a casa da mãe após uma visita e que ele havia sido condenado por violência contra o avô materno de seu filho e por ameaças à sua ex-esposa. Sua ação em Nantes foi seguida pela campanha da Primavera dos Pais, quando os homens então se empoleiravam em gruas, nos telhados e pórticos em Caen e em outras cidades da França, desenrolando bandeiras com frases como "Um pai é tão importante quanto uma mãe".[26]

O coletivo *Stop masculinisme* também constatou o *lobby* de grupos de pais para criar um projeto de lei que impusesse a guarda

26 Gaëlle Dupont, "En père et contre toutes", *Le Monde*, 2 maio 2013; ver também Mathieu Palain, "Serge Charnay, le père perché", *Libération*, 5 mar. 2013.

alternada e para encorajar os deputados a apreciarem tal proposta em 2009, depois novamente em 2011.

Se a história das últimas décadas mostra que os movimentos de homens e de pais se desenvolvem e se consolidam adotando frequentemente os mesmos modelos organizacionais, as mesmas formas de ação, as mesmas reivindicações e a mesma retórica, o contexto específico dos países explicam certas particularidades. Assim, é somente nos anos 1990 que esse movimento emerge realmente nos países do Leste Europeu que se libertaram do regime soviético, mesmo que alguns grupos tivessem eclodido nos anos 1980. A respeito de uma "crise da masculinidade" na Rússia pós-soviética, por exemplo, Irina Novikova nota que "muitos acreditavam que os homens estavam castrados, afeminados pelo modelo oficial soviético de igualdade dos sexos. [...] O nacionalismo e o fundamentalismo religioso diziam que se poderia compensar o aspecto afeminado em política por uma imagem de 'homens políticos poderosos' e de 'homens de negócios fortes'".[27] Note-se que a libertação de países do antigo regime soviético foi marcada por retrocessos para as mulheres em quase todos os setores da sociedade, incluindo no parlamento, sem contar a redução da ajuda e das políticas sociais, inclusive a diminuição de creches públicas e o desaparecimento de associações de mulheres ligadas ao partido comunista. O anticomunismo hegemônico então rimava com o antifeminismo. O feminismo estava associado ao regime deposto, assim como o nacionalismo exacerbado justificava restrições à liberdade das mulheres que optassem pelo aborto.[28]

---

27 Irina Novikova, "Les masculinités soviétiques et postsoviétiques: les guerres des hommes dans les souvenirs des femmes", Ingeborg Breines, Robert Connell, Ingrid Eide (Orgs.), *Rôles masculins, masculinités et violence*, Paris, Éditions UNESCO, 2004, p. 125-126.

28 Katia Vladimirova, "Les femmes bulgares: de 'l'Émancipation' proclamée à 'l'égalité des chances'", Josette Trat, Diane Lamoureux, Roland Pfefferkorn (Orgs.), *L'autonomie des femmes en question: antiféminismes et résistances en Amérique et en Europe*, Paris, L'Harmattan, 2006, p. 133-148; Monika Wator, "Les femmes

De modo análogo, a Polônia pós-soviética, bastante conservadora a respeito das relações entre os sexos, estava sob a influência da igreja católica e de parlamentares que haviam votado leis mais restritivas acerca do aborto e criado uma comissão contra a ideologia de gênero. O ministro da justiça declarou que a Convenção europeia de prevenção da violência contra as mulheres não passava de uma "ideologia feminista" que provocaria a destruição da família (além de encorajar a homossexualidade). Há, entretanto, cerca de 150 polonesas vítimas de homicídio conjugal por ano (em um país de 38 milhões de habitantes). Um site masculinista defende o princípio da igualdade, mas ao mesmo tempo afirma que são os homens que sofrem de discriminação e que o governo deveria criar uma comissão para proteger os direitos dos homens. Um militante de um grupo de pais explica que os juízes homens geralmente são filhos de mulheres divorciadas que os criaram no ódio e no desprezo a seus pais. A instituição Père Courage (Pai Coragem), mais vingativa, organizou manifestações de rua e protestos em frente ao parlamento e aos tribunais. Tal instituição não hesita em empregar uma retórica abertamente antifeminista e recrutar seus membros em encontros de nacionalistas. Um de seus militantes perseguiu a única parlamentar transgênero, Anna Grodzka, afirmando que ela queria prendê-lo porque ele luta por seu filho. Os pais também expõem na internet afirmações misóginas e antissemitas ("puta de judeu") e acusam os "comunistas judeus" de terem introduzido leis

---

polonaises entre famille et marché: une 'conciliation' difficile", Josette Trat *et al.* (Org.), *op. cit.*, p. 113-132; Elizabeth Waters, Anastasia Posadskaya, "Democracy without Women Is No Democracy: Women's Struggles in Postcommunist Russia", Amrita Basu (Org.), *The Challenge of Local Feminisms: Women's Movements in Global Perspective*, New Delhi, Kali for Women, 2001; Maxine Molyneux, "Women's Rights and the International Context in the Post-Communist States", Monica Threlfall (Org.), *Mapping the Women's Movement*, Londres, Verso, 1996; Peggy Watson, "The Rise of Masculinism in Eastern Europe", Monica Threlfall (Org.), *Mapping the Women's Movement*, Londres, Verso, 1996.

ao parlamento tão injustas para os pais que eles serão obrigados a sequestrar seus filhos para poderem passar um tempo com eles. Outros grupos se contentavam em praticar um *lobby* mais discreto junto aos parlamentares e em oferecerem serviços psicológicos e de aconselhamento jurídico aos pais divorciados ou separados. A organização católica Fundação Cyril e Méthodius oferecem, por sua vez, formações em "masculinidade e paternidade", que ensinam aos pais como proteger suas famílias como um bom chefe de família. Os grupos para casais de pais (heterossexuais) oferecem formações acerca da paternidade e terapias de casais, e apoiam também os políticos conservadores para que o Estado desenvolva serviços para pais e homens. Mesmo os grupos engajados em valorizar a paternidade dentro do casal (heterossexual) aderem à ideologia da diferença dos sexos, a qual estipula que a mãe deve ser a primeira responsável pelos filhos e pelo trabalho (gratuito) doméstico.[29]

A República Tcheca tem um grupo de homens pró-feministas, a Liga do Homens, porém, ele ocupa uma posição marginal em um movimento de homens composto quase exclusivamente por grupos de pais. Se opor ao feminismo e à pensão alimentar é a principal preocupação destes últimos. Os militantes organizam manifestações e ações espetaculares, por exemplo, acorrentando-se aos portões dos tribunais e do Ministério das Relações Sociais, em Praga. Os militantes que se expressam mais frequentemente em fóruns virtuais de grupos de pais parecem ser homens de classe média, mais especificamente profissionais liberais e empresários, geralmente com diploma universitário. Eles denunciam um "estado feminofascista" que transformou a sociedade em "matriarcado" e

29 A respeito da Polônia, ver o estudo de Elżbieta Korolczuk e Renata E. Hryciuk, "In the Name of the Family and Nation: Framing Fathers' Activism in Contemporary Poland", Katalin Fábián, Elżbieta Korolczuk (Orgs.), *Rebellious Parents: Parental Movements in Central-Eastern Europe and Russia*, Bloomington-Indianapolis, Indiana University Press, 2017, p. 113-144.

chamam as feministas de "vacas feministas".[30] Para eles, as mulheres, os tribunais, os advogados, os psicólogos e os trabalhadores sociais seriam os completos responsáveis pelos divórcios, que são a causa de muitos suicídios de homens.

Nos Estados Unidos, os próprios presidentes vão se declarar preocupados e solidários aos pais. Como os reis ao final da Idade Média, a mais poderosa autoridade política do país se lança então na "guerra dos sexos". Em 1995, o presidente Bill Clinton afirmou que "o mais importante problema social na sociedade pode ser o crescimento da ausência dos pais nas casas de seus filhos, porque isso contribui com tantos outros problemas".[31] Em 1997, o Congresso dos Estados Unidos criou um grupo de trabalho sobre a promoção da paternidade, uma iniciativa copiada pela conferência dos governadores e presidentes de câmaras municipais. Por sua vez, o presidente George W. Bush, cujo pai também foi presidente, investiu mais de 300 milhões de dólares para promover a paternidade responsável. Organizações como a National Fatherhood Initiative, cujo membro David Blankenhorn é autor de *Fatherless America*, foram criadas nos anos 1990. Enfim, em 2008, Barack Obama, filho de um pai ausente, aproveitou a ocasião do Dia dos Pais durante a campanha presidencial em junho de 2008 para lamentar que, segundo ele, os pais frequentemente "fogem de suas responsabilidades e se comportam como garotos, não como homens". Ele complementa: "vocês e eu sabemos até que ponto isso é verdade dentro da comunidade negra". Um dos porta-vozes de Obama explicou durante a campanha à presidência que, "como qualquer um que cresceu sem pai em casa, o senador Obama escreveu e fez discursos por muitos anos sobre o papel dos pais, e notadamente sobre a importância de que os pais

---

30 Steven Saxonberg, "Down and Out in a 'Femo-fascist' State: the Czech Fathers' Discussion Forum", Katalin Fábián, Elżbieta Korolczuk (Orgs.), *op. cit.*, p. 211-212.

31 Stephen Baskerville, "The Politics of Fatherhood", *Political Science and Politics*, vol. 35, n. 4, dez. 2002, p. 695.

sejam presentes na vida de seus filhos".[32] Mesmo que os presidentes do Partido Democrata tenham sido comumente mais simpáticos ao feminismo do que aqueles do Partido Republicano, eles concordam quando se trata de lamentar a ausência dos pais, e também fazem eco aos discursos dos grupos de pais divorciados ou separados.

O perfil dos grupos de pais e seus membros

Já há vários anos, muitos estudos feitos na América do Norte e na Europa têm permitido conhecer melhor o perfil dos homens que participam dos grupos de pais, suas motivações, suas ideias sobre os papéis que devem ter os pais e as mães sobre a guarda dos filhos e a delicada questão da pensão alimentícia. Os estudos aos quais me refiro fizeram mais de 340 entrevistas aprofundadas com os membros desses grupos e observaram 55 grupos, coletando mais de uma centena de questionários distribuídos aos membros dos grupos, sem esquecer das análises do discurso difundidas em sites de grupos de pais. É, portanto, possível ter um retrato assaz detalhado do perfil de pais que participam desses grupos e suas motivações, e constatar as fortes semelhanças em vários países quanto ao perfil dos membros, suas prioridades, suas motivações e seus discursos. Por exemplo, no início dos anos 2000 nos Estados Unidos, Jocelyn Elise Crowley realizou 158 entrevistas aprofundadas com dirigentes e membros de 26 grupos de pais, em 17 estados. A média de idade dos homens que ela reuniu era de 46 anos e seu nível de educação estava abaixo da média nacional.[33] Por sua parte, Aurélie Fillod-Chabaud

---

32 Agence France-Presse, "Campagne américaine: La gaffe de Jesse Jackson fait resurgir la question raciale", *Le Devoir*, 11 jul. 2008, p. A5.

33 Jocelyn Elise Crowley, "Organizational Responses to the Fatherhood Crisis: The Case of Fathers' Rights Groups in the United States", *Mariage & Family Review*, vol. 39, n. 1-2, 2006, p. 107-108.

realizou, em 2010, uma análise comparativa entre os grupos de pais na França e no Quebec, observando uma dezena de reuniões e fazendo entrevistas com os presidentes dos grupos estudados e alguns de seus membros. A pesquisa teve acesso a milhares de fichas de membros do grupo francês SOS Papa e pôde administrar questionários a dezenas de seus membros. Ela constatou que esses homens pertenciam geralmente às classes média-alta (diploma de educação superior, trabalho ou profissão intelectual) e que geralmente formavam casais com mulheres com uma condição econômica e social mais fraca, e que são afastadas do trabalho assalariado durante vários anos depois de se tornarem mães. O sociólogo Édouard Leport entrevistou 26 membros de sete associações diferentes em três grandes cidades da França. Ele observou 34 sessões de acolhimento de pais que pediram por ajuda.[34] No conjunto, uma minoria de mulheres apoiou ou participou das atividades desses grupos, sendo geralmente mães de homens divorciados ou separados que procuravam ajuda para seus filhos, ou ainda uma segunda companheira que não gosta nem um pouco de ter que dividir uma parte da renda do novo casal com a ex-esposa. Na França, os homens conservam os postos de poder em suas organizações, mas, por vezes, atribuem a função honrosa de presidente às mulheres públicas, como psicólogas conhecidas, e contratam mulheres para o trabalho de secretariado.

Os grupos se mantêm em atividade graças ao engajamento dos militantes mais assíduos. A maior parte dos homens que se inscreve nesses grupos está simplesmente à procura de conselhos sobre como estar com seus filhos, de um suporte psicológico ou de ajuda jurídica pontual. Eles participam de uma ou duas reuniões do grupo antes de se afastarem, seja porque eles não precisam mais de tal ajuda, seja porque os relatos geralmente parecem muito deprimentes e

---

34 Edouard Leport, *Os usos da noção de "interesse da criança" pelas associações de "direitos dos pais"* (no prelo) – agradeço ao autor por compartilhar seu manuscrito.

muito vingativos. Não há homogeneidade de pensamento entre todos esses homens que participam de um, dois ou mais encontros, e sua atitude pode se transformar ao longo das discussões. Alguns não querem criticar as mães, muitos se preocupam pouco com as feministas. Outros elaboram teorias gerais com base em seus casos pessoais e consideram que as mães são sempre favorecidas pela vara da família, em detrimento dos pais. Outros, ainda, esperam tirar dessas reuniões as forças e os recursos necessários para militar coletivamente pela "causa dos pais" e pelos "direitos dos pais". Em certos grupos, a evocação da "dominação masculina" é um objeto de sarcasmo, em outros, as mães são sistematicamente qualificadas de "vadias", um insulto que ocorre também entre os Novos Guerreiros na França.[35] Na Polônia, um dos militantes de grupos de homens declarou, a respeito das juízas da vara da família, que "essas vadias deveriam ficar em casa e esfregar o chão de joelhos em vez de separar os filhos dos pais!!! Não é outra coisa que um ato de sabotagem contra a Santa república polonesa!!!".[36] As feministas são normalmente apresentadas como as inimigas dos homens, dos pais e das famílias. Um homem entrevistado disse, a respeito do Centro dos Diretos da Mulher em Varsóvia, uma das organizações feministas mais antigas e mais conhecidas do país: "o centro tem uma longa lista de atividades cujo objetivo é destruir os homens e lhes oprimir financeiramente. [...] Nas organizações de direitos

---

35 Emmanuel Gratton, "Un groupe de parole de pères divorcés et séparés: entre égalité parentale et solidarité masculine", *Recherches familiales*, n. 9, 2012, p. 177; e o fim do documentário *In Nomine Patris*; Boris Lulé, *Initiation masculine, dépolitisation masculiniste: la recomposition de la domination masculine par le mouvement mythopoétique – comprendre l'antiféminisme de l'intérieur*, master 2 Histoire de la pensée politique, École normale supérieure de Lyon et Université Lumière Lyon 2, 2010, p. 24.

36 Katarzyna Wojnicka, "Masculist Groups in Poland: Aids of Mainstream Antifeminism", *International Journal for Crime, Justice and Social Democracy*, vol. 5, n. 2, 2016, p. 43.

dos pais, a família é considerada como sagrada, mas é totalmente o contrário no meio das feministas".[37]

Mesmo que a realidade desse campo às vezes seja muito confusa, é possível distinguir de maneira esquemática duas tendências nas organizações de pais divorciados ou separados; são elas os grupos de terapia e os grupos militantes.[38] É possível que um pai seja direcionado ou ele mesmo prefira ingressar em um ou outro grupo dessas duas categorias (de terapia ou militante), seja porque encontra grupos militantes muito vingativos ou porque procura o suporte psicológico do grupo e não quer enfrentar uma guerra contra a magistratura nem mesmo contra sua ex-esposa. É também possível que um pai se apresente a um grupo de terapia que não lhe ofereça aquilo que ele procura, mas perceba que é o melhor para ele. É o caso deste pai que deu um testemunho a respeito de sua participação em um grupo de terapia: "Eu queria que me ensinassem a controlar melhor minha ex, mas agora eu sei que isso não é possível. Eu tento ter uma boa relação com minha filha".[39] Enfim, as organizações de pais propõem as duas abordagens, ou seja, a militância e a terapia. Nos Estados Unidos, por exemplo, a National Partnership for Community Leadership (Associação Nacional para Liderança Comunitária) financiava nos anos 1990 os organismos comunitários que oferecessem programas para os pais de baixa renda. Entre esses programas, a Partnership

---

37 *Ibid.*, p. 45.

38 Eu retomo aqui uma distinção proposta por dois pesquisadores: Aurélie Fillod-Chabaud, "Les usages du droit par le mouvement des pères séparés: une comparaison France-Québec", *Genre, sexualité et société*, n. 15, 2016 [https://gss.revues.org/3746], e Karine Foucault, *Formes de la pensée masculiniste dans l'agenda politique du Québec: le cas de l'Avis du Conseil du statut de la femme intitulé Vers un nouveau contrat social pour l'égalité entre les femmes et les hommes*, Ottawa, dissertação de mestrado, Departamento de Sociologia, Université d'Ottawa, 2008. Essas distinções também se encontram nos grupos de pais da Europa Oriental.

39 Aurélie Fillod-Chabaud, *op. cit.*

for Fragile Families (Associação pelas Famílias Vulneráveis), por exemplo, ajudava os pais a encontrarem um emprego e a oficializarem a paternidade de seus filhos. Informações acerca das implicações legais ligadas à guarda dos filhos também eram oferecidas, em particular para os pais presos.

Os grupos de terapia, menos presentes em países como a França, mas bem desenvolvidos na América do Norte, oferecem serviços de profissionais da saúde, psicólogos e assistentes sociais. Alguns desses grupos vão filtrar a inclusão de pais muito vingativos. Esses grupos insistem pouco na importância de protestar em frente a tribunais e chegam até mesmo a sugerir que isso não é uma solução, ainda que ofereçam aconselhamento jurídico. Eles preferem acompanhar os pais a atravessarem da melhor maneira possível as etapas do luto ao final da separação. Esses grupos podem também fazer o discurso da crise da masculinidade e ocupar espaços em diversas instâncias midiáticas, públicas e público-privadas, a fim de criticar as feministas e reivindicar mais recursos para os homens. Como disse o presidente de um desses organismos: "há injustiças, mas precisamos ganhar delas sem brigar… Lutando de maneira adequada! Não saltando de pontes ou cometendo homicídio. Nós temos outros modos de fazê-lo, chamamos isso de mão de ferro em luva de veludo".[40]

Não obstante, as intervenções desses grupos de terapia podem exprimir um discurso demasiado vingativo a respeito das mulheres e das feministas, como este voluntário no Quebec que declarou que "ser homem hoje é quase ter uma doença genética! Muitas coisas caíram em nossos ombros ao mesmo tempo desde os anos 1960, como o feminismo, pouco a pouco toda a sociedade está feminilizada".[41] As redes de saúde podem também oferecer reuniões de

---

40 *Ibid.*

41 Citado em Sylvie Halpern, "Nos hommes: Tous au bord de la crise de nerfs?", *Elle Québec*, abr. 2000, n. 128, p. 110.

formação – pré-natais ou não – para ensinar o pai a acompanhar a mãe em sua maternidade e durante o parto, bem como a tomar conta do recém-nascido. As empresas privadas divulgam materiais para ajudar seus funcionários a conjugar o trabalho com a paternidade.[42]

Quanto aos grupos militantes, eles são sobretudo compostos de voluntários e caracterizados por um tom mais reivindicatório e político. Em alguns desses grupos, os voluntários não oferecem ajuda psicológica e não ficam confortáveis com essa abordagem, como testemunha o presidente de um desses grupos do Quebec: "Eu não sou psicólogo! Eu não estou aqui para escutar a dor de amor deles [os homens que se inscrevem nesse grupo]".[43] Esses pais frequentemente são envolvidos em divórcios bem conflituosos, com processos geralmente duas vezes mais longos do que os usuais onze meses da média francesa. Alguns ainda estão envolvidos em procedimentos judiciais sete ou até dez anos após o divórcio. Esses pais comumente acusam a magistratura de decidir sistematicamente em favor das mães. O mesmo ocorre nos Estados Unidos, onde um cientista político afirma que as instituições implicadas nos casos de divórcio e de proteção de crianças "têm o interesse de separar os filhos de seus pais [...] as cortes, as agências de serviços civis e as empresas privadas [de advogados] obtêm vantagens ao separar os filhos de seus pais", pois seus financiamentos e seus lucros disso decorreriam.[44] Os tribunais não seriam injustos para com os pais somente em casos de divórcio, pois alguns pais se dizem igualmente vítimas de repressão judicial durante o processo por maltrato psíquico ou sexual de seus filhos.

---

42 Ver o guia *Promouvoir la parentalité auprès des salariés masculins: un enjeu d'égalité professionnelle*, France, Observatoire sur la responsabilité sociétale des entreprises et Centre national d'information sur les droits des femmes, 2008.

43 Aurélie Fillod-Chabaud, *op. cit.*

44 Carl Bertoia, Janice Drakich, "The Fathers' Rights Movement", *Journal of Family Issues*, vol. 14, n. 4, dez. 1993, p. 599.

Os grupos militantes encorajam a mobilização política sob a forma do envio de cartas ou e-mails aos periodistas e professores universitários que se exprimem de maneira crítica a respeito deles. Eu mesmo já recebi dezenas de e-mails depois de ter escrito um artigo em um jornal criticando um militante que havia escalado a ponte Jacques-Cartier, em Montreal, em nome do F4J. Além de me acusar de ser um péssimo professor universitário, vários me contavam suas histórias pessoais e me lançavam afirmações como: 80% dos homens são forçados a abandonar os filhos antes do divórcio; as mulheres traem seus maridos com o vizinho e depois ficam com os filhos para exigir pensão alimentícia; as mulheres são mais violentas que os homens, sobretudo psicologicamente etc. Alguns colocam em dúvida minhas preferências sexuais e expressam a esperança (ou desejo?) que eu seja jogado numa prisão e sodomizado repetidamente.[45] Reclamações a meu respeito também foram feitas para o reitor da minha faculdade e junto à Comissão de direitos da pessoa, sob o pretexto de que eu expressava ódio aos homens.

Dito isso, estou longe de ser um caso isolado. A jurista Daphna Hacker, que estudou os grupos de pais israelenses, confidencia em um de seus textos: "Eu tenho orgulho de ser uma das muitas vítimas de tentativa de intimidação, porque eles enviaram, por exemplo, uma carta ao reitor de minha universidade pedindo que eu fosse convocada para dar um esclarecimento ético, em razão de minhas atividades universitárias e públicas a respeito de gênero e da Lei da família".[46] Por sua vez, Phyllis Chesler publicou, em 1986, um livro

---

45 O envio massivo havia sido iniciado por um grupo, como indicou explicitamente uma das mensagens, então várias mensagens eram reencaminhadas de acordo com esse grupo.

46 Daphna Hacker, "Divorce Israeli Men's Abuse of Transnational Human Rights Law", *Canadian Journal of Women and the Law*, vol. 28, 2016, p. 92, nota de rodapé 3; ver também o resumo do julgamento da Suprema Corte da Columbia--Britânica por uma queixa de difamação prestada por um masculinista contra Pierrette Bouchard, uma professora da Universidade de Laval que publicou um

intitulado *Mothers on trial: the battle for children and custody* (*Mães no tribunal: a batalha pelos filhos e pela guarda*), no qual indica que os pais que solicitam a guarda dos filhos geralmente a têm concedida pelos juízes, ainda que eles tenham sido ausentes ou, pior, violentos. Em reação, os militantes dos grupos de pais protestaram durante sua conferência, a ameaçaram de processo e fizeram gestos obscenos e ameaças de morte. Ela inclusive encontrou um animal morto diante de sua porta.[47]

Os militantes enviam também mensagens aos deputados para lhes convencer da nocividade do feminismo, trabalho às vezes feito antes mesmo de se juntar a uma instituição, tal como explica este entrevistado: "Eu passei, oh! Desde o meu divórcio, eu passei cinco ou seis anos escrevendo cartas e falando com os senadores e fazendo as coisas por mim mesmo, até que finalmente percebi que sozinho eu não iria muito longe. Então, percebi que era melhor me juntar a uma organização".[48] Durante as audiências do Conselho do Estatuto da Mulher de Quebec, em 2004-2005, o presidente da comissão admitiu o representante de um grupo de pais divorciados ou separados, e a partir daí os deputados passaram a receber cartas qualificando o feminismo de "feminazismo". Esse representante explicou que, "quando se é um pai de família e a esposa [...] telefona para 911 [número da emergência da polícia], o pai de família é tratado exatamente como um judeu era por Hitler, exatamente a mesma coisa".[49]

---

estudo sobre os discursos masculinistas: https://www.csf.gouv.qc.ca/wp-content/uploads/resume-du-jugement-rendu-par-la-cour-supreme-de-la-colombie-britannique-le-11-mars-2008.pdf.

47 Phyllis Chesler, "The Men's Auxiliary: Protecting the Rule of the Fathers", Kay Leigh Hagan (Org.), *Women Respond to the Men's Movement*, San Francisco, Pandora Books, 1992, p. 137-138.

48 Jocelyn Elise Crowley, *op. cit.*, p. 112.

49 Audiências de quarta-feira, 26 de janeiro de 2005, 14h30-15h30 (no site da Assembleia Nacional de Quebec).

Os grupos militantes por vezes encorajam os pais a prestarem queixa à polícia contra sua ex-esposa, por exemplo, quando ela não cumpre à risca o cronograma de visitas ao pai.[50] De fato, alguns militantes prestam queixas compulsivamente contra as feministas às ouvidorias de redes públicas e mídias e ao conselho de imprensa, além de enviarem notificações e reclamações por difamação de seus nomes ou quando o nome de suas instituições é mencionado. Um militante do F4J em Montreal utilizou de modo implacável os tribunais até que foi finalmente declarado "litigante", um termo jurídico que serve para qualificar os indivíduos que utilizam os tribunais de modo "excessivo e desarrazoado". Esse indivíduo havia prestado doze queixas para o comitê disciplinar da corte contra muitos advogados, incluindo alguns que o haviam defendido. Diante de um indivíduo tão vingativo, pode-se imaginar a dificuldade do divórcio, embora sua ex-esposa nunca tenha se manifestado publicamente sobre esse assunto. O julgamento do litigante lembrou que todas as queixas do militante "estavam ligadas evidentemente, de um modo ou de outro, aos procedimentos do divórcio que ele perpetrou contra sua mulher" sobre o qual "ele insiste em repetir (sem razão) que seus filhos foram objeto de *abuso e tortura causados por sua ex-mulher*". O juiz lembrou também que "ele acusa o tribunal e o juiz [...] de ser *criminoso e preconceituoso e até mesmo violento*", que "ele acusa o sistema jurídico de estar *corrompido*", que "ele compara a corte com Adolf Hitler".[51] O principal interessado viu em sua condenação por litigância uma manobra para impedi-lo de impetrar um novo processo, desta vez contra o Partido Liberal no poder. Ao final, ele

---

50 A respeito dos homens violentos que abusam das queixas aos tribunais para prejudicar mulheres, ver S. L. Miller, N. L. Smolter, "'Paper Abuse': When All Else Fails, Batterers use Procedural Stalking", *Violence Against Women*, vol. 17, n. 5, 2011, p. 637-650.

51 Ordem dos advogados do Quebec vs. Srougi, Tribunal Superior, Québec, 20 fev. 2007 [2007 QCCS 685] [https://www.canlii.org/fr/qc/qccs/doc/2007/2007qccs685/2007qccs685.html].

declarou para as mídias: "Eu não tenho escolha. Se eles me tiram todos os meus direitos, qual é a outra opção? Pegar um metralhadora?".[52]

Os grupos de pais se valem há décadas de outras audiências públicas para se fazerem ouvir pela elite política e tentarem fazer com que as leis sejam modificadas em seu favor, particularmente no que se refere à pensão alimentícia e à guarda dos filhos. Assim, os israelenses interpelaram as Nações Unidas, em nome de oito organizações de homens, por supostas discriminações para com os pais divorciados por parte das autoridades e instituições de seu país, incluindo os tribunais e os serviços sociais. O Comitê de Direitos Econômicos, Sociais e Culturais da ONU foi informado que, em Israel, "os homens são ignorados, ridicularizados, depauperados, aprisionados e separados de seus filhos todos os dias".[53] Os reclamantes entendem que as mães são automaticamente contempladas pela guarda dos filhos e que a assistência social encoraja as mulheres a prestarem falsas queixas conjugais com o objetivo de expulsar os homens de seu domicílio. Eles afirmam também que, a cada ano, duzentos homens se suicidam em Israel em razão dos divórcios. Os reclamantes se valeram de uma disposição do sistema judiciário dos Estados Unidos, o qual permite recorrer aos tribunais por atos de tortura cometidos fora do país, para impetrarem queixas contra os ministros e juízes de Israel. Entre 2010 e 2014, seis processos foram abertos nos tribunais dos Estados Unidos por pais israelenses cujos filhos residiam em Israel. Os pais arguiram que, em Israel, impera "uma política discriminatória institucionalizada de separação dos pais de seus filhos menores, o que constitui tortura psicológica e física para os pais", e que esses abusos representam "crimes contra a humanidade".[54] As queixas consumiram dezenas

52 Clairandrée Cauchy, "Fathers-4-Justice: Andy Srougi déclaré 'plaideur quérulent'", *Le Devoir*, 22 fev. 2007.

53 Daphna Hacker, *op. cit.*, p. 94.

54 *Ibid.*, p. 100.

de milhões de dólares. Tais causas não são levadas muito longe; os juízes as consideram ilegítimas, mas o número de grupos de homens de Israel mais do que dobrou em uma década.

Ainda que vários desses grupos não contem com mais do que alguns participantes, essa multiplicação dá a impressão de um movimento fortemente mobilizado e que fala em nome de todos os homens e todos os pais. Por exemplo, o "presidente" de um organismo que não conta com mais do que alguns membros goza, apesar disso, de uma certa legitimidade de seu título diante das mídias ou de audiências públicas. Isso lhe permite também ser convidado em pé de igualdade com representantes do movimento de mulheres nos debates midiáticos, como se as duas posições fossem de igual interesse e como se o ato de oferecer a palavra aos grupos feministas devesse ser equilibrado por uma oferta similar aos grupos de pais.

5. Crise da masculinidade ou crise econômica?

Alguns tentaram explicar a emergência do movimento de homens por meio das crises econômicas e das dificuldades encontradas pelos homens no mercado de trabalho, mais do que como uma reação ao movimento feminista e às suas reivindicações. Essa tese ecoou nas análises do fim do século XIX e começo do século XX, que explicaram a crise da masculinidade por meio de grandes perturbações socioeconômicas, como o êxodo rural, a entrada massiva dos homens nas fábricas ou escritórios, onde a principal ferramenta de trabalho é uma simples caneta. Estudando a crise da masculinidade na Áustria por volta de 1900, Jacques Le Rider sublinha, entretanto, que "a teoria que gostaria de explicar a ideologia antifeminista por meio de uma infraestrutura econômica e social não pode esclarecer tudo. Na Áustria de 1900, o antifeminismo surge como a coisa mais bem difundida, tanto nos meios burgueses como nos meios proletários".[1]

Nos anos 1960, ainda era possível ouvir que a identidade masculina na Grã-Bretanha estava enfraquecida pela sedentarização e

---

1 Jacques Le Rider, *Modernité viennoise et crises de l'identité*, Paris, Presses universitaires de France, 2000, p. 161.

pela mecanização da vida.[2] Em 2013, era a desindustrialização que provocava uma crise da masculinidade – nisso acreditava a ministra da Saúde Pública da Grã-Bretanha, que fez um pronunciamento a esse respeito intitulado "Britain's crisis of masculinity" (A crise da masculinidade britânica).[3]

As entrevistas com os estivadores dos portos de Los Angeles e de Long Beach nos Estados Unidos, um dos mais importantes complexos portuários do mundo, revelaram que esses homens afirmavam sofrer de uma crise da masculinidade por causa, em parte, da entrada das mulheres em seus postos de trabalhos. Essa é a constatação apresentada por Jake Alimahomed-Wilson em seu artigo "Men along the shore: working-class masculinities in crisis" (Os homens no cais: as masculinidades em crise dos trabalhadores). Ele afirma que várias mulheres prestaram queixa no sindicado por discriminação.[4] Outros estudos revelam que os grupos de homens acusam as mulheres de roubarem os empregos que deveriam ser ocupados por eles. Às vezes, eles exigem a criação de uma Comissão de Homens, como aconteceu em Hong Kong, ou se contentam em afirmar que a Lei da Igualdade Social "não funciona". Na Costa Rica, ao fim do século XX, os homens declararam que as mulheres desejam "ser mais do que os homens", e "que às vezes isso vai longe demais".[5] Elas não representam, entretanto, mais do que 30% dos trabalhadores assalariados, um aumento de somente 3% em dez anos.

---

2 Segundo Kenneth Hudson, *Men and Women: Feminism and Anti-Feminism Today*, Newton Abbot, David & Charles, 1968, p. 30.

3 Steven Roberts, "Introduction", Steven Roberts (Org.), *Debating Modern Masculinities: Change, Continuity, Crisis?*, Londres, Palgrave Macmillan, 2014, p. 4.

4 Jake Alimahomed-Wilson, "Men Along the Shore: Working-Class Masculinities in Crisis", *Norma: International Journal for Masculinity Studies*, vol. 6, n. 1, 2011, p. 22-44.

5 Sylvia Chant, "Men in Crisis? Reflections on Masculinities, Work and Family in North-West Costa Rica", *The European Journal of Development Research*, vol. 12, n. 2, 2000, p. 212.

A tese que encontra a causa da crise da masculinidade na economia se baseia na convicção de que a identidade masculina é sobredeterminada pelo trabalho assalariado, e o homem se identificaria, antes de tudo, com o seu emprego. "Sem dinheiro e sem bens, os homens não podem expressar completamente seu poder e sua força, já que sua autoestima estaria minada. Do mais, o sentimento masculino de ser sedutor parece igualmente enfraquecido diante da baixa de seu estatuto econômico",[6] assim afirma Małgorzata Matlak, em seu estudo de 2004 intitulado *The crisis of masculinity in the economic crisis context* (*A crise da masculinidade em um contexto de crise econômica*). Essa é, aliás, a posição adotada em seus ensaios sobre a crise da masculinidade. Em seu livro *The decline of men*, Guy Garcia afirma nas primeiras páginas do Prefácio que: "um dos pilares da identidade masculina é a capacidade de trabalhar [por um salário], e, quando os homens perdem seus empregos, eles perdem totalmente a confiança em si".[7] É por isso que a aposentadoria pode ser percebida como um período de crise da masculinidade.[8]

Parece que as mulheres teriam, por sua parte, uma identidade mais flexível em termos de tarefas e de trabalho. Se elas não têm emprego, de nada serve entrar em pânico: elas têm suficiente trabalho doméstico para se ocuparem e se sentirem valorizadas somente em trocar as fraldas dos bebês, em esfregar o chão e ao preparar boas refeições para seus maridos. Esse discurso sobre o emprego como elemento construtivo da identidade masculina passa mais frequentemente em silêncio quando se trata das dificuldades

---

6 Małgorzata Matlak, "The Crisis of Masculinity in the Economic Crisis Context", *Procedia: Social and Behavioral Sciences*, n. 140, 2014, p. 368.

7 Guy Garcia, *The Decline of Men*, Nova York, Harper Perennial, 2008, p. xii. Encontramos a mesma ideia em Hanna Rosin, *The End of Men: Voici venu le temps des femmes*, Paris, Autrement, 2013.

8 Ilkka Pietilä, Toni Calasanti, Hanna Ojala, Neal King, "Is Retirement a Crisis for Men? Class and Adjustment to Retirement", *Men and Masculinities*, publicado na internet em 29 ago. 2017 [https://doi.org/10.1177/1097184X17724189].

das mulheres no mercado de trabalho: assédio e discriminação, fragilidades que diminuem as chances de promoção, salário mais baixo apesar dos diplomas iguais aos dos homens, dificuldade de se imaginar em profissões de maioria masculina, atraso na carreira em razão da maternidade, dificuldade de conciliar a maternidade e o emprego, empobrecimento após a aposentadoria, sem esquecer das resistências dos homens à entrada delas em certas profissões, seja de modo aberto ou mais discretamente.

Já no século XIX, as mulheres representavam uma ameaça à masculinidade quando investiam no campo do trabalho assalariado. Quando da emergência do movimento trabalhador e dos partidos socialistas na Europa, os próprios trabalhadores deflagraram greves a fim de protestar contra o recrutamento de mulheres, a ponto de os sindicatos as excluírem como afiliadas. A parceria de Karl Marx e Friedrich Engels afirmava, já em 1845, no livro *A situação da classe trabalhadora na Inglaterra*, que a entrada das mulheres no mercado de trabalho provocaria um aumento no desemprego dos homens e uma "dominação da mulher sobre o homem". O homem desempregado estaria "condenado aos trabalhos domésticos" e seria vítima de uma "castração de fato" que o privaria de seu "caráter viril".[9] Em 1866, o político francês Jules Simon explicava que os trabalhadores "são escravos do regulamento da fábrica, é justo que eles sejam mestres em suas casas".[10] Mestres no sindicato, em casa e também nos clubes... Em 1897, na Grã-Bretanha, somente 1 dos 512 Working Men's Club (Clube dos Trabalhadores) aceitava mulheres como membros.[11]

---

9 Françoise Collin, Évelyne Pisier, Eleni Varikas (Orgs.), *Les femmes de Platon à Derrida: Anthologie critique*, Paris, Plon, 2000, p. 548. Nota-se que Engels mais tarde se tornará uma figura do feminismo socialista, com sua obra *L'origine de la famille, de la propriété privée et de l'État* (1884).

10 Annelise Maugue, *L'Identité masculine en crise: Au tournant du siècle 1871-1914*, Paris, Payot-Rivages, 2001 [1987], p. 90.

11 Brian Howard Harrison, *Separate Spheres: The Opposition to Women's Suffrage in Britain*, Nova York, Holmes & Meier Publishers, 1978, p. 60.

Os *boys' clubs* são encontrados em todas as classes, entre os ricos e entre os pobres, patrões e assalariados.

Hoje, a crise econômica parece permanente, e a ideologia neoliberal junto com a globalização econômica têm oferecido os argumentos para reestruturar o mercado de trabalho em favor dos patrões e dos acionários, deixando em ruínas vastos setores outrora prósperos. A vitória de Donald Trump na eleição presidencial dos Estados Unidos em 2016 atraiu a atenção para os Angry White Men (Homens Brancos Zangados). Esses jovens homens de classe média, urbanos e pouco escolarizados se consideram já como as primeiras vítimas do fechamento de fábricas dos anos 1980 e 1990. Eles se supõem enganados pelas mulheres e imigrantes, que teriam roubado seus empregos graças aos programas preferenciais de contratação, entre outros motivos. Esses homens estão bem frustrados, pois são menos bem-sucedidos que seus pais e não conseguem manter o ritmo de consumo a que aspiram. Consequentemente, eles se endividam por um carro ou uma casa. Eles também são afetados pela redução dos serviços sociais e o recuo dos sindicatos, mesmo que tenham a tendência de criticar o Estado provedor e o sindicalismo.

A cólera dos Angry White Men para com as mulheres é, às vezes, influenciada por homens proeminentes. O próprio presidente Ronald Reagan declarou, em 1892, que "o desemprego não é em razão somente da recessão, mas do número crescente de pessoas que ingressam no mercado de trabalho, e – não quero acusar ninguém, senhoras, mas... – porque há um número crescente de mulheres que trabalham hoje em dia".[12] Tal como constatou a feminista Susan Faludi, "a revanche é orquestrada por homens muito mais prósperos e influentes do que os pobres descontentes; por aqueles que reinam sobre o mundo das mídias, dos negócios e da política. As pessoas

12 Susan Faludi, *Backlash: La guerre froide contre les femmes*, Paris, Des femmes--Antoinette Fouque, 1993, p. 127.

desfavorecidas e pouco instruídas se ligam a isso mais do que aos instigadores do antifeminismo".[13] Segundo Michael Kimmel, especialista da masculinidade nos Estados Unidos, esse é o caso de Den Hollander, diplomado de uma grande universidade e antigo advogado de uma empresa de Nova York que é, sem dúvida, parte do 1% mais rico da sociedade. Entretanto, ele inventou o termo SPM, ou "síndrome da perseguição masculina" (jogo de palavras em referência à Síndrome Pré-Menstrual). Ele também declarou para a mídia que "as feminazis se infiltraram nas instituições de modo que há uma transferência de direitos dos rapazes para as mulheres".[14]

Por outro lado, as mulheres e os imigrantes não são responsáveis pelos problemas financeiros dos homens, provocados pela automatização e informatização crescentes da produção, pelos acordos de livre comércio internacional e pela descentralização da produção. Isso sem contar as crises financeiras provocadas pelas manobras duvidosas dos corretores e consultores, do aumento dos aluguéis e preços das casas e do endividamento encorajado pelos bancos e companhias de crédito. São, portanto, os homens brancos que são a maioria onde se tomam as decisões políticas e econômicas que afetam os mercados de trabalho e consumo, como os conselhos de administração de grandes companhias. São, em grande parte, os homens que são responsáveis pelos tratados de livre-comércio, pela descentralização das empresas e, consequentemente, pelas manobras para aumentar instantaneamente o valor das ações, pelas crises econômicas e financeiras resultante de jogos especulativos com os fundos de pensão e até com o dinheiro de pequenos contribuintes. Os jovens homens brancos em cólera preferem, contudo, acusar as mulheres e os imigrantes de todos os problemas do que direcionar

---

13 *Ibid.*, p. 126.

14 Citado em Michael Kimmel, "From Men's Liberation to Men's Rights: Angry White Men in the US", 9 jun. 2014. Ver também, do mesmo autor, *Angry White Men: American Masculinity at the End of an Era*, 2013.

essa cólera aos pratões e aos banqueiros, à elite política ou mesmo aos chefes sindicais muito moderados.

As mulheres se tornam, portanto, os "bodes expiatórios", mesmo que elas também sejam afetadas pela crise e percam, com frequência, a qualidade nos empregos que as permitiriam viver acima da linha da pobreza. O sociólogo especialista da condição masculina Michael Kimmel, autor da obra *Angry White Men: american masculinity at the end of an era* (*Homens brancos zangados: a masculinidade americana no fim de uma era*), conduziu pesquisas sobre o movimento de homens por vários anos. Ele foi, por isso, convidado à televisão para debater com os homens que teriam perdido seus empregos. O título do programa de televisão, "Uma mulher negra roubou meu emprego", o fez reagir. Por que simplesmente não se pode considerar que mais "uma mulher negra arrumou um emprego", o qual não estava prometido a uma pessoa em particular? Mas muitos dos homens pensam que eles têm direito ao emprego, que tais empregos lhes são devidos, já que eles são os homens. Nessa lógica, uma mulher que tenha um emprego significa um emprego a menos para os homens ou até mesmo um emprego *roubado* de um homem que o tinha por direito.

Kimmel destaca que os problemas econômicos dos homens brancos lhes parece com um crime de lesa-majestade. Como aristocratas, eles pensam ter direito aos privilégios pelo simples fato de que nasceram homens e brancos: direito a um bom emprego, um bom salário, uma casa e um grande carro, direito a uma esposa que se ocupe dele etc. Kimmel utiliza o termo em inglês *entitlement* (direito de posse) para designar esse fenômeno, pois ele indica que alguns privilégios são devidos a certas castas ou classes de pessoas em razão, por exemplo, do título (*title*) de nobreza. Em certos lugares na Idade Média, somente os nobres teriam o direito de caçar grandes presas, de montar a cavalo e portar certas armas. As pessoas da plebe que ousassem cometer uma contravenção a essas normas poderiam ser presas. A plebe deveria se cobrir quando da passagem de um nobre. Hoje, esses homens brancos reagem como os aristocratas que querem usufruir de privilégios que lhes seriam devidos ao *título de homem*.[15] Não poder *gozar* desses privilégios – emprego, esposa, amante etc. – parece ser um verdadeiro escândalo, de onde essas emoções são frequentemente evocadas: a cólera e o ressentimento. Mesmo que objetivamente a desigualdade persista entre os sexos, esses homens brancos se supõem vítimas de uma injustiça muito grave em favor das mulheres e das populações discriminadas de imigrantes. Para eles, ver uma só mulher ocupar um posto de trabalho é o suficiente para supor que todas as mulheres estão roubando *seu* emprego.

Em uma perspectiva que não é abertamente masculinista, vários estudos científicos associam o desemprego dos homens à crise da masculinidade. Os resultados desses estudos são apresentados em artigos com títulos bem sugestivos, como: "Men in crisis? Reflections on masculinities, work and family in North-West Costa Rica" (Homens em crise? Reflexões sobre as masculinidades, o trabalho e a família no nordeste da Costa Rica) e "Crisis of masculinity in Haryana: The unmarried, the unemployed and the aged" (Crise da masculinidade em Haryana: os não casados, os sem emprego e os velhos). Alguns desses estudos se interessam pelas problemáticas raciais, afirmando, por exemplo, que há "uma crise mundial da masculinidade negra", pois os negros são proporcionalmente mais atingidos pelo desemprego do que os brancos, o que mina as chances daqueles de se casarem e serem pais.[16] O resultado

---

15 Nosso direito à sexualidade está baseado em nossa natureza biológica e nos genes ou nos hormônios, dirão alguns que acusam ao mesmo tempo as feministas de quererem recusar essa sexualidade, pois querem nos "emascular" ou nos "castrar", como podemos ler na internet (Laura Garcia-Favaro, Rosalind Gill, "Emasculation Nation Has Arrived": Sexism Rearticulated in Online Responses to Lose the Lad's Mags Campaign, *Feminist Media Studies*, vol. 6, n. 3, 2016, p. 386).

16 Jordanna Matlon, "Racial Capitalism and the Crisis of Black Masculinity", *American Sociological Review*, vol. 81, n. 5, 2016, p. 1015.

de alguns desses estudos são publicados em revistas simpáticas ao feminismo, por exemplo, *Gender & Society*, mas a maior parte desses estudos não trazem qualquer definição do conceito de "crise da masculinidade", cujo uso encoraja a ter pena dos homens e a não prestar atenção aos problemas que oprimem as mulheres.

Alguns estudos se interessam por romances e filmes com o objetivo de compreender o impacto das dificuldades econômicas para os homens. Em sua tese de doutorado intitulada *Foundering men, thriving women: gender, politics, and the crisis of masculinity in Haiti and Algeria* (*Os homens naufragando, mulheres prosperando: gênero, politica e a crise da masculinidade no Haiti e na Argélia*), Sharon Meilahn Bartlett explica que os argelinos e os haitianos estão excluídos do mercado de trabalho e não conseguem mais desempenhar seus papéis de provedores, enquanto as mulheres estariam se adaptando e até mesmo desenvolvendo seu poder. Os homens estariam se sentindo, portanto, emasculados.[17] Vários estudos se baseiam em entrevistas e sublinham a "fragilidade da identidade masculina" desses homens sem emprego que se sentem "vulneráveis" e ansiosos, que sofrem de "estresse" e de "insegurança", o que teria o efeito de "minar sua autoestima".

Mesmo que o desemprego possa, evidentemente, ser penoso para os homens (e para as mulheres), vários desses estudos apresentam, entretanto, os homens claramente privilegiados em suas relações com as mulheres. Esses homens desempregados continuam a dominar suas esposas, a oprimi-las e a explorá-las, mesmo que ele não possa mais cumprir o papel de provedor. Na Costa Rica, por exemplo, os homens entrevistados tinham uma ou várias mulheres ao seu lado para tomar conta deles. Mesmo os homens solteiros frequentemente

---

17 Sharon Meilahn Bartlett, *Foundering Men, Thriving Women: Gender, Politics, and the Crisis of Masculinity in Haiti and Algeria*, Proquest, Umi Dissertation Publishing, 2011 (tese defendida na University of Iowa).

coabitam com a mãe, irmãs, tias ou as filhas que já são adultas. Na Índia, mesmo homens sem renda podiam comprar uma esposa de apenas dez anos que eles sujeitam – segundo o estudo – a uma "exploração intensa": elas mantêm a casa e cuidam dos animais e da plantação, às vezes sem o direito de ficar na residência do marido, e são ao mesmo tempo proibidas de visitar sua família de origem. Por outro lado, esses estudos dão a entender que esses homens sofrem de uma masculinidade "diminuída", "desvalorizada", "marginalizada" e até mesmo "impotente".[18]

Dois estudos feitos por grupos de pesquisadores diferentes apresentam excertos de entrevistas quase idênticos com dois homens desempregados, um na Rússia,[19] e o outro em Bangladesh.[20] Ainda que eles deem a entender que os homens estejam acometidos de uma forte melancolia, esses excertos das entrevistas revelam sobretudo que a esposa está inteiramente a serviço deles.

Homem sem emprego na Rússia: "[Minha esposa] cuida dos afazeres da casa."	Homem sem emprego em Bangladesh: "Minha esposa cuida dos afazeres da casa."
Pergunta: "Quem cozinha?"	Pergunta: "Quem cuida das crianças?"
Resposta: "Minha esposa, evidentemente."	Resposta: "Ela (sua esposa)."
P.: "Quem faz as compras?"	P.: "Quem cozinha e faz as tarefas domésticas?"
R.: "Minha esposa..."	R.: "Ela."
P.: "Você não participa em nenhuma das tarefas domésticas?"	P.: O que você faz dos serviços da casa?"

18 Prem Chowdhry, "Crisis of Masculinity in Haryana: The Unmarried, the Unemployed and the Aged", *Economic and Political Weekly*, vol. 40, n. 49, 3-9 dez. 2005, p. 5196.

19 Sarah Ashwin, Tatyana Lytkina, "Men in Crisis in Russia: The Role of Domestic Marginalization", *Gender & Society*, vol. 18, n. 2, 2004, p. 201.

20 Dr Mozammel Haque e Kyoko Kusakabe, "Retrenched Men Workers in Bangladesh: A Crisis of Masculinities?", *Gender, Technology and Development*, vol. 9, n. 2, 2005, p. 201.

R.: "Não mesmo. Eu nem mesmo lavo o chão."	R.: "Eu não faço nada."
P.: "O que você faz o dia todo?"	P.: "O que você faz o dia todo?"
R.: "Eu durmo no sofá."	R.: "Eu fico na cama dormindo."

À luz desses testemunhos, uma reflexão que interessaria muito às relações de poder entre os sexos deveria concluir que esses homens vão muito, muito bem. Uma mulher se ocupa *de tudo* na casa enquanto eles podem tranquilamente dormir, mesmo não desempenhando o papel masculino de provedor do dinheiro. Aparentemente, a reciprocidade não parece ser óbvia para os homens, como este em Ohio que disse à sua esposa: "Se você não vai trabalhar, você vai ficar aqui na cozinha e fazer a limpeza e a arrumação. E, se eu pegar um dia você sentada em cima da bunda, vou te dar uma surra, você sabe".[21]

A pesquisa feita na Rússia antes mencionada sugere que os homens enfrentam "um duplo senso de exclusão", segundo as palavras dos pesquisadores, pois eles estariam excluídos de uma vez só do salário e das tarefas domésticas porque as mulheres controlam a casa. Não restaria a esses homens senão "ficar ocioso em casa", como afirma um homem entrevistado, enquanto sua esposa dedica mais tempo e energia ao trabalho doméstico, concordando com pesquisas de outros países.[22] O artigo que apresenta essa entrevista não se intitula "Mulheres russas à beira de um ataque de nervos", mas, sim, "Homens em crise na Rússia: o papel da marginalização doméstica". Os homens são apresentados como vítimas de um controle

---

21 Walter S. DeKesereby, Martin D. Schwartz, *Male Peer Support & Violence Against Women: The History & Verification of a Theory*, Boston, Northeastern University Press, 2013, p. 83.

22 Para os Estados Unidos, o autor Guy Garcia descreveu essa realidade, mas declarou, no entanto, que "parece que o mundo que os homens construíram colapsa ou se volta contra eles" (*The Decline of Men*, Nova York, Harper Perennial, 2008, p. xiv).

doméstico exercido pelas mulheres, as quais estariam defendendo seus "poderes femininos" e criticariam seus cônjuges muito mais do que lhes felicitariam por eles estarem executando tarefas domésticas.[23]

Philippe Carrer, que defende a tese do matriarcado na Bretanha, também defende a tese da dominação feminina, reforçada pelo "movimento feminista contemporâneo". Ele explica:

> *O pai é ausente física e moralmente, ausente no parto, ausente nos cuidados das crianças pequenas, em suas brincadeiras, depois em seus estudos. Ele nunca está lá, seja porque esteja trabalhando, ou com seus amigos, ou no jogo, ou fora de casa, lendo seu jornal ou vendo televisão. Ele está ausente não porque prefere estar alhures, ou porque não quer ser engolido por sua mulher, mas, sim, porque sua mulher quer ter o monopólio materno.*[24]

Diante de uma situação tão difícil, dirão os acadêmicos da Rússia que "os homens frequentemente reagem se retirando do desafio, em direção ao sofá".[25] Quanto aos bretãos, eles se valem do tempo livre para se dedicar a seus amigos, ao esporte, à leitura do jornal ou assistir televisão. A crise da masculinidade é muito penosa...

Ao desemprego que provoca a crise da masculinidade, somam-se as questões sexuais, mostram alguns estudos. Um texto intitulado "'Crise da virilidade' *vs* 'fuga das mulheres'" trata do desemprego dos homens na Mongólia e de outros problemas, como a "desescolarização" dos meninos, o alcoolismo masculino e o desequilíbrio

---

23 Sarah Ashwin, Tatyana Lytkina, *op. cit.*, p. 199.

24 Philippe Carrer, *Œdipe en Bretagne: Essai d'ethnopsychiatrie*, Toulouse, Privat, 1986, p. 49.

25 Sarah Ashwin, Tatyana Lytkina, *op. cit.*, p. 201.

demográfico entre os sexos. A etnóloga Gaëlle Lacaze, que escreveu o artigo, explica que o aumento "do número de profissionais do sexo" mongóis [mulheres] "revela a crise das relações de gênero na China, na Rússia e no mundo pós-socialista". Ela esclarece que as mulheres frequentemente tomam a decisão de se prostituir porque são pobres e sem apoio familiar, vendo nisso "uma alternativa ao desemprego".[26] Ainda aqui, a referência à "crise da virilidade" não esclarece a análise das relações entre os sexos, que parecem muito convencionais. A própria autora sublinha – de passagem – que "as discriminações sexuais 'tradicionais' continuaram a ser transmitidas a ambos os sexos. As mulheres mongóis permanecem subordinadas à dominação masculina, já que por volta de 70% da organização familiar continua nas mãos delas",[27] ou seja, elas fazem a maior parte do trabalho doméstico. Bem longe de pensar que a prostituição rima com a crise da virilidade, a etnóloga Paola Tabet esclarece, por sua vez, que "o homem mais pobre, incluindo os mergulhados nas situações mais miseráveis, podem [...] pagar pelo serviço sexual da mulher mais pobre; enquanto a mulher mais pobre, não somente não pode pagar pelos serviços sexuais, mas, pode-se dizer, nem mesmo tem direito à sua própria sexualidade".[28] Segundo Tabet, a prostituição não é sinal de uma crise da masculinidade, mas, antes, de que a supremacia masculina vai bem.

Um outro estudo sobre Bangladesh não se interessa pelo desemprego masculino, mas pelo impacto da pornografia e da prostituição sobre os homens. Os resultados foram apresentados em um artigo intitulado "Phallus, performance and power: crisis of masculinity"

---

26 Gaëlle Lacaze, "'Crise de la virilité' *vs*. 'fuite des femmes': gouvernementalités genrées et conflictualités des corps en Mongolie", *L'Homme et la société*, n. 189-190, 2013, p. 119.

27 *Ibid.*, p. 113.

28 Paola Tabet, *La grande arnaque: sexualité des femmes et échange économico-sexuel*, Paris, L'Harmattan, 2004, p. 144.

(Falo, performance e poder: crise da masculinidade). Cinquenta homens explicaram que o tamanho de seu pênis era fonte de muita "ansiedade". Segundo eles, o "poder do sexo" (*jouno khomota*) é mais importante para se sentir realmente um homem do que o emprego e o dinheiro. Esse "poder do sexo" se desenvolve ao contratar prostitutas e ao assistir filmes pornográficos, nos quais atores exibem um pênis de tamanho geralmente maior do que o de seus espectadores, o que provocaria a crise nesses homens. Os homens apresentados como vítimas nesse estudo tiram, entretanto, vantagem das mulheres: eles consomem os corpos das mulheres, "raramente tentam compreender as preferências sexuais de suas parceiras e não discutem jamais as questões sexuais com suas esposas".[29]

Evocar uma "crise da masculinidade", mesmo que em uma perspectiva feminista, tem o efeito de apresentar os homens como as vítimas das mulheres, ainda que eles tirem proveito do trabalho doméstico e da sexualidade delas. Do mais, muitos dos homens sem emprego e supostamente em crise de identidade justificam ou exercem a violência conjugal. Esses homens admitem que deveriam poder impedir "suas" mulheres de terem um emprego e que um homem sem emprego pode (re)afirmar sua autoridade exercendo violência contra as mulheres e, por vezes, contra os filhos.

No final das contas, não seria mais conveniente falar de "crise da feminilidade", já que as mulheres se acham em posição de fazer tudo para "seus" homens, os quais as submetem à violência para aliviar a frustração de não ter um emprego? Além disso, discutir uma "crise da masculinidade" se interessando pelos testemunhos de uma minoria dos homens sem emprego deixa na sombra a grande maioria dos

---

29 Sharful Islam Khan, Nancy Hudson-Rodd, Sherry Saggers, Mahbubul Islam Bhuiyan, Abbas Bhuiya, Syed Afzalul Karim, Oratai Rauyajin, "Phallus, Performance and Power: Crisis of Masculinity", *Sexual and Relationship Therapy*, vol. 23, n. 1, fev. 2008, p. 40.

homens que têm emprego, e sobretudo aqueles que são patrões ou políticos, incluindo os ministros da economia e do trabalho, que são os verdadeiros responsáveis pelo tema do desemprego.

Perspectiva crítica

Felizmente, alguns estudos levantam dúvidas quanto à pertinência da noção de "crise da masculinidade" relacionada ao emprego e ao desemprego dos homens. É o caso, entre outros, de Donna L. Perry, que estudou os homens e as mulheres da etnia wolof no Senegal, bem como Lai Ching Leung e Kam-wah Chan, que fizeram uma pesquisa sobre os homens em Hong Kong.[30] Assim como Judith A. Allen, essas acadêmicas sugerem que o discurso da crise da masculinidade tem por efeito desfocar a compreensão da realidade social e desviar a atenção de fenômenos mais importantes. Joël Charbit, por sua vez, é crítico da tese segundo a qual as dificuldades econômicas provocariam nos negros da África do Sul uma desestabilização de suas identidades masculinas que se traduziria por comportamentos autodestrutivos: toxicomania, alcoolismo, condução perigosa, evasão escolar, divórcio, criminalidade, violência (incluindo violência contra a mulher) e suicídio. O autor defende que

> *essa perspectiva, embora seja criticável por aquilo que ela não considera, as práticas,* aquilo que os homens fazem, *se baseia em uma conceituação, geralmente dada* a priori, *do que significa pertencer ao masculino.*

---

30 Donna L. Perry, "Wolof Women, Economic Liberalization, and the Crisis of Masculinity in Rural Senegal", *Ethnology*, vol. 44, n. 3, 2005, p. 207-226; Lai-Ching Leung, Kam-wah Chan, "Understanding the Masculinity Crisis: Implications for Men's Services in Hong Kong", *British Journal of Social Work*, vol. 44, n. 21, 2104, p. 214-233.

> *Ela também tem o inconveniente de situar a "crise da masculinidade" em um nível puramente individual, e não considerar as relações de poder entre diferentes masculinidades [grifo nosso].*[31]

Em seu artigo sobre a "crise da masculinidade" na China pós-maoista, Jie Yang lembra que os homens reagem às dificuldades econômicas por meio de manifestações, saques, ameaças a seus antigos patrões ou se suicidam, seguido por demissões em massa. Esses problemas econômicos são resultados do liberalismo econômico imposto pela elite do país, de grande maioria masculina. Tal perspectiva prefere enxergar os sinais de uma "crise da masculinidade" no ódio popular mais do que uma luta de classes, como diriam os marxistas. Nota-se que as mulheres também foram duramente atingidas pelas demissões na China, mas os protestos delas são percebidos como menos perigosos para a ordem pública e a estabilidade social e política. As direções de empresas têm mais empatia pelas manifestações dos homens do que das mulheres. Jie Yang conclui que esse discurso da crise da masculinidade é uma construção ideológica: "para dizer de modo simples, o recurso oficial à crise da masculinidade desvia a atenção da criação ou da reaparição de uma classe social", de pessoas assalariadas lutando pela defesa de sua dignidade, de seus direitos e de seus interesses materiais.[32] Na Grã-Bretanha, James Heartfield escreveu no começo dos anos 2000 um ensaio intitulado: "There is no masculinity crisis" (Não existe crise da masculinidade). Ele também rejeitou as explicações psicológicas e culturais, assim como as referências à "identidade masculina":

---

31 Joël Charbit, *"La crise de la masculinité" en Afrique du Sud: Discours public et panique morale autour des hommes dans la nouvelle démocratie*, dissertação de master 2, Ciência Política, Université de Bordeaux III, 2009, p. 70.

32 Jie Yang, "The Crisis of Masculinity: Class, Gender, and Kindly Power in Post-Mao China", *American Ethnologist*, vol. 37, n. 3, p. 551.

> *É incorreto atribuir às mulheres as perdas do poder [dos homens]. É muito mais por causa do capital que os homens e as mulheres juntos perderam poder. O fracasso acumulativo infligido às organizações da classe trabalhadora nos anos 1980 e 1990 criou a condição na qual a subjetividade da classe trabalhadora se encontra fragilizada. Não se trata, portanto, de uma crise da masculinidade, mas da classe trabalhadora.*[33]

Até mesmo o *Financial Times* publicou em 2017 um texto intitulado "Masculinity crisis? What crisis?" (Masculinidade em crise? Que crise?). O autor lembra que não são todos os homens britânicos que sofrem enquanto homens, e que aqueles que sofrem geralmente exercem profissões fortemente atingidas pelas reviravoltas socioeconômicas.[34] A causa é, portanto, muito mais econômica do que sexual.

Seguindo essa perspectiva crítica da noção de "crise da masculinidade", seria apropriado voltar às análises das classes sociais e mesmo da luta de classes, ou até às análises do racismo, para melhor aproveitar os mecanismos que operam nas transformações que afetam o emprego dos homens e das mulheres. Felizmente, a propensão a privilegiar uma análise psicologizante da experiência do desemprego tem, por vezes, o efeito de transformar as mulheres e as feministas em "bodes expiatórios", ou seja, em responsáveis por todo o mau que assola os homens, incluindo a perda do emprego. A historiadora francesa Christine Band, especialista em antifeminismo, destacou a esse respeito que "a mulher (no singular) é, como o judeu, o estrangeiro, o vagabundo, o pobre, uma espécie de *bode expiatório* no imaginário" [grifo nosso] coletivo. A historiadora considera que "o

33 James Heartlfield, "There Is No Masculinity Crisis", *Genders*, n. 35, 2002, § 49.

34 Janan Ganesh, "Masculinity Crisis? What Crisis?", *Financial Times*, 17 fev. 2017 [htps://www.ft.com/content/6f2355be-f36e-11e6-8758-6876151821a6?mhq5j=e1].

antifeminismo [...] emergiu então como um sintoma do mal-estar" e salienta o repertório "dos medos individuais e coletivos".[35] Para dizer de outra maneira, apresentar as mulheres como uma ameaça à nossa empregabilidade e as culpar pelos nossos problemas econômicos é uma forma de (re)afirmar explicitamente, ou implicitamente, a supremacia masculina, ou seja, uma ideologia que afirma que tudo se dá em razão de nosso título de masculino e que nossos interesses devem se sobressair às custas daqueles das mulheres.

Marxistas e anarquistas masculinistas

Ainda que o discurso da "crise da masculinidade" seja geralmente associado às forças conservadoras ou reacionárias, ele também é encontrado junto aos progressistas, ou seja, junto aos revolucionários. A França é fecunda em filósofos marxistas que se preocupam com a identidade masculina e que explicam às feministas que elas não devem se mobilizar contra o patriarcado (que não existiria mais), mas, antes, fazer aliança com os homens contra o capitalismo.

Alain Badiou é um famoso filósofo político e escritor de vertente maoista reconhecido internacionalmente ao ponto de lhe ser dedicada uma revista científica, a *The International Journal of Badiou Studies*. Em 2013, ele fez uma conferência na Escola Normal Superior intitulada: "A feminilidade".[36] Ele conseguiu o feito de falar sobre a feminilidade durante quase duas horas sem citar uma só mulher, preferindo evocar Platão e Emmanuel Kant, o psicanalista Jacques Lacan, os poetas Goethe, Baudelaire, Victor Hugo e Paul Valéry, bem como o compositor Giuseppe Verdi. Sob o pretexto de se interessar

35 Christine Bard, "Pour une histoire des antiféminismes", Christine Bard (Org.), *Un siècle d'antiféminisme*, Paris, Fayard, 1999, p. 26.

36 Diffusée sur YouTube: https://www.youtube.com/watch?v=WrztvUrUoXI (acesso em fev. 2018).

pelas mulheres, o famoso marxista seguiu sua reflexão a respeito da "identidade aleatória das meninas no mundo atualmente". Ele evoca com insistência uma "desorientação das meninas, talvez muito mais acentuada nas meninas das classes populares", o que se constataria nas escolas dos bairros populares pela disparidade "em favor das meninas, um verdadeiro abismo". Essas jovens meninas, segundo o filósofo marxista, são as "conquistadoras", "elas triunfam" e se tornam juízas ou policiais. "O feminismo atrasado imagina" que o patriarcado ainda esteja bem vivo, mas "essa não é a essência do problema"[37] segundo Badiou, que se preocupa que as meninas se realizem no capitalismo de consumo, sem a menor reflexão quanto à justiça ou a um outro mundo possível. Em consequência, a humanidade poderia "tornar-se um bando de adolescentes estúpidos dirigidos por mulheres carreiristas e habilidosas", o que consistiria em "deixar o mundo no poder das mulheres", totalmente fundado "sobre a ruína do nome do pai". Diante de tal catástrofe, o filósofo marxista evocou a possibilidade de as mulheres "exterminarem todos os homens" depois de terem conseguido o esperma. Nada menos que isso.

Alain Badiou não está só. Jean-Claude Michéa, um filósofo crítico ao liberalismo que se afirma anarquista, desenvolveu uma tese recheada de estereótipos psicanalíticos, sexistas e misóginos para (re) afirmar a importância da autoridade do pai. A mãe, segundo Michéa, não é senão uma matéria biológica que evoca uma "forma de 'gozo' arcaico" e uma "colagem incestuosa". Para se humanizar e "entrar na linguagem e na liberdade",[38] ou seja, na cultura, o menino tem que se

37 D'ailleurs, il ne s'intéressera pas au féminisme qui ne pense qu'à la femme opprimée. Le philosophe marxiste préfère détailler quatre archétypes de la femme: séductrice, amoureuse, domestique (mère et ménagère) et sainte (vierge sacrée). Dans cette typologie, la femme opprimée a tout simplement disparu!

38 "Jean-Claude Michéa répond à dix questions", Gilles Labelle, Éric Martin, Stéphane Vibert (Orgs.), *Les racines de la liberté: Réflexions à partir de l'anarchisme tory*, Montréal, Nota Bene, 2014, p. 383. e p. 388.

emancipar da dominação maternal. Além disso, é a função do pai, diz ele, ajudar na passagem do biológico ao cultural, do primitivo ao civilizado.[39] Infelizmente, lamenta Michéa, as "ferozes figuras *maternas*"[40] dominam hoje a sociedade, o que favorece o capitalismo, porque as mães criaram seus filhos para se tornarem consumidores. As mães seriam, portanto, as aliadas objetivas do capitalismo, mesmo que elas ocupem menos postos nas altas instâncias das finanças e economia, mesmo que elas sejam menos frequentemente as gestoras das grandes fortunas e das empresas multinacionais, e que eles tenham menos dinheiro do que os homens.

Enfim, o sociólogo Michel Clouscard, outro crítico violento do liberalismo em uma perspectiva anticapitalista, também retoma a tese de um feminismo mundano e burguês que teria transformado as mulheres em consumidoras desenfreadas. Segundo esse filósofo, o principal problema do feminismo hoje é o de se mobilizar mais contra os homens do que lutar com eles contra o liberalismo.[41] Em suma, o feminismo seria um inimigo do socialismo e do comunismo.

Fato interessante é que um polemista reacionário tal como Éric Zemmour, identificado na França com a extrema direita, defenda exatamente a mesma tese: "a propaganda consumista mina a cultura tradicional do patriarcado; os publicitários, sociólogos, psicólogos se aliariam às mulheres e às crianças contra os pais que contêm suas pulsões consumistas". Deve-se compreender que os chefes de família

39 As afirmações de Michéa fazem eco ao dossiê "Les pères d'aujourd'hui" (Os pais de hoje), publicado na revista *Arguement* (vol. 14, n. 1, 2011). Ver também Stéphane Kelly, "Friture sur la ligne des générations", *Le Devoir*, 19 nov. 2013.

40 "Jean-Claude Michéa répond à dix questions", *op. cit.*, p. 389.

41 Michel Clouscard, *Critique du libéralisme libertaire: généalogie de la contre-révolution*, Paris, Delga, 2005, p. 216-242.

devem poder controlar o consumo das mulheres. Zemmour insiste também sobre "a necessidade de os homens dominarem – ao menos formalmente – para se assegurarem sexualmente".[42]

Entre os intelectuais marxistas e anarquistas, esse discurso de jargões tem aparência de originalidade, mas tem sobretudo o efeito de vitimizar os homens e de culpabilizar as feministas e as mulheres, incluindo as mães. Trata-se não somente de minar a legitimidade do feminismo, mas de deturpar a legitimidade das mulheres ao canalizar seus ardores militantes na direção da luta anticapitalista. Uma vez mais, um discurso de crise pode provocar efeitos, mobilizações, mesmo que não haja realmente uma crise.

No entanto, é sobretudo aos jovens economicamente enganados que compete orientar a sua cólera para o patronato e as elites políticas, e não para as mulheres. Eles poderiam, assim, se engajar nos movimentos sociais lutando contra o neoliberalismo e a austeridade. Boa notícia para eles, aliás: trata-se geralmente de organizações e de redes que os homens são maioria no poder, seja na presidência ou como porta-vozes, ou como membros de comitês executivos ou como teóricos adulados. Isso não impede os sindicatos de colocar em questão a legitimidade dos comitês de mulheres nos sindicatos, de exigirem a dissolução desses, ou uma mudança de mandato que lhes permitiria se integrar, quando não simplesmente exigem um comitê de homens. Isso não impede mais os anticapitalistas de colocar em questão os grupos não mistos das colegas femininas, ou de procurar excluí-las quando elas se mobilizam para denunciar as agressões sexuais cometidas pelos militantes. Mas esses famosos filósofos anticapitalistas preferem criticar as feministas e as mulheres ao denunciarem o sexismo em seu próprio movimento.

---

42 Éric Zemmour, *Le suicide français*, *op. cit.*, p. 31 e p. 33.

Crise da feminilidade?

A historiadora Judith A. Allen destaca ser curioso que seus colegas, obcecados por uma suposta "crise da masculinidade", não discutam jamais a "crise da feminilidade", e não apresentam jamais as mulheres como vítimas das transformações políticas, econômicas, sociais e culturais.[43] De fato, o discurso da crise da masculinidade esvazia a experiência das mulheres. Não estão em crise de identidade todas essas mulheres a quem se prometeu a liberdade e a igualdade, ou aquelas a quem se prometeu ao menos um cônjuge provedor, mas que não receberam nada disso? Não estariam em crise essas mulheres que fazem gratuitamente todas as tarefas domésticas e parentais enquanto seus cônjuges sem emprego se divertem consumindo pornografia e comparando o tamanho do seu pênis, isso quando não lhes agridem física e sexualmente? Nesse contexto, escolher falar de "crise da masculinidade" em vez de "crise da feminilidade" não é uma escolha neutra.

Algumas feministas sugeriram que haveria muito bem uma "crise de identidade entre as mulheres", para retomar o título do livro de Betty Friedan, *La femme mystifiée* (*A mulher mistificada*), lançado nos Estados Unidos nos anos 1960. Essa conhecida obra interessou sobretudo às mulheres brancas heterossexuais de classe média; aquelas que haviam recebido uma educação superior, haviam se casado e viviam em uma casa modesta na periferia. A crise entre elas seria o resultado de uma incoerência dolorosa contra o discurso dominante da época e da realidade social da relação entre os sexos. Os discursos públicos repetiam que a igualdade entre os sexos havia chegado, que as jovens mulheres da nova geração não se sobrecarregariam com o fardo das tarefas domésticas como suas mães e que elas poderiam

43 Judith A. Allen, "Men Interminably in Crisis? Historians on Masculinity, Sexual Boundaries, and Manhood", *Radical History Review*, n. 82, 2002, p. 202.

frequentar a universidade para seguir uma carreira. Ao contrário disso, quando elas se casaram tiveram que abandonar seus estudos e suas carreiras e se dedicar ao "reino do lar", sozinhas com seus novos aparelhos domésticos, esperando um filho primogênito. Essa dissonância entre o discurso e a realidade teria provocado essa crise de identidade feminina da qual fala Betty Friedan.

Mais recentemente, Susan Faludi constatou que há um discurso sobre a crise das mulheres, mas que acusa o feminismo e as feministas de serem as responsáveis. As mulheres de classe média e alta estariam em crise porque o feminismo as teria induzido a privilegiar uma carreira em vez do casamento heterossexual e da maternidade. A esse respeito, Mona Charen sustenta em seu texto "L'erreur des féministes" (O erro das feministas), publicado na revista conservadora *National Review:*

> *ao conquistar a liberdade, as mulheres da minha geração puderam ter acesso aos mais altos salários, fumar seus próprios cigarros, escolher serem mães solteiras, disporem de centros de ajuda às mulheres vítimas de violência, ter crédito pessoal, amar com toda a liberdade e consultar ginecologistas mulheres. Em contrapartida, elas foram privadas daquilo em que sua felicidade está fundamentada na maior parte do tempo, a saber, os homens.*[44]

O guia psicológico *Being a woman* (*Ser mulher*) também sugere que "o feminismo, que prometeu reforçar a identidade das mulheres, não fez senão provocar-lhes uma crise de identidade muito grave".[45] Entretanto, segundo Faludi, "as catástrofes imputadas ao feminismo não passam de invenção. Desde o "sofrimento dos homens"

---

44 Citado em Susan Faludi, *Backlash*, *op. cit.*, p. 12.

45 *Ibid.*, p. 14.

à "epidemia de infertilidade", passando pela "depressão", essa suposta crise da condição das mulheres[46] continua sendo um discurso apresentado como tendência nas reportagens que falam da vida de três ou quatros mulheres jovens, formadas, encontradas em uma festa ou em um café badalado. Além disso, tanto nos anos 1980 quanto hoje, a maioria das mulheres de classe média e desfavorecidas, incluindo as afro-americanas nos Estados Unidos, se mostram mais favoráveis ao "movimento de mulheres" e consideram prioridade ter empregos decentes e bem pagos, acabar com a violência masculina e poder, enfim, se aliviar um pouco das tarefas domésticas e parentais. De fato, as mulheres brancas e de classe alta são frequentemente aquelas que consideram, hoje, que o movimento feminista é inútil porque elas pensam poder tirar sozinhas vantagem do jogo – e elas têm, além disso, as redes familiares e capital social que facilitam seus progressos acadêmicos e profissionais. São as mulheres privilegiadas que são as mais convencidas de que "a igualdade já está aí", assim como a liberdade de escolher sua profissão (elas escolhem, entretanto, raramente ser a "mulher" da limpeza, empregada ou prostituta). Mas, para as classes médias e desfavorecidas, Faludi lembra que "aquilo que aumenta o mal-estar [...] não é de forma alguma essa 'igualdade' à qual elas permanecem sem acesso, são as pressões a qual elas são submetidas para frear, ou até eliminar, o desejo por igualdade".[47]

Após a cobertura da mídia sobre violências sexuais na Índia, o jornal *Hindustan Times* se arriscou a intitular um artigo como a "Crisis of feminity" (Crise da feminilidade). O artigo esclarece desde as primeiras linhas que a "crise da feminilidade e *da masculinidade* nunca foi tão evidente" [grifo nosso],[48] propondo

46 *Ibid.*, p. 19.

47 *Ibid.*, p. 23.

48 Anônimo, "Crisis of Feminity", *Hindustan Times*, 6 jan. 2013 [https://www.hindustantimes.com/delhi-news/crisis-of-femininity/story-ozhY4WevJiHXhp8SnW7XgP.html].

igualmente uma série de medidas para que as mulheres tenham uma "vida melhor", como:

- Afastar da cena política os políticos que são acusados de agressão sexual (mais de quarenta no parlamento indiano, segundo o jornal.
- Reforçar a legislação contra as violências masculinas (incluindo os ataques com ácido e o estupro conjugal).
- Acelerar os processos nos tribunais.
- Aumentar os efetivos policiais atribuídos às violências masculinas.
- Aumentar o número de mulheres na polícia (somente 7% em 2013, cuja maior parte direcionada às tarefas administrativas).
- Aumentar a presença das mulheres nos empregos assalariados (somente 29% em 2013) e nos conselhos de direção de companhias (somente 7% de mulheres).
- Encorajar os homens a fazer mais tarefas domésticas e parentais gratuitas.
- Encorajar os homens a abandonar o machismo.
- Encorajar os homens a não mais culpabilizar as mulheres por seus próprios problemas, seus erros e até mesmo seus crimes.

A respeito dessa última recomendação, o professor Sameer Malhotra declarou que "é fácil se refugiar atrás da desculpa de que foi a mulher que provocou o crime. Mas deve-se ser sério e reconhecer que o erro está em nós".

É interessante constatar que todas essas recomendações trazidas pelo jornal indiano a fim de acabar com a crise da feminilidade, e mais especificamente com as violências masculinas contra as mulheres, fazem referência aos elementos contrários ao discurso da crise da masculinidade. Há gerações os homens se insurgem contra as leis que protegem as mulheres contra as violências masculinas, contra os encorajamentos feitos às mulheres para que procurem a polícia, contra os homens que fazem o trabalho gratuito em casa etc. Isso seria dizer que aquilo que garante às mulheres estarem seguras e terem uma "vida melhor" impediria os homens de serem os "verdadeiros homens"? Isso seria dizer que o menor avanço em direção à igualdade entre os sexos provoca uma crise da masculinidade? Isso seria dizer, portanto, que a masculinidade é incompatível com a igualdade entre os sexos, a liberdade e a segurança das mulheres?

6. A crise hoje: quais são os sintomas e quais são os discursos?

A historiadora do antifeminismo Christine Bard destaca que "a retórica da crise da masculinidade não tem o mérito da novidade. Ela expressa sempre o pesadelo da igualdade [...]. Ela mascara a persistência do sexismo em nosso ambiente cultural".[1] É, de fato, espantoso constatar que o discurso da crise da masculinidade seja retomado nos lugares e épocas em que a desigualdade entre os sexos era tão evidente, principalmente no que se refere aos aspectos jurídicos. Esse discurso também foi retomado pelos homens dos países mais poderosos de suas épocas, militar e economicamente, incluindo potências coloniais que invadiam outros países.

Também é espantoso constatar que o discurso da crise da masculinidade tenha a tendência de definir a identidade masculina, independentemente de tempo e lugar, com base nos mesmos valores, atitudes, papéis e funções. Por meio da história, tal como foi demonstrado, esse discurso se articula em torno de temas como a natalidade, a industrialização, os jogos de guerra e as guerras

---

1 Christine Bard, "Les antiféminismes de la deuxième vague", C. Bard (Org.), *Un siècle d'antiféminisme*, Paris, Fayard, 1999, p. 324-325.

reais etc. Ou seja, as antigas problemáticas podem ser renovadas: por exemplo, o problema da desindustrialização substitui, hoje, o problema da industrialização, a dominação da mulher divorciada substitui aquele da esposa amarga. Também se observam novos temas. Uma equipe de pesquisa analisou as reivindicações a respeito dos meninos e homens em mais de 600 artigos de jornal e revistas publicados entre 1990 e 2000 na Austrália, no Canadá, nos Estados Unidos e na França, para constatar que os quatro assuntos mais explorados nesses países são os problemas escolares dos meninos, o suicídio dos homens, a guarda dos filhos e a violência das mulheres contra os homens. A equipe esclarece que "os resultados da análise do discurso masculinista fazem ver uma ideologia que visa colocar em questão as conquistas das mulheres e a luta para desacreditar o feminismo. [...] Certas afirmações incitam ao ódio e à violência"[2] contra as mulheres.

Esses quatro assuntos serão apresentados aqui e discutidos um de cada vez, somados ao tema da sedução, que chama a atenção desde os anos 2000.

A sedução

Hoje em dia, se diz que os homens não sabem mais flertar, ou não podem, porque estão afeminados ou porque estão sob o controle das feministas castradoras, que representam uma "nova polícia dos sentimentos" e que praticariam um "novo puritanismo". O terror feminista se faria sentir sobretudo nos Estados Unidos, mais precisamente nos *campi* universitários, onde as estudantes permissivas fariam acusações de assédio ou agressão sexual na primeira oportunidade.

2 Pierrette Bouchard, Isabelle Boily, Marie-Claude Proulx, *La réussite scolaire comparée selon le sexe: catalyseur des discours masculinistes*, Ottawa, Condition féminine Canada, 2003, p. viii.

Consequentemente, os professores e "os homens que trabalham em multinacionais" viveriam sob um regime "de repressão".[3] Para convencer que as feministas são os monstros cruéis, agora é de bom-tom lançar palavras que verdadeiramente dão medo, como: "falsa alegação", "caça às bruxas", "guilhotina". Elas teriam imposto um regime de terror que parece com o "fundamentalismo islâmico".[4] Prova disso é que os professores universitários deixam a porta de seus gabinetes abertos quando se reúnem com uma estudante. Que horrível ditadura...[5]

Na França, esse pânico é estimulado por um antiamericanismo e por caricaturas do feminismo estadunidense puritano, antissexo e anti-homem. Mobilizando clichês culturais, é fácil comparar os países e supor que a mesma coisa não acontece na França. Essa "excepcionalidade francesa" se explicaria pelo amor das mulheres à galanteria dos franceses (de origem gaulesa e de não confissão muçulmana...).[6] No mesmo espírito, os franceses e francesas dizem

3 Cristina Nehring, *L'amour à l'américaine: une nouvelle police des sentiments*, Paris, Premier parallèle, 2015, p. 13.

4 *Ibid.*, p. 13, p. 16-17, p. 34 e p. 48.

5 Essa referência à porta aberta do gabinete, prática que revelaria uma ditadura, se encontra muito também nos Estados Unidos, segundo Cristina Nehring (*ibid.*), bem como na França, de acordo com o filósofo Pascal Bruckner (*La tentation de l'innocence*, Paris, Grasset, 1995, p. 184, nota de rodapé 1). Yvon Dallaire lamenta que a "propaganda" das feministas "tenha levado os professores a recusarem tocar em suas alunas adolescentes" e "a lhes encorajar fisicamente em seu aprendizado" (*Homme et toujours fier de l'être*, Montréal, Québec Livres, 2015 [2. ed.], p. 82).

6 Magdalena Rosende, Céline Perrin, Patricia Roux e Lucienne Gillioz, "Sursaut antiféministe dans les salons parisiens", *Nouvelles questions féministes*, vol. 22, n. 3, 2003, p. 91; Pascal Bruckner, por exemplo, admite que a igualdade entre os sexos não seja uma ofensa, para depois virar as costas aos masculinistas e feministas e discutir uma "crise da masculinidade". Ao mesmo tempo, ele apresenta as feministas dos Estados Unidos como "fanáticas", "pudicas", como "novinhas arrogantes" em "cruzada" que ameaçam os homens de chantagem e de extorsão. Segundo o intelectual, as "numerosas acusações de estupro são imaginárias" (Pascal Bruckner, *ibid.*, p. 182-184 e p. 202).

constatar que o homem de Quebec é afeminado e castrado, pois ele não sabe nem abordar, nem elogiar uma mulher em um bar ou na rua. Em Quebec, o feminismo *à americana* estaria em questão. "Há um preço a pagar para alcançar a igualdade dos sexos",[7] afirma Denise Bombardier. Por sua vez, Jean-Sébastien Marsan e Emmanuelle Gril, no livro *Les Québécois ne veulent plus draguer et encore moins séduire* (*Os quebequenses não querem mais flertar e menos ainda seduzir*), afirmam que a "sociedade igualitária" do "Igualistão"[8] é formada por homens e mulheres que "não têm nada de sexy, de desejável",[9] pois o erotismo e o amor nasceriam da diferença entre o masculino e o feminino. Uma tal tese dá a entender que a desigualdade e a dominação estimulam o desejo, mas sem especificar quem domina quem, quem tira vantagem dessa dominação, quem rebaixa e quem é rebaixado, para retomar a questão de maneira crua tal como a feminista Catharine MacKinnon menciona. Além disso, essa tese passa despercebida pelos estudos que têm mostrado que os casais heterossexuais cuja mulher é feminilizada tendem a ter uma vida sexual satisfatória.[10] Mais ainda, esse discurso é implicitamente homofóbico, porque a diferença sexual seria mais erótica do que a semelhança (mesmo que, evidentemente, todas as pessoas homossexuais não sejam idênticas...).

Esse discurso a respeito dos homens afeminados que não sabem mais flertar também existe na França. O livro *Le premier sexe* (*O primeiro sexo*) de Éric Zemmour, começa exatamente com uma reflexão sobre esse assunto. Na França, a antropóloga Mélanie Gourarier

---

7 Denise Bombardier, *La déroute des sexes*, Paris, Seuil, 1993, p. 19.

8 Jean-Sébastien Marsan, Emmanuelle Gril, *Les Québécois ne veulent plus draguer et encore moins séduire*, Montréal, Éditions de l'Homme, 2009, p. 55.

9 *Ibid.*, p. 72 (ver também p. 70).

10 Laurie A. Rudman, Julie E. Phelan, "The Interpersonal Power of Feminism: Is Feminism Good for Romantic Relationships?", *Sex Role*, vol. 57, n. 11-12, 2007, p. 787-799.

fez um estudo sobre o treinamento para sedução, uma abordagem importada dos Estados Unidos. Formar os homens para a sedução é um projeto original de Ross Jeffries, nascido em Los Angeles em 1958 e autor de livros com títulos bastante sugestivos, como *How to get the women you desire in bed: a down and dirty guide to dating and seduction for the man who's fed up with being mr. Nice Guy* (*Como levar a mulher que você deseja para a cama: um guia baixo e sujo de encontro e sedução para o homem que está cansado de de ser bonzinho*). O canadense Erik von Markovik, que assina sob o pseudônimo Mystery (Misterioso), também sugere a formação para aqueles que querem se tornar um "artista sedutor". Ele próprio se vangloria de suas façanhas a esse respeito em um livro escrito por um jornalista, Neil Strauss, *The game: penetrating the secret society of pickup artists* (*O jogo: penetrando na sociedade secreta dos artistas do flerte*), traduzido para mais de quinze línguas. Nos Estados Unidos, Roosh V. se vangloria por ser um grande sedutor e seu site *Return of kings* (*Retorno dos reis*) se apresenta como um

> *blog para homens heterossexuais e masculinos [...] que creem que os homens deveriam ser masculinos e as mulheres deveriam ser femininas [...]. Esse site pretende ser um espaço seguro na web para aqueles homens que não concordam com a direção na qual a cultura está indo. As mulheres e os homossexuais não têm o direito de fazer comentários.*

Entre os "crentes" desse blog, destacam-se aqueles que querem que "os homens e as mulheres sejam geneticamente diferentes tanto física quanto mentalmente"; "as mulheres são putas se elas dormem com qualquer um, os homens não são"; "o socialismo, o feminismo e o marxismo cultural provocam o declínio das sociedades, destruindo a unidade familiar, reduzindo a taxa de natalidade e arruinando o Estado ao adquirir muitos direitos e ajuda do poder público".[11]

Estudando os sites de sedutores aprendizes na França e fazendo entrevistas com vários deles, Mélanie Gourarier constatou que a crise da masculinidade aparece para esses homens como um fato indiscutível. Como explica um deles:

> *somos uma geração de homens criados por mulheres [...]. Esse é o problema. Não temos mais referências masculinas. O pai foi demitido de seu papel tradicional. Não fomos criados senão pelas mulheres. Quando eu digo isso eu não falo somente das mães, mas da sociedade como um todo, onde os valores femininos são completamente impostos. São as mulheres que têm todos os poderes agora, porque elas são valorizadas [...] os homens estão completamente castrados [...]. O problema é que é a masculinidade que está oprimida hoje.*[12]

Um sedutor aprendiz admite que ele é misógino, assim como vários membros de seu grupo. Além disso, as intervenções do sedutor aprendiz em um fórum na internet convidam os homens a se mobilizarem contra as mulheres castradoras:

> *eu falo de uma real vontade de castrar com uma grande tesoura de poda enferrujada, de acabar com o homem,*

---

11 [http://www.returnofkings.com/about] Em 2015, Roosh V. passou por Montreal para fazer uma conferência, apesar da petição de 38 mil assinaturas se opondo à sua vinda e de um protesto. À noite, uma mulher o reconheceu em um bar e lhe jogou uma cerveja na cara ("Une femme arrose le blogueur Roosh V. avec sa bière dans un bar", *Huffington Post*, 9 ago. 2015).

12 Mélanie Gourarier, *Alpha mâle: séduire les femmes pour s'apprécier entre hommes*, Paris, Seuil, 2017, p. 30-31.

> *de aprisioná-lo, dominá-lo, negá-lo, [...] de um desprezo recorrente [...] uma luta, que eu chamaria de combate, com as entranhas que esguicham nas paredes, com sangue, com coragem! VAMOS ACABAR COM O FEMINISMO MEUS IRMÃOS!*[13]

Esses sedutores aprendizes acusam o feminismo e as mulheres de se recusarem a ter relações amorosas e sobretudo sexuais com eles ou, ao contrário, de serem muito empreendedoras e controlar a relação. Em suma, as mulheres teriam tomado o controle da sexualidade e decidiriam quais homens têm acesso à sexualidade delas e em quais condições, como defende esse comentário recolhido no fórum:

> *a influência mais marcante que se pode exercer sobre alguém que tenha o falo se refere à sua utilização: o acesso ao sexo. [...] Elas [as mulheres] escolhem alegremente atiçar nosso desejo, sem nos livrar de todas as frustrações que eles criam cotidianamente em milhões de homens. Elas adotam um comportamento digno dos maiores ditadores modernos [...]* o acesso ao sexo se tornou, para o homem moderno, a fonte de sua escravização pelas mulheres.[14]

Isso não é novo. Em 1988, nos Estados Unidos, um artigo intitulado "A new definition of rape" (Uma nova definição de estupro) sugeriu que, entre o homem e a mulher, "ela decide se e quando haverá uma relação sexual. Ela demanda, ela decide. Ela tem o poder".

---

13 *Ibid.*, p. 43.
14 *Ibid.*, p. 47.

Consequentemente, os homens se sentem "diminuídos, enraivecidos, degradados, desumanizados, humilhados, impotentes".[15]

Isto posto, a mistura entre a crise da masculinidade e a injustiça sexual produz um coquetel explosivo, como sublinha o sociólogo Michael Kimmel em seu livro *Angry white men*. Ele relembra uma série de assassinatos em massa de mulheres cometidos por homens que justificavam seus crimes por terem sido rejeitados pelas mulheres. Em 2009, por exemplo, um homem de 48 anos assassinou cinquenta jovens mulheres em um ginásio na Pensilvânia antes de se suicidar. Em seu diário pessoal encontrado pela polícia, ele detalhava suas desventuras com as mulheres, destacando não ter tido relações sexuais há vinte anos. Como sublinha Kimmel, "ele achava que essas mulheres lhe eram devidas, ele achava que era o seu direito, enquanto homem, de ter acesso às mulheres".[16] Esse caso não é, infelizmente, único. Em 2017, na Califórnia, um jovem de 22 anos assassinou várias mulheres. Ele justificaria seu crime pelo fato de que ele ainda era virgem porque as mulheres não se interessavam por ele. Filmando-se enquanto explicava as mortes, ele disse também que iria matar todas as vadias loiras e mimadas" que visse, pois "não é justo... eu não sei por que vocês, meninas, não são atraídas por mim, então eu quero mesmo punir vocês por isso".[17]

Essas mortes espetaculares não são senão a ponta do iceberg: os estudos sobre a violência conjugal demonstraram que os homens têm recorrido a isso quando eles não obtêm aquilo que esperam de suas esposas, seja uma refeição, seja uma relação sexual, seja quando as mulheres rompem a relação. Kimmel também traz alguns comentários tóxicos publicados em sites do movimento de homens;

15 Larry S. Williams, *Ideologies of the Men's Movement*, dissertação de mestrado, University of Missouri - Columbia, 1989, p. 86.

16 Michael Kimmel, *Angry White Men*, Nova York, Nation Books, 2017, p. 169-170.

17 Jessica Valenti, "Elliot Rodger's California Shooting Spree: Further Proof That Misogyny Kills", *The Guardian*, 25 maio 2014.

tais comentários apresentam o assassino da Pensilvânia como um herói: "enfim um assassino em massa que escreve um manifesto relativamente coerente [...] que explica que o feminismo é responsável e que se lança em um combate extremo"; "de tempos em tempos algumas mulheres são massacradas. Considerando os 500 milhões de dólares que as mulheres extorquem anualmente dos homens, trata-se de uma taxa relativamente modesta a ser paga. As mulheres, em particular as feminazis, devem agora efetuar uma profunda introspecção"; "um homem decente que tem um bom salário e que não abusa das mulheres MERECE uma transa. Ponto. O fato de que tantos homens não transam é um crime. E, em uma sociedade justa, todos os crimes são punidos um dia"; "meus aplausos ao estupro e à violência necessária contra as mulheres, pois está muito claro que os homens amargos as magoam e as matam porque elas não saem com eles. É somente assim que as mulheres vão possivelmente abandonar a igualdade e vão ser forçadas a se estabelecerem em casais em razão das necessidades econômicas recíprocas".[18] Para além desses comentários virulentos na internet, os discursos que supõem que as mulheres dominam a sexualidade dos homens faz eco nos jornais de grande tiragem como o *Libération*, na França, no qual se pode ler em uma coluna publicada na véspera do dia nos namorados: "os homens têm o poder social. O mundo lhes pertence. As mulheres têm o poder sexual. Os homens lhes pertence".[19]

A escola contra os meninos

O discurso da crise da masculinidade está saturado de menções às dificuldades escolares dos meninos, da pré-escola à universidade. A educação é um velho assunto da crise da masculinidade. Com efeito,

---

18 Michael Kimmel, *Angry White Men*, *op. cit.*, p. 172.

19 Mélanie Gourarier, *op. cit.*, p. 48.

no início do século XX, o sindicato dos professores alemães, por exemplo, se mobilizou contra a entrada de mulheres nessa profissão, e os meninos frequentemente eram encorajados a gostar de luta e de esportes viris, a fim de se prepararem para a guerra.

Na metade dos anos 1990, um "pânico midiático" emergiu nos Estados Unidos a respeito dos problemas escolares dos meninos, provocando a publicação de vários ensaios populares sobre o tema, como *Hear our cry: boys in crisis* (*Ouça nosso choro: os meninos em crise*) de Paul D. Slocumb.[20] Tal autor defendia a ideia de que a escola não estaria adaptada aos meninos porque ela favorece os modos femininos de aprendizagem. Do mesmo modo, ele convida à (re) valorização da agressividade masculina, principalmente por meio da prática de esportes e das brigas durante o intervalo das aulas, o que facilitaria - diz-se - a aprovação escolar dos meninos (provavelmente mais para o agressor e menos para o intimidado e humilhado). A esse respeito, um colunista do *New York Times* sugeriu que os meninos recebessem livros sobre combate, a fim de que desenvolvessem o gosto pela leitura.[21] Laura Bush, esposa do presidente dos Estados Unidos à época, declarou que ela iria prestar mais atenção aos problemas dos meninos. Um estudante do ensino médio de Massachusetts, por sua vez, abriu um processo contra sua escola sob o argumento de que ela discriminava os meninos. Ele exigia que as aulas de educação física fossem direcionadas para os meninos ao mesmo tempo que eles fossem isentados das obrigações de serviços comunitários, os quais dependeriam mais de uma sensibilidade feminina.[22] O *New York Times* informou também seus leitores sobre os esforços do Office

---

20 Samara S. Foster, *Gender, Justice, and Schooling in "Postfeminist" Times: A Critical Examination of the "Boy Crisis"*, tese de doutorado, School of Education, University of Colorado, 2011, p. 57.

21 Caryl Rivers, Rosalind Chait Barnett, "The Myth of 'The Boy Crisis'", *The Washington Post*, 19 abr. 2006, p. B1.

22 *Ibid.*, p. B1.

of African American Male Achievement (Escritório para o Sucesso do Homem Afro-Americano), ligado à rede escolar de Oakland, a fim de ofertar classes intituladas "Mastering our cultural identity: african american male image" (Dominando nossa identidade cultural: a imagem do homem afro-americano), ensinada por um professor afro-americano. O *New York Times* lembrou também que vários dos jovens meninos de Oakland crescem sem modelo masculino em casa e na escola, onde as mulheres brancas constituem a maior parte do corpo docente.[23]

Em 2017, esse discurso da crise dos meninos na escola ainda seria corroborado pelo *Washington Post*, que publicou uma carta aberta de Jennifer L.W. Fink, intitulada "Por que nossas escolas reprovam os meninos". A autora também é a fundadora do site BuildingBoys.net, o qual traz um texto intitulado "Por que um acampamento de masculinidade para meninos de 8 anos é uma boa ideia" (29 maio 2017), ilustrado por uma imagem publicitária do Camp Nick,[24] com a foto de um menino de olhar firme e em posição de boxeador, posando com as luvas à frente de si.[25] Aí está renovada a moda do século XIX do "cristianismo muscular" e dos escoteiros. O *New York Times*, por sua vez, publicou uma carta aberta de Christina Hoff Sommers, autora do livro W*ar against boys* (*Guerra contra os meninos*), que convida seus compatriotas a se inspirarem em experiências pedagógicas de outros países a fim de favorecer o êxito escolar dos meninos:

> *propostas pedagógicas mais bem adaptadas à masculinidade (ficção científica, fantasia, esporte, espionagem,*

---

23 Patricia Leigh Brown, "Lessons in Manhood for African-American Boys", *New York Times*, 4 fev. 2016.

24 Programa de TV pré-adolescente do canal Nickelodeon [N.T.].

25 Jennifer L.W. Fink, "Why Schools Are Failing Our Boys", *Washington Post*, 19 fev. 2015.

> *batalhas), mais tempo para a recreação (quando os meninos possam tirar um descanso da rotina da classe e se pegarem), as campanhas para encorajar a alfabetização masculina, mais classes não mistas somente para meninos e mais professores homens (e professores interessados nos desafios pedagógicos dos meninos).*[26]

Na Grã-Bretanha, o deputado conservador Karl McCartney publicou em 2016 uma carta aberta no jornal *The Guardian*, intitulada "Our schools are failing boys, which is bad news for Britain" (Nossas escolas estão reprovando os meninos, o que é uma má notícia para a Grã-Bretanha). Nessa carta, ele defende que "nós precisamos que os setores da educação e do governo" se mobilizem e que seja "criado um grupo de trabalho para encontrar soluções e colocá-las em prática. [...] nós precisamos de igualdade para todos". Ele completa: "nós precisamos que nossas escolas sejam empáticas com os meninos e positivas a respeito da masculinidade, inspirando-os e ajudando-os a ver aquilo que pode ser realizado. É certo, para os meninos, gostar de carros, de construir e de sair. [...] Mais professores homens ajudaria, seguramente".[27]

O pânico também é perceptível na França. "Salas mistas: é necessário salvar os meninos", estampava na primeira página a revista *Le Monde de l'éducation*, em janeiro de 2003. Mais recentemente, o jornal *Le Figaro* tem publicado regularmente artigos sobre os problemas escolares dos meninos, incluindo críticas muito positivas sobre as obras de Jean-Louis Auduc, como *Sauvons les garçons!* (*Salvemos os*

---

26 Christina Hoff Sommers, "The Boys at the Back – the Great Divide", *The New York Times*, 2 fev. 2013.

27 Karl McCartney, "Our Schools Are Failing Boys, Which Is Bad News for Britain", *The Guardian*, 6 set. 2016.

meninos!).[28] No entanto, Jacques Tondreau, especialista da questão dos meninos na escola, esclarece que essa obra reforça o discurso masculinista sobre a situação dos meninos na escola. Embora seja um discurso masculinista que se pode qualificar de diferenciado".[29] Jean-Louis Auduc publicou, na sequência, *École, la fracture sexuée (Escola a divisão sexuada)*, cujo subtítulo é uma pouco longo: *le sexe faible à l'école – les garçons. Comment éviter qu'ils échouent* (o sexo frágil na escola – os meninos. Como evitar que eles fracassem). No Quebec, o psicólogo Égide Royer escreveu uma obra intitulada *Leçon d'élephants: pour la réussite des garçons à l'école* (*O ensinamento dos elefantes: para os meninos passarem na escola*), na qual ele faz uma estranha analogia entre os meninos sem pais e os elefantes da África, que seriam acometidos por um "trauma coletivo da espécie", por causa da falta de um modelo masculino. Esse professor da Faculdade de Ciências da Educação da Universidade de Laval, Canadá, preconiza medidas que favoreçam a contratação de professores homens.[30] A Coalition pour l'avenir du Québec (CAQ – Coalizão para o Futuro do Quebec), então um clube de políticos e homens de negócios, propôs atrair os homens para a profissão de professor por meio de um aumento de 20% e atribuição de mais poder aos professores.[31] Essa proposição foi discutida no *Journal de Montréal*, mais precisamente em um artigo intitulado "Plus rare que jamais: Le déclin du nombre de profs masculins se poursuit tandis que le

28 Agence France-Presse (AFP), "École: les filles devant les garçons", *Le Figaro*, 8 mar. 2011; Caroline Beyer, "Échec scolaire: les garçons victimes indirectes de la mixité et de l'égalité", *Le Figaro*, 24 jan. 2016.

29 Jacques Tondreau, "Sauver les élèves du décrochage scolaire!", *Travail, genre et sociétés*, n. 31, 2014, p. 169.

30 Lisa-Marie Gervais, "Persévérance scolaire – Décrochage: traiter garçons et filles sur un pied d'égalité", *Le Devoir*, 5 nov. 2013.

31 Sébastien Ménard, "Plus rare que jamais: Le déclin du nombre de profs masculins se poursuit tandis que le décrochage des gars inquiète", *Le Journal de Montréal*, 25 abr. 2011.

décrochage des gars inquiète" (Mais raro do que nunca: o decréscimo do número de professores homens continua enquanto a evasão de rapazes preocupa), anunciado na primeira página sob o título: "Nos écoles encore plus roses" (Nossas escolas ainda mais rosa).[32] Nessa época, a ministra da educação reativou uma comissão de trabalho sobre "a atração dos homens para a profissão de professor".[33] Uma vez mais, o discurso da crise da masculinidade pode interpelar as autoridades que querem mobilizar os recursos para os homens, além de vislumbrar os bônus e conceder mais poder para os homens que se implicarem com profissões tradicionalmente femininas.[34]

No Quebec, algumas direções de escolas e creches organizaram atividades sob o pretexto de ajudar os meninos a desenvolverem a masculinidade convencional. A escola de ensino médio La Ruche, em Magog, organizou em 2003 o "rapaz show", um dia especial somente dos "rapazes", para o qual foi convidado o ministro da Educação, bem como um empresário que trouxe sua escavadeira hidráulica, policiais e soldados do exército canadense acompanhados de um tanque de guerra e um helicóptero de combate.[35] Em 2017, a diretora da escola de ensino fundamental Boisé, de Sept-Îles, declarou ser necessário que "os meninos pudessem ser como jovens filhotes que gostam de se esbarrar, que gostam de brigar".[36] Filhotes! A ideia foi proposta pelo comitê Chantier garçon (Projeto Menino), composto

---

32 *Ibid.*

33 Lisa-Marie Gervais, "Réussite scolaire des garçons. Line Beauchamp rouvre le chantier sur la question des hommes dans l'enseignement", *Le Devoir*, 26-27 mar. 2011, p. A9.

34 Nota-se que os homens não são excluídos do ensino, pois eles não somente são maioria entre os professores na universidade, mas também ocupam a maioria das cadeiras de pesquisa.

35 Marie-Andrée Chouinard, "La mixité nuit-elle aux garçons?", *Courrier international*, n. 674, 2-8 out. 2003, p. 19.

36 Radio-Canada, "Initiative pour favoriser la réussite scolaire des garçons à Sept-Îles", 21 mar. 2017.

unicamente por homens. Os meninos vestem capacetes de hóquei e coletes protetores para se enfrentarem no pátio de recreação, no meio de um círculo de alunos e supervisores que encorajam os lutadores. Um professor membro do Chantier garçon explica para a mídia a importância de convidar à escola representantes de profissões "masculinas", e usa como exemplo os carpinteiros e policiais. Ao mesmo tempo, as responsáveis pelas creches anunciaram que elas iam organizar batalhas para os meninos com brinquedos de guerra como espadas e fuzis.[37] O ministro da Educação Sébastien Proulx, por sua vez, declarou: "eu estou confortável com *essa verdade*, de que é necessário deixar os meninos serem meninos [...] há *uma realidade*, é necessário trabalhar de modo diferente com nossos meninos e seu êxito, e é necessário não lhes impedir de *serem o que são*" [grifo nosso].[38] Não esqueçamos que, no início do século XX, os alemães criticavam as mães que rejeitavam brinquedos de guerra para seus filhos.[39]

A tese masculinista a respeito das dificuldades escolares dos meninos pode assim ser resumida: 1) as estatísticas provam que os meninos têm menos êxitos escolares do que as meninas; 2) o que parece demonstrar que os meninos estão em desvantagem em

---

37 Essa decisão resultou sem dúvida da formação "Brinquemos como meninos", no qual o formador trabalha para valorizar o engajamentos paterno no grupo Regroupement Naissance-Renaissance [http://naissance-renaissance.qc.ca/nos--actions/sante-des-femmes-et-feminisme/]. A peça publicitária que anunciava essa formação especificava que era uma questão de "reconhecer o valor educativo do jogo espontâneo tipicamente de meninos como brincadeiras 'agressivas' e descobrir o que se esconde 'por trás dos jogos de guerra, do conflito' e dos super-heróis" [http://cpe-estrie.org/FOR/FOR.03.1.php?CodeCRS=344].

38 Radio-Canada, "Il faut laisser les garçons être des garçons, dit le ministre Proulx", 12 abr. 2017.

39 Amy Rae Lagler, *Antifeminism and National Differences: The German League for the Preservation of Women's Emancipation and the U.S. National Association Opposed to Woman Suffrage, 1911-1920*, dissertação de mestrado, Departamento de História, Michigan State University, 1995, p. 46.

detrimento das meninas; 3) sem dúvida porque o modelo pedagógico muito feminino desvaloriza a identidade masculina, por natureza mais ativa e agressiva e até mesmo guerreira; 4) pois há muitas mulheres e não muitos homens em contato com os alunos (falta de modelos masculinos). Além disso, esse discurso transmite regularmente estereótipos da masculinidade, supostamente se inspirando no comportamento dos animais (elefantes ou filhotes de cachorro) e na natureza masculina agressiva e até guerreira. Segundo o especialista em pedagogia Jacques Tondreau, trata-se de "uma retórica simplista, demagógica e essencialista".[40] Paradoxalmente, as soluções propostas pelos masculinistas poderiam prejudicar os meninos muito mais do que lhes ajudar.

Fatos contraditórios

Supor que os meninos têm dificuldade na escola em razão do grande poder das mulheres e das feministas nos faz esquecer que o problema não é novo. Já no século XVII, o filósofo inglês John Locke lamentava que os homens jovens de seu tempo sofriam para aprender latim, enquanto suas irmãs se davam muito bem com o francês.[41] Pesquisas canadenses do começo do século XX revelam que os meninos têm êxito em média menor do que as meninas nas escolas de ensino fundamental.[42] A taxa de evasão era de 50% para os meninos que frequentavam as escolas técnicas e profissionalizantes nas quais os professores eram todos homens, assim como eram de 70% nas faculdades tradicionais.[43]

---

40 Jacques Tondreau, *op. cit.*, p. 171.

41 Christine Griffin, "Discourses of Crisis and Loss: Analysing the 'Boys' Underachievement' Debate", *Journal of Youth Studies*, vol. 3, n. 2, 2000, p. 176.

42 R.D. Gidney, W. P. J. Millar, *How Schools Worked: Public Education in English Canada, 1900-1940*, Montreal & Kingston, McGill-Queen's University Press, 2012, p. 41-42.

43 Jacques Tondreau, *op. cit.*, p. 169.

Outras pesquisas colocam em questão a tese da influência perniciosa do feminismo contemporâneo sobre os resultados escolares dos meninos. De 1914 a 2011, a superioridade escolar média das meninas sobre os meninos é estável, o que "contradiz as teses de uma recente crise dos meninos na escola".[44] As meninas têm em média resultados melhores do que os meninos em matemática e em alfabetização científica, e isso em países onde as feministas têm pouca influência, como nos Emirados Árabes Unidos e o Catar. Entretanto, os meninos têm melhores resultados nesses domínios em países como a Colômbia, Costa Rica e no estado indiano de Himachal Pradesh. Se mais meninas têm êxito médio melhor do que os meninos, os melhores meninos são geralmente mais fortes que as melhores meninas.[45] Enfim, o discurso da "crise da masculinidade" que supõe que nada é feito para os meninos na escola silencia os estudos que revelam que sua taxa de evasão é mais baixa do que há trinta anos,[46] e que, em certos casos, como no Quebec, a taxa de conclusão dos meninos aumenta de maneira mais significativa do que entre as meninas (mesmo que essas últimas conservem uma média de conclusão mais elevada do que os meninos).[47]

Além disso, o discurso a respeito das dificuldades escolares dos meninos raramente esclarece qual categoria de menino está em

---

44 Daniel Voyer, Susan D. Voyer, "Gender Differences in Scholastic Achievement: a Meta-Analysis", *Psychological Bulletin*, vol. 140, n. 4, 2014, p. 1194.

45 Camilla Turner, "Girls Do Better Than Boys at School, Despite Inequality", *The Telegraph* [Grande-Bretagne], 22 jan. 2015; ver também M. Cohen, "'A Habit of Healthy Idleness': Boys' Underachievement in Historical Perspective", D. Epstein, J. Elwood, V. Hey, J. Maw (Org.), *Failing Boys? Issues in Gender and Achievement*, Buckingham, Open University Press, 1998.

46 Centrale des syndicats du Québec (CSQ), *Le décrochage et la réussite scolaires des garçons: Déconstruire les mythes, rétablir les faits*, 2012, p. 2-3.

47 Daphnée Dion-Viens, "Diplomation record au Québec: Les garçons sont plus nombreux à avoir terminé leur secondaire, l'écart se resserre avec les filles", *Journal de Montréal*, 15 fev. 2018.

questão.[48] Pesquisas feitas a esse respeito já há alguns anos, mas hoje menos discutidas, cruzam os problemas do sexo, da classe e da "raça". Na Grã-Bretanha, por exemplo, estudos avaliaram o ódio à escola mantido pela cultura da classe trabalhadora branca e as dificuldades escolares dos jovens negros de origem caribenha.[49] Samara S. Foster constatou, em sua tese de doutorado na qual propõe um "exame crítico da 'crise dos meninos'" nos Estados Unidos, que o racismo e a classe (riqueza e pobreza) são variáveis mais importantes do que o sexo para explicar as dificuldades escolares. Aliás, os meninos de classes altas geralmente têm maior sucesso do que as meninas em certas matérias.[50]

A National Education Association (Associação Nacional de Educação) nos Estados Unidos também constatou que praticamente não há diferença entre os sexos em escolas que contam com uma maioria de jovens brancos de classe média ou alta. Segundo um estudo feito em 2001 pela Fundação Ford, o êxito escolar é maior quando as salas contêm menos alunos e quando os professores e professoras têm uma boa formação e estão motivados.[51] Na França, as meninas das escolas de ensino médio mais favorecidas obtêm, no geral, maior êxito do que aquelas das periferias pobres, o que fez com que um estudioso dissesse que "as diferenças de resultados entre os sexos são mais frágeis do que aqueles resultados que distinguem os alunos por origem social".[52] No Quebec, a taxa média de evasão escolar antes dos 20 anos é de 23% para os homens e de 14% para

48 Christine Griffin, *op. cit.*, p. 176.

49 McDowell, Linda, "The Trouble With Men? Young People, Gender Transformations and the Crisis of Masculinity", *International Journal of Urban and Regional Research*, vol. 21, n. 1, 2000.

50 Samara S. Foster, *op. cit.*, p. 63.

51 Caryl Rivers, Rosalind Chait Barnett, "The Myth of 'The Boy Crisis'", *op. cit.*, p. B1.

52 François Dubet, "L'école 'embarrassée' par la mixité", *Revue française de pédagogie*, n. 171, abr.-jun. 2010, p. 79.

as mulheres. Mas, na região pobre do norte do Quebec que conta com muitas comunidades nativas, a taxa é bem mais elevada para os homens (66%) e para as mulheres (59%). A taxa de evasão dessas mulheres é, portanto, mais do que o dobro do que a taxa média dos meninos do conjunto da província.[53] Do mesmo modo, a taxa de evasão é de 58% em uma escola de ensino médio de um bairro pobre de Montreal. Um colunista que frequentou tal escola antes de conseguir ingressar na faculdade de Direito destacou que: "em certos meios abastados que frequentei, a diplomação de jovens é uma certeza, sabe-se que vários investirão nas esferas do poder e espera-se que alguns se tornem ministros".[54] Em suma, a diferença de riqueza tem um impacto mais importante que o sexo no êxito ou evasão escolar.[55]

O racismo sistemático também tem um impacto maior na permanência escolar. No Canadá, os povos nativos têm uma taxa de diplomação bem abaixo da média canadense.[56] Nos Estados Unidos, vários estudos revelaram que os resultados escolares da população afro-americana era em média mais fraca do que aqueles dos jovens brancos. Segundo alguns relatos, os professores encorajam os jovens afro-americanos a se dedicar ao esporte, mesmo que algum deles diga que quer ser engenheiro ou pediatra: "é como se eu devesse fazer esporte porque sou negro", assim relatou um jovem que havia sido desencorajado.[57]

---

53 Centrale des syndicats du Québec (CSQ), *op. cit.*, p. 3.

54 Fabrice Vil, "Question de vie ou de mort", *Le Devoir*, 21 jul. 2017, p. A9.

55 *Le décrochage scolaire des filles dans notre région: Trousse pour préparer un forum régional*, Relais-femmes, 2015, p. 7.

56 Sophie Langlois, "Inuits à l'école: raccrocher en jouant dehors", Radio-Canada, 21 jun. 2017 [http://ici.radio-canada.ca/nouvelle/1040784/inuits-ecole-education--scolaire-\decrochage-nunavik?isAutoPlay=1].

57 Celeste Fremon, Stephaine Renfrow Hamilton, "Are schools failing black boys?", *Parenting*, abr. 1997 [http://people.terry.uga.edu/dawndba/4500FailingBlkBoys.html].

Aliás, não se deve jamais esquecer que a escola é uma etapa para o mercado de trabalho, no qual as mulheres ganham em média menos do que os homens com diplomas iguais e nas mesmas profissões. Os jovens têm consciência dessa realidade porque os meninos, mais do que as meninas, abandonam a escola para procurar um trabalho. Nota-se que as profissões associadas à masculinidade convencional, por exemplo, no setor da construção, exercem uma atração importante nos jovens homens que abandonam a escola para brincar com caminhões de verdade e, sobretudo, embolsar um bom salário. Por parte das mulheres, aquelas que abandonam a escola geralmente trabalham em empregos mal pagos do setor de serviço: garçonetes, caixas etc.[58] Mesmo quando fazem Medicina, elas escolhem frequentemente especialidades menos exigentes em termos de horário, pois muitas antecipam ter que assumir a maior parte das responsabilidades parentais se quiserem ser mães.[59] Do mais, os problemas escolares entre as mulheres afetam também a próxima geração de meninas e de meninos, pois são principalmente as mães que ajudam as crianças a fazerem o dever de casa.[60] Há, portanto, estratégias conscientes diante dessas desigualdades profissionais, inclusive por parte das mães que encorajam suas filhas, mais do que seus filhos, a perseverarem, pois elas sabem que será mais difícil para a menina do que para o menino quando saírem da escola.[61]

---

58 *Et qu'en est-il du décrochage scolaire des filles dans notre région: Trousse pour préparer un forum régional*, Relais-femmes, 2015, p. 11.

59 François Dubet, *op. cit.*; Ministère de l'Éducation, *La réussite des garçons: Des constats à mettre en perspective*, Québec, gouvernement du Québec, 2004 (www.meq.gouv.qc.ca/publications/menu-rapports.htm).

60 *Le décrochage scolaire des filles dans notre région: Trousse pour préparer un forum régional*, Relais- femmes, 2015.

61 Jane Salisbury, Gareth Rees, Stephen Gorard, "Accounting for the Differential Attainment of Boys and Girls at School", *School Leadership & Management*, vol. 19, n. 4, 1999, p. 420; Emma Smith, "Failing Boys and Moral Panics: Perspectives on the Underachievement Debate", *British Journal of Education Studies*, vol. 51, n. 3, 2003, p. 282-295.

Uma vez na universidade, as estudantes abandonam seus estudos com mais frequência do que os estudantes, para se ocuparem de um filho recém-nascido; essa é, aliás, uma das principais causas de atraso ou de abandono dos estudos universitários para as mulheres, sobretudo nos ciclos superiores (mestrado e doutorado).

Contrariamente ao que dá a entender a propaganda da crise da masculinidade, é falso supor que a escola não tenha modelos masculinos e não valorize a identidade masculina convencional. Sem dúvida, há mais homens do que mulheres trabalhando em creches ou escolas, mas o material pedagógico e o ensino de História, por exemplo, oferece um ótimo lugar às figuras masculinas. Nas creches, os adultos oferecem mais vantagens aos meninos e interrompem com mais frequência as meninas, as quais também são mais repreendidas do que os meninos por comportamentos agitados e mais frequentemente encorajadas a ficarem calmas.[62] A escola, portanto, não é um espaço neutro, onde as identidades de gênero não têm mais importância aos olhos dos funcionários, professores e dos outros alunos. A jornalista britânica transgênero, que relatou a sua própria transição, explicou que desde a escola "as normas de gênero são impostas e controladas, e os educadores e os outros jovens te dizem que os meninos fazem X, a meninas Y".[63] Enfim, os estudos revelam que as salas não mistas beneficiam sobretudo as meninas, já que elas são menos perturbadas ou aliciadas pelos meninos.[64]

A respeito das identidades de gênero convencionais, vários estudos mostram que é precisamente quando os meninos – e as meninas – se

---

62 Brigitte Gresy, Philippe Georges, *Rapport sur l'égalité entre les filles et les garçons dans les modes d'accueil de la petite enfance*, Paris, Inspection générale des affaires sociales, dez. 2012.

63 Patrick Strudwick, "Nearly Half of Young Transgender People Have Attempted Suicide – UK Survey", *The Guardian*, 19 nov. 2014.

64 Jacques Tondreau, *op. cit.*, p. 172.

identificam *mais fortemente* com as normas da masculinidade – e da feminilidade – que os riscos de fracasso e evasão escolar são mais elevados. O menino irrequieto e arruaceiro ou que deseja se destacar nos esportes tende menos ao sucesso na escola que os meninos estudiosos, que arriscam serem acusados por seus colegas de serem "afeminados".[65] Por outro lado, o interesse pela leitura parece ser o que há de mais importante no início do percurso escolar, pois saber ler tem um impacto sobre a aprendizagem de todas as disciplinas. Assim, os pais podem influenciar positivamente o sucesso escolar dos filhos – e de suas filhas – na medida em que eles se apresentam como modelos de leitor e como pessoas que gostam dos livros. Infelizmente, os meninos se desinteressam pelos livros com mais frequência, preferem bancar os "verdadeiros" meninos em vez de arriscar serem alvo de insultos homofóbicos.[66] Tudo isso, evidentemente, não tem nada a ver com uma suposta feminilização da escola ou com o feminismo. O pesquisador da Educação Jean-Claude St-Amant é categórico: "os estereótipos que se associam aos meninos – necessidade de manusear e mexer, necessidade de competição ou de combates etc. – arriscam muito mais contribuir para aumentar as dificuldades escolares dos meninos do que melhorar sua situação!". Pierrette Bouchard, também pesquisadora, esclarece ainda "que um melhor êxito escolar passa precisamente por uma libertação dos estereótipos sexuais. Alguns meninos, particularmente no meio dito desfavorecido, constroem uma identidade sexual muito tradicional se distanciando, simultaneamente, da escola".[67] Quanto às meninas, aquelas que aderem mais fortemente aos códigos femininos da sedução heterossexual e que não pensam senão em namorar têm

65 Jean-Claude St-Amant, *Les garçons et l'école*, Montréal, Sisyphe, 2007.

66 Christine Griffin, *op. cit.*, p. 171; Emma Smith, *op. cit.*, p. 285.

67 Claude Lafleur, "Réussite scolaire. Les difficultés des garçons à l'école: c'est quoi le problème?", *Le Devoir*, 4-5 out. 2003, p. G7.

tendencialmente menos sucesso na escola que as meninas menos obcecadas pelos meninos.[68]

Concluindo, a proposição dos masculinistas de valorizar a masculinidade convencional pode prejudicar os meninos, mais do que lhes ajudar. Como destaca um estudioso do assunto, "quanto menos os modelos de gênero são contrastantes no meio familiar, mais os jovens se libertam das amarras dos estereótipos de gênero, melhor êxito eles têm na escola e em seus estudos (em geral, encontra-se uma menor diferenciação dos papéis sexuais nos meios mais favorecidos)".[69] É necessário também se preocupar com essa insistência em valorizar os meninos em seus comportamentos agressivos e violentos. A violência não parece ser um recurso pedagógico e os meninos maltratados por seus colegas e feridos, física e psicologicamente, estarão possivelmente menos motivados para a escola, talvez até tenham medo dela. Evidentemente, também podemos de maneira legítima nos perguntar se o encorajamento às brincadeiras violentas não arrisca favorecer a (re)produção de homens adultos violentos, inclusive contra os filhos e as esposas, ou favorecer o suicídio desses meninos quando se tornarem adultos, pois a utilização de uma arma de fogo aumenta enormemente o risco de se tirar a vida.

Suicídios

O suicídio dos homens é frequentemente apresentado como um dos sintomas da crise da masculinidade.[70] Os masculinistas recolhem seus

---

68 Ministère de l'Éducation, *La réussite des garçons*, *op. cit.*, p. 14. Ver também Pierrette Bouchard *et al.*, *De l'amour de l'école: Points de vue de jeunes de 15 ans*, Montréal, Les Éditions du remue-ménage, 1997.

69 Marie Gaussel, "L'éducation des filles et des garçons: paradoxes et inégalités", *Dossier de veille de l'Institut français de l'éducation*, n. 112, out. 2016, p. 19.

70 Em certos países, como na Alemanha e nos Estados Unidos, essa não é uma problemática central dos discursos da crise da masculinidade, mesmo que os índices de suicídio de homens sejam relativamente altos.

mortos como vítimas das mães dominadoras, das mulheres emancipadas e das feministas. Em 2016, o pesquisador da Universidade Católica Australiana, Kevin Donnelly, que se identifica ao movimento de homens, dá a entender no *The Daily Telegraph* que as depressões e os suicídios entre os homens são culpa das mães que não deixam seus filhos brincarem de guerra, com espadas ou pistolas. Ele ainda acusa as feministas de forçar os homens ao desespero ao repreendê-los por serem sexistas e misóginos.[71] No mesmo ano, no *Irish Times*, o artigo "Male suicide and feminism" (Suicídio masculino e feminismo) qualificou a Irlanda como "um Estado feminista, fundado sobre uma cultura de misandria. Esse é o motivo pelo qual morrem os nossos jovens homens".[72] Na França, o fundador da SOS Papa deu a entender que as mulheres que se divorciam forçam os homens ao suicídio.[73] Na ocasião da fala de representantes do SOS Papa e do Movimento da Condição Paterna pela Comissão de Direitos das Mulheres no Senado francês, o senador Alain Gournac defendeu que "certos pais [vão] até se suicidar de desespero em razão do sofrimento causado pela separação dos seus filhos; a justiça privilegia frequentemente a escolha da mãe para a guarda dos filhos".[74] No Quebec, o tema do suicídio ocupa um lugar central no discurso da crise da masculinidade. A esse respeito, o psicólogo Yvon Dallaire afirma que a "taxa de suicídio dos meninos atualmente aumenta um pouco em toda a nossa sociedade", explicando que "a ausência de modelos masculinos

---

71 Kevin Donnelly, "Feminism Is Fuelling Depression in Men", *The Daily Telegraph*, 6 out. 2016.

72 Phil MacGiolla Bhain, "Male Suicide and Feminism", *The Irish Times*, 22 nov. 2001.

73 Michel Thizon, "Cruautés conjugales envers les hommes: Un manque de reconnaissance flagrant de celles subies par les hommes", abr. 2004 [http://www.sos-papa.net/pages/cruautés.htm – acesso em fev. 2018].

74 Synthèse des travaux de la délégation aux droits des femmes, quarta-feira, 18 jan. 2006, site do Sénat français [https://www.senat.fr/compte-rendu-commissions/20060116/fem.html].

fortes certamente é uma das causas".[75] Dallaire complementa que o divórcio ou a separação são a causa porque "uma perda interpessoal constitui sempre uma causa potencial para o suicídio. Porque a função biológica do homem [...] é de estar a serviço daqueles que ele ama, de ser útil e eficiente, a perda desse ser amado ou desses seres amados (filhos) geralmente tira dele sua principal razão de viver. *O homem prefere morrer a viver inutilmente*".[76] Assim, dá-se a entender que as mulheres são responsáveis pelo suicídio dos homens; Yvon Dallaire esclarece ainda que são as mulheres, entre 65% e 80%, que iniciam os procedimentos de divórcio. Isso indicaria que as mulheres são mais exigentes, e não que a relação amorosa não é satisfatória.[77]

Na ocasião da semana de prevenção ao suicídio em 2007, o F4J de Quebec fixou em seu site um texto chamado "feminismo extremista".[78] O grupo declarou que "milhares de homens se matam [...] para fugir das condições psicológicas e financeiras inumanas impostas cotidianamente pela perseguição sistemática das varas da família".[79] Mais especificamente, o risco de que um "homem se suicide" seria mais elevado quando ele "não tem mais amor ao redor de si",[80] e que ele "sofre uma implosão de sua identidade causada [sic] muito

75 Yvon Dallaire, "L'homme 'agit' ses émotions", Mario Proulx (Org.), *La planète des hommes*, Montréal, Bayard Canada/Société Radio-Canada, 2005, p. 146.

76 Yvon Dallaire, *Homme et toujours fier de l'être*, *op. cit.*, p. 140.

77 Yvon Dallaire, "L'homme 'agit' ses émotions", *op. cit.*, p. 142. Nota-se que o movimento de homens repete regularmente que as mulheres iniciam mais frequentemente que os homens os procedimentos de divórcio.

78 Texto intitulado "Suicide" publicado no site identificado com a organização Fathers-4-Justice Québec [http://fathers-4-justice.ca/portail/index.php?option=com_content&task=view&id=45&Itemid=75 (acesso em ago. 2007 – esse site não está mais no ar desde 2018)].

79 "Fathers-4-Justice – Québec" [fonte consultada em 14 abr. 2006: http://fathers-4-justice.ca/fr/montreal.html].

80 A referência à "escravidão" menciona as pensões alimentícias que transformam os pais em "escravos" econômicos de suas ex-cônjuges.

frequentemente pela perda de um ser querido", e até mesmo quando ele é "impedido de ocupar seu papel de pai, de filho, de amigo, de amante, de homem".[81] Segundo o F4J, "os pais em situação de separação somam quase três quartos dos suicídios".[82] Considerando a afirmação deles, a ruptura conjugal seria então a causa de 75% dos suicídios dos homens. O presidente da Coalizão para a Defesa dos Direitos dos Homens de Quebec, Georges Dupuy, defende, por sua própria conta e risco, que "há metade [dos homens] que se suicidam por razões de ruptura conjugal". Os divórcios e as separações provocam, portanto, 75% *ou* 50% dos suicídios dos homens, segundo os diferentes grupos masculinistas. Aparentemente rigor e precisão não são utilizados para um assunto tão sensível.

Essa recuperação dos suicídios dos homens pela causa masculinista permite até supor que a violência conjugal é simétrica entre homens e mulheres. Georges Dupuy, por exemplo, explica que, se compararmos o número de homicídios conjugais e de suicídio dos homens provocados por uma ruptura conjugal, "não se pode dizer que haja mais mulheres mortas do que homens nos conflitos conjugais, simplesmente os métodos se diferenciam um pouco". Conforme Dupuy, os homens matam suas esposas agredindo-as diretamente, e as mulheres matam seus cônjuges ao lhes levar ao suicídio por uma separação: "há uma grande diferença? Uma morte é uma morte",[83] conclui ele. Os grupos de pais também afirmam que o divórcio provoca suicídios em Israel, mas eles defendem números bem mais

81 Texto intitulado "Suicide", Fathers-4-Justice Québec, *op. cit.*

82 *Ibid.*

83 Consulta geral no documento intitulado "Vers un nouveau contrat social pour l'égalité entre les femmes et les hommes", *Journal des débats*, Commission permanente des affaires sociales, Québec, quarta-feira, 28 set. 2005, vol. 38, n. 155. Essa argumentação já era apresentada em seu livro *Coupable d'être un homme: 'Violence conjugale' et délire institutionnel*, Montréal, VLB, 2000, p. 106-111.

elevados do que os dados oficiais da saúde pública.[84] Na Índia, os grupos de homens se mobilizam contra as leis que criminalizam a violência doméstica, afirmado que "vários homens põem fim às suas vidas, incapazes de suportar o medo, a humilhação e o trauma resultante desse assédio jurídico.[85]

Em resumo, os masculinistas supõem que os suicídios dos homens sejam, em grande parte, o resultado de uma crise da masculinidade provocada pela ausência de modelos masculinos e paternos, pela ruptura conjugal ou por causa da enorme força do feminismo em nossas sociedades, ou ainda pelo partido tomado pelos tribunais contra os homens. As mulheres levam os homens à morte porque elas os criam sem a permissão de brincar de guerra, porque elas colocam fim à relação conjugal ou porque elas exigiram, e obtiveram, as leis que criminalizam a violência doméstica. As mulheres certamente ganharam o direito ao divórcio, mas são acusadas de matar seus ex-cônjuges se elas o exercem. Da mesma maneira, as feministas obtiveram leis que criminalizam a violência conjugal, mas essas leis teriam por efeito levar os homens a tirarem as próprias vidas. Mães dominadoras, mulheres violentadas, mulheres emancipadas e feministas seriam, uma vez mais, as culpadas pelos males dos homens e até por suas mortes. Para remediar a situação, seria então oportuno (re)valorizar a identidade masculina convencional, associada às armas e à guerra, ou ao menos às brincadeiras de guerra, de valentia e de ação. Seria oportuno também que as mulheres ficassem casadas

---

84 Daphna Hacker, "Men's Groups as a New Challenge to the Israeli Feminist Movement: Lessons from the Ongoing Gender War Over the Tender Years Presumption", *Israel Studies*, vol. 18, n. 3, 2013, p. 32; Peter Värnik, "Suicide in the World", *International Journal of Environmental Research and Public Health*, vol. 9, n. 3, 2012, p. 760-771.

85 Sharmila Lodhia, "'Stop Importing Weapons of Family Destruction!': Cyberdiscourses, Patriarchal Anxieties and the Men's Backlash Movement in India", *Violence Against Women*, vol. 20, n. 8, 2014, p. 919; Daphna Hacker, "Men's Groups as a New Challenge...", *op. cit.*, p. 32; Peeter Värnik, *op. cit.*, p. 760-771.

com os homens, o que ofereceria um modelo paternal aos filhos e lhes asseguraria, aos maridos, uma presença feminina reconfortante.

Fatos contraditórios

É ainda mais deplorável que os masculinistas instrumentalizem o suicídio dos homens dado que a morte voluntária geralmente seja tomada como um mistério, inclusive as pessoas próximas, que recebem a terrível notícia com um choque, normalmente têm muita dificuldade de compreender o que aconteceu, isso quando não são invadidas pela culpa. Os dados estatísticos revelam que um grande número de fatores influencia o suicídio. No Ocidente, por exemplo, suicida-se mais na cidade do que no campo, mais no verão do que no inverno, mais em dias nublados ou chuvosos do que em dias bonitos, mais entre os pobres do que entre os ricos e, sobretudo, quando a economia vai muito mal.[86] Qual é, nisso, a influência da identidade de gênero?

Primeiramente, a taxa de suicídio dos homens desde há muito tempo é extremamente mais elevada do que aquela das mulheres.[87] Em seu livro *O suicídio*, publicado em 1897, o sociólogo Émile Durkheim já indicava que, "para cada mulher que se mata, existem em média quatro homens que se suicidam".[88] Nos anos 1950, as taxas de suicídio nos Estados Unidos e no Quebec eram respectivamente 3 e 2,5 vezes mais elevada do que aquela das mulheres, e isso bem antes das mobilizações feministas dos anos 1960 e do aumento do número de divórcios.[89]

---

86 Christian Baudelot, Roger Establet, *Suicide: L'envers de notre monde*, Paris, Seuil, 2006.

87 *Ibid.*, p. 17.

88 Émile Durkheim, *Le suicide*, Paris, Presses universitaires de France, 1897, p. 39.

89 Roger Piret, *Psychologie différentielle des sexes*, Paris, Presses universitaires de France, 1965, p. 13; Marie-France Charron, *Le suicide au Québec: Analyse statistique*, Québec, gouvernement du Québec, 1983, p. 167-168.

Segundo, o índice de suicídio dos homens é mais elevado do que o das mulheres em todos os países, salvo na China e em algumas outras regiões da Ásia. Em 2015, a taxa de suicídio dos homens se mostra quatro vezes mais elevada do que a das mulheres em países que não são reconhecidos por ter seu movimento feminista forte, como a Argélia, o Chile, a Polônia e a Rússia.[90] A Lituânia é o país com a taxa de suicídio masculino mais alta do mundo, sendo seis vezes mais elevada do que a das mulheres. Entretanto, as lituanas não somam mais do que 20% dos parlamentares, não dirigem mais do que 4% das maiores empresas, não ocupam mais do que 16% dos assentos em seus conselhos de administração e têm em geral uma remuneração 13% menor do que a dos homens pelo mesmo tipo de trabalho, salvo nos setores bancário e de seguros, em que é 44% menor.[91]

Ao contrário, a Coreia do Sul tem a taxa de suicídio feminino mais elevada do mundo, o que não impede a existência de um movimento de homens que supõe que haja uma crise da masculinidade naquele país. A biografia de Seong Jae-gi, fundador do Solidariedade dos Homens, apresenta-o como "o primeiro militante coreano dos direitos dos homens". Segundo ele, as sul-coreanas estão em vantagens quando comparadas aos homens, pois elas se beneficiam de cotas de emprego, de licença menstrual um dia por mês e são isentas do serviço militar. Yun Bora, que escreveu uma tese de doutorado sobre o ódio às mulheres, explica que "as mulheres não querem mais se casar, nem ter filhos, elas buscam outras estratégias. O que desencadeia

---

90 Organização Mundial da Saúde, "Age-standardized Suicide Rates (per 100.000 Population), 2015" [http://gamapserver.who.int/gho/interactive_charts/mental_health/suicide_rates/atlas.html].

91 Peeter Värnik, *op. cit.*, p. 760-771; Christian Baudelot, Roger Establet, *op. cit.*, p. 220-233. Para a Lituânia: https://www.lrp.lt/fr/centre-de-presse/communiqus-de-presse/les-femmes-en-politique-sont-une-ncessit/22245 e https://www.womenlobby.org/IMG/pdf/women_s_watch_-_lituanie.pdf.

a crise da masculinidade".[92] Nesse mesmo espírito, o livro *The end of men: voici venu le temps des femmes* (*O fim dos homens: eis que chegou o tempo das mulheres*) toma a Coreia do Sul como modelo feminino positivo no capítulo "A mulher asiática na conquista do mundo". Se as coreanas são tão beneficiadas, como explicar que a taxa de suicídio delas seja a mais alta do mundo?

A comparação entre países revela que os homens de 15 a 29 anos têm a taxa de suicídio mais elevada na região do Sudoeste Asiático, enquanto são os homens de 45 a 59 anos na Europa, e os homens de mais de 60 anos no Oeste do Pacífico. Mais uma vez, qual pode ser a ligação entre o feminismo e essa flutuação da taxa de suicídio?[93] Na Índia, o movimento de homens afirma que os homens se suicidam por causa das leis contra a violência conjugal. Entretanto, as donas de casa têm uma taxa de suicídio bem mais elevada porque elas são vítimas de casamentos arranjados e prisioneiras da família de seus maridos – as leis de violência conjugal visam justamente esse tipo de problema.[94]

De fato, não é demonstrado que essa seja a primeira causa de suicídio entre os homens, contrariamente ao que supõem os grupos de pais.[95] Viver em casal pode também ser um fator de risco para

---

92 Jeon Hye-won, Cheon Kwan-ryul, "Corée du Sud. La 'haine des femmes' prend de l'ampleur", *Courrier international*, 2 abr. 2015.

93 Peeter Värnik, *op. cit.*, p. 760-771; Christian Baudelot, Roger Establet, *op. cit.*, p. 220-233.

94 Sharmila Lodhia, *op. cit.*, p. 919; Soutik Biswas, "Why Are India's Housewives Killing Themselves", *BBC News*, 12 abr. 2016 [http://www.bbc.com/news/world--asia-india-35994601]; "India Has the Highest Number of Suicides in the World: WHO", *Times of India*, 4 set. 2014 [http://timesofindia.indiatimes.com/india/India--has-highest-number-of-suicides-in-the-world-WHO/articleshow/41708567.cms].

95 Lucie Ross, Harry François, *Profil du suicide au Québec 1981-2005: mise à jour en 2007*, Québec, Santé et services sociaux, 2007, p. 15; Marie-France Charron, *Le suicide au Québec: Analyse statistique*, Québec, gouvernement du Québec, 1983, p. 55-59.

o suicídio das mulheres, que correm maior risco de se matarem se elas foram ou são vítimas de violências sexuais.[96] Na França, durante as chamadas ao SOS Amitié[97] em situações de crise de suicídio, 12% das mulheres relatam violências físicas e sexuais, comparados a 4,5% dos homens. Além disso, 17% das mulheres mencionam problemas familiares ou de relacionamento conjugal, contra 11% dos homens. Em suma, as mulheres suicidas parecem sofrer com problemas de cunho íntimo como problemas familiares ou conjugais, incluindo violência sexual, com muito mais frequência do que os homens. Os homens certamente evocam a ruptura conjugal como a causa de seus pensamentos suicidas em 6,5% dos casos (contra 3,5% das mulheres), mas eles relatam com muito mais frequência as adições (8%) e mais frequentemente ainda doenças mentais (14%) e depressão (17%).[98]

Alguns homens se suicidam levando à morte a mulher também, às vezes até mesmo os filhos, geralmente com a ajuda de uma arma de fogo.[99] No Canadá, entre 1961 e 2003, por exemplo, mais de 800 homens que se suicidaram haviam antes assassinado suas esposas. De 1993 a 2003, 31% dos homens que assassinaram suas esposas

96 Éric Volant, *Culture et mort volontaire: le suicide à travers les pays et les âges*, Montréal, Liber, 2006, p. 135; Michelle Fine, Sarah Carney, "Women, Gender, and the Law: Toward a Feminist Rethinking of Responsibility", Rhoda K. Unger (Org.), *Handbook of the Psychology of Women and Gender*, Hoboken (NJ), Wiley, 2001, p. 393; Monique Séguin, Philippe Huon *et al.*, *Le suicide: comment prévenir - comment intervenir*, Montréal, Logiques, 1991, p. 81-82.

97 Serviço semelhante ao CVV (Centro de Valorização da Vida) no Brasil, mas mantido pelo governo federal [N.T].

98 Observatório nacional de suicídio, *Suicide: Connaître pour prévenir - dimensions nationales, locales et associatives* (2e rapport), fev. 2016.

99 Suzanne Léveillée, Julie Lefebvre, Marlène Galdin, "L'homicide conjugal masculin suivi ou non d'un suicide", Suzanne Léveillée, Julie Lefebvre (Orgs.), *Le passage à l'acte dans la famille: perspectives psychologique et sociale*, Québec, Presses de l'Université du Québec, 2011, p. 51.

se suicidaram logo em seguida.[100] Essas mulheres são assasinadas geralmente quando querem terminar ou haviam terminado com o homem que lhes tirou a vida.[101]

Nos Estados Unidos, na França e na Grã-Bretanha, os epidemiologistas consideram que as crises econômicas e a pobreza constituem o primeiro fator de risco quanto ao suicídio. Nos Estados Unidos, o epidemiologista Alex Crosby comparou as estatísticas da época da grande depressão do início dos anos 1930 e aquelas do contexto atual, esclarecendo que "há uma constante: quando a economia vai mal, os suicídios aumentam, e quando ela vai melhor, eles diminuem".[102] A situação econômica pode explicar a disparidade regional quanto às taxas de suicídio: o estado do Wyoming tem a taxa mais alta, seguido pelo Alasca, ou seja, os dois estados menos prósperos dos Estados Unidos. A taxa é quase três vezes menor na Califórnia e quase quatro vezes menor no estado de Nova York, sendo esses os dois estados mais prósperos.[103] Ou seja, os estados mais pobres têm taxas mais elevadas que os estados mais ricos.[104]

---

100 Segundo o Institut National de Santé Publique du Québec [http://www.inspq.qc.ca/violenceconjugale/references.asp?id=9#quarante-deux (out. 2006)]. Ver também M. Gannon, "Homicides dans la famille", J.-A. Dans Brzozowski (Org.), *La violence familiale au Canada: un profil statistique 2004*, Ottawa, ON: Centre canadien de la statistique juridique, 2004, p. 40-58; C. Aston e V. P. Bunge, "Homicides-suicides dans la famille", K. AuCoin (Org.), *La violence familiale au Canada: un profil statistique 2005*, Ottawa, Centre canadien de la statistique juridique, 2005, p. 66-74.

101 Suzanne Léveillée, Julie Lefebvre, Marlène Galdin, *op. cit.*, p. 49-68.

102 Sabrina Tavernise, "U.S. Suicide Rate Surges to a 30-year High", *New York Times*, 22 abr. 2016 [https://www.nytimes.com/2016/04/22/health/us-suicide-rate--surges-to-a-30-year-high.html]; ver também John Bingham, "Male Suicide Now a National Public Health Emergency, MPs Warned", *The Telegraph*, 5 nov. 2015.

103 Shakeeb Asrar, *op. cit.*; American Foundation for Suicide Prevention [https://afsp.org/about-suicide/suicide-statistics/] (acesso em 20 jun. 2017).

104 Frédéric Pennel, "Suicide en France: 'une autre conséquence de la crise économique?'", *L'Express*, 9 mar. 2016; Pascale Kremer, "La hausse des suicides liée à la crise, une réalité ignorée", *Le Monde*, 7 fev. 2012.

O discurso masculinista não menciona o racismo, a homofobia e a transfobia como fatores de risco para o suicídio. Entretanto, no Canadá e nos Estados Unidos, os jovens homens nativos têm uma taxa de suicídio bem mais elevada do que os homens de classe média de origem europeia. No Canadá, a taxa de suicídio dos homens *nativos* jovens é em torno de três a seis vezes mais elevada do que a taxa média dos homens, com taxas até vinte vezes mais altas em certas comunidades.[105] No entanto, são os homens jovens homossexuais, bissexuais e as pessoas transgêneros que têm a taxa de suicídio mais alta. Esse fenômeno se explica sobretudo pela pressão social para se adequar ao modelo heterossexual convencional, geralmente sob a forma de violências verbais, físicas e sexuais, e a discriminação no trabalho.[106] Nos Estados Unidos, a taxa de tentativas de suicídio varia entre 30% e 41% para as pessoas transgêneros, enquanto fica em 4,6% para o conjunto da população. Essa taxa é ainda mais alta entre as pessoas transgêneros de idade entre 18 e 24 anos (45%), mais pobres (54%) e entre os nativos transgêneros (56%).[107] Em outros termos, uma pessoa transgênero a cada duas, ou quase, já tentou se suicidar, ao passo que para a população geral essa razão fica em torno de uma pessoa a cada 20. Os relatos a respeito desse flagelo indicam, sobretudo, a desordem a respeito da violência sofrida na escola – as famosas discussões no pátio de recreação – e no trabalho,

---

105 Nancy Miller Chenier, *Le suicide chez les autochtones*, Ottawa, Commission royale du Canada, 1995; Éric Volant, *op. cit.*, p. 40.

106 Olivier Ferlatte, Joshun Dulai, Travis Salway Hottes, Terry Russler, Rick Marchand, "Suicide Related Ideation and Behavior among Canadian Gay and Bisexual Men: a Syndemic Analysis", *BMC Public Health*, 2015 [https://bmcpublichealth.biomedcentral.com/track/pdf/10.1186/s12889-015-1961-5?site=bmcpublichealth.biomedcentral.com].

107 Kristy Kirkup, "Discrimination against Two-Spirit Indigenous People Linked to Suicide Crisis", *CTVNews*, 30 abr. 2017 [https://www.ctvnews.ca/health/discrimination-against-two-spirit-indigenous-people-linked-to-suicide--crisis-1.3391593].

bem como a rejeição dos profissionais dos serviços de cuidado e saúde, dos agentes da polícia ou dos membros da família.[108]

Dito isso, a taxa de tentativas de suicídio geralmente é idêntica para os dois sexos, quando não é mais elevada para as mulheres. Na França, por exemplo, as mulheres têm pensamento suicida com mais frequência do que os homens, e elas tentam suicídio quase duas vezes mais.[109] A situação é parecida nos Estados Unidos, onde as mulheres têm um índice de tentativa de suicídio três vezes maior do que os homens.[110] Sem contar que as mulheres são mais frequentemente acometidas pela depressão e anorexia do que os homens. Em suma, os homens não têm o monopólio do sofrimento psicológico.

---

108 Cincinnati Children's Hospital Medical Center, "High Rates of Suicide and Self-Harm among Transgender Youth", *ScienceDaily*, 31 ago. 2016 [www.sciencedaily.com/releases/2016/08/160831110833.htm]; Greta R. Bauer, Ayden I. Scheim, Jake Pyne, Robb Travers, Rebecca Hommond, "Intervenable Factors Associated with Suicide Rick in Transgender persons: a Respondent Driven Sampling Study in Ontario, Canada", *BMC Public Health*, 15, 2 jun. 2015; Ann P. Haas, Philip L. Rodgers, Jody L. Herman, *Suicide Attempts Among Transgender and Gender Non-Conforming Adults: Findings of the National Transgender Discrimination Survey*, Nova York-Los Angeles, American Foundation for Suicide Prevention – The Williams Institute, 2014; K. Clements--Nolle, R. Marx, M. Katz, "Attempted Suicide Among Transgender Persons: The Influence of Gender-Based Discrimination and Victimization", *Journal of Homosexuality*, vol. 51, n. 3, 2006, p. 53-69; François Beck, Jean-Marie Firdion, Stéphane Legleye, Marie-Anne Schiltz, *Les minorités sexuelles face au risque suicidaire*, Saint-Denis, Institut national de prévention et d'éducation pour la santé, 2014 (nova ed.), p. 72; Christian Baudelot e Roger Establet, *op. cit.*, p. 243-244; ver Michel Dorais, *Mort ou fif: la face cachée du suicide chez les garçons*, Montréal, VLB, 2001, e o site: http://www.gai-ecoute.qc.ca;. Ver *British Medical Journal*, jul. 2002.

109 Observatoire national du suicide, *Suicide: Connaître pour prévenir – dimensions nationales, locales et associatives* (2e rapport), fev. 2016.

110 Shakeeb Asrar, "Suicide rate on the rise in U.S.", *USA Today*, 22 abr. 2016; American Foundation for Suicide Prevention [https://afsp.org/about-suicide/suicide-statistics/] (acesso em 20 jun. 2017).

O discurso masculinista sobre o suicídio deixa passar despercebido que o Estado fez da prevenção ao suicídio uma prioridade da saúde, e chegou a lançar campanhas de prevenção diretamente orientada aos homens, em particular aos jovens. Assim, a formação do Suicide Action Montréal por parte dos trabalhadores e trabalhadoras da primeira linha dos serviços sociais e da saúde tem uma vertente de intervenção junto aos homens em crise suicida (o que é muito bom), mas nada específico para as mulheres suicidas, mesmo que os psicólogos tenham desenvolvido modelos de intervenção adaptados às suas realidades. Tais campanhas de prevenção orientadoras para os homens parecem ser bem-sucedidas, pois a taxa de suicídio dos homens diminuiu cerca de 35% no Quebec nos últimos anos, enquanto a das mulheres permanece estável. A queda é ainda "mais acentuada entre os adolescentes e os jovens adultos [...] sobretudo os jovens meninos".[111]

Assim, a (re)valorização da masculinidade convencional não parece uma boa ideia para prevenir o suicídio. Os especialistas consideram que os homens põem fim aos seus dias com mais frequência do que as mulheres porque eles recorrem a meios mais violentos, o que é coerente com a concepção do masculino viril. Os homens têm recorrido à arma de fogo quatro vezes mais do que as mulheres nos Estados Unidos,[112] oito vezes mais na França e dez vezes mais no Quebec.[113] Não ter acesso direto a uma arma de fogo pode contribuir

---

111 Danielle Saint-Laurent, Mathieu Gagné, *Surveillance de la mortalité par suicide au Québec: ampleur et évolution du problème de 1981 à 2006*, Québec, Institut national de santé publique du Québec, 2008, p. 3. Ver também: Presse Canadienne, "Le nombre de suicides était en baisse au Québec en 2004", *La Presse*, 28 mar. 2006; André Duchesne, "Le nombre de suicides diminue de moitié chez les adolescents", *La Presse*, 29 mar. 2006.

112 Violence Policy Center, *When Men Murder Women: An Analysis of 2014 Homicide Data*, 2016, p. 3.

113 Shakeeb Asrar, *op. cit.*; American Foundation for Suicide Prevention, *op. cit.*; Lois Beckett, "Gun Inequality: US Study Charts Rise of Hardcore Super Owners",

para reduzir o número de suicídios, segundo os especialistas.[114] Por outro lado, as mulheres recorrem com mais frequência aos medicamentos, os quais elas também consomem mais do que os homens, mas esse é um meio menos letal do que uma arma de fogo.[115] Consequentemente, supor que os homens se suicidam porque suas mães lhes teria impedido de brincar de guerra com armas de brinquedo é uma afirmação não somente errônea, mas perigosa. A taxa de suicídio dos homens que servem o exército francês é cerca de 20% mais baixa do que a dos homens civis, mas, ainda assim, quatro vezes mais alta do que a das mulheres militares.[116] Essa taxa de suicídio mais baixa do que a média nacional se explica simplesmente porque os recrutas são avaliados física e psicologicamente antes de entrar no exército, o que afasta os mais vulneráveis. Do mais, os militares gozam de uma renda estável e de seguro-saúde, fatores que reduzem os riscos de suicídio. Por outro lado, a taxa de suicídio aumenta muito entre os militares durante o período de guerras. Os veteranos estadunidenses que foram à Guerra no Afeganistão ou no Iraque apresentam uma taxa de suicídio quatro vezes mais elevada do que a média nacional.

The Guardian, 19 set. 2016; Observatoire national du suicide, *Suicide: Connaître pour prévenir – dimensions nationales, locales et associatives* (2e rapport), fev. 2016; Institut national de santé publique du Québec e Bureau d'information et d'études en santé des populations, *La mortalité par suicide au Québec: 1981 à 2014 – mise à jour 2017*, Québec, gouvernement du Québec, 2017, p. 8; Janie Houle, *La demande d'aide, le soutien social et le rôle masculin chez des hommes qui ont fait une tentative de suicide*, Montréal, département de psychologie de l'Université du Québec à Montréal (UQAM), tese de doutorado, 2005, p. 20. Ver também D. Lester, "Why Do People Choose Particular Methods for Suicide?", *Activas Nervosa Superior*, n. 30, 1988, p. 312-314.

114 Eric Markowitz, "How Switzerland Accidentally Reduced Suicides", *The Atlantic*, 8 set. 2016.

115 Roger Piret, *Psychologie différentielle des sexes*, Paris, Presses universitaires de France, 1965, p. 13. C'est aussi ce que constatent Christian Baudelot, Roger Establet, *op. cit.*, p. 215.

116 Jean Guisnel, "Le suicide est la deuxième cause de mortalité des militaires français", *Le Point*, 7 set. 2010.

Aparentemente, brincar de guerra ou fazê-la realmente não ajuda os homens a evitar o suicídio, muito pelo contrário.[117]

Em suma, a identidade masculina convencional parece fazer parte do problema do suicídio, e não da solução. "Não existe explicação simples para a questão: 'por que os homens se suicidam mais do que as mulheres?'", defende Janie Houle, que dedicou sua tese de doutorado em psicologia a tentar encontrar essa resposta.[118] Ela finalmente chegou à conclusão de que "a adesão ao papel masculino tradicional [está] associada a um risco aumentado de cometer uma tentativa de suicídio entre os homens".[119] Essa também é a conclusão a que chega um relatório de título ambíguo, *A Crisis in Modern Masculinity: Understanding the Cause of Male Suicide* (*Uma crise na masculinidade moderna: compreendendo a causa do suicídio masculino*), cujo conteúdo foi discutido na imprensa britânica.[120] A representação convencional de um homem ativo, forte, autônomo e sempre vencedor leva os homens mais vulneráveis a um fracasso pessoal – profissional, familiar etc. – e limita sua vontade de pedir ajuda. Os homens que aceitam suas vulnerabilidades estariam em menor risco de cometerem suicídio porque eles falam mais abertamente de seus problemas e pedem mais facilmente ajuda aos especialistas da saúde.

Na medida em que o feminismo pode ser considerado como um movimento que visa contestar as identidades de sexo convencionais e a redefini-las, parece que ele pode também fazer parte da solução. As mães se suicidam menos quando elas são as responsáveis pelas

117 Gregg Zoroya, "Experts Worry High Military Suicide Rates are 'New Normal'", *USA Today*, 12 jun. 2016; Finian Cunningham, "A Sign of Empire Pathology", *Gulf Digital News*, 7 abr. 2015.

118 Janie Houle, *op. cit.*, p. 15.

119 *Ibid.*, p. 184.

120 "'A Crisis of Masculinity': Men Are Struggling to Cope with Life", *The Telegraph*, 19 nov. 2014.

crianças, o que indica que os homens talvez reduziriam os riscos de suicídio engajando-se mais seriamente no trabalho parental (gratuito).[121] Isto posto, é antes de tudo o contexto socioeconômico que tem a maior influência sobre o suicídio, e não são as mulheres nem as feministas que controlam a economia mundial.[122] O caso da Polônia é particularmente interessante aqui, pois trata-se de um país onde a diferença da taxa de suicídio entre os homens e as mulheres é relativamente muito grande, já que os poloneses têm uma taxa de suicídio cinco vezes mais elevada do que a das polonesas. Em um estudo sobre essa situação no país, Maria Jarosz constatou que não são os divórcios ou uma suposta feminilização da sociedade polonesa que explicaria o suicídio dos homens, mas, antes, a educação tradicional e machista dos homens que lhes deixa mais vulneráveis à causa principal do suicídio: o desemprego.[123] A economia capitalista está em causa, mas parece bem mais fácil acusar as mulheres e as feministas de serem a causa dos suicídios dos homens. Isso permite também, mesmo que seja falso, minar a credibilidade do feminismo.

O pai sacrificado

> *"Patriarcado significa, literalmente, 'o poder dos pais'."*
>
> Phyllis Chesler[124]

Se as questões da escola e do suicídio são tão sensíveis quanto importantes, parece, no entanto, que a pensão alimentícia e as violências

121 Christian Baudelot, Roger Establet, *op. cit.*, p. 14.

122 John Bingham, "Male Suicide Now a National Public Health Emergency, MPs Warned", *The Telegraph*, 5 nov. 2015.

123 Maria Jarosz, *Suicides*, Paris-Montréal, L'Harmattan, 2005, p. 130-131.

124 Phyllis Chesler, "The Men's Auxiliary: Protecting the Rule of the Fathers", Kay Leigh Hagan (Org.), *Women Respond to the Men's Movement*, San Francisco, Pandora Book, 1992, p. 133.

conjugais é que são as prioridades do movimento de homens, cujos grupos de pais divorciados ou separados formam a ponta da lança. Vários pais divorciados ou separados dizem se sentirem como "guichês bancários automáticos"[125] e supõem ter sido roubados ou mesmo "estuprados" por suas ex-esposas, como relata um membro de um grupo de pais divorciados e separados: "eu estou engajado no 'Pais pedindo direitos' porque eu me sinto como se eu tivesse sido realmente estuprado".[126] Um outro que teve o direito a visitas defende que sua ex-esposa "cometeu um estupro de um pai [...]. Não foi somente o estupro por causa dos meus filhos; foi também um estupro por causa dos meus recursos".[127] Para vários desses pais, a pensão alimentícia não deveria ser paga enquanto a guarda dos filhos estiver sob inteira responsabilidade de somente um dos pais. Consequentemente, os pais exigem que a guarda compartilhada seja combinada sistematicamente, o que significaria que eles não teriam mais necessidade de pagar pensão alimentícia.[128]

Fatos contraditórios

Para quem frequenta esses lugares, é fácil admitir que os tribunais são intimidantes e que se pode sentir esmagado pelos juízes e advogados, que tomam geralmente muito rápido as decisões que afetaram suas

125 Elżbieta Korolczuk, Renata E. Hryciuk, "In the Name of the Family and Nation: Framing Fathers' Activism in Contemporary Poland", Katalin Fábián, Elżbieta Korolczuk (Orgs.), *Rebellious Parents: Parental Movements in Central-Eastern Europe and Russia*, Bloomington-Indianapolis, Indiana University Press, 2017, p. 119.

126 Carl Bertoia, Janice Drakich, "The Fathers' Rights Movement", *Journal of Family Issues*, vol. 14, n. 4, dez. 1993, p. 607.

127 *Ibid.*

128 O que constataram vários especialistas que pesquisaram esses grupos e entrevistaram vários de seus membros: ver, entre outros, Jocelyn Elise Crowley, *op. cit.*, p. 728.

vidas inteiras. Para aqueles que conhecem tais situações, também é fácil admitir que um divórcio ou uma separação é frequentemente um momento doloroso, sobretudo quando a guarda dos filhos está em jogo. Em certos casos, o desamor e a quebra na comunicação levam a impasses extremamente penosos que estimulam a desconfiança e a cólera, e justificam os cálculos estratégicos da manipulação e das mentiras. Possivelmente tanto de uma parte quanto da outra. Entretanto, não é tão fácil de obter os dados numéricos precisos sobre as sentenças dos divórcios e das separações com filhos. Essa imprecisão é o resultado da complexidade das leis e das instâncias que regulam os divórcios e as separações, sem esquecer as intervenções sucessivas dos juízes em certos processos e as modificações dos acordos ao longo dos anos. Os dados disponíveis nos Estados Unidos, na França e no Quebec permitem, no entanto, colocar em dúvida o discurso dos grupos de pais que supõem que os pais sejam sistematicamente enganados pelas varas da família, porque estas últimas decidiriam sempre por dar a guarda às mães.

Os masculinistas esquecem de dizer que os juízes intervêm com mais frequência quando os pais não vivem sob um mesmo teto. Não é, portanto, o tribunal que destrói o casal e a família. Segundo, os pais se entendem de maneira amigável na maior parte dos casos a respeito da guarda das crianças e até mesmo sobre a pensão – em torno de 85% a 80% dos casos na França e no Quebec –, e o tribunal não faz mais do que ratificar esse acordo; em outras palavras, em não mais do que 15% ou 20% dos casos os pais não conseguem se entender e o tribunal tem que resolver.[129] Na maior parte dos casos,

129 Maud Guilloneau, Caroline Moreau, *La résidence des enfants de parents séparés De la demande des parents à la décision du juge*, ministère de la Justice, direction des affaires civiles et du sceau, 2013, p. 3 (agradeço a Édouard Leport por essa referência); Renée Joyal, Évelyne Lapierre-Adamcyk *et al.*, *Le rôle des tribunaux dans la prise en charge des enfants après le divorce ou la séparation des parents*, Québec, ministère de l'Emploi, de la Solidarité et de la Famille, 2003, p. 17;

os pais decidem que a mãe tenha a guarda principal e que o pai tenha a guarda a cada dois finais de semana ou simplesmente o direito de visitar. Trata-se de uma decisão racional para um homem que evita, assim, ter que fazer o trabalho (gratuito) de cuidar das crianças, e que pode mais facilmente "refazer sua vida". Esse tipo de acordo permite também perpetuar a divisão sexual do trabalho que já existia no casal, já que a mãe era responsável pela "carga mental" do planejamento e da execução da maioria das tarefas parentais domésticas. Após a separação, o pai se satisfaz com um papel auxiliar (o que não quer dizer que ele não "ame" seu ou seus filhos, mas ele evita sacrificar energia e tempo no trabalho parental cotidiano).

Além disso, um dos pais não se apresenta no tribunal em por volta de 10% dos casos de divórcio e de separação. A causa é então julgada "por padrão", geralmente em favor da parte que está presente. Em 75% dos casos, é o pai quem não se apresenta. Constatando a ausência do pai, os juízes têm então a tendência de dar a guarda para a mãe, que está presente. Se subtrairmos os 80% dos acordos amigáveis e os 10% dos julgamentos por padrão, sobra por volta de 10% dos casos de guarda dos filhos que são verdadeiras batalhas jurídicas entre pais e mães. Esses casos são os mais espetaculares e os mais doloridos, pois eles implicam, geralmente, em parceiros incapazes de se comunicar ou que não querem mais. Nesses casos, é verdade que os juízes têm a tendência de decidir por dar a guarda às mães, sobretudo quando as crianças são mais jovens (no Quebec, 80% das crianças com menos de 6 anos estão sob a guarda da mãe, mas não mais do que 50% das crianças de 12 a 18 anos).[130] Essa decisão não é influenciada pelo feminismo ou pela misandria, mas, antes, por uma concepção conservadora dos papéis parentais. Aos

---

Michelle Cottier, Eric D. Widmer, Sandrine Tornare, Myriam Girardin, *Étude interdisciplinaire sur la garde alternée*, Genève, Université de Genève (Faculté et droit e Faculté de sciences de la société), mar. 2017, p. 20.

130 Michelle Cottier *et al.*, *op. cit.*, p. 21.

olhos de muitos magistrados, a primeira infância é um domínio feminino e materno.

O feminismo jamais promoveu a monoparentalidade como um projeto de emancipação das mulheres; ele propõe antes que o trabalho parental e doméstico seja efetuado em partes iguais. Em outras palavras, o feminismo não propõe *a priori* excluir os pais, mas reclama, evidentemente para as mulheres, o direito a se divorciar ou separar, sobretudo se o cônjuge é violento com elas ou com as crianças. O movimento feminista se preocupa, entretanto, com o postulado de que a presença de um pai seja essencial para o desenvolvimento de uma criança, já tal postulado geralmente justifica a imposição sistemática da guarda compartilhada. Os grupos de pais vão até mesmo afirmar que as crianças têm um direito fundamental de ter seus dois pais, sua mãe e seu pai.[131] Exclui, portanto, as famílias homoparentais, sem contar que os homens violentos podem se ver pleiteando a guarda, seguindo o princípio de que um pai violento seria melhor do que ficar sem contato cotidiano com um pai. De fato, vários homens violentos já obtiveram os direitos de visita e mesmo a guarda parcial ou total.[132] Na Austrália, uma reforma baseada na importância para a criança de conservar os laços significativos com os dois pais levou, em certos casos, a colocar em perigo a segurança

---

131 Essa mudança de ponto de vista da magistratura corresponde à mudança de paradigma na psicologia da infância: a ideia patriarcal dos anos 1970 de que uma criança fica melhor com sua mãe foi substituída pela convicção de que uma criança deve ter contato com seu pai, mesmo se a comunicação com a mãe seja falha (Denyse Côté, "D'une pratique contre-culturelle à l'idéal-type: la garde partagée comme phénomène social", *Revue québécoise de psychologie*, vol. 27, n. 1, 2006, p. 13-32); Richard Collier, "Fathers' Rights, Gender and Welfare: Some Questions for Family Law", *Journal of Social Welfare & Family Law*, vol. 31, n. 4, 2009, p. 361-362; Ariane Émond, "Procès du féminisme", *Gazette des femmes*, vol. 24, n. 6, mar.-abr. 2003, p. 23).

132 Joan S. Meier, Sean Dickson, "Mapping Gender: Shedding Empirical Light on Family Courts' Treatment of Cases Involving Abuse and Alienation", *Law & Inequality: A Journal of Theory and Practice*, vol. 35, n. 2, 2017, p. 311-334.

da criança.[133] A experiência da Suécia é esclarecedora a esse respeito. No fim dos anos 1990, quando os grupos de pais atuavam como consultores oficiais no Ministério da Igualdade dos Sexos,[134] o país adotou uma abordagem que privilegiava a guarda compartilhada inclusive para pais violentos. No entanto, eles fizeram uma nova reforma em 2006 para considerar o risco de uma criança ser vítima de violência. Contudo, isso não impede os tribunais de conceder aos pais violentos o direito de visitar seus filhos sem supervisão, sobretudo quando esses homens não são passíveis de sofrerem preconceito racial.[135]

Além de saber quem terá a guarda das crianças, o dinheiro parece a principal preocupação dos pais litigantes em um divórcio. Estudos feitos junto a grupos de pais divorciados ou separados revelaram que o montante da pensão alimentícia é o assunto principal das discussões nos encontros dos grupos de conversa. Na mesma ordem de ideias, um juiz da vara da família na França faz esta confidência: "o ponto de crispação não é, afinal, as crianças como pensamos, porque isso se arranja relativamente rápido, é sobretudo o dinheiro. Isso se polariza sobre essa história de contribuição e se torna o ponto de crispação que sempre permite o desabafo".[136] Daí a desconfiança de certas mulheres que creem que o pai pede a guarda compartilhada

---

133 Michelle Cottier *et al.*, *op. cit.*, p. 20.

134 Monica Burman, "Fathers' Rights in Swedish Family Law Reform: Taking Account of Fathers' Violence against Mothers", *Canadian Journal of Women and the Law*, vol. 28, n. 1, 2016, p. 162.

135 *Ibid.*, p. 187. Ver também Michael Flood, "What's Wrong with Fathers' Rights?", Shira Tarrant (Org.), *Men Speak Out: Views on Gender, Sex, and Power*, Londres, Routledge, 2008, p. 214; Michael Flood, "'Fathers' Rights' and the Defense of Paternal Authority in Australia", *Violence Against Women*, vol. 16, n. 3, 2010, p. 333-339; Mark Potok, Evelyn Schlatter, "Men's Rights Movement Spreads False Claims about Women", *Intelligence Report*, mar. 2012.

136 Rémi Audot, Céline Bessière, Emilie Biland *et al.*, *Au tribunal des couples: Situations professionnelles des conjoints et procédures judiciaires de séparation conjugale*, France, Mission de Recherche Droit et justice, dez. 2010, p. 101.

para não pagar a pensão e pede à sua própria mãe ou à sua nova companheira para que tome conta dos filhos. Um estudo sobre os grupos de pais no Canadá revelou também que 40% dos entrevistados queriam controlar o modo como a mãe gasta esse dinheiro.[137]

Para compreender melhor essa questão da pensão, é necessário lembrar que a maioria dos pais não pagava esse encargo quando o pagamento era voluntário, ou pagava atrasado ou parcialmente. É, portanto, revelador que muitos grupos de pais sejam formados em reação às modificações legislativas que tornaram obrigatórias as cobranças de pensão para os filhos. Com efeito, isso diz muito de suas motivações e suas prioridades. No Canadá, as províncias são dotadas de leis de cobrança obrigatórias de pensão desde os anos 1980. Em 1985, um primeiro comitê do F4J é fundado em Ontário, em Kitchener-Waterloo. Dois anos mais tarde, aparece o Canadian Council for Family Rights (Conselho Canadense para os Direitos da Família), uma outra organização que defende os pais divorciados.[138] Na Grã-Bretanha, a Child Support Agency (CSA, Agência de Assistência à Criança) foi criada em 1991, ao se constatar que 70% dos progenitores ausentes (sendo o pai em 90% dos casos) não davam nenhuma contribuição. Os outros pagavam menos do que 25 dólares por semana. A CSA tinha, portanto, a atribuição de assegurar

---

137 Carl Bertoia, Janice Drakich, *op. cit.*, p. 606 e 608. No Canadá, a empresa de pesquisa CROP fez regularmente a seguinte questão: "O pai de família deve mandar em casa". Em 1983, 42% dos canadenses (32% no Quebec) estavam de acordo com essa afirmação; 29% (26% no Quebec) em 2017, dos quais 39% eram homens. Do mais, os adeptos do pai chefe de família valorizam mais frequentemente o consumo ostentatório, e menos frequentemente a igualdade dos sexos (evidentemente) e a tolerância à diversidade étnica e racial (Alain Giguère, "Le père de famille: 29% des Canadiens croient qu'il doit 'commander' chez lui (26% au Québec)", blogue CROP, 12 jun. 2017 [https://www.crop.ca/fr/blog/2017/185/]).

138 Robert A. Kenedy, *Fathers For Justice: The Rise of a New Social Movement in Canada as a Case Study of Collective Identity Formation*, Ann Arbor (Michigan), Caravan Books, 2005.

que as pensões fossem pagas. Uma coalizão de grupos de homens e de pais foi formada para fazer oposição à criação de tal agência. Encontram-se nesse movimento principalmente os pais de classe média, às vezes apoiados por suas segundas esposas. Esses grupos têm recorrido a diversas formas de ação direta: manifestações de rua, mobilizações em frente à Camara dos Comuns, queima de pneus, envio de excremento pelo correio e ameaças aos políticos e aos seus filhos. Durante tal campanha, os empregados da CSA foram qualificados de SS.[139] Nota-se que é menos frequente a cobrança de pensões em casos de acordo amigável. Em certos casos, o homem consegue intimidar sua ex-esposa, incluindo nos corredores do Tribunal de Justiça e até diante do juiz, a ponto de ela renunciar o pedido de pensão ou aceitar uma baixa significativa do montante esperado.[140]

Vários pesquisadores mostraram que os grupos de pais faziam regularmente referência à igualdade,[141] mas que se trata de uma concepção limitada daqueles que não consideram as inequidades históricas entre as mulheres e os homens. A retórica da igualdade dos grupos de pais supõe que o governo deveria subsidiar igualmente os grupos de mulheres e de homens, que os homens deveriam ter acesso a abrigos *iguais* àqueles das mulheres e que a guarda dos filhos deveria sempre ser concedida *igualmente* a ambos os progenitores. Essa concepção simplista de igualdade permite apresentar

139 Juliet Mitchell e Jacky Goody, "Feminism, Fatherhood and the Family in Britain", Ann Oakley, Juliet Mitchell (Orgs.), *Who's Afraid of Feminism? Seeing Through the Backlash*, Nova York, New Press, 1997, p. 200-222.

140 Rémi Audot, Céline Bessière, Emilie Biland *et al.*, *Au tribunal des couples: Situations professionnelles des conjoints et procédures judiciaires de séparation conjugale*, France, Mission de Recherche droit et justice, dez. 2010.

141 Gwyneth I. Williams, Rhys H. Williams, "'All We Want is Equality': Rhetorical Framing in the Fathers' Rights Movement", J. Best (Org.), *Images of Issues: Typifying Contemporary Social Problems*, Nova York, Aldine De Gruyter, 1995, p. 191-212.

os homens como vítimas de graves injustiças em benefício das mulheres, esquecendo um certo número de fatos importantes, seja que as mulheres ainda fazem a maior parte do trabalho (gratuito) doméstico e parental durante o casamento e após a separação, seja que elas têm, no geral, menos dinheiro do que os homens, particularmente quando elas são as principais responsáveis pelos filhos. Para um dos membros de um grupo de pais, "a guarda compartilhada não deve ser 50%–50%. Você pode ter a intenção de uma guarda compartilhada e ver o filho somente 10%, 15% ou 20% do tempo. Mas, ao menos, você tem alguma influência na vida do filho".[142] Um outro é ainda mais explícito: "você pode ter 10% ou 9% do tempo e ainda ser parentalidade compartilhada. Ter a partilha de 1% para o pai e 99% para a mãe é parentalidade compartilhada".[143] O que parece importante para eles é o poder de controlar o que a mãe faz com o dinheiro e o que o filho faz.

A esse respeito, dois acadêmicos destacam que os militantes dos grupos de pais na América do Norte "utilizam os conceitos de igualdade para promover a ideia de que os pais são tratados, em caso de divórcio, injustamente pelo sistema jurídico acerca da guarda do filho, do direito à visita, da partilha da propriedade e das pensões".[144] Entretanto, ainda segundo esses acadêmicos:

> *Os ativistas de direitos dos pais cooptaram a linguagem da igualdade, mas não o espírito da igualdade. Suas próprias propostas [...] indicam que eles não querem a responsabilidade total dos filhos, e que eles não querem uma divisão igual da responsabilidade e do encargo do filho. O que eles querem, nos dizem eles, é ter um estatuto*

142 Carl Bertoia, Janice Drakich, *op. cit.*, p. 594.
143 *Ibid.*, p. 602-603.
144 *Ibid.*, p. 603.

> *igual enquanto pai legal, o que lhes daria a oportunidade de igual acesso aos seus filhos e às informações a respeito deles. A retórica dos ativistas pelo direito dos pais dá uma ilusão de igualdade, mas as demandas não são, essencialmente, outra senão a de continuar a praticar a inequidade na parentalidade pós-divórcio de uma maneira que seja imposta legalmente.*[145]

Esses pais normalmente não se veem como "ajudando" a mãe com os filhos, já que "o pai tradicional [...] exerce seu poder e seu controle"[146] sobre as crianças e também sobre as mães.

Na Ucrânia, segundo Iman Karzabi, que fez entrevistas com os membros de grupos de pais, os pais "adotaram a linguagem da igualdade de gênero, mas não o espírito feminista da igualdade".[147] Os grupos de pais ucranianos receberam, pois, a formação e o material de formação de um grupo de pais da Suécia, *Men for Gender* ***Equality*** [grifo nosso] (*Homens pela* ***Igualdade*** *de* Gênero), que tem orgulho de ter formado centenas de agitadores e guiado os homens para a fundação de grupos similares em Botswana, na Belarus, na Rússia e na Ucrânia.[148] Entretanto, os agitadores ucranianos, assim formados, admitiram que abordam os aspectos relativos à igualdade, no caso da formação para a paternidade. Eles consideram não serem muito bem formados acerca desse assunto, nem terem tempo suficiente para abordá-lo. Mais especificamente, eles consideram esse assunto

---

145 *Ibid.*, p. 612.

146 Carl Bertoia, Janice Drakich, *op. cit.*, p. 613.

147 Iman Karzabi, "Fathers' Activism in Ukraine: Contradictory Positions on Gender Equality", Katalin Fábián, Elżbieta Korolczuk (Orgs.), *Rebellious Parents: Parental Movements in Central-Eastern Europe and Russia*, Bloomington-Indianapolis, Indiana University Press, 2017, p. 192.

148 Sinéad Nolan, "Sweden's Pioneering Fathers' Groups", *Voice Male*, 22 fev. 2017 [http://voicemalemagazine.org/swedens-pioneering-fathers-groups/].

muito controverso para ser levado a sério pelos pais que querem simplesmente aprender a ajudar as mães que continuam, a seus olhos, as principais responsáveis pelas crianças.[149] Karen Munro, que estudou os discursos dos grupos de pais divorciados ou separados no Canadá, indicou por sua parte que "é interessante notar que, enquanto esses grupos pretendem agir em prol dos pais em geral, eles não propõem modificações nas políticas que encorajariam a divisão do trabalho parental nas famílias intactas".[150]

Além da retórica da igualdade, os grupos de pais têm recorrido ao discurso do "direito dos pais", incluindo em nome de associações como: Men's **Rights** Agency (Agência de **Direitos** dos Homens), Parent Without **Rights** (Pais sem **Direitos**), Campaign for Men's **Rights** (Campanha para os **Direitos** dos Homens) [grifo nosso].[151] Segundo essa retórica, o direito deles estaria sendo violado pelo Estado, pelos tribunais, pelas mães e pelas feministas. Aqui, a fantasia de super-herói toma seu sentido completo. Batman ou Homem-Aranha lutam para defender os direitos em uma sociedade em que a polícia é incapaz de desempenhar seu papel, mas os super-heróis não lavam a louça nem limpam a casa ou arrumam as camas. Os militantes assim disfarçados podem também esperar que seus filhos lhes verão em ação na televisão, e que ficarão orgulhosos dele. Paradoxalmente, quem conhece um pouco as histórias de super-heróis sabe que esses personagens não são bons partidos do ponto de vista das relações amorosas. Em suma, Deena Mandell, que ensina trabalho social e estudou a situação dos pais divorciados ou separados, sugere que

149 Iman Karzabi, "Fathers' Activism in Ukraine: Contradictory Positions on Gender Equality", Katalin Fábián, Elżbieta Korolczuk (Orgs.), *Rebellious Parents: Parental Movements in Central-Eastern Europe and Russia*, Bloomington-Indianapolis, Indiana University Press, 2017, p. 187-188.

150 Karen M. Munro, "The Inapplicability of Rights Analysis in Post-Divorce Child Custody Decision Making", *Alberta Law Review*, vol. 30, n. 3, 1992, p. 863.

151 Selon Miranda Kaye, Julia Tolmie, "Discoursing Dads: the Rhetorical Devices of Fathers' Rights Groups", *Melbourne University Law Review*, n. 163, 1998, p. 169.

eles deveriam abandonar a retórica do "direito" para enfim falar de suas "responsabilidades" quanto ao cuidado dos filhos.[152]

Para além da retórica da igualdade ou daquele dos direitos dos pais, "o interesse do filho" é frequentemente mencionado pelas organizações destinadas à defesa dos pais. No entanto, o interesse da criança desaparece geralmente quando ele entra em conflito com o interesse do pai, ou seja, quando este último se recusa a pagar a pensão alimentícia (mais do que querer ajudar financeiramente seu filho). O interesse do filho desaparece também quando os pais supõem que as crianças formulam falsas alegações em matéria de violência física e sexual. Antes de crer nos filhos e se preocupar com sua segurança, os masculinistas supõem que é a mãe que manipulou a criança e que se trata, portanto, de alienação parental. Isso sem falar desses militantes de grupos de pais que planejam sequestrar seus filhos. Na França, os membros de uma organização de pais teriam ajudado um pai, ele mesmo agitador da organização, a sequestrar seu filho, o que lhe rendeu uma condenação a seis anos de prisão.[153] Os pais defendem até mesmo aqueles que – supostamente levados ao limite – matam sua ex-esposa e seu(s) filho(s).[154]

Enfim, os estudos não trazem informações sobre as ex-esposas dos militantes de grupos de pais, mas elas são, sem dúvida, mais jovens do que eles, menos escolarizadas e menos ricas, se nos basearmos nas tendências gerais dos casais heterossexuais. Muito frequentemente, as mães monoparentais têm uma diminuição significativa no rendimento e várias delas vivem na pobreza. Nesse sentido, é importante observar a relação entre os sexos na realidade

152 Deena Mandell, *"Deadbeat Dads": Subjectivity and Social Construction*, Toronto, Toronto University Press, 2002, p. 239.

153 Selon Stop masculinisme, *Contre le masculinisme: guide d'autodéfense intellectuelle*, Lyon, Bambule, 2013, p. 31, nota de rodapé 19.

154 Selon Miranda Kaye, Julia Tolmie, "Discoursing Dads: the Rhetorical Devices of Fathers' Rights Groups", *Melbourne University Law Review*, n. 163, 1998, p. 173.

social geral, mais do que prestar atenção aos casos de divórcio e separação extremamente conflituosos. Apesar dos belos discursos sobre os "novos pais", no geral, são as mães que dedicam a maior parte de seu tempo e energia às crianças.

Simetria da violência e homens agredidos

Atualmente, o movimento de pais não se mobiliza somente em torno do divórcio e da separação, mas também em torno do tema da violência conjugal, um tema que já foi objeto de reclamações masculinas no passado. Na metade do século XIX, nos Estados Unidos, por exemplo, os intelectuais se preocupavam com aqueles maridos agredidos por suas esposas.[155] Aliás, os especialistas da "condição masculina" destacam que a "crise da masculinidade"[156] foi provocada pelas "demandas feministas de *pôr fim às violências e aos abusos* de que as mulheres eram vítimas por parte de seus homens" [grifo nosso], que teriam, aliás, provocado a formação do movimento social de homens.[157]

Os homens supõem que as mulheres instrumentalizam a questão das violências conjugais para poder obter a guarda dos filhos e que as feministas incham as estatísticas do número de mulheres vítimas para obterem, do Estado, financiamento público para os refugiados. Assim, Georges Dupuy dedicou seu livro sobre a violência contra os

155 "A Word for Men's Rights", *Putnam's Monthly Magazine of American Literature, Science and Art*, vol. 7, n. 38, fev. 1856, p. 208.

156 Dale Hurst, "Violence and the Crisis of Masculinity in the USA, Australia and Mongolia", *Development*, vol. 44, n. 3, 2001, p. 99-103.

157 Jocelyn Lindsay, Gilles Rondeau, Jean-Yves Desgagnés, "Bilan et perspectives du mouvement social des hommes au Québec entre 1975 et 2010", Jean-Martin Deslauriers, Gilles Tremblay, Sacha Genest Dufault, Daniel Blanchette, Jean-Yves Desgagnés (Orgs.), *Regards sur les hommes et les masculinités: Comprendre et intervenir*, Québec, Presses de l'Université Laval, 2010, p. 14-15.

homens "aos homens que decidiram lutar pela igualdade de direitos, pela guarda dos filhos e pela defesa de suas atitudes diante de um verdadeiro terrorismo judiciário, fundado sob o sexismo". Ele especifica, em seu livro, que os juízes se mostram bem severos com "coisinhas como empurrar, repelir e segurar", ou mesmo com ameaças de morte.[158] O autor declara que "as mulheres não têm interesse em perder as vantagens decorrentes da condição de vítima".[159] Seguindo essa lógica, ser vítima de violência seria uma vantagem para as mulheres! Georges Dupuy, que afirmou que o cálculo dos homicídios conjugais deveria incluir o suicídio após o divórcio, também explicou em audiência parlamentar em Quebec que a política de intervenção em matéria de violência conjugal veicula os "preconceitos sexistas acerca dos homens" e "preconceitos odiosos contra os homens". Nessa ocasião, ele mesmo esclareceu que ele "nunca pôde encontrar " afirmações tão degradantes aos "ciganos, aos judeus, aos negros, aos comunistas" no *Mein Kampf*, quanto as afirmações degradando o "homem na política de intervenção em matéria de violência conjugal".[160] Os defensores dos direitos dos pais divorciados ou separados também afirmaram que, a partir do momento em que uma mulher chama a polícia e afirma ser agredida, o homem perde todos dos seus direitos, como um judeu diante dos nazistas. Na Suécia, os pais lamentam publicamente que o Estado gaste milhões em "dinheiro dos pagadores de impostos" para permitir às mulheres "disseminar sua propaganda", a qual apresenta os homens como "violentos, abusivos, perigosos, ameaçadores, obcecados por sexo, pedófilos etc.". Esses pais chegam a concluir que o feminismo é uma "ideologia" análoga ao "racismo e ao nazismo".[161]

---

158 Georges Dupuy, *op. cit.*, p. 112.

159 *Ibid.*, p. 98.

160 "Consultation générale sur le document intitulé 'Vers un nouveau contrat social pour l'égalité entre les femmes et les hommes'", *Journal des débats*, Commission permanente des affaires sociales, Québec, vol. 38, n. 155, 28 set. 2005.

161 David Svanberg, *Manufacturing Dichotomy: Dissecting Modern Antifeminism in Sweden*, monografia de bacharelado, Ciência Política, University West, 2013, p. 37.

Para além desses discursos delirantes, os homens se dirigem aos tribunais para forçar o fim dos subsídios públicos aos centros de acolhimento para mulheres agredidas. A título de exemplo, em outubro de 2000, os homens formalizaram uma queixa em Minnesota, nos Estados Unidos, para que cessasse o financiamento público dos centros de acolhimento e outros serviços para as vítimas de violência doméstica, incluindo a educação preventiva. A queixa declarava que as feministas associadas a esses recursos publicavam "literatura fanática, irracional, histérica e sexista que difama de maneira maliciosa e enganosa e procura gerar um ódio político e social contra os homens em geral, apresentando-os como a única causa de toda a violência doméstica". Tudo isso teria como consequência "a opressão dos maridos, dos pais e dos homens em geral".[162] A criminologista Molly Dragiewicz estudou esse assunto em detalhe e destacou que a queixa provinha de pessoas ligadas a grupos de defesa dos interesses dos homens. A criminologista defende ainda que, "nos Estados Unidos, no Canadá, na Austrália e na Grã-Bretanha, os grupos de "direitos dos homens" ou de "direito dos pais" estão entre os mais críticos das leis e das políticas que têm como objetivo proteger as mulheres agredidas".[163] Essa mobilização masculina exige que o Estado financie também os serviços para os homens agredidos, segundo o princípio formal da igualdade. A queixa foi, no fim, rejeitada por razões técnicas. Em 2003, vários centros de acolhimento para mulheres em Los Angeles foram objeto de um processo aberto pelos grupos de homens, sob o pretexto de discriminação do lugar dos homens, pois esses equipamentos não acolhiam senão mulheres. Eles pediam a suspensão do financiamento público.[164]

162 Citado em Molly Dragiewicz, *Equality With a Vengeance: Men's Rights Groups, Battered Women, and Antifeminist Backlash*, Boston, Northeastern University Press, 2011, p. 1.

163 *Ibid.*, p. 13.

164 Pauline Delage, *Violences conjugales: Du combat féministe à la cause publique*, Paris, Presses de Sciences Po, 2017, p. 205.

Nesse mesmo espírito, em 2008, o presidente do F4J de Quebec se dirigiu ao tribunal para que cessasse a campanha "de sensibilização sobre as agressões de caráter sexual" intitulada Brisons le silence (Quebremos o silêncio). Ele alegava que "todas as publicidades dessa campanha do governo de Quebec davam a entender que sistematicamente são os indivíduos do sexo masculino que são responsáveis pelas agressões sexuais", o que iria de encontro aos direitos e às cartas constitutivas canadenses e do Quebec.[165] Essa estratégia não é de todo nova. Em 1988, nos Estados Unidos, a Fathers' Rights Association of New York (Associação dos Direitos dos Pais de Nova York) enviou ao governador um artigo defendendo a tese da simetria da violência entre os sexos, e afirmando que as mulheres prestam frequentemente falsas queixas de violência contra seus filhos por parte de seus (ex)cônjuges. Uma carta acompanhando o artigo informava o governador que as políticas de Estado em matéria de violência conjugal eram discriminatórias contra os homens.[166] O presidente da F4J de Quebec retomou essa abordagem dizendo que "a publicidade [da campanha Quebremos o silêncio] é maliciosa, enganosa e traz um prejuízo grave à minha dignidade, minha honra, minha reputação enquanto homem, pai, avô, tio etc.". Ele supunha que "um número importante dessas queixas são de acusações falsas" realizadas em um contexto de divórcio. Assim, o discurso do Estado sobre as violências sexuais no Quebec abrangeria não somente o

---

165 Daniel (Fathers-4-Justice) Laforest (demandeur) c. Gouvernement du Québec, le Premier ministre, le Procureur général du Québec, le ministère de la Culture et des Communications et de la Condition féminine du Québec, le ministère de la Justice du Québec, Groupe Cossette Communication inc., requête en injonction interlocutoire provisoire, cour supérieure du district de Montréal, 500-17-042588-080, maio 2008 [http://brisonslemensonge.blogspot.ca/2008/05/requte-en-injonction-interlocutoire.html].

166 Larry S. Williams, *op. cit.*, p. 85.

engano, mas representaria "um ataque direto à integridade, à honra e à reputação dos homens de Quebec".[167]

A honra dos homens seria, portanto, mais importante que a segurança sexual das mulheres e das crianças? Curiosa prioridade essa do presidente de um grupo de pais. Mais do que esperar que houvesse refúgio onde seus filhos poderiam eventualmente encontrar ajuda se seu futuro cônjuge os violentasse, esses pais supõem que os centros de acolhimento para mulheres são lugares onde as feministas praticam lavagem cerebral para que as mulheres se tornem feministas e detestem os homens. Esse mesmo militante também escreveu uma carta aberta em um jornal diário no qual ele defende que:

> *no Quebec, mais de 300 mil crianças são privadas de viver com o pai. Destruiu-se a vida de centenas de milhares de pais ao longo dos últimos 30 anos, destruídos em sua dignidade de homens e pais, aprisionados de modo arbitrário sob falsas acusações criminais contra o respeito das liberdades mais fundamentais do homem, o Quebec toma forma de Estado policial, privando-nos do direito fundamental de viver em paz com seus filhos após uma ruptura conjugal, arruinados financeiramente. [...] Pelo amor de nossos filhos, falemos de guarda compartilhada.*[168]

Esse homem se apresentou como candidato independente nas eleições federais canadenses em 2008, mas ele não obteve nem mesmo 1% dos votos do seu distrito.

---

167 Daniel (Fathers-4-Justice) Laforest (demandeur) c. Gouvernement du Québec, *op. cit.*

168 Daniel Laforest, "Fathers 4 Justice réplique", *Le Devoir*, 12 jan. 2007.

Na França, o SOS Hommes battus (SOS Homens Agredidos) organizou em 2012, em Paris, um colóquio sobre a violência conjugal contra os homens. O Grupo de Estudos sobre os Sexismos, que se apresenta como "hominista" e "feminista", qualificou de "discriminatório e sexista" o 5º *plano de mobilização contra toda a violência cometida contra as mulheres*, pois "as medidas de prevenção e de ajuda não se aplicam senão às vítimas femininas da violência". Esse grupo propõe uma curiosa definição de "certas violências cujas vítimas são quase exclusivamente masculinas, como as falsas acusações de abuso sexual, as paternidades impostas, a privação dos filhos após o divórcio".[169]

Na Índia, o movimento de homens foi constituído em reação a duas novas leis que protegem as mulheres contra a violência. Em um primeiro tempo, a reforma dos anos 1980 tornou crime a crueldade física e psicológica perpetrada pelo marido contra a esposa, bem como pelos parentes daquele, considerando que é comum na Índia que uma jovem casada viva com a família de seu marido. Depois, em 2005, a lei de proteção das mulheres contra a violência doméstica (Protection of Women From Domestic Violence Act – PWDVA) alargou a definição de violência doméstica com o objetivo de englobar os casamentos forçados, a exclusão do domicílio familiar, a humilhação se uma mulher não coloca no mundo filhos homens e as

169 http://www.g-e-s.fr/breves/le-5e-plan-contre-les-violences-faites-aux-femmes--discrimine-les-victimes-masculines/; durante a campanha eleitoral presidencial de 2017, o grupo constatou por meio de uma comunicação que "nenhum candidato apresentou a menor proposta para melhorar, ou até mesmo somente estudar, nenhum dos seguintes problemas: paternidade imposta, ocultação de vítimas masculinas nos programas de ação contra as violências, afastamento de pais e filhos após procedimento de divórcio, proliferação de falsas acusações de violência física ou sexual, baixo rendimento escolar dos meninos" [http://www.g-e-s.fr/breves/les-candidats-ne-prennent-pas-en--compte-les-discriminations-fondees-sur-le-sexe-aucune-consigne-de-vote--pour-les-presidentielles/].

manobras visando impedir as meninas e as mulheres de receberem educação ou de terem um emprego. Os grupos de nomes sugestivos foram formados em reação e essas novas legislações, incluindo o Committee for Protection of Men's Rights (Comitê de Proteção dos Direitos dos Homens) e a All Indian Federation Against Atrocities by Wives (Federação Indiana contra Atrocidades pelas Esposas). Esses grupos de defesa dos interesses dos homens são, sobretudo, compostos por indivíduos pertencentes às classes altas. Como suas estratégias de ação, destacam-se as visitas aos deputados durante sessões parlamentares, as manifestações públicas, as petições e as cartas abertas, o oferecimento de aconselhamento jurídico e a promoção de discussões no ciberespaço onde as feministas são qualificadas de anti-homens e de "feminazis" (ainda!). As coalizões propuseram comemorar o Dia Internacional dos Homens e lançaram a campanha "16 dias de militância contra o terrorismo feminista mundial". Esses grupos supõem que a família indiana sempre protegeu os valores tradicionais contra o colonialismo britânico na época do Império e hoje contra o imperialismo feminista vindo do Ocidente e que busca destruir a sociedade indiana. Além disso, foi dito que essas novas leis que pretendem proteger as mulheres são utilizadas pelas mulheres mais para jogar seus maridos na prisão e roubar sua fortuna; o casamento teria se tornado "uma escravidão financeira para os homens", que foram transformados em "guichês bancários humanos automáticos".[170] A argumentação dos grupos de homens funcionam, portanto, como uma faca de dois gumes: afirmar, primeiramente, que as mulheres e as feministas mentem a respeito das violências masculinas, e afirmar, na sequência, que os homens são vítimas de violência psicológica, física e até institucional.

---

170 Sharmila Lodhia, *op. cit.*, p. 913; Srimati Basu, "Looking Through Misogyny: Indian Men's Rights Activists, Law, and Challenges for Feminism", *Canadian Journal of Women and the Law*, vol. 28, n. 1, 2016, p. 45-68.

A propaganda masculinista a respeito da violência conjugal também é objeto de livros que trazem relatos pessoais de homens que teriam sido vítimas de falsas acusações de violência, como *Coupable d'être un homme: "Violence conjugale" et délire institutionnel* (*Culpado de ser homem: "violência conjugal" e delírio institucional*), de 2000, e *Ma compagne, mon bourreau* (*Minha companheira, minha carrasca*),de 2015, o qual teve direito a crítica nas revistas *Closer* e *Madame Le Figaro*.[171] Outros livros colocam em dúvida os dados sobre as mulheres vítimas de violência masculina e tentam demonstrar que esse fenômeno é de amplitude muito menor do que afirmam o Estado e as feministas. Esse é o caso, em Quebec, do livro: *300.000 femmes battus: y avez-vous cru?* (*300.000 mulheres agredidas: você acreditou nisso?*), de 2010, ou ainda *La violence faite aux hommes: une réalité taboue et complexe* (*A violência cometida contra os homens: uma realidade tabu e complexa*) do psicólogo de Quebec Yvon Dallaire. Em sua obra *La violence faite aux hommes*, Dallaire alfineta as feministas "paranoicas" e o "lobby feminista".[172] Ele também afirma que "os movimentos feministas antiviolência utilizam a violência para transmitir a sua mensagem do mesmo modo que os movimentos pró-vida [que] querem assassinar os médicos abortistas".[173] Em sua análise do discurso masculinista, Guillaume Gory identificou Yvon Dallaire como um dos promotores da tese da responsabilidade das mulheres quanto às violências que elas

---

171 Por sua vez, a revista *Penthouse* publicou um artigo intitulado "Are Australia's Domestic Violence Laws Destroying Innocent Men?" (As leis australianas de violência conjugal estão destruindo homens inocentes?), o qual apresentou como um "pesadelo jurídico" a história de um único homem como se fosse um fenômeno social (de acordo com Miranda Kaye, Julia Tolmie, "Discoursing Dads: the Rhetorical Devices of Fathers' Rights Groups", *Melbourne University Law Review*, n. 163, 1998, p. 175).

172 Yvon Dallaire, *La violence faite aux hommes: une réalité taboue et complexe*, Québec, Option santé, 2002, p. 32 e p. 51.

173 *Ibid.*, p. 22-23.

sofrem. Ele destaca a percepção do psicólogo que quer fazer crer que, "fora as situações nas quais o agressor(a) possa ser mental e profundamente perturbado(a), há sempre duas vítimas nos casos de violência conjugal [...] e dois cocriadores dessa escalada em direção à explosão física, pouco importa o sexo daquele ou daquela que acaba passando ao ato".[174] Aqui é defendida a tese da simetria da responsabilidade da violência conjugal, mesmo que não haja senão um dos dois protagonistas que "passa finalmente ao ato". Dallaire crê também que as mulheres "têm uma vantagem no que diz respeito à violência psicológica e verbal",[175] mesmo que os homens recorram sobretudo à violência física. Os homens seriam mais vulneráveis à violência psicológica das mulheres, segundo Dallaire, que explica que, no plano "da violência psicológica, as mulheres são superiores. As palavras são, às vezes, mais más do que uma bofetada".[176]

O psicólogo de Quebec não é o único a defender essa posição da simetria da violência.[177] Nos Estados Unidos, John Gray, autor da famosa série de livros de psicologia popular *Os homens são de Marte, as mulheres são de Vênus*, afirma que "uma mulher tem o poder de demolir seu parceiro com uma simples inflexão de voz".[178] O psicólogo francês Jacques Arènes afirma também que há uma equivalência de violência por parte dos homens e das mulheres: "fala-se muito da violência masculina, infelizmente real, e há aí ainda um traço do pensamento normativo da nossa cultura, mas ela se recusa a ver a reciprocidade. [...] as mulheres especialmente exercem uma

---

174 Dans Guillaume Gory, *L'organisation du discours masculiniste au début du XXI e siècle (1989-2010)*, dissertação de mestrado 2, Ciência Política, Université de Bordeaux, 2011, p. 145.

175 Yvon Dallaire, *La violence faite aux hommes*, *op. cit.*, p. 15.

176 Yvon Dallaire, "L'homme 'agit' ses émotions", Mario Proulx (Org.), *La planète des hommes*, Montréal, Bayard Canada/Société Radio-Canada, 2005, p. 119.

177 Ver o capítulo "La violence faite aux hommes", em Yvon Dallaire, *Homme et toujours fier de l'être*, *op. cit.*, p. 112 e seguintes.

178 John Gray, *Mars et Vénus: Les chemins de l'harmonie*, Paris, J'ai lu, 1998, p. 140.

terrível violência por meio da desqualificação, a arma do discurso, a arma da palavra".[179] O psicólogo desenvolve, na sequência, seu pensamento: "as armas femininas são diferentes. [...] Eu não nego que a violência masculina continue a existir com muita frequência, mas certas armas culturalmente femininas (porque as mulheres não teriam outras) são também violências, que geralmente utilizam ferramentas psicológicas difundidas na cultura".[180] O fundador do SOS Papa na França se permite ser ainda mais específico, defendendo que as palavras das mulheres contra os cônjuges "não lhes conduz, por mais horrível que seja, ao hospital, mas ao necrotério, após o suicídio".[181] Em Quebec, um agitador do site Hommes d'aujourd'hui (Homens de hoje) e autor de um livro contra a igualdade salarial entre os sexos afirma que "há mulheres que têm o dom de frases assassinas cem vezes mais cruéis e destruidoras que um simples murro. Fala-se ainda de 'agressividade *não violenta*' das meninas, mesmo que possa causar a morte".[182] Quanto ao homem que insulta e difama sua esposa chamando-a de vários nomes, os masculinistas preferem não falar. E, quando um homem ameaça de morte sua companheira, ele não vê aí mais do que uma "coisinha".

Resumindo, a articulação do discurso da crise da masculinidade com o tema da violência entre os sexos permite afirmar que os homens são vítimas de falsas acusações de violência física e sexual e de uma campanha de difamação, ou até mesmo de uma repressão policial e judiciária. Essa situação é o resultado das mobilizações feministas

---

179 Violaine Gelly, "Débat: D'où vient le malentendu hommes-femmes" [entrevista com Jacques Arènes e Catherine Blanc], *Psychologie*, set. 2005, n. 244, p. 74.

180 Jacques Arènes, *Lettre ouverte aux femmes de ces hommes (pas encore) parfaits...*, Paris, Fleurus, 2005, p. 39.

181 Michel Thizon, "Cruautés conjugales envers les hommes: Un manque de reconnaissance flagrant de celles subies par les hommes", abr. 2004 [http://www.sos-papa.net/pages/cruautés.htm – acesso em 14 abr. 2006].

182 André Gélinas, *L'équité salariale et autres dérives et dommages collatéraux du féminisme au Québec*, *op. cit.*, p. 144.

que teriam conseguido colocar o Estado sob sua influência, assegurando a elas, ao mesmo tempo, um financiamento substancial. No entanto, as feministas entrariam em um círculo vicioso para manter e aumentar esse filão financeiro. Elas precisam, segundo eles, exagerar no número e na gravidade das violências contra as mulheres, o que justifica os novos subsídios. Na realidade, dizem eles, os homens são vítimas de violência tanto quanto, ou talvez ainda mais, do que as mulheres, pois estas últimas os matam com uma simples palavra e com sua "agressividade não violenta".

Fatos contraditórios

Para começo de conversa, por que se deveria crer nas palavras dos homens que afirmam que as mulheres mentem ao prestar falsas queixas de agressão sexual? Sobretudo, por que se deveria crer na palavra de homens que dizem terem sido acusados erroneamente de violência contra uma ou contra as mulheres? Quem aqui tem mais a ganhar com a mentira? A mulher que afirma que foi agredida sexualmente e que deverá desembrulhar sua vida íntima diante do tribunal, ou o homem que declara não ter agredido, para evitar uma condenação por seu crime? Claramente, o homem agressor é aquele que tem mais a ganhar mentindo e afirmando que a acusação é falsa. Entretanto, o movimento de homens defende que só as mulheres mentem, e que elas mentem de maneira sistemática. E deveríamos crer neles, neles?!

Além disso, é fácil jogar com os dados e as estatísticas visando demonstrar que as mulheres mentem ou que a violência é simétrica entre os sexos. Tomando o exemplo das afirmações falsas das mulheres em matéria de violência conjugal, trata-se de fazer referência (1) a uma amostragem que revela que *centenas de milhares* de mulheres dizem ter sido vítimas uma vez na vida de agressão sexual, e comparar esse número com (2) as *algumas milhares* de queixas formais prestadas à polícia em um ano, número que se compara desta vez com (3) as *centenas* de condenações anunciadas pelos juízes. É então possível dizer: "Ah! As centenas de milhares de mulheres mentem porque não há mais do que algumas centenas de condenações". E, se supormos ainda que os juízes se deixam ludibriar pelas alegações enganosas, podemos chegar à conclusão de que os homens nunca agridem as mulheres.

O problema aqui é que muitas mulheres podem ter sido agredidas e nunca terem feito uma queixa à polícia; que a polícia possa descartar uma queixa, pois ela julga que a vítima não é crível ou considere que não haja provas o suficiente para apresentar diante de um juiz; que um juiz possa decidir por não condenar o cavalheiro mesmo que ele seja culpado, por exemplo, por falta de provas, por prazos pouco razoáveis de procedimentos, porque foi feito um acordo fora do tribunal etc. Enfim, o número de condenações pelos juízes não permitem saber quantas mulheres foram agredidas por um homem em um determinado país, tampouco permite saber quantos políticos são corruptos ou quantas bicicletas foram roubadas, pois trata-se de crimes que raramente são objeto de inquérito policial e de condenações.

Quanto à sugestão dos masculinistas de que as mulheres prestam queixa para ganhar uma causa de divórcio, seria mais correto dizer que as mulheres prestam queixas por uma variedade de razões: para punir seu agressor e poder obter reparação, certamente, mas também para se proteger e para que cesse a violência, para proteger seus filhos, para quebrar o silêncio e se libertar desse terrível segredo ou para forçar o agressor a receber ajuda psicológica.[183] No entanto, a maior parte das vítimas de violência

183 D. Damant, J. Paquet, J.-A. Bélanger, M. Dubé, *Le processus d'empowerment des femmes victimes de violence conjugale à travers le système judiciaire*, Québec,

sexual nunca presta queixa. Mais precisamente, o censo acerca da segurança dos canadenses do ano de 2014 revelou que somente 5% das vítimas prestaram queixa à polícia. Os estudos lançaram luz em várias razões (não mutuamente excludentes) que explicam por que as mulheres não prestam queixa. Às vezes, elas minimizam a gravidade da violência ou não querem mais pensar na violência sofrida. Outras vezes, elas carecem de provas ou têm medo das represálias, ou medo de revelar publicamente o caso, ou medo da polícia ou medo de que a queixa não seja aceita.[184] Esta última crença não é surpreendente: uma enquete do *Globe & Mail* a respeito de 870 batalhões policiais do Canadá revelou que 20% das queixas por violência sexual são consideradas como não fundadas, o que é bem mais elevado do que para todos os outros tipos de crime. Em certos batalhões policiais, as queixas são rejeitadas em quase 50% dos casos.[185] Isso sem contar que as mulheres de comunidades minoritárias – linguísticas, religiosas, de populações migrantes, em situação precária etc. – ou comunidade pequenas e isoladas (rurais por exemplo) dispõem geralmente de menos recursos adaptados para lhes proteger, lhes ajudar e lhes oferecer abrigo.[186]

A tese da simetria da violência entre homens e mulheres pode parecer válida se nos reportarmos unicamente às enquetes por

---

Centre de recherche interdisciplinaire sur la violence familiale et la violence faite aux femmes, n. 14, 2001.

184 Manon Bergeron, Martine Hébert, Sandrine Ricci, Marie-France Goyer, Nathalie Duhamel, Lyne Kurtzman *et al.*, *Violences sexuelles en milieu universitaire au Québec: rapport de recherche de l'enquête ESSIMU*, Montréal, Université du Québec à Montréal, 2016, p. 44-47; Radio-Canada, "Les Canadiens réticents à dénoncer les agressions sexuelles", 11 jul. 2017 [http://ici.radio-canada.ca/nouvelle/1044655/canada-statistique-canada-agression-sexuelle-enquete--sociale-generale?isAutoPlay=1].

185 Robyn Doolittle, "Why police dismiss 1 in 5 sexual assault claims as baseless", *The Globe & Mail*, 3 fev. 2017.

186 Voir à ce sujet le numéro spécial de la revue *Reflets* (vol. 21, n. 1, 2015) dirigé par Isabelle Côté, Simon Lapierre, Joscelyne Levesque.

amostragem ou extrapolando-as com base em estudos sobre casais adolescentes ou relações entre lésbicas, marcadas pela violência. Com efeito, as enquetes telefônicas podem trazer melhores informações quanto às percepções de uns e de outros, mas os métodos sobre os quais se apoiam os questionários são muito pouco confiáveis para se obter dados numéricos sobre os casos de violência. A taxa de recusa em responder a questões sobre um assunto tão delicado é geralmente elevada e os casos mais graves estão sub-representados. Em situações de coerção agravada, pode-se supor que uma mulher não ousaria responder a uma tal enquete telefônica se seu cônjuge a puder ouvir relatar sua situação. Para ilustrar como a influência de um cônjuge pode forçar as mulheres ao silêncio, lembremos do caso de uma mulher que não teve outra escolha senão chamar o serviço de emergência da polícia fazendo parecer que pedia uma pizza. Ela teve que repetir seu pedido até que a atendente compreendesse que ela não podia lhe falar abertamente, até que a atendente anotasse o endereço e enviasse a polícia.[187]

Portanto, para dimensionar o tamanho do fenômeno, é importante também perguntar aos entrevistados a frequência, a intensidade e as consequências psicológicas e físicas das violências e o contexto no qual elas surgem (dependência econômica, maternidade etc.).[188] Acima de tudo, é importante cruzar os resultados das enquetes telefônicas com outros dados, particularmente, aqueles dos centros de acolhimento para mulheres agredidas, da polícia, dos tribunais, dos hospitais e até mesmo dos necrotérios.[189] Os dados dos hospitais

---

187 Laurie Bergeon, "Elle commande une pizza au 911 pour dénoncer son conjoint violent", *Le Journal de Montréal*, 30 out. 2014.

188 Dominique Damant, Françoise Guay, "La question de la symétrie dans les enquêtes sur la violence dans le couple et les relations amoureuses", *Canadian Review of Sociology*, vol. 42, n. 2, maio 2005, p. 131-132.

189 Michael P. Johnson, "Gender and Types of Intimate Partner Violence: A Response to an Anti-Feminist Literature Review", *Agression and Violent Behavior*, n. 16, 2011, p. 292.

e do necrotério não enganam e revelam sem qualquer dúvida que a violência conjugal e pós-conjugal dos homens é mais brutal, mais repetitiva e constante e mais mortífera do que aquela das mulheres. A título de exemplo, em Quebec (que tem uma população de 8 milhões) entre 1975 e 2004, a média anual de vítimas de homicídios conjugais e pós-conjugais foi de 17 mulheres e 3 homens, ou seja, uma razão de mais de 5 mulheres para cada homem.[190] Na Inglaterra e no País de Gales (cerca de 56 milhões de pessoas), 77 mulheres foram assassinadas pelo cônjuge ou ex-cônjuge de março de 2015 a março de 2016, sendo seis vezes mais mulheres do que homens em um ano. Soma-se a isso que, entre 2009 e 2015, 75 mulheres foram mortas por seus filhos.[191] Na França (66 milhões de pessoas), 122 mulheres foram assassinadas pelo cônjuge ou ex-cônjuge em 2015. No mesmo período, 22 homens foram vítimas de homicídio conjugal ou pós-conjugal. A razão, portanto, é de cerca de cinco vezes mais mulheres assassinadas do que homens.[192] Nos Estados Unidos (cerca de 320 milhões de pessoas) em 2014, o FBI reporta a morte de 870 mulheres assassinadas por seus maridos, seus ex-maridos ou cônjuges de relacionamento aberto (o FBI não coaduna os dados de ex-parceiros de relacionamento aberto). Em 2002, segundo o Ministério da Justiça, 81% das vítimas de homicídios conjugais são

---

190 Christine Drouin, "Élaboration d'un guide d'intervention préventive de l'homicide conjugal en maison d'hébergement", em Suzanne Arcand *et al.* (Orgs.), *Violences faites aux femmes*, Québec, PUQ, 2008, p. 477-493; Institut national de santé publique du Québec [http://www.inspq.qc.ca/violenceconjugale/statistiques/statshomicide.asp?id=32].

191 Helen Pidd, "Men Killed 900 Women in Six Years in England and Wales, Figures Show", *The Guardian*, 7 dez. 2016; Deirdre Brennan, *Femicide Census – Profiles of Women Killed by Men: Redefining an Isolated Incident* [https://1q7dqy2unor827bqjls0c4rn-wpengine.netdna-ssl.com/wp-content/uploads/2017/01/The-Femicide-Census-Jan-2017.pdf].

192 Juliette Deborde, Johanna Luyssen, Gurvan Kristanadjaja, "Meurtres conjugaux: des femmes tuées pour ce qu'elles sont", *Libération*, 29 jun. 2017.

mulheres.[193] No final dos anos 1990, a emergência de um hospital nos Estados Unidos fez uma pesquisa acerca da admissão de homens que foram feridos e atacados: de 8 mil casos, 45 haviam sido atacados pela esposa ou ex-esposa, ou seja somente 0,5% dos casos.[194]

Essa realidade macabra lança luz ao absurdo da tese masculinista que afirma que as mulheres exercem por meio de suas palavras uma violência mortífera contra os homens, escondidos em seus silêncios, imitando o ancestral que caçava mamute ou porque eles sofrem de uma crise de masculinidade. No entanto, as pesquisas mostram que os homens falam por mais tempo e com mais frequência do que as mulheres em conversas privadas, bem como no espaço público e no parlamento, e que nós temos a tendência de interromper as mulheres e de centralizar com mais frequência as discussões em nossos interesses.[195] Isso sem contar que nós dispomos de todo um arsenal de palavras sexistas para exprimir nosso desprezo, nossa cólera e nosso ódio para com as mulheres e para incrementar as ameaça de estupro e de morte ("Eu vou te matar, vadia"...).

Todavia, as mulheres às vezes recorrem à violência e até ao assassinato como meio de defesa contra o cônjuge violento. O caso de Jacqueline Sauvage, que virou manchete na França em 2016, ilustra bem o problema nos casos em que as mulheres têm pouco apoio. Seu marido submeteu a família a 47 anos de violência: ele batia nela repetidamente – enquanto mandava "faça a sopa!" –

---

193 Jocelyn Elise Crowley, *op. cit.*, p. 723; Mark Potok, Evelyn Schlatter, "Men's Rights Movement Spreads False Claims about Women", *Intelligence Report*, mar. 2012 [https://www.splcenter.org/fighting-hate/intelligence-report/2012/men's-rights-movement-spreads-false-claims-about-women].

194 Michael Flood, "Violence, Men as Victims of", Michael Flood, Judith Kegan Gardiner, Bob Pease, Keith Pringle (Orgs.), *International Encyclopedia of Men and Masculinities*, Londres, Routledge, 2007, p. 617.

195 Corinne Monnet, "La répartition des tâches entre les femmes et les hommes dans le travail de la conversation", *Nouvelles questions féministes*, vol. 19, 1998.

e agredia sexualmente suas três filhas. Quando ela finalmente lhe deu três tiros nas costas, ela foi condenada a 10 anos de prisão. O presidente François Hollande a perdoou parcialmente para que ela pudesse apresentar um pedido de liberdade condicional.[196]

Para Kalamu ya Salaam, diretor de cinema e poeta afro-americano, as afro-americanas que são alvo de violências físicas e sexuais deveriam poder legitimamente se defender "por todos os meios necessários" – para retomar o *slogan* de Malcon X a respeito do *Black Power* – inclusive o homicídio de autodefesa.[197]

A jurista Elizabeth Sheehy, da Universidade de Ottawa, se interessou por vários casos de mulheres que mataram seu cônjuge violento. Ela notoriamente analisou as dificuldade dessas mulheres para obter ajuda da polícia, bem como a maneira como as mídias tratam a monstruosidade dessas mulheres assassinas. Logo após a publicação de seu livro, Elizabeth Sheehy recebeu uma enxurrada de mensagens que minimizavam as violências masculinas e retomavam a tese da simetria da violência entre os sexos, além de ameaças de estupro e de morte.[198]

Mesmo que os grupos de homens lamentem a existência de casas de acolhimento para mulheres agredidas, sua criação contribuiu para a importante diminuição do número de homicídios conjugais cometidos pelas mulheres entre os anos 1970 e os anos 2000.[199]

---

196 Blandine Le Cain, "François Hollande accorde une grâce partielle à Jacqueline Sauvage", *Le Figaro*, 31 jan. 2016; Lucile Quillet, "Jacqueline Sauvage: ses filles racontent l'enfer familial", *Madame Le Figaro*, 28 dez. 2016.

197 Kalamu ya Sallam, "Revolutionary Struggle/Revolutionary Love", *The Black Scholar*, vol. 10, n. 8-9, 1979, p. 22.

198 Elizabeth Sheehy, "Defending Battered Women in the Public Sphere", *International Journal for Crime, Justice and Social Democracy*, vol. 5, n. 2, 2016, p. 81-95; ver também Pauline Delage, *Violences conjugales: Du combat féministe à la cause publique*, Paris, Presses de Science Po, 2017, p. 198.

199 Simon Lapierre, Isabelle Côté, "La typologie de la violence conjugale de Johnson: quand une contribution proféministe risque d'être récupérée par le discours masculiniste et antiféministe", *Interventions*, n. 140, 2014, p. 73.

Quando o discurso masculinista admite que os homens podem desencadear a violência contra as mulheres, ele especifica geralmente que eles não são responsáveis por tais violências, e até que a mulher alvo de violência é a responsável pelo seu destino. Aliás, os homens que assassinam as mulheres são geralmente apresentados pelas mídias públicas e privadas como indivíduos em sofrimento, qualificando seu crime como "incidente", ou como "drama familiar", ou "drama passional". A respeito do tratamento midiático dado ao assassinato, em 2003, da atriz Marie Trintignant por seu cônjuge, o cantor Bertrand Cantat, Lucile Cipriani observa que:

> *o discurso de um agressor pode, portanto, ocupar todo o espaço, voltar totalmente a atenção para o sofrimento do agressor antes do que aquele da vítima. [...] Os infortúnios da infância, as crises de ciúmes, as rupturas, as feridas do ego, a dor de viver e o desejo de controlar dos agressores de mulheres são regularmente descritos pelas mídias. [...] Por que o discurso do agressor da mulher é ouvido? Por que é recebido com empatia por uma parte da população? [...] é socialmente aceito e incorporado. [...] a cultura assegura um espaço para o discurso dos agressores. O discurso dos agressores não faz senão desviar a atenção, antes, para o seu sofrimento do que para o sofrimento de suas vítimas. Ele participa da perpetuação da violência. A invocação de seus sofrimentos por um agressor tem um objetivo escusatório.*[200]

Várias feministas especialistas em violências masculinas têm destacado esse viés psicologizante. A socióloga italiana Patrizia

---

200 Lucile Cipriani, "Mort de Marie Trintignant: Nul n'a su contourner l'agresseur". *Le Devoir*, 3 set. 2003.

Romito falou das "táticas de ocultação" da violência masculina. Ela constata, entre outras coisas, que "a psicologização" permite evitar "a análise política" de todas essas mortes de mulheres que ocorrem, entretanto, de maneira regular: "a psicologização é, portanto, essencialmente uma tática de *despolitização*, encarregada de manter o *status quo* e de reforçar o poder dominante. [...] Psicologizar pode servir também para descriminalizar tal ação".[201] A psicologização da violência dos homens contra as mulheres permite apresentá-la como uma perda de controle desses homens em crise, enquanto na realidade se trata de uma tomada de controle e de uma (re)afirmação da dominação masculina.

O que é verdade para as mídias também é verdade para aqueles que intervêm em favor dos homens violentos. O autor de *Masculinity in Crisis*, o psicoterapeuta Roger Horrocks, explica ter acompanhado vários homens violentos em terapia, e "a maior parte era misógina, e, ao mesmo tempo, tinha muito medo das mulheres" a ponto de eles se "sentirem impotentes".[202] Impotentes, mas violentos? Não é paradoxal falar de impotência quando o homem violenta e toma o controle de uma mulher a ponto de matá-la? Não seria, antes, essas mulheres assassinadas que foram reduzidas à impotência absoluta? É muito paradoxal que a violência assassina dos homens seja apresentada como a prova de uma crise da masculinidade. Supõe-se, então, que o assassino não soube como reprimir sua agressividade masculina em razão da ausência de uma pai que deveria ensinar ao jovem menino

---

201 Patrizia Romito, *Un silence de mortes: La violence masculine occultée*, Paris, Syllepse, 2006, p. 137, p. 122-123; ver também Mélissa Blais, *"J'haïs les féministes!": Le 6 décembre de 1989 et ses suites*, Montréal, Les Éditions du remue-ménage, 2009, p. 84, e Jalna Hanmer, "Violence et contrôle social des femmes", *Questions féministes*, n. 1 (em *Questions féministes 1977-1980*, Paris, Syllepse, 2012 [1977]).

202 Roger Horrocks, *Masculinity in Crisis*, Nova York, St. Martin's Press, 1994, p. 40.

a controlar sua violência natural.[203] Os homens violentos vão mesmo se apresentar explicitamente como homens vítimas das mulheres e do feminismo. Em seu artigo "Inside the Men's Rights Movement" (Por dentro do movimento de direitos dos homens), Aaron Sankin relata as proposições de um homem que agrediu violentamente sua ex-mulher e que declarou no Twitter: "A opressão aos HOMENS é pior do que a opressão aos judeus na Alemanha nazista, pior que a escravidão dos negros do início da América".[204]

É interessante destacar que os homens justificam a violência masculina contra as mulheres, particularmente as esposas, pelo fato de que elas não respondem às suas necessidades ou à sua vontade. Nesse aspecto, a violência masculina contra as mulheres não revela uma perturbação psicológica – o cavalheiro teria "perdido o controle" –, mas, sim, uma lógica política de dominação, a tomada de controle. É isso que reconhece explicitamente a Associação das Entidades que Intervêm em Favor dos Homens Violentos em 1988, a qual representa vinte entidades: "A violência conjugal serve geralmente para limitar a autonomia e a capacidade de afirmação das mulheres com o objetivo de assegurar aos homens o controle de suas esposas e

---

203 Ver, entre tantas outras fontes: Martine Turenne, "Pitié pour les garçons: Une génération castrée", *L'Actualité*, fev. 1992, p. 24-32; Jean-Sébastien Marsan, Emmanuelle Gril, *Les Québécois ne veulent plus draguer et encore moins séduire*, Montréal, Éditions de l'Homme, 2009, p. 55; Guy Corneau, *Pai ausente, filho carente*, Montréal, Éditions de l'Homme, 1989, p. 115-116; Jacques Arènes, *Lettre ouverte aux femmes de ces hommes (pas encore) parfaits...*, Paris, Fleurus, 2005, p. 136-138; Patrick Guillot, *La cause des hommes: Pour la paix des sexes*, Québec, Option santé, 2004, p. 17 e seguintes; e todos os livros de Yvon Dallaire. Serge Ferrand, diretor do documentário *La machine à broyer les hommes* e autor do livro *Papa, à quoi sers-tu?*, dá a palavra a um homem que explica que "há uma agressividade saudável, uma agressividade fálica" (*Papa, à quoi sers-tu? On a tous besoin d'un père*, Québec, Option santé, 2003, p. 31.

204 Aaron Sankin, "Inside the men's rights movement", *The Week*, 7 jun. 2015 [http://theweek.com/articles/538670/inside-mens-rights-movement].

de seus filhos".[205] Na Índia, um militante do movimento de homens que lamentou a afeminização dos indianos pôde assim justificar uma determinada violência masculina, considerando, por exemplo, que os hematomas na pele de sua esposa "não são outra coisa que a *disciplina* matrimonial de rotina" [grifo nosso].[206] Uma pesquisa revelou aliás que 68% dos homens na Índia consideram que uma mulher deveria suportar a violência doméstica com o objetivo de preservar a família.[207]

James Ptacek, ele mesmo um defensor de homens violentos em Boston, entrevistou vários deles para melhor apreender seus discursos de justificativa. Ele identificou um modelo de justificativa que consiste em "tornar responsável a mulher pela violência porque ela não seria uma boa cozinheira, não responderia a seus avanços sexuais e porque ela não se mostraria suficientemente respeitosa com seu cônjuge. Em suma, porque ela não é uma 'boa esposa'". Entre os homens entrevistados, um deles explica que já tinha dez anos de vida em comum com sua esposa quando ele começou a agredi-la porque ela lhe servia a "refeição gordurosa". Um outro conta, a respeito de sua esposa: "eu batia nela, e principalmente pela mesma razão. Eu tentava somente fazer amor, fazer amor, e ela não fazia". O defensor concluiu que "assumir assim que os homens têm direitos permite esvaziar o que é mal nessa violência; o agressor se vê como aquele que pune a mulher por seu fracasso em ser uma boa esposa".[208] Tudo isso lembra esses casos espetaculares de assassinatos

---

205 Claude Roy, Association des Ressources Intervenant auprès des Hommes Violents, "o papel complementar dos organismos comunitários de tratamento dos cônjuges violentos em uma perspectiva global visa prevenir e combater a violência contra as mulheres", *Comité canadien sur la violence faite aux femmes*, 13 fev. 1992, p. 18 (agradeço a Mélissa Blais por essa referência).

206 Sharmila Lodhia, *op. cit.*, p. 917.

207 *Ibid.*, p. 928.

208 James Ptacek, "Why Do Men Batter Their Wives?", Raquel Kennedy Bergen (Org.), *Issues in Intimate Violence*, Londres, Sage, 1998, p. 189-190.

em massa cometidos por homens que acusavam as mulheres por não ter tido relações sexuais. Trata-se de um verdadeiro combate para impôr a supremacia masculina às mulheres, e é por meio da violência mortífera que se faz isso.

Os homens encorajam uns aos outros e se ajudam a justificar sua violência contra as mulheres. Muitos estudos têm mostrado a influência do apoio de outros homens na passagem à violência contra sua esposa, em particular quando os amigos confirmam que os homens estão no direito de esperar que uma esposa faça certas tarefas domésticas. A criminalista Molly Dragiewicz cita, a esse respeito, a obra *Masculinities and Violence*: "não há um lobby em favor da violência contra as esposas. Entretanto, todos esses amigos e conhecidos homens que apoiam a dominação patriarcal na família e o recurso à violência para mantê-la podem representar o que podemos chamar de uma cultura masculina da violência".[209] O que é verdade para a influência dos amigos também é verdade para a influência de um pai sexista e violento. Ele oferece a seus filhos um modelo, a saber, que eles não devem hesitar em recorrer à violência para obter o que querem.[210] Também é isso que acontece com os homens violentos que escolhem ou são obrigados por um juiz a fazer terapia para aprender a controlar sua ira. Esses "homens geralmente cooperam para serem mais espertos do que os assistentes sociais e para afirmarem o direito de controlar as mulheres".[211] Esses incentivos implícitos ou explícitos de outros homens também funcionam na *manosfera,* ou seja na internet, na qual os homens trocam entre

---

209 Molly Dragiewicz, *op. cit.*, p. 114.

210 S. El Feki, B. Heilman, G. Barker (Orgs.), *Understanding Masculinities: Results from the International Men and Gender Equality Survey (IMAGES) – Middle East and North Africa*, Caire-Washington, D.C., UN Women and Promundo--US, 2017, p. 16.

211 Douglas Schrock, Michael Schwalbe, "Men, Masculinity, and Manhood Acts", *Annual Review of Sociology*, 2009, p. 286.

eles comentários misóginos a respeito das mulheres e defendem a supremacia masculina.[212]

Alguns críticos de grupos de pais até vão sugerir que certos grupos tomam emprestado o modo de pensar dos homens violentos. Michael Flood destacou que essa corrente do movimento de homens se expressa "da mesma maneira que os homens violentos: eles minimizam sua violência ou a negam, eles culpam a vítima e afirmam que a violência é mútua e recíproca.[213] Outros sugerem que esses grupos agem, conscientemente ou não, como os verdadeiros grupos de pressão para defender os interesses dos homens violentos, e que eles contam ainda com um determinado número de integrantes, dos quais alguns ganham notoriedade, ocupando cargos de prestígio e falando bonito nas mídias. Monica Burman relata que na Suécia "vários homens que representam os grupos de direitos dos pais têm uma história de violência contra as mulheres ou os filhos documentada nos processos de condenação pelos tribunais, ou mesmo

212 Walter S. Dekesereby, Martin D. Schwartz, *Male Peer Support & Violence Against Women: The History & Verification of a Theory*, Boston, Northeastern University Press, 2013.

213 Michael Flood, "What's Wrong with Fathers' Rights?", Shira Tarrant (Org.), *Men Speak Out: Views on Gender, Sex, and Power*, Londres, Routledge, 2008, p. 216. Uma deputada do Quebec afirmou: "existe no Quebec, mas não somente no Quebec, em nível internacional, uma corrente dita masculinista. Essa corrente dita masculinista é uma corrente de homens, às vezes associados a mulheres, que têm ideias odiosas para com as mulheres e o movimento feminista. E, eu digo, essa corrente utiliza exatamente o mesmo ciclo, bem conhecido, de violência conjugal contra as mulheres" (Jocelyne Caron, "Intervention à la consultation générale sur le document intitulé 'Vers un nouveau contrat social pour l'égalité entre les femmes et les hommes'", *Journal des débats*, Assemblée nationale du Québec – Commission permanente des affaires sociales, vol. 38, n. 154, terça-feira, 27 set. 2005). Mélissa Blais, "Y a-t-il un 'cycle de la violence antiféministe'? Les effets de l'antiféminisme selon les féministes québécoises", *Recherches féministes/Cahiers du genre*, vol. 25, n. 1/n. 52, 2012, p. 127-149.

provas arroladas nos processos de guarda dos filhos".[214] Lembremos dos militantes de grupos de pais que faziam ações brilhantes, por exemplo, escalando e ocupando estruturas urbanas. As jornalistas revelaram que eles respondiam por vários processos penais: rapto do filho, ameaça de morte ou agressão contra a mãe etc. Em Montreal, por exemplo, um homem escalou uma placa publicitária próxima à ponte Jacques-Cartier, em nome do F4J, e a mídia revelou que esse homem tinha antecedentes de violência e que ele fazia ameaças de morte por telefone. Mesmo na prisão, ele ameaçou de morte por telefone um assistente social.[215] Alguns anos antes, o F4J havia feito um apelo em seu site na internet para ajudar um homem condenado a onze meses de prisão por assediar por telefone sua ex-esposa. Segundo o tribunal, o acusado se desresponsabilizava de seus erros, encarnando o papel de vítima e jogando a culpa em sua ex-esposa, nos juízes e advogados e no sistema judiciário como um todo.[216]

Lembremo-nos também dos grupos de pais que acionaram os tribunais para cessar as campanhas de informação e prevenção de violência sexual ou conjugal e que militam contra o financiamento público dos centros de acolhimento para mulheres agredidas. Na Polônia, a organização Dzielny Tata (Pai Coragem) se opôs à ratificação da Convenção do Conselho da Europa para prevenir e combater as violências contra as mulheres e as violências conjugais, em 2015.[217]

---

214 Monica Burman, "Fathers' Rights in Swedish Family Law Reform: Taking Account of Fathers' Violence against Mothers", *Canadian Journal of Women and the Law*, vol. 28, n. 1, 2016, p. 167.

215 Judith Lachapelle, "Mario Morin condamné à 25 mois de prison", *La Presse*, 26 mar. 2009.

216 Christiane Desjardins, "La prison pour un membre de Fathers-4-Justice", *La Presse*, 15 fev. 2006, p. A29. Ver também: http//:www.fathers-4-justice.ca/fr/mtl/affaireCamille.html (acesso em maio 2006 – site inativo em 2018).

217 Elżbieta Korolczuk, Renata E. Hryciuk, "In the Name of the Family and Nation: Framing Fathers' Activism in Contemporary Poland", Katalin Fábián, Elżbieta Korolczuk (Orgs.), *Rebellious Parents: Parental Movements in Central-Eastern*

Temos aí vários exemplos que dão crédito à tese do membro do Coletivo Antissexista de Montreal, que circulou nos movimentos de homens desde os anos 1980, e defende que "pode-se falar de um verdadeiro *lobby dos agressores*, não somente por causa da defesa sistemática dos agressores sexistas por parte dos masculinistas – notoriamente em grupos feministas de discussão na internet, os quais eles invadem e ocupam com o intuito de lhes paralisar –, mas porque muitos militantes desses grupos têm eles próprios antecedentes criminais" [grifo nosso].[218] *Lobby* de agressores ou *lobby* de defesa de agressores. Em 1987, o presidente de um grupo de homens divorciados e separados do Canadá havia cumprido dez meses de prisão por ter raptado seus filhos. Os membros do grupo o ovacionaram quando ele declarou que tinha orgulho de sua atitude. Por sua parte, o presidente do Movimento Machista Colombiano declarou que "a infidelidade é defeito nas mulheres, mas nos homens é uma característica inata. A mulher infiel deve ser apedrejada; o homem que tem um harém deve ser considerado um macho".[219] Não é raro que os simpatizantes do movimento de homens intervenham nas plataformas web, incluindo nos fóruns de discussões e nas seções "comentários" da mídia, a fim de defenderem os homens acusados de estupro ou de assassinato dos filhos ou das esposas.

Na França, o Coletivo Antimasculinista Île-de-France destaca outros tristes casos, por exemplo, o de um vice-presidente de uma organização condenado por ter assediado, em público, a mãe de sua filha de três anos, bem como esta última. O coletivo conclui

---

Europe and Russia, Bloomington-Indianapolis, Indiana University Press, 2017, p. 121.

218 Martin Dufresne, "Masculinisme et criminalité sexiste", *Recherches féministes*, vol. 11, n. 2, 1998, p. 129-130.

219 "Movimiento Machista Colombiano, a responder penalmente", *El Espectador*, 17 ago. 2012; ver também Maria Viveros Figoya, *Les couleurs de la masculinité: expériences intersectionnelles et pratiques du pouvoir en Amérique latine*, Paris, La Découverte, 2018, p. 182-187.

que "esse foco no debate a respeito do falso problema dos "homens agredidos" tem como efeito

> *garantir impunidade aos autores de violência conjugais, e das violências exercidas pelos homens enquanto um grupo social contra as mulheres enquanto grupo social. [...] Os grupos masculinistas contam em seus quadros com autores de violências. O fato de que esses agressores sejam destacados como porta-vozes do movimento é uma ilustração de seu sentimento de impunidade perante a justiça.*[220]

Determinados casos são ambíguos, sobretudo quando somente a versão do homem é publicamente conhecida e ele afirma ter sido vítima de falsas alegações por parte de uma mulher. É o caso de Patrick Guillot, presidente do grupo de estudos sobre os sexismos e autor de *La cause des hommes: pour la paix des sexes* (*A causa dos homens: pela paz dos sexos*), no qual ele retoma o conceito de "grande mãe". Ele também escreveu os livros *Quand les hommes parlent... enquête dans les groupes d'hommes – 1993-2000* (*Quando os homens falam... sondagem nos grupos dos homens – 1993-2000*) e *La misandrie: histoire et actualité du sexisme anti-hommes* (*A misandria: história e atualidade do sexismo anti-homens*). O coletivo Stop Masculinism o identifica como "um dos militantes mais ativos e um dos 'pensadores' mais produtivos do movimento masculinista" da França.[221] Patrick Guillot declarou publicamente ter "feito parte, infelizmente, da grande confraria dos professores injustamente acusados de abuso sexual de alunas".

220 Collectif antimasculiniste Île-de-France, "Le mythe des hommes battus: destruction d'une rhétorique masculiniste", *Les mots sont importants*, 7 jul. 2016, p. 10/15 [http://lmsi.net/Le-mythe-des-hommes-battus].

221 Collectif Stop masculinisme, *Contre le masculinisme: guide d'auto-défense intellectuelle*, Lyon, Bambule, 2013, p. 37.

Ele explicou que a polícia o havia encorajado a prestar uma queixa, que ele teria sido brevemente encarcerado, depois inocentado, mas mesmo assim foi suspenso por dois meses. Patrick Guillot discutiu esse assunto durante uma fala pública (gravada em vídeo)[222] em uma mesa-redonda organizada pelo comitê de apoio de um indivíduo que também teria sido falsamente acusado de agressão sexual. Em sua fala, ele lembra que há leis para proteger as crianças de incesto e de abuso, mas ao mesmo tempo se lamentou que "tem sido como uma gangorra", a criança foi a tal ponto "sacralizada" que agora se acredita em tudo que ela diz. O mesmo fenômeno aconteceu, segundo ele, com as mulheres consideradas como "perfeitas", "anjos" e, portanto, sempre presumidamente críveis quando elas acusam um homem, como se vê com a "violência conjugal". Patrick Guillot declara, no final das contas, que "os homens vítimas não são absolutamente levados em conta", já que haveria – segundo ele – uma proporção de "50-50" de violência conjugal entre homens e mulheres.[223]

Fato interessante, Patrick Guillot foi membro de um outro comitê de apoio, aquele de John Goetelen, o qual reuniu relatos no boletim informativo *Paroles d'hommes*, associado a um congresso de mesmo nome. Nessa entrevista, John Goetelen declarou ser alvo de uma "falsa acusação de estupro" por parte de sua ex-esposa, e ter sido totalmente absolvido; depois ele explica que quer

> *desenvolver novos projetos: coaching,* suportes às pessoas acusadas erroneamente... *E já tenho um projeto do* site internacional sobre as falsas acusações *para o qual estou buscando financiamento. Eu continuo engajado, pois, para além de meu caso pessoal, a misandria, a negação dos pais, as falsas acusações, fazem parte de*

222 https://www.youtube.com/watch?v=5tQ4AmUU180

223 https://www.youtube.com/watch?v=DrSOeX9sIzM

> *uma ofensiva que visa demolir os homens em nossa sociedade [grifos nossos].*[224]

Esse boletim, *Paroles d'hommes,* apresenta, além da entrevista mencionada, um quadro em que um processo judicial aberto em Montreal era intitulado "Mais um...". O texto curto dizia o seguinte: "Eu sou um pai que foi acusado falsamente pela mãe para ela obter a guarda exclusiva".[225] Patrick Guillot e John Goetelen são ambos "responsáveis pela edição" desse boletim, junto com Yvon Dallaire que acusou as feministas de inflar os dados a respeito das violências masculinas.[226] John Goetelen presidiu o congresso *Paroles d'hommes,* que aconteceu em Genebra no ano de 2003, e Yvon Dallaire, o congresso de Montreal em 2006.[227] John Goetelen também apresentou seu caso no livro *La femme est-elle l'avenir de l'homme* (*A mulher é o futuro do homem*), de 2006. Nota-se que a rádio RTS qualifica Goetelen de "antifeminista", um rótulo que, aliás, ele mesmo reivindicou.[228] Ele afirmou na RTS que "os homens são vítimas [tanto quanto as mulheres] de discriminações, de violências físicas e conjugais",[229]

---

224 Patrick Guillot, "John Goetelen acquitté: 'Je me sens justifié d'avoir fait front fermement et ouvertement' – Psychose de société-hystérie anti-hommes-Quand les juges d'instruction deviennent des prédateurs-Le nirvana du viol-Les disciples de Kafka", *Paroles d'hommes*, n. 4, abr. 2008, p. 4; John Goetelen s'explique aussi à la télévision suisse RTS, 21 nov. 2006.

225 https://www.youtube.com/watch?v=5tQ4AmUU180 (acesso em 24 ago. 2017); http://www.hommecible.com/hommecible.com/accueil_homme_cible_1_11_07_files/PH4-avril08.pdf (acesso em 24 ago. 2017).

226 Por exemplo, em *Hommes et toujours fier de l'être*, Montréal, Québec Livres, 2015 (2. ed.), p. 84-85.

227 Ver os atos da primeira edição do colóquio publicado em: http://www.parolesdhommes.com/2003/Actes_du_1er_Congres.pdf.

228 Na página de apresentação de seu blog, ele se apresenta como um "antifeminista convicto e esclarecido" [http://hommelibre.blog.tdg.ch/about.html] (acesso em mar. 2018).

229 Pauline Turuban, "Non, les hommes ne sont pas 'autant victimes de violences conjugales que les femmes'", 24 jun. 2017 [https://www.rts.ch/info/suisse/8724896-non-les-hommes-ne-sont-pas-autant-victimes-de-violences-conjugales-que-les-femmes-.html].

dizendo se basear nas estatísticas canadenses. Entretanto, a rádio julgou necessário refutar essa afirmação.

Para além dos efeitos possíveis do discurso público do movimento de homens que minimiza a violência masculina contra as mulheres ou que afirma que os homens são falsamente acusados de violência, certos elementos da retórica a respeito da identidade masculina encorajam a violência. A pretensa masculinidade "natural" que ele deveria (re) valorizar está associada a uma certa força, à agressividade e à violência. John Gray, autor da popular série *Os homens são de Marte, as mulheres são de Vênus*, explica a esse respeito que "a mulher também pode ser violenta", mas somente quando ela expressa "suas características masculinas", pois ela é "por essência não violenta".[230] Patrick Guillot faz uma "homenagem poética", hoje muito "frequentemente ridicularizada, difamada";[231] ele cita uma passagem do *Petit livre à l'usage des pères* (*Pequeno livro para uso dos pais*): "é o pai que dá o verdadeiro lugar ao filho menino [...] que faz como ele: gosta de carros, de balões, de *brigas destinadas à medir sua força*" [grifo nosso].[232] O psicanalista francês Jacques Arènes também explica que:

> *a função paterna possui, com efeito, um aspecto de ajuda* à integração da violência *naquilo que ela tem de indiferenciada. O que se chama de* "potência" *paterna não seria somente o efeito de dominação masculina. Ela comporta também uma dimensão da vitalidade, de utilização da energia, de mobilização vital diante das provações, que ainda é bem útil. A violência dos jovens, dos adolescentes*

230 John Gray, *Mars et Vénus: Les chemins de l'harmonie*, Paris, J'ai lu, 1998, p. 139 e p. 136.

231 Patrick Guillot, *La cause des hommes: Pour la paix des sexes*, Montréal, Option Santé, 2004, p. 13.

232 Patrick Guillot, *ibid.*, p. 89, citando Christiane Olivier, *Petit livre à l'usage des pères*, Paris, Fayard, 1999, p. 104.

> *é geralmente correlata a essa impossibilidade de encontrar* uma "boa" violência paterna *[grifos nossos].*[233]

O psicanalista francês esclarece que "os homens devem se autorizar a ter um discurso, gestos, uma história com as crianças, que não sejam somente fundidos com o discurso materno". Ainda segundo ele, "podem existir os arquétipos que funcionam. Aqui, o arquétipo masculino é o do lutador", o boxeador.[234] Em Quebec, ouve-se dizer que os homens deveriam desempenhar o "papel de protetor das mulheres",[235] mas "como nós adotamos a regra de 'violência zero', o comportamento normal e natural dos rapazes é agora considerado como desviante", em razão de uma "visão feminista e feminilizante" da sociedade.[236] Jean-Yves Desjardins, um sexólogo de Quebec, declarou em 1995 que:

> *o homem rosa é resultado desse modelo feminoide do homem. Este último, possuidor de uma massa muscular em média 40% superior à da mulher, teria mais tendência a* expressar suas emoções com os músculos. *Quando ele fica magoado, por exemplo, ele vai serrar os punhos. Todavia, se propõe que ele em vez disso chore e não* serre os punhos. *Nossa sociedade desacredita o* modelo masculino *sem mesmo o analisar. Não afirmo que o homem não deva chorar, mas isso não lhe deve impedir de* se expressar com seus músculos, *ou forçá-lo a chorar mesmo que ele não tenha vontade [grifos nossos].*[237]

---

233 Jacques Arènes, *Lettre ouverte aux femmes de ces hommes (pas encore) parfaits...*, *op. cit.*, p. 139.

234 *Ibid.*, p. 136-137.

235 André Gélinas, *op. cit.*, 2002, p. 11.

236 *Ibid.*, p. 163.

237 L. C. Gauthier, "Le bonheur par le sexe? Entretiens avec Jean-Yves Desjardins, sexologue", *Dire: Revue des cycles supérieurs de l'Université de Montréal*, vol. 4, n. 3, 1995, p. 16.

Não se pode ver nesse discurso que glorifica uma masculinidade agressiva e mesmo violenta um encorajamento – ao menos implícito – à violência masculina contra as mulheres? Esses discursos são tão mais problemáticos quanto os homens são cooptados por uma identidade sexual estereotipada, que tende a sempre reagir segundo o mesmo modelo, ou seja, de que eles devem se mostrar competitivos e agressivos e não se deixar controlar, sobretudo pelas mulheres.[238] Se os homens heterossexuais esperassem provar menos que eles são os "verdadeiros" homens, eles seriam mais flexíveis em suas reações diante de situações complexas e problemáticas, incluindo a partida de uma esposa.

Do mesmo modo, as armas de fogo, que o discurso masculinista associa a uma masculinidade que deve ser (re)valorizada, são geralmente utilizadas pelos homens que matam sua esposa ou ex-esposa, e seus filhos. No Canadá e nos Estados Unidos, os dados indicam que os riscos de homicídios conjugais e pós-conjugais são até três vezes mais elevados quando há uma ou mais armas de fogo na residência. Nos Estados Unidos, 63% dos homicídios conjugais ou pós-conjugais foram cometidos com uma arma de fogo (para somente 5% do total de homicídios na Inglaterra e no País de Gales, onde foi implantado um controle bem restritivo de armas de fogo.[239]

---

238 Sandra L. Bem, "The Measurement of Psychological Androgyny", *Journal of Consulting and Clinical Psychology*, vol. 42, n. 2, 1974, p. 155-162.

239 Office for National Statistics, *Homicide* [https://www.ons.gov.uk/peoplepopulationandcommunity/crimeandjustice/compendium/focusonviolentcrimeandsexualoffences/yearendingmarch2016/homicide]; Violence Policy Center, *When Men Murder Women: An Analysis of 2014 Homicide Data*, 2016, p. 8; ver também National Network to End Domestic Violence, *Domestic Violence: Fatal and Non-Fatal Violent Crime Against Women* [http://www.ncdsv.org/images/NNEDV_DV-Fatal-and-non-fatal-crime-against-women_2014.pdf]; Homicide in the U.S. Known to Law Enforcement, 2011, U.S. Department of Justice, Office of Justice Programs, Bureau of Justice Statistics, dez. 2013 [http://www.bjs.gov/content/pub/pdf/hus11.pdf]; https://www.inspq.qc.ca/violence-conjugale/comprendre/homicide-conjugal; https://www.inspq.qc.ca/violence-conjugale/

Eis novamente o que acontece com a questão da identificação da masculinidade às armas de fogo.

Enfim, os que se preocupam sinceramente com a violência que assola os homens deveriam saber que os homens agredidos o são geralmente por outros homens. Nos Estados Unidos, o Departamento de Justiça indicou que 86% dos homens agredidos haviam sido agredidos por outros homens.[240] Na Inglaterra e no País de Gales, 93% dos homens assassinados não o foram por sua esposa ou ex-esposa; destas, 94% foram mortas por um outro homem.[241] Em termos de agressão sexual, o censo a respeito da segurança dos canadenses indicou, no ano de 2014, que 94% dos agressores eram homens, incluindo contra outros homens (mas 87% das vítimas eram mulheres).[242] Trata-se do pai ou do tio incestuoso, do colega de classe bagunceiro, do jogador de uma equipe adversária (rúgbi, futebol, hóquei etc.) ou do adversário esportivo (luta greco-romana, boxe, artes marciais), do membro de um outro grupo criminoso, de um soldado do exército inimigo, de um policial etc. Os homens são as

---

comprendre/homicide-conjugal; Conseil du statut de la femme, *Portrait des Québécoises en 8 temps*, Québec, 2015, p. 21; Violence Policy Center, *When Men Murder Women: An Analysis of 2014 Homicide Data*, 2016, p. 2.

240 Mark Potok, Evelyn Schlatter, "Men's Rights Movement Spreads False Claims about Women", *Intelligence Report*, mar. 2012 [https://www.splcenter.org/fighting-hate/intelligence-report/2012/men's-rights-movement-spreads-false--claims-about-women].

241 Office for National Statistics, *Homicide*, *op. cit.*

242 Nota-se que isso é um ano antes da taxa de homicídio mais elevada nos Estados Unidos e na Grã-Bretanha: as mães representam a maior ameaça nos primeiros dias, mas o pai ou o parceiro da mãe é mais frequentemente o assassino pelo resto do primeiro ano. De 56 casos analisados nos Estados Unidos de bebês mortos a golpes ou chacoalhões, o assassino era um homem em 83% dos casos (T. Fujiwara, C. Barber, J. Schaecter, D. Hemenway, "Characteristics of Infant Homicide: Findings from a U.S. Multisite Reporting System", *Pediatrics*, vol. 124, 2009, p. 210-217; M. D. Overpeck, R. A. Brenner, A. C. Trumble, L. B. Trifilette, H. W. Berendes, "Risk Factors for Infant Homicide in the United States", *New England Journal of Medicine*, vol. 339, n. 17, 1998, p. 1211-1216).

primeiras vítimas da violência física em nossa sociedade, incluindo assassinatos, mas o agressor é quase sempre um outro homem. A prevalência dessa violência homem a homem levou Michael Flood a destacar que:

> *as declarações a respeito da violência expressa pelos grupos de direitos dos homens e de direitos dos pais não são tão motivadas por uma preocupação sincera a respeito das vítimas masculinas da violência quanto pelas intenções políticas antifeministas. Esses homens fazem referência à violência das mulheres contra os homens para fazer resistência e desacreditar toda tentativa de discutir a violência dos homens contra as mulheres.*[243]

Se esses homens se preocupassem verdadeiramente com a violência sofrida pelos homens, eles deveriam, antes de tudo, ter medo dos outros homens, criticar o exército e as guerras que fizeram centenas de milhões de mortos no século XX. Ao contrário, esses homens glorificam uma masculinidade agressiva e violenta e associam frequentemente a masculinidade às armas de fogo, ao exército e à guerra; essas verdadeiras máquinas de moer milhões de homens (e também de mulheres).

Conclusão

A propaganda da crise da masculinidade na atualidade ocidental é atravessada por quatro principais discursos, a saber, das dificuldades

243 Michael Flood, "Claims about 'Husband Battering'", *Melbourne Domestic Violence and Incest Resource Center*, verão 1999, p. 6; Michael Flood, "Violence, Men as Victims of", *op. cit.*, p. 616-617.

escolares dos meninos, do suicídio masculino, dos problemas dos pais durante os divórcios e separações e pelo discurso da simetria da violência conjugal, junto com o dos homens agredidos. Esses fenômenos são apresentados enquanto sintomas da crise da masculinidade. A solução proposta é sempre a mesma: (re)afirmar uma identidade masculina associada a alguns clichês sexistas, a saber, o caráter ativo, competitivo, agressivo e mesmo violento dos homens. Com base nessa identidade, deveria emanar todo o resto, incluindo as abordagens pedagógicas, a prevenção do suicídio, o engajamento do pai para com seus filhos (sobretudo dos meninos) e a gestão dos conflitos de um casal (sobretudo o poder e o controle). Esses discursos permitem contestar o ideal feminista de igualdade entre os sexos e acusar as feministas e as mulheres – mães, professoras, esposas – de serem responsáveis por todos os problemas dos homens. Desse modo, esse discurso fornece aos homens violentos e a seus cúmplices os argumentos para justificar sua violência. Suas afirmações têm algo de lamentável e mesmo de absurdo, pois apresentar os homens como naturalmente ativos, agressivos e até violentos não ajuda ninguém no êxito escolar dos meninos, na prevenção do suicídio, na harmonia do casal (heterossexual) nem na prevenção da violência familiar e conjugal. Os propagandistas e os militantes da causa dos homens provavelmente não irão se preocupar, pois parece que seus discursos têm sobretudo o objetivo de apresentar o feminismo e a emancipação das mulheres como uma catástrofe na origem da crise da masculinidade, até mesmo (re)afirmar a legitimidade da supremacia masculina.

Conclusão

Crise da masculinidade e recusa da igualdade

O que resta do discurso da crise da masculinidade após ter constatado sua onipresença na história e no mundo, qualquer que seja a situação dos homens e suas relações com as mulheres, qualquer que seja a força (ou a fraqueza) do movimento feminista? Qual é o valor e a pertinência de um discurso que supõe corresponder a realidades tão diferentes, da Roma Antiga ao Japão contemporâneo, passando pela África do Sul, Alemanha, Costa Rica, Estados Unidos, França, Índia, Israel, Marrocos, Mongólia, Polônia, Rússia soviética e pós-soviética e assim por diante, bem como homens cristãos, judeus e muçulmanos? Como afirmar seriamente que os homens estejam em crise nos Estados Unidos ou na França, por exemplo, em contextos tão diferentes como o século XIX, o pós-Primeira Guerra Mundial, os anos 1960 e ainda na atualidade? Como dar credibilidade à tese que supõe que todos os homens de um país como a França sejam afetados pela crise da masculinidade, sejam bretãos, jovens árabes das periferias pobres, o menino diante de sua mãe, o pai divorciado, o sedutor que não sabe mais seduzir, o bombeiro, o militar e o presidente?

Como não sorrir ao pensar que a Santa Igreja Católica estaria sob influência das mulheres e das feministas?

A noção de crise da masculinidade é tão elástica que ela não tem nenhuma significação precisa e concreta, a ponto de não descrever ou explicar nada. A extrema volatilidade dessa noção prova o absurdo de que se trata, muito frequentemente, um simples discurso de propaganda para a supremacia masculina.[1] Isso era verdade há 500 anos e ainda é verdade hoje em dia.

É necessário dizer claramente: o discurso da crise da masculinidade é ao mesmo tempo ridículo e risível, absurdo e falso, escandaloso e perigoso.

Se se insiste em salvar o valor explicativo da noção de crise da masculinidade, pode-se supor que as crises do passado não eram senão falsas crises ou crises menores, anunciadoras da verdadeira crise da atualidade, que começou no Ocidente com a revolução cultural e com o feminismo do fim dos anos 1960. A crise da atualidade no Ocidente seria então bem mais real, pois as feministas teriam realmente conseguido emancipar as mulheres.

Pode-se, entretanto, destacar ao menos quatro semelhanças entre os discursos do passado e o da atualidade, sem esquecer a recorrência dos temas centrais do discurso:[2] (1) ontem, como hoje, o discurso da crise da masculinidade é marcado por um forte exagero

---

1 Como revelou essa obra, os adeptos desse discurso de crise não têm sempre a mesma posição em relação às mulheres e às feministas; alguns defendem a igualdade dos sexos e até são favoráveis a certas feministas. Os estudos universitários que trabalham com a noção de "crise da masculinidade" não se inserem necessariamente em uma lógica propagandista antifeminista, mas consolidam, apesar disso, essa crença de que nós estamos em crise desde que nós não temos aquilo que pensávamos ter direito como homem: emprego, amante, cônjuge etc.

2 Pensemos nas referências recorrentes aos jogos de guerra, ao papel do pai, às cônjuges dominadoras, à mecanização do trabalho e aos homens agredidos, entre outros.

quanto à influência das mulheres; (2) ele sempre se expressa em um contexto em que os homens são os únicos, ou a maioria, no topo das instituições de poder e da sociedade em geral, o que é verdade ainda hoje; (3) ele tem por efeito minar a legitimidade das mulheres emancipadas ou daquelas que querem se emancipar (trata-se, portanto, de um discurso antifeminista); (4) ele (re)valoriza uma masculinidade convencional em nome da diferença "natural" dos sexos e da superioridade dos homens sempre mais ativos, mais corajosos, mais fortes, mais racionais e até mais "eficazes"[3] (!) do que as mulheres.

Diante dessa propaganda supremacista masculina, é necessário voltar ao essencial, conforme propõe a historiadora Judith A. Allen e vários outros, e considerar que se trata de um *discurso* de crise muito mais do que de uma crise real.

O especialista da masculinidade Arthur Brittan propõe falar em "crise de legitimidade" de uma dominação masculina obviamente contestada, mas que permanece um pouco efetiva em toda parte do planeta. No mesmo espírito, Joël Charbit explica a respeito dos discursos da "crise da masculinidade" na África do Sul que "não é [...] a psiquê masculina que está em crise, mas a legitimação da dominação masculina nos centros constitutivos da ordem do gênero".[4] A simples contestação pode, assim, ser percebida como uma crise de legitimidade da supremacia masculina.

---

3 Yvon Dallaire, "L'homme 'agit' ses émotions", Mario Proulx (Org.), *La planète des hommes*, Montréal, Bayard Canada/Société Radio-Canada, 2005, p. 130; ver também Yvon Dallaire, *Qui sont ces femmes heureuses? La femme, l'amour et le couple*, Québec, Option santé, 2009, p. 91.

4 Joël Charbit, *"La crise de la masculinité" en Afrique du Sud: Discours public et panique morale autour des hommes dans la nouvelle démocratie*, dissertação de mestrado, Ciência Política, Université de Bordeaux, 2009, p. 68; John MacInnes também desenvolve uma reflexão a respeito da "crise da masculinidade" como crise simbólica e ideológica (em *The End of Masculinity*, Philadelphie, Open University Press, 1998).

Entretanto, os supremacistas masculinos reagem às menores remissões por causa da norma patriarcal, por exemplo, quando as mulheres cortam os cabelos muito curto, o que provocaria uma confusão dos sexos. Isso diz muito sobre nossa extrema suscetibilidade de homem diante do menor desejo de autonomia das mulheres, incluindo quanto à escolha do corte de cabelo.[5] O filósofo Gilles Lipovetsky tem razão, portanto, quando defende que:

> *As teses da "derrota dos homens" não inspiram senão o ceticismo [...]. Não é a crise da masculinidade que é o fenômeno significativo, é a sua permanência identitária para além das formas eufemizadas que ela reveste. [...] Menos ferida do que reciclada, a identidade masculina sempre permite aos homens, nas sociedades abertas, assegurar a sua predominância nas instâncias de poder. A "crise da virilidade" é mais uma imagem literária do que um fenômeno social substancial: o homem é o futuro do homem e do poder masculino, o horizonte insistente dos tempos democráticos.*[6]

O discurso da crise da masculinidade raramente se contenta em evocar o sofrimento dos homens, propondo, muito frequentemente, concepções dogmáticas do masculino e do feminino e especificando quem deve governar e quem deve obedecer, quem deve trabalhar e para quem, quem tem direito aos melhores empregos, quem deve escutar e se calar, quem pode se apropriar da sexualidade do outro, quem pode bater e até matar para expressar sua possessividade (pudicamente qualificada de "ciúmes") etc.

---

5 Além disso, os homens vão também raspar o cabelo das mulheres que eles querem punir, por exemplo, feiticeiras ou colaboradoras do nazismo na França.

6 Gilles Lipovetsky, *La troisième femme*, Paris, Gallimard, 1997, p. 307.

O discurso da crise define geralmente a masculinidade como competitiva e agressiva, e, com base nisso, subentende-se que haverá necessariamente perdedores e vencedores. Ao contrário, o feminino revelaria a passividade e a paz, o auxílio mútuo e a igualdade,[7] com semelhante atribuição de atitudes e papéis. Inútil perguntar quem ganhará a "guerra dos sexos"! Se o masculino é sinônimo de hierarquia, de dominação e de desigualdade entre os sexos, o masculino seria por essência incompatível com a igualdade dos sexos e, portanto, por essência antifeminista... Isso é ao menos o que dá a entender o discurso da crise da masculinidade.

Mas esse discurso não é sempre abertamente antifeminista, ele às vezes convida as feministas a expressarem a empatia e até a "compaixão" aos homens, quer sejam crianças ou adultos. Dá a entender até que o movimento feminista está condenado ao fracasso se ele não se ocupar dos homens e de seu sofrimento. É isso que insinuam os homens antifeministas, assim como certos homens que se apresentam como aliados das feministas. "Você acha que existe uma crise da masculinidade?", pergunta Cyril Barde no jornal progressista *Rue89* que circulou no dia de São Valentim de 2011, ou seja, 14 de fevereiro. Esse pesquisador da Escola Nacional Superior de Lyon respondeu: "em certo sentido, sim. Como explicar o fracasso escolar masculino tendencialmente mais importante do que aquele das meninas? Como explicar que a maior parte dos comportamentos de risco sejam praticados por meninos e homens jovens senão identificando suas ligações, vícios de um processo de construção tão violento que pode levar à autodestruição?". Cyril Barde dá, então, este conselho às feministas: "para libertar as mulheres da dominação masculina, é necessário libertar os homens dessa mesma estrutura

7 Yvon Dallaire identifica as mulheres à igualdade e os homens à hierarquia (Y. Dallaire, "L'homme 'agit' ses émotions", *op. cit.*, p. 129).

que eles impõem igualmente a eles mesmos.[8] Se elas seguirem esses conselhos, as feministas deveriam então se ocupar com empatia e solicitude com os homens que sofrem de seu estatuto de dominante. Esse discurso, que retoma uma tese já desenvolvida nos grupos de conversa masculinos dos anos 1970, desestabiliza o feminismo enquanto movimento crítico à supremacia masculina.

O pró-feminista Harry Brod propõe uma interpretação bem diferente do feminismo e de sua relação com os homens: "eu penso de fato que o feminismo é pró-mulher. [...] Os homens têm medo de que com o feminismo as mulheres queiram se ocupar delas mesmas, e deixar nós, os homens, nos ocupando de nós mesmos. E é *isso* que representa um medo assustador para os homens",[9] já que nós contamos sempre com uma mulher para se ocupar de nós, psicológica e fisicamente: uma mãe, uma amante, uma amada, uma irmã, uma enfermeira, uma prostituta etc.

***

As feministas já compreenderam há muito tempo que nossa identidade masculina é bem mais política do que psicológica. No reino da França do século XVIII, Louise d'Épinay já se perguntava se o poder e o sentimento de superioridade "condicionava o sentimento de identidade masculina. Se os homens tinham uma necessidade vital de dominar para existir enquanto homem, o que aconteceria com eles no dia em que as mulheres não mais lhes reconhecessem

---

8 Camille Camille, "L'homme est-il l'avenir de la femme?", *Rue89*, 14 fev. 2011 [https://www.nouvelobs.com/rue89/rue89-rue69/20110214.RUE0847/l-homme--est-il-l-avenir-du-feminisme.html (acesso em jan. 2018)].

9 Harry Brod, "To Be a Man, or Not to Be a Man – That is the Feminist Question", Tom Digby (Org.), *Men Doing Feminism*, Nova York-Londres, Routledge, 1998, p. 201-202.

como mestres?[10] Ao fim do século XIX, a feminista Hubertine Auclert lembrava, entretanto, que compartilhar um lugar não é tomá-lo". No entanto, ela continua, "os homens dizem que eles têm medo que as mulheres os obriguem a se apertar para dar lugar a elas na sociedade, incomodando a posição deles".[11] Essa posição que os homens não querem compartilhar, segundo a historiadora Armelle Le Bras-Chopard, é antes de tudo a posição "da dominação".[12] É por isso que parece escandaloso que as mulheres possam ocupar a posição que nos eram, até então, reservadas.

No início do século XX, Virginia Woolf destacava também, com sua habitual ironia: "Pode ser, já que o professor insiste de um modo bem acentuado na inferioridade das mulheres, que se trate não da inferioridade delas, mas de sua própria superioridade. É essa superioridade que ele protege com tanto entusiasmo e energia".[13] O importante para o supremacismo masculino "não é tanto que *ela* [a mulher] seja inferior, mas antes que *ele* [o homem] seja superior".[14]

Muitas outras feministas, como Simone de Beauvoir, lembraram que essa obsessão a respeito das diferenças entre o masculino e o feminino esconde, na realidade, uma obsessão a respeito da hierarquia e da dominação.[15] Segundo a socióloga Christine Delphy,

> *Essas diferenças não são somente diferenças, mas também hierarquias. A sociedade se serve disso para justificar*

---

10 De acordo com Armelle Le Bras-Chopard, *Le masculin, le sexuel et le politique*, Paris, Plon, 2004, p. 344.

11 *Ibid.*, p. 344; ver também Florence Rochefort, "L'antiféminisme à la belle époque: une rhétorique réactionnaire?", Christine Bard (Org.), *Un siècle d'antiféminisme*, Paris, Fayard, 1999, p. 140.

12 Armelle Le Bras-Chopard, *Le masculin, le sexuel et le politique*, *op. cit.*, p. 344.

13 Virginia Woolf, *Une chambre à soi*, Paris, Denoël, 1992, p. 52.

14 *Ibid.*, p. 55, p. 82.

15 Simone de Beauvoir, *Le deuxième sexe*, tome I, Paris, Gallimard, 1946, p. 17-18.

> *seu tratamento "diferencial" – na realidade desigual, hierárquico – dos grupos de indivíduos. [...] No entanto, a diferença evocada sem parar a respeito das mulheres, dos homossexuais, dos "árabes" e dos negros, não é recíproca, ao contrário. São elas e eles que são diferentes; os homens, os heterossexuais, os brancos entre eles mesmos não são "diferentes" de ninguém, eles são ao contrário "como todo mundo".*[16]

Uma outra socióloga francesa, Colette Guillaumin, explicou com sarcasmo:

> *Que sejamos diferentes, eles [os homens] não pedem mais do que isso, eles fazem tudo para que nós não tenhamos salário, ou menos ainda [...] para que nós não tenhamos direito de decidir, mas somente ser, somente de sermos consultadas se gostamos mesmo de nossas correntes. Eles desejam a nossa "diferença", a amam: eles não cansam de nos dizer o quanto ela os agrada, impondo seus atos e suas ameaças, logo depois de seus golpes.*[17]

A identidade masculina é, portanto, uma identidade *política*, bem como a identidade feminina. Em seu livro *The End of Masculity* (*O fim da masculinidade*), o sociólogo pró-feminista John MacInnes explica em uma perspectiva crítica que a "masculinidade é uma ideologia produzida pelos homens 'principalmente para justificar' a divisão sexual patriarcal do trabalho [...] o monopólio do poder,

---

16 Christine Delphy, *L'ennemi principal*, vol. II, Paris, Syllepse, 2001, p. 9.

17 Colette Guillaumin, *Sexe, race et pratique du pouvoir: l'idée de nature*, Paris, Côté-femmes, 1992, p. 66.

dos recursos e do Estado".[18] O australiano Anthony McMahon sugere, por sua vez, que o feminismo faz aos homens uma questão não só psicológica, mas política: estamos prontos para abandonar nosso poder masculino, nossos privilégios e nossa capacidade de nos apropriar das mulheres e sua força de trabalho emocional e física?[19] Resumindo, estamos prontos para que não haja mais diferenças entre os sexos em termos de poder, riqueza, recursos, trabalho etc. Estamos prontos a não mais sermos os homens, mas somente sermos seres humanos *como todos os outros*, que não seriam superiores em razão de seu sexo? Estamos prontos para considerar a combatividade, a autonomia, a solidariedade e a entreajuda como valores ou atitudes humanas, e não mais masculinas ou femininas? Estamos prontos para considerar que determinados trabalhos não sejam atribuídos aos sexos, mas às capacidades humanas que tanto os homens quanto as mulheres podem ter, ou não?

Para aproveitar essa ideia de que as identidades de sexo são *políticas*, é conveniente acompanhar o ponto de vista dos sociólogos Douglas Schrock e Michael Schwalbe, que propõem sempre pensar os homens em função daquilo que eles fazem concretamente, e não em função de um ideal abstrato da masculinidade que seria o único portador de determinados valores e características humanas. É isso também o que sugere a antropóloga colombiana Mara Viveros Vigoya, para quem "a masculinidade representa uma posição de poder nas relações de gênero e compreende um conjunto de práticas por meio das quais os homens e as mulheres assumem tal posição. Isto é, não se é masculino *per se*, mas porque se adota certas maneiras de ser e de agir associados à dominação e ao poder".[20] Eu performatizo minha

18 John MacInnes, *The End of Masculinity*, *op. cit.*, p. 45.

19 Anthony McMahon, "Lectures masculines de la théorie féministe: la psychologisation des rapports de genre dans la littérature sur la masculinité", *L'Homme et la société*, 2005, n. 58, p. 7-51.

20 Mara Viveros Vigoya, "Différences locales, générationnelles et biographiques dans les identités masculines en Colombie", Elsa Dorlin (Org.), *Sexe, race, classe:*

identidade masculina como um ator que assume um papel, para retomar as ideias de Judith Butler, pelas minhas palavras, minhas atitudes, meus gestos. É por meio da repetição dessa performance que eu me constituo e que eu me considero como um homem, ou não, no mundo do trabalho (gratuito e assalariado), no esporte, em família e em casal (heterossexual) etc. A despeito da ilusão que nos impele a crer que a identidade masculina é alguma coisa que nós temos em nós, trata-se, pois, de fato de alguma coisa que eu faço e pratico comigo e os outros, em minhas relações materiais e simbólicas com as mulheres e os outros homens.

Mais precisamente, Schrock e Schwalbe consideram que a masculinidade deve designar "aquilo que os homens fazem, individual e coletivamente, para que as mulheres, enquanto grupo, sejam subordinadas a eles, enquanto grupo, e que determinados homens sejam subordinados a outros".[21] Evidentemente, a personalidade e a posição social terão um impacto sobre nossa margem de manobra e nossa capacidade de ação, sobre aquilo que cada homem pode ou não pode fazer. Mas é possível defender que, em geral, mesmo o homem subalterno tratará as mulheres como seus inferiores. É sem dúvida por isso que o sociólogo Léo Thiers-Vidal, que entrevistou homens a respeito de suas percepções da masculinidade, relata que eles consideram "a sorte de ser um homem [...] antes de tudo como a sorte de não ser uma mulher", ou seja, de escapar dos problemas – discriminação etc. – que as mulheres devem enfrentar porque elas são mulheres.[22]

Pour une épistémologie de la domination, Paris, Presses universitaires de France, 2009, p. 275.

21 Douglas Schrock, Michael Schwalbe, "Men, Masculinity, and Manhood Acts", *Annual Review of Sociology*, 2009, p. 278.

22 Léo Thiers-Vidal, *De "l'ennemi principal" aux principaux ennemis: Position vécue, subjectivité et conscience masculine de domination*, Paris, L'Harmattan, 2010, p. 345.

Enfim, a identidade masculina não é a única identidade significativa de um ser humano, definido ou que se define como macho. Os seres humanos podem ter as identidades geracionais, profissionais, culturais ou nacionais, bem como identidades plurais, complexas, móveis e paradoxais. Os seres humanos podem também ter uma identidade ideológica mais ou menos libertária, igualitária e solidária. A esse respeito, é importante destacar que vários homens pró-feministas se desenvolvem em redes anarquistas, cujo ideal é abolição de todas as dominações e de todas as desigualdades, o que supõe o fim do Estado, do capitalismo, do racismo e do sexismo. A postura pró-feminista está – em princípio – em sintonia com essa sensibilidade antiautoritária.[23]

Para acabar com a identidade masculina

Em 1994, nos Estados Unidos, o grupo Black Men for the Eradication of Sexism (Homens Negros pela Erradicação do Sexismo) declarou o seguinte:

> *Nós acreditamos que, mesmo que sejamos oprimidos em razão de nossa cor, nós somos também privilegiados em razão de nosso sexo e devemos, portanto, assumir nossa responsabilidade para pôr fim a esse privilégio. Nós vivemos em uma sociedade que, além de ser racista, classista, homofóbica e capitalista, também é fundamentalmente sexista. [...] Nós não estamos imunes contra o sexismo pelo fato de sermos negros. [...] Cremos que nossas relações com as mulheres devem ser baseadas no*

---

23 Por exemplo, Léo Thiers-Vidal, *Rupture anarchiste et trahison pro-féministe*, Lyon, Bambule, 2013.

> *princípio da igualdade. [...] A masculinidade é uma criação social unidimensional que não tem nada a ver com a realidade biológica.* Noções como "masculino" e "feminino" não servem senão para manter o sexismo *[grifo nosso].*[24]

Esses homens negros não são os únicos que querem combater o patriarcado do qual eles são beneficiários, ainda que eles sofram racismo. Gary Lemons propõe se reconectar com a tradição de figuras de homens famosos do movimento afro-americano que combateram ao mesmo tempo o racismo e o sexismo e que militaram ativamente pelo direito de voto dos afro-americanos, para nomear, ninguém menos que W.E.B. Du Bois e Frederick Douglass.[25] Outros homens pró-feministas criticam a dominação masculina e a própria masculinidade.

Por outro lado, a tendência pró-feminista, tão importante no início do movimento de homens dos anos 1960 e 1970, é hoje minoritária ou até praticamente inexistente, mesmo que alguns homens ainda militem como auxiliares das feministas. Eles são não somente críticos dos discursos da crise da masculinidade, mas também da própria ideia de que deve haver uma identidade masculina diferente da identidade feminina. Penso em autores como Michael Flood (Austrália), Patric Jean (França), Allan G. Johnson (Estados Unidos), David Kahane (Canadá), Michael S. Kimmel (Estados Unidos), Boris Lulé (França), Yeun L-Y (França), John MacInnes (Grã-Bretanha), Anthony McMahon (Austrália), Michael A. Messner (Estados Unidos), John Stoltenberg (Estados Unidos) e Léo Thiers-Vidal (França).

---

24 http://www.readex.com/blog/readex-blog-tags/black-men-eradication-sexism.

25 Ver o livro de Gary L. Lemons: *Womanist Forefathers, Frederick Douglass and W.E.B. Du Bois.*

Homens anônimos compartilham certamente dessa posição, sem contar aqueles que se expressam no ciberespaço e aqueles que militam em quaisquer grupos pró-feministas e antissexistas que ainda existem, como o Collectif antimasculiniste Île-de-France (Coletivo Antimasculinistas Île-de-France), em Paris, e o Collectif Stop masculinisme, de Grenoble, o qual publicou o livro *Contre le masculinisme: guide d'autodéfense intellectuelle*[26] (*Contra o masculinismo: um guia de autodefesa intelectual*). Todos esses homens não necessariamente se conhecem. Nós não formamos nem um grupo nem um movimento, mas somos contra a propaganda vitimista, misógina e antifeminista do discurso da crise da masculinidade. Nós não somos perfeitos em nossas relações com as mulheres e com as feministas, mas eu ouso crer que tentamos ser conscientes de nossos privilégios e talvez até reduzir nosso poder masculino, ou seja, praticar o *desempoderamento*, que consiste em minimizar o poder do qual nós gozamos enquanto *masculinos* (mesmo que o simples fato de militar em redes feministas e se expressar publicamente possa ter efeitos negativos para as mulheres e as feministas).[27]

Para retomar o *slogan* de John Stoltenberg nos Estados Unidos, vários homens pró-feministas chegam a propor a "recusa de ser homem".

Nós nos inspiramos em uma diversidade de fontes feministas[28] e constatamos que não há consenso entre as feministas a respeito

---

26 Note-se que esses dois coletivos são mistos.

27 Para as reflexões a respeito de problemas políticos associados ao ativismo de homens pró-feministas, ver Mélissa Blais, "Féministes radicales et hommes proféministes: l'alliance piégée", Francis Dupuis-Déri (Org.), *Québec en mouvements*, Montréal, Lux, 2008; Francis Dupuis-Déri, "Les hommes proféministes: compagnons de route ou faux amis", *Recherches féministes*, vol. 21, n. 1, 2008, p. 149-169; Francis Dupuis-Déri, "Petit guide de 'disempowerment' pour hommes proféministes", *Possibles*, vol. 38, n. 1, 2014.

28 Em razão de afinidades intelectuais e políticas, de nossos percursos pessoais e de certos encontros marcantes, das redes de alianças e da influência de tal ou tal tendência feminista em nossos meios etc.

do discurso da crise da masculinidade. A esse respeito, é possível, de maneira pouco esquemática, distinguir com Tania Modleski e Sally Robinson quatro abordagens feministas diante da crise da masculinidade.[29]

1. As *feministas empáticas*, ao que toca os homens em crise que convidam as mulheres a se descentrarem para acolhê-los e reconfortá-los, pois eles são as "vítimas" do choque feminista (é o caso, entre outras, de Élisabeth Badinter e Denise Bombardier). Para outras feministas, essas mulheres jogam o jogo do masculinismo.[30]
2. As *feministas reformadoras* esperam que a crise da masculinidade force os homens a reinventarem uma masculinidade humanista e respeitosa às mulheres. Feministas como Susan Faludi e bell hooks nos Estados Unidos e Srimati Basu na Índia chegam a convidar a (re)criação de um movimento para a emancipação dos homens.[31] Esses homens novos serão reconectados com suas emoções, o que é percebido por muitas feministas como uma garantia de justiça e de igualdade.
3. As *feministas otimistas*, por sua vez, creem que o fenômeno da crise indica uma fraqueza real do poder masculino e do patriarcado, e veem nisso um signo de que o feminismo progride e que a emancipação das mulheres está na ponta dos dedos.

---

29 Tania Modleski, *Feminism Without Women: Culture and Criticism in a "Post--Feminist" Age*, Nova York-Londres, Routledge, 1991; Sally Robinson, *Marked Men: White Masculinity in Crisis*, Nova York, Columbia University Press, 2000.

30 Mara Goyet, *Le féminisme raconté en famille*, Paris, Plon, 2007.

31 Srimati Basu, "Looking Through Misogyny: Indian Men's Rights Activists, Law, and Challenges for Feminism", *Canadian Journal of Women and the Law*, vol. 28, n. 1, 2016, p. 45-68; Susan Faludi, *Stiffed: The Betrayal of the American Man*, Harper Collins, 1999; bell hooks, *The Will to Change: Men, Masculinity, and Love*, Nova York, Washington Square Press, 2004.

4. Por fim, as *feministas céticas* consideram que o discurso da crise da masculinidade revela uma outra retórica antifeminista, e até mesmo uma propaganda patriarcal, sendo necessário desconstruí-la para conseguir criticá-la.

Por parte dos homens pró-feministas, também é possível distinguir, um pouco esquematicamente, três tendências. A primeira não propõe rejeitar a identidade masculina, mas, antes, refundá-la se inspirando nos valores ditos "femininos", ou seja, a sensibilidade aos outros, o compartilhamento de emoções etc.[32] Na Suécia, Sam de Boise, todavia, destacou que não há relação lógica entre a igualdade e as emoções, mesmo que as relações entre os sexos possam ser mais satisfatórias quando sabemos expressar determinadas emoções.[33] Por outro lado, os homens já expressam as emoções quando saltam de alegria aos milhares, ou aos milhões, porque a equipe esportiva deles fez um gol. Os homens estão cheios de emoções quando fazem filhas e marcham sob as ordens de um superior. O discurso da crise da masculinidade é, ele próprio, uma expressão emotiva, o de uma "raiva coletiva" contra as mulheres, e o feminicídio é a expressão mortífera da emoção do amor, a julgar pelas análises de seus "dramas passionais".

A segunda tendência é inspirada pelas teorias pós-estruturalistas e pelo movimento *queer*, procurando subverter as identidades sexuais.

---

32 Esta era minha posição há mais de dez anos: "Féminisme au masculin et contre-attaque 'masculiniste' au Québec", *Movements*, n. 31, 2004. Ver também: Vincent Cespedes, *L'homme expliqué aux femmes: l'avenir de la masculinité*. Paris, Flammarion, 2010; Richard Collier, "'Coming Together?' Post-heterosexuality, Masculine Crisis and the New Men's Movement", *Feminist Legal Studies*, vol. IV, n. 1, 1996.

33 Sam de Boise, "The Personal is Political… Just Not Always Progressive: Affective Interruptions and Their Promise for CSMM", *NORMA: International Journal for Masculinity Studies*, 2017; Sam de Boise, Jeff Hearn, "Are Men Getting More Emotional? Critical Sociological Perspectives on Men, Masculinities and Emotions", *Sociological Review*, vol. 65, n. 4, 2017, p. 779-796.

Trata-se então de transformar sua identidade segundo sua vontade e seus desejos. As pessoas transgêneros se inscrevem nessa tendência, mesmo que elas não estejam completamente de acordo a respeito da identidade de sexo, do feminismo e até do masculinismo. Miriam J. Abelson constatou, ao entrevistar 66 homens trans nos Estados Unidos, que uma minoria deles (30%) considerava o feminismo como muito agressivo e inútil. Esses últimos retomavam "muito frequentemente os discursos dos direitos dos homens, o qual afirma que os homens são o grupo mais oprimido no sistema dos gêneros contemporâneos". Por outro lado, a maioria se considera "filho do movimento" feminista,[34] como o transgênero canadense Jean Bobby Noble, que declara: "eu espero desenvolver uma política pós-identitária [...] eu quero oferecer por meio dos homens transexuais MPH [mulher para homem] uma recusa feminista dos esquemas categoriais essencialistas".[35] Segundo ele, isso se concretiza de duas maneiras, primeiramente a transição mulher-para-homem produz corpos de homens que evoluem em um processo permanente e não concordam precisamente com a norma, mesmo que alguns consigam realizar uma masculinidade que lhes proporcione privilégios e vantagens. Além disso, Jean Bobby Noble faz esforço para recusar os privilégios, por exemplo, se assegurando que haja mulheres nas redes em que ele trabalha, e milita para que elas tenham mais visibilidade.

Nota-se que a socióloga Raewyn Connell, uma das mais influentes teóricas da masculinidade, é uma mulher trans: com o nome masculino que lhe havia sido dado no nascimento, ela desenvolveu a noção de "masculinidade hegemônica" e escreveu a obra clássica *Masculinities* (*Masculinidades*). Ela esclarece que "a ideia de que existiria uma 'crise da masculinidade' ou uma 'crise da virilidade'

34 Miriam J. Abelson, "Trans Men Engaging, Reforming, and Resisting Feminisms", *Transgender Studies Quarterly*, vol. 3, n. 1-2, 2016, p. 19.

35 Jean Bobby Noble, "Sons of the Movement: Feminism, Female Masculinity and Female to Male (FTM) Transsexual Men", *Atlantis*, vol. 29, n. 1, 2004, p. 24.

sempre a deixou cética"[36] porque se confundem as transformações de práticas e das representações (as "imagens") e uma crise estrutural de um sistema social. Connell também destaca:

> *Eu sou socióloga. Eu faço estudos empíricos, eu estudo as transcrições de entrevistas e os dados estatísticos, eu leio outros pesquisadores que trabalham com gênero [...] Todas as pessoas que conhecem esses trabalhos terão muita dificuldade em crer em uma crise geral da masculinidade. Muitos homens levam sua vida profissional, afetiva, cultural ou religiosa com competência, no dia a dia. E, muitos homens continuam a exercer seus privilégios de gênero.*[37]

Enfim, segundo Connell, a afirmação de que haveria uma crise da masculinidade "mascara geralmente um ponto de vista reacionário, exaltando uma masculinidade supostamente verdadeira e natural".[38]

A terceira tendência se inspira no feminismo radical (também qualificada de "materialismo") e concebe uma oposição clara entre duas classes de sexo socialmente construídas, sendo a classe dominante, dos homens, e a classe subalterna, das mulheres. Ambas deveriam se concentrar em assuntos coletivos de luta contra o patriarcado. Mesmo que seja possível individualmente minimizar as relações desiguais entre os homens e as mulheres, essa tendência considera que as relações são determinadas por um sistema que divide a humanidade em duas classes de sexo hierarquicamente desiguais. Assim bem destacou a socióloga Christine Delphy:

---

36 Raewyn Connell, "Fantasmes de meurtre et vie pratique", *Travail, genre et sociétés*, n. 29, 2013, p. 177.

37 *Ibid.*, p. 178.

38 *Ibid.*, p. 177.

> *Admitamos até que um homem não busque tirar partido de suas vantagens em todos os níveis e das desvantagens em todos os níveis da mulher que ele tem diante dele. Admitamos que ele queira colocar a relação como igualitária. O que isso significa? No máximo que ele não se utilizará de sua vantagem voluntariamente, ou seja, que ele não utilizará sua* vantagem inicial *para obter* outras. *Mas a essa vantagem inicial ele não pode renunciar, porque ele não pode sozinho suprimir e destruir o que ele não fez. E, pela mesma razão, ele não pode mais suprimir as desvantagens institucionais da mulher.*[39]

Cada um à sua maneira, essas três tendencias pró-feministas visam perturbar o gênero ou fazer desaparecer as identidades de sexo tais como as conhecemos, seja "feminilizando" os homens por meio de uma emancipação emocional, seja por meio de transições de uma identidade à outra ou da multiplicação ao infinito das identidades de sexo para lhes enfraquecer o sentido político, ou ainda pela abolição da supremacia masculina que levaria ao desaparecimento das classes de sexo. É assim que Christine Delphy, uma feminista associada à terceira tendência, nos encoraja a "imaginar o não gênero",[40] ainda que ela seja consciente de que é um exercício muito difícil, já que nossa socialização generificada é muito forte.

Assim, as tendências pró-feministas apresentadas aqui como claramente distintas inscrevem-se em uma realidade fluida, e, se elas às vezes mantêm relações tensas ou conflituosas, buscam também convergências e alianças. É também possível passar de uma tendência

---

39 Christine Delphy, *L'Ennemi principal: Économie politique du patriarcat* (vol. I), Paris, Syllepse, 2002, p. 187.

40 Christine Delphy, *L'Ennemi principal: Penser le genre* (vol. II), Paris, Syllepse, 2001, p. 260.

à outra ou de fundir os elementos de uma ou de outra tendência. Além disso, a teórica do "feminismo de gênero" Judith Butler, que destacou vários homens pró-feministas, não se limita a celebrar a subversão das identidades por meio de performances carnavalescas. Ela também lembra da extrema violência do sistema heterossexual para controlar e disciplinar os corpos para que eles correspondam a uma das duas identidades sexuais oficiais. O sistema heterossexual e patriarcal não passa de um jogo de normas e de subversão, mas também é um sistema de poder, de dominação, de opressão, de apropriação (dos corpos) e de exclusão, estruturada por instituições como a administração pública, as leis, a medicina cirúrgica, a ginecologia, a psicologia e a psicanálise, o casamento, a família, mas também a moda, a língua etc.

Por sua vez, Henry S. Rubin deixou seu testemunho de homem transgênero; quando era considerado uma mulher, ele se interessava sobretudo pelo "feminismo de gênero", o qual discute a (des) construção das identidades em uma perspectiva *queer*, e pouco do "feminismo da justiça social", que versa sobretudo pelas desigualdades de que sofrem as mulheres. Após sua transição, ele reconheceu a importância das questões de poder e de justiça. Ainda que considere que a luta dos homens não seja a mesma das mulheres, ele destaca a importância de recusar o poder e os privilégios masculinos que podem beneficiar os homens transgêneros que procuram encarnar a identidade de "verdadeiros homens".[41]

Os discursos da crise da masculinidade participam precisamente da consolidação do sistema heterossexual e patriarcal, da (re)produção das normas de gênero, da defesa dos privilégios e do poder dos

41 Henry S. Rubin, "Reading like a (transsexual) man", Tom Digby (Org.), *Men Doing Feminism*, Londres, Routledge, 1998, p. 305-324. Ver também as reflexões estimulantes da feminista trans Viviane Namaste, em seu livro *Sex Change, Social Change: Reflections on Identity, Institutions, and Imperialism*, Women's Press, 2011 (2. ed.).

homens perante as mulheres (nesse sentido, a oposição feminista ao masculinismo e à retórica da crise da masculinidade pode mobilizar as ferramentas de análise do feminismo pós-estruturalista e *queer* do feminismo radical e materialista).

Enquanto homens, entretanto, como não ficar estupefato, para não dizer um palavrão, pelos entusiastas da supremacia masculina que fazem seus discursos com base em clichês de contos de fadas para crianças? Como não ser desencorajado, com efeito, por uma propaganda que dá a entender que meu potencial humano físico, psicológico e moral é determinado por meus ancestrais que caçavam mamute ou pelo órgão pendurado entre minhas pernas?[42] Como levar a sério a sinceridade do psicólogo John Gray, que defende as teses de uma diferença natural entre os homens e as mulheres, e que afirma que "a veracidade das teses desenvolvidas é evidente. Sua própria experiência e *o bom senso mais elementar* te confirmaram"? [grifo nosso].[43] Como se pode levar a sério a justificativa de uma dominação fundamentada em propostas tão simplistas? Já nos anos 1960, um psicólogo nos alertava sobre as teses das diferenças psicológicas entre os homens e as mulheres, considerando que "os psicólogos não parecem mais avançados, sobre esse ponto de vista, do que o mais comum dos mortais, ou ao menos do que os intelectuais não especializados em psicologia".[44]

De um ponto de vista mais filosófico, John MacInnes explica que homens e mulheres são, em realidade, idênticos diante das grandes questões existenciais como o sentido da vida, a solidão e a morte. Ele conclui que "não há diferença entre masculinos e femininos", mas que nossa obsessão de ver as diferenças entre "a masculinidade

---

42 John MacInnes, *The End of Masculinity*, *op. cit.*, p. 153.

43 John Gray, *Les hommes viennent de Mars, les femmes viennent de Vénus*, Paris, Logiques [Canada]/Michel Lafon [France], 1997, p. 14.

44 Piret, *op. cit.*, 1965, p. 73.

e a feminilidade não é, no fundo, mais do que uma racionalização ideológica da manutenção ilegítima do poder dos homens. Isso nos permite nos concentrar no problema primário: a manutenção material da divisão sexual do trabalho",[45] que privilegia os homens.

Os estudos mais interessantes mostram que os dois sexos são em média bem mais similares do que diferentes em termos de capacidades cognitivas e físicas, e muitas das diferenças podem ser superadas por meio de exercício e prática. De fato, o significado das diferenças é com muita frequência "completamente exagerado",[46] como destacam em coro uma professora de literatura e um professor de biologia. Há muito mais diferenças, por exemplo, entre os homens mais fortes e os mais fracos, ou os mais rápidos e os mais lentos, que entre a força e a rapidez média dos homens e das mulheres. As campeãs olímpicas, por exemplo, são bem mais fortes e bem mais rápidas do que milhares de homens. Sem refletir a realidade, o dogma da diferença entre os sexos propõe antes de tudo quadros de avaliação de nossas capacidades presumidamente ligadas a nosso sexo: o homem será considerado *a priori* mais forte do que a mulher, pois o ser humano mais forte é um homem; o homem será considerado mais rápido do que a mulher etc.

Nossa obsessão quanto às diferenças de sexo influencia muito fortemente nossa percepção das reações de uns e de outros. Assim, percebemos que o homem em fúria defende com vigor suas opiniões, enquanto a mulher em fúria será percebida como a histérica que

---

45 John MacInnes, *The End of Masculinity*, *op. cit.*, p. 150.

46 Nicolas Mathevon, Éliane Viennot, "Avant-propos", Nicolas Mathevon, Éliane Viennot (Orgs.) *La différence des sexes*, Paris, Belin, 2017, p. 10; ver também outros trabalhos que discutem não somente a diferença de sexo, mas também as semelhanças: Louise Cossette (Org.), *Cerveau, hormones et sexe: des différences en question*, Montréal, Les Éditions du remue-ménage, 2012; Catherine Vidal, *Nos cerveaux tous pareils, tous différents!*, Paris, Belin, 2015; Janet Hyde, "The Gender Similarities Hypothesis", *American Psychologist*, vol. 60, n. 6, 2005, p. 581-592.

perdeu o controle. Pesquisas revelaram que os adultos entenderão o mesmo bebê que chora como triste, se se disser que é uma menina, ou em fúria, se se disser que se trata de um menino.[47]

O discurso da crise da masculinidade faz parte dessa ilusão, pois ele propõe concepções dogmáticas disso que os homens e as mulheres deveriam ser, ter e fazer, bem como daquilo que os homens e as mulheres não deveriam ser, ter e fazer.

Hoje, diz-se, os homens estão em crise, pois eles não podem mais ser, ter ou fazer aquilo que corresponde à sua identidade, enquanto as mulheres não se contentam em ser, ter e fazer aquilo que corresponde à identidade delas.

Como lembra a feminista Marilyn French, nos Estados Unidos:

> *A palavra-chave quando se trata de questões de mulheres é "muito". As mulheres têm uma voz muito forte ou muito doce, elas são muito agressivas ou muito negligentes ou muito pomposas, muito velhas, muito jovens. [...] As mulheres que têm filhos e recorrem à assistência social para alimentá-los são julgadas culpadas, bem como as mulheres que se divorciam, que são agredidas e não retaliam, ou as que são agredidas e retaliam. Criticam-se as mulheres de serem muito livres ou muito "emperradas" no nível sexual; nós as criticamos por serem estupradas. [...] A sociedade culpa as mulheres por mostrarem ambição, ou da falta dela; de serem ricas ou pobres, gordas ou magras, de ter uma profissão ou de ficar entre elas mesmas.*[48]

---

47 Virginia Valian, *Why So Slow? The Advancement of Women*, Cambridge [MA], MIT Press, 1998, p. 24-28.

48 Marilyn French, *La guerre contre les femmes*, Paris, Archipel, 1992, p. 27-30.

O homem está em crise, diz-se, o que quer que as mulheres façam ou deixem de fazer. O homem está em crise se elas exigem respeito, segurança, igualdade e liberdade. O homem está em crise se elas recebem um salário. O homem está em crise se elas são mais cuidadosas e cuidam sozinhas dos filhos. O homem está em crise se elas são empreendedoras sexualmente. O homem está em crise se elas não estão disponíveis para eles sexualmente.

Entretanto, o feminismo lembra à sociedade que há uma crise injusta e desigual, e é isso que incomoda tanto os homens. Mesmo que eles não estejam em crise, eles fazem a crise quando as mulheres recusam o papel sexual que lhes é designado, quando elas transgridem as normas do sexo, quando elas resistem e contestam. Os homens fazem a crise, pois eles não suportam ser contrariados, não ter aquilo que eles pensam ter por direito, em particular as mulheres a seu serviço.

Os homens não estão em crise, mas eles fazem as crises, realmente, ao ponto de matar as mulheres.

Em termo de justiça e de injustiça, o problema hoje não é que a masculinidade esteja em crise, mas, antes, que ela ainda não esteja. Essa crise que ainda não é, as mulheres já esperaram por muito tempo, pois nós resistimos já há muito tempo. É, portanto, tempo de parar de discorrer sobre a crise da masculinidade e fazer com que ela, enfim, advenha.

Advertências

Esta obra é inédita, mas ela retoma, aqui e acolá, alguns elementos de publicações anteriores. Entre outros, de artigos como "Yvon Dallaire: psychologie, sexisme et antiféminisme" (Yvon Dallaire: psicologia, sexismo e antifeminismo), *Possibles*, 2015; "Le discours de la 'crise de la masculinité' comme refus de l'égalité entre les sexes: histoire d'une rhétorique antiféministe", *Recherches féministes* [Quebec]/ Cahiers du genre [França], 2012; "Masculinism and the Antifeminist Countermovement", *Social Movement Studies*, vol. 11, n. 1, 2011 (coautora Mélissa Blais); "Les masques de l'antiféminisme: 'crise de la masculinité', 'masculinisme' et 'proféminisme libéral'", *European Women's Voice*, 2011 (coautora Mélissa Blais); "L'internationale masculiniste: pistes de réflexion", *Chronique féministe* (Bruxelas), 2010; "Le mythe de la caverne conjugale: d'une justification contemporaine de l'inégalité dans les couples hétérosexuels", *Argument*, 2008; "Féminisme au masculin et contre-attaque 'masculiniste' au Québec", *Mouvements*, 2004. E retoma também certos elementos de obras coletivas codirigidas com Mélissa Blais: "Le mouvement masculiniste au Québec: L'antiféminisme démasqué", Montreal, Les Éditions du remue-ménage (2. ed., 2015).

Enfim, preciso esclarecer que o propósito de uma análise de discurso da crise da masculinidade trazido, entre outros, por grupos de homens e de pais divorciados ou separados é evidenciar que todos esses homens e seus aliados (ensaístas, jornalistas, militantes de grupos de homens, psicólogos etc.) não compartilham exatamente as mesmas ideias e não têm necessariamente o mesmo ponto de vista sobre as mulheres, sobre as feministas e o feminismo; do mesmo modo, eles não são completamente responsáveis por todas as ações dos outros atores desse vasto movimento. Da mesma maneira que cada feminista não é responsável por tudo que as outras feministas dizem ou fazem, cada ecologista não pode ser tomado como responsável pelas ações e falas de todos os outros ecologistas, e assim por diante. Isso não quer dizer, evidentemente, que o feminismo e o ecologismo não existam como movimentos sociais, como eu creio ter demonstrado por meio de outros autores. Tanto quanto não quer dizer que não exista um movimento masculinista, com sua história, sua ideologia, suas organizações e suas ações individuais e coletivas, e que é ao mesmo tempo homogênea e heterogênea, como todos os movimentos sociais.

Agradecimentos

Lá se vão quase 15 anos que comecei a pesquisar o discurso da crise da masculinidade. Ao longo desse processo, eu recebi ajuda de várias instituições, às vezes sob a forma também de apoio financeiro, mas sempre sob a forma de trocas intelectuais que estimularam a reflexão. Tenho a agradecer às instituições de pesquisas às quais afirmo ser afiliado: O Institut de recherches et d'études féministes (IREF), a Université du Québec à Montréal (UQAM), a Réseau québécois en études féministes (RéQEF), fundada por Francine Descarries, o Collectif de recherche féministe anti-violence (FemAnVi), agitado, entre outros, por Isabelle Côté e Simon Lapierre, a Réseau International Consortium for Feminist Research on Antifeminist Movements (FemRAM), fundado na University of British Columbia (UBC) por Susan Boyd, e a Réseau Genre et discrimination (GEDI) da Université d'Angers, fundado por Christine Bard. Também gostaria de destacar a ajuda financeira do Conseil des arts du Canada e do Conseil de recherches en sciences humaines du Canada (CRSH), recebida por meio do grupo de estudos Le soi et l'autre (com o apadrinhamento de Sherry Simon). Pelas releituras dos elementos desse manuscrito ou de publicações anteriores sobre o mesmo tema, agradeço a Fanny Bugnon, Yannick Demers, Thomas Déri, Anne-Marie Devreux, Diane Lamoureux, Éric Neveu, Éric Volant e as editoras da Éditions du remue-ménage, Rachel Bédard e Valérie Lefebvre-Faucher (eu me desculpo pelas pessoas que eu esqueci de agradecer). Um obrigado em particular à historiadora e socióloga feminista Mélissa Blais, com a companhia de quem eu pesquiso sobre o masculinismo há mais de dez anos. Essa colaboração é essencial para o desenvolvimento de minhas análises. Isto posto, as ideias apresentadas aqui são de minha inteira responsabilidade.

Anexo

Alguns estudos sobre regiões ou países específicos.

Ben Salah, Hakim, Deslauriers, Jean-Martin, Knüsel, René, "Des hommes en mouvement en Suisse: trois perspectives sur la masculinité", *Swiss Journal of Sociology*, vol. 42, n. 1, 2016, p. 109-128.

Charbit, Joël, *"La crise de la masculinité" en Afrique du Sud: discours public et panique morale autour des hommes dans la nouvelle démocratie*, dissertação de master 2, Ciência Política, Université de Bordeaux III, 2009.

Commission Européenne, *The Social Problem of Men*, vol. 1, EU Research on Social Sciences and Humanities, 2004.

Corber, Robert J., *Homosexuality in Cold War America: Resistance and the Crisis of Masculinity*, Durham-Londres, Duke University Press, 1997.

De Sondy, Amanullah, *The Crisis of Islamic Masculinities*, Londres, Bloomsbury, 2014.

El Feki, S., Heilman, B., Barker, G. (Org.), *Understanding Masculinities: Results from the International Men and Gender Equality Survey*

(IMAGES) – Middle East and North Africa, Le Caire-Washington, D.C., UN Women and Promundo-US, 2017, p. 92.

Greenberg, Ela, "'The King of the Streets': Hip Hop and the Reclaiming of Masculinity in Jerusalem's Shu'afat Refugee Camp", *Middle East Journal of Culture and Communication*, vol. 2, n. 2, 2009, p. 231-250.

Haque, Mozammel, Kusakabe, Kyoko, "Retrenched Men Workers in Bangladesh: a Crisis of Masculinities?", *Gender, Technology and Development*, vol. 9, n. 2, 2005, p. 185-208.

Hopkins, Peter E., "Responding to the 'Crisis of Masculinity': the Perspectives of Young Muslim Men from Glasgow and Edinburgh, Scotland", *Gender, Place and Culture: A Journal of Feminist Geography Place and Culture*, vol.16, n. 3, 2009, p. 299-312.

Jayasena, Nalin Asoka, *Contested Masculinities: Crisis in Colonial Male Identity in the 20th Century*, tese de doutorado, Departamento de Inglês, University of California – Riverside, 2003.

Kosygina, Larisa V., "Doing Gender in Research: Reflection on Experience in Field", *The Qualitative Report*, vol. 10, n. 1, 2005, p. 87-95.

Kumagai, Keichi, "Floating Young Men: Globalization and the Crisis of Masculinity in Japan", *HAGAR Studies in Culture, Policy and Identities*, vol. 10, n. 2, 2012, p. 157-165.

Lacaze, Gaëlle, "'Crise de la virilité' vs 'fuite des femmes': gouvernementalités genrées et conflictualités des corps en Mongolie", *L'Homme et la société*, n. 189-190, 2013, p. 107-122.

Matlon, Jordanna, "Racial Capitalism and the Crisis of Black Masculinity", *American Sociological Review*, vol. 81, n. 5, 2016, p. 1014-1038.

Maupeu, Hervé, "Lucy Kibaki, débat domestique et autorité politique", *Politique Africaine*, n. 95, 2004, p. 116.

Mwagike, Leonada, "Évaluation des facteurs freinant l'évolution et l'anticipation des femmes: Perspectives sur la crise de la masculinité en Tanzanie – dans des régions du Kilimandjaro, d'Iringa et de Morogoro", conférence au colloque "Masculinité en Afrique contemporaine", Conseil pour le développement de la recherché en sciences sociales en Afrique, jul. 2005.

Olavarria, José, "Los estudios sobre masculinidades en América Latina: un punto de vista", *Anuario Social y Politico de América Latina y el Caribe*, n. 6, Caracas, Flacso/Unesco/Nueva Sociedad, 2003, p. 91-98 (agradeço a Marcos Ancelovici por esta referência).

Perry, Donna L., "Wolof Women, Economic Liberalization, and the Crisis of Masculinity in Rural Senegal", *Ethnology*, vol. 44, n. 3, jun. 2005.

Rauch, André, *Crise de l'identité masculine 1789-1914*, Paris, Hachette, 2000.

Rees, Catherine, *Masculinity in Crisis: Depictions of Modern Male Trauma in Ireland*, Carysfort, 2016.

Robinson, Sally, *Marked Men: White Masculinity in Crisis*, Nova York, Columbia University Press, 2000.

Sa'ar, Amalia, Yahia-Younis, Taghreed, "Masculinity in Crisis: the Case of Palestinians in Israel", *British Journal of Middle Eastern Studies*, vol. 35, n. 3, 2008, p. 305-323.

Suzik, Jeffrey Ryan, "'Building Better Men': the CCC Boy and the Changing Social Ideal of Manliness", *Men and Masculinities*, 1999, vol. 2, n. 2, p. 152-179.

Svanberg, David, *Manufacturing Dichotomy: Dissecting Modern Antifeminism in Sweden*, monografia de bacharelado, Ciência Política, University West, 2013.

Vonarx, Nicolas, *Formation sur la masculinité, du projet d'appui à la lutte contre le SIDA en Afrique de l'Ouest*, Sainte-Foy (Québec), Le Centre de coopération internationale, 2005.

Willemse, Karin, "The Darfur War, Masculinity in Crisis and the Contingency of Sudanese Citizenship", conferência dada no colóquio organizado pelo European Citizen Action Service em Leipzig, de 4-7 jun. 2009.

Wojnicka, Katarzyna, "Masculist Groups in Poland: Aids of Mainstream Antifeminism", *International Journal for Crime, Justice and Social Democracy*, vol. 5, n. 2, 2016.

Yang, Jie, "The Crisis of Masculinity: Class, Gender, and Kindly Power in post-Mao China", *American Ethnologist*, vol. 37, n. 3, 2010, p. 550-562.

Zdravomyslova, Elena, Temkina, Anna, "The Crisis of Masculinity in Late Soviet Discourse", *Russian Studies in History*, vol. 51, n. 2, 2012, p. 13-34.